MÉMOIRES

POSTHUMES

DE

ODILON BARROT

TOME DEUXIÈME

DEUXIÈME ÉDITION

PARIS

CHARPENTIER ET Cie, LIBRAIRES-ÉDITEURS

28, QUAI DU LOUVRE, 28

1875

Tous droits réservés.

MÉMOIRES

POSTHUMES

DE

ODILON BARROT

II

Paris. — Imp. Viéville et Capiomont, rue des Poitevins, 6.

MÉMOIRES

DE

ODILON BARROT

ENQUÊTE HISTORIQUE

SUR LES

PERTURBATIONS POLITIQUES ET SOCIALES

QUI ONT SUIVI LA RÉVOLUTION DU 24 FÉVRIER 1848

> « Ils ont semé du vent et recueilli
> des tempêtes. »

RÉFLEXIONS PRÉLIMINAIRES

Les faits que nous allons retracer forment un des épisodes les plus extraordinaires et les plus tristement instructifs de notre histoire. D'autres révolutions, avant celle du 24 février 1848, avaient modifié plus ou moins profondément les formes et les conditions des gouvernements, mais aucune d'elles n'avait été jusqu'à mettre aussi directement en question le principe même de la famille et de la propriété. En voici une qui éclate tout à coup dans notre France ; elle n'a pas pour but, comme ses devancières, soit de changer les conditions du pouvoir, soit d'arracher à une classe privilégiée des droits dont elle aurait abusé, soit de rejeter une domination étrangère; ceux qui la font paraissent céder à une force aveugle et fatale, force qui se déguise d'abord sous le nom de réforme, puis sous celui de république; et qui, rejetant bientôt ces appellations menteuses, paraît avec son véritable caractère, son vrai titre, celui de : *Révolution sociale*, c'est-à-dire de tentative de destruction et de rénovation de la société entière.

Quelque chose d'analogue s'était passé dans les guerres serviles de Rome ou dans les Jacqueries du moyen âge; mais alors, les esclaves ou les paysans révoltés ne poursuivaient pas une idée, ils n'affichaient aucune théorie, ils cédaient à un accès de désespoir, à une sorte de réaction automatique pareille à celle que l'excès de la douleur produit dans le corps humain; tandis qu'en 1848 la révolution a été plutôt une débauche d'idées qu'une explosion de misère et de souffrance; aussi cette révolution s'est-elle montrée plus raisonneuse, plus théorique, qu'agissante et pratique. Son résultat le plus réel a été de mettre à nu les fondements de la société, nous ne disons pas seulement française, mais humaine.

C'est ce qui explique pourquoi, bien que moins violente que les révolutions qui l'ont précédée, elle a laissé cependant après elle une impression peut-être plus universelle et plus profonde : la société française s'est trouvée après cette révolution dans la disposition où seraient les habitants d'une maison qui, après s'être endormis la veille en pleine sécurité, verraient avec terreur, à leur réveil, que, par quelque convulsion subite du sol, ils restent suspendus sur un abîme.

Certes, un tel cataclysme, alors qu'il n'aurait été

qu'accidentel, mériterait encore d'être sérieusement étudié. Mais si on découvre que la cause en est permanente, que cette maladie sociale qui s'est révélée d'une manière si effrayante s'alimente de toutes les fermentations de notre humanité, que même chaque progrès des sociétés modernes ajoute à ses dangers; le nivellement des conditions, l'affaiblissement des croyances, le mépris des traditions, les conquêtes mêmes sur la matière, et généralement tout ce qui, faisant tomber les voiles, détruisant les prestiges, rapprochant les distances, met les hommes face à face et les provoque, pour ainsi dire, à se mesurer, à se compter, et à se poser cette redoutable question : « *Pourquoi des riches, pourquoi des pauvres?* » Alors la révolution de février 1848 nous apparaît sous son véritable caractère : en détourner les yeux serait puéril, l'étudier dans toutes ses profondeurs, pour tâcher au moins d'en prévenir le retour, c'est le devoir des hommes sérieux. J'apporte mon faible contingent dans cette étude.

L'Assemblée Constituante avait ordonné une enquête sur les causes des perturbations violentes qui ont suivi la révolution du 24 février et j'ai eu l'honneur de présider la commission chargée de faire cette enquête : malgré un mois entier consacré aux investigations les plus minutieuses, l'audition des principaux acteurs de ce drame révolutionnaire, l'examen d'une masse énorme de documents, notre travail ne pouvait qu'effleurer ou, tout au plus, laisser entrevoir les causes premières de ces perturbations. Comment, en effet, dire à une assemblée issue de la révolution du 24 février, que c'était dans la nature et la tendance même de cette révolution qu'était la vraie cause des désordres qu'elle nous chargeait d'explorer? L'enquête s'est ressentie des réticences forcées qui nous étaient imposées; nous nous sommes arrêtés aux causes personnelles et très-secondaires du mal ; nous n'avons pu en signaler les causes premières et radicales ; assez accusateur pour irriter, notre rapport n'a pas été assez au fond des choses pour dégager toute la vérité. C'est cette même enquête que je refais aujourd'hui, seul, dans le calme du cabinet, déjà bien loin des passions qui nous agitaient alors et surtout débarrassé des entraves, des ménagements forcés que m'imposait une situation officielle ; je la refais avec une pleine liberté d'appréciation : quoiqu'ayant été acteur dans ces événements, je crois pouvoir en parler avec l'impartialité que j'apporterais dans la discussion d'un point de philosophie ou d'histoire.

Cette étude se divisera en quatre chapitres. Dans le premier, je jetterai un coup d'œil sur l'état de la société française au moment où la révolution du 24 février est venue nous surprendre ; le deuxième renfermera l'histoire de la dictature improvisée, le 24 février, sous le nom de Gouvernement provisoire ; le troisième comprendra la période qui s'est écoulée entre la réunion de l'Assemblée Constituante et sa dissolution ; le quatrième retracera les péripéties de l'Assemblée législative et nous conduira jusqu'au coup d'État du 2 décembre. Je m'attacherai bien plus à rechercher les idées et les sentiments qui ont agité et égaré mon pays, dans cette grande épreuve, qu'à retracer des faits récents et trop connus. Nous ne pouvons rien sur les fautes passées ; mais pour prévenir les fautes à venir, c'est sur les sentiments et les idées qu'il faut agir, et c'est là surtout ce que j'essayerai de faire.

CHAPITRE PREMIER

COUP D'OEIL SUR LA SITUATION MORALE ET SOCIALE DE LA
FRANCE LORS DE LA RÉVOLUTION DU 24 FÉVRIER 1848

Avant 1789, la lutte existait entre la noblesse et la classe moyenne, lutte qui, après la restauration de 1814, a recommencé pour ne se terminer que par le changement de dynastie opéré en 1830; à partir de cette dernière époque jusqu'en 1848, le terrain de la lutte avait changé, les combattants n'étaient plus les mêmes; ce n'était plus la classe moyenne, y compris le peuple, qui combattait contre les classes privilégiées : non, ces deux éléments tout-puissants, irrésistibles, lorsqu'ils sont amis, s'étaient disjoints et étaient entrés sourdement en guerre. Quoique masqué par le mouvement des institutions libres, par le bruit de la presse, par le retentissement de la tribune, ce nouveau conflit n'en était pas moins réel et profond. Pour qui se fût donné la peine de pénétrer dans les ateliers, de parcourir les livres qu'on y lisait, de se faire rendre compte du chiffre énorme et très-significatif des brochures, des pamphlets, des almanachs, que le peuple achetait et dévorait, écrits exclusivement remplis de théories sociales sur les droits du travailleur, de plaintes sur son sort, d'accusations amères contre les riches et les capitalistes, il eût été bien facile d'apercevoir que le danger n'était pas dans ces querelles intestines de la classe moyenne sur les réformes politiques plus ou moins étendues qu'elle poursuivait et qui absorbaient alors toute l'attention du pouvoir, mais dans ces idées fausses d'égalité absolue, dans ces sentiments envieux qui couvaient et fermentaient au sein des classes ouvrières ; gouvernement et opposition s'y sont trompés, et ont eu le tort de ne voir la société que dans cette sphère si restreinte où s'agitait la vie politique. Aussi, la catastrophe de 1848 a-t-elle été tout à la fois une surprise et une révélation.

Si le tort a été commun, la responsabilité n'est pas la même ; car c'était au Gouvernement, qui avait le devoir et tous les moyens de suivre et d'étudier ce travail des esprits dans la classe ouvrière, à y pourvoir, et, certes, ce n'était pas en opposant un *veto* absolu à toute réforme, en réduisant de plus en plus le cadre électoral, en affichant avec cynisme le marché des votes politiques, en désaffectionnant et scandalisant tous les jours de plus en plus la classe moyenne, qu'on pouvait conjurer et détourner l'orage qui se préparait dans les profondeurs de la société.

Ajoutons que les républicains eux-mêmes ne se doutaient pas de cet état des esprits dans le peuple. S'ils l'avaient connu, ils seraient bien plus impardonnables encore d'avoir sciemment renversé la digue qui contenait ce torrent de passions antisociales.

Toute lutte entre la classe moyenne et les ouvriers a été et sera toujours funeste ; elle n'a d'autre issue possible que l'anarchie ou le despotisme, elle est d'avance condamnée à ne produire qu'un avortement également désastreux pour l'une et l'autre de ces deux classes. La révolution de 1848 devait être une nouvelle et décisive démonstration de cette vérité.

Toutes les fois que la classe ouvrière agira seule et sans le concours des classes plus élevées, elle pourra, sans doute, renverser et détruire, produire des perturbations plus ou moins profondes, recommencer des tentatives de Jacquerie, elle n'opérera jamais une transformation sérieuse dans l'État et encore moins des réformes utiles et durables[1]. Plût à Dieu que notre classe ouvrière reconnût enfin cette vérité. Nous pourrions en dire autant, dans un autre sens et par d'autres raisons, de la classe moyenne. Elle peut, sans contredit, se modérer et se discipliner; elle ne manque ni de l'intelligence, ni même, quoi qu'on ait dit, des loisirs nécessaires pour gouverner; mais vouée au travail et habituée au calcul, elle est disposée à traiter la politique comme une spéculation; et si elle est livrée à elle-même, sans le contre-poids des autres classes, elle est trop exposée à constituer un gouvernement égoïste, sans grandeur, et qui n'aura pas en lui les principes de force et de durée.

Le gouvernement de 1830 n'avait que trop ce caractère de gouvernement exclusif de la classe moyenne, et ce vice était encore aggravé par d'inintelligentes restrictions électorales, qui, en réduisant à une assez petite fraction de cette classe moyenne l'élément actif de ce gouvernement, rendait plus inévitables et plus choquantes ses tendances naturelles. Aussi, était-ce une impression universelle dans les masses, en 1848, que le gouvernement n'était qu'une sorte d'exploitation dont profitaient seulement quelques bourgeois.

En un mot, lorsque ces deux classes sont en lutte ouverte, c'est l'anarchie violente et la guerre sociale

---

1. Quand nous nous servons du mot de *classes*, nous n'entendons nullement reproduire l'idée d'un classement légal permanent de la société, pareil à celui qui existait avant 1789; mais indiquer seulement le fait des diversités d'intérêts et du mode d'existence qui divise la société en deux ou trois groupes déclarés.

qui éclatent ; lorsqu'elles sont seulement isolées l'une de l'autre, c'est l'impuissance. Aussi la politique en quelque sorte forcée de tout despotisme sera-t-elle de tenir ces deux classes divisées, d'alimenter leurs peurs ou leurs colères, de même que l'effort persévérant de tout gouvernement libéral, et tant soit peu prévoyant, devra être de tenir ces deux classes réunies par des liens communs d'intérêts, de sympathie et de patriotisme, de les fondre autant que possible de manière à ce que leurs diversités ne tendent qu'à exciter entre elles une *salutaire émulation*, mais n'éclatent jamais en ces conflits haineux dont nous avons été les témoins et les victimes.

Le tort du gouvernement de Louis-Philippe avait été de séparer ces deux classes, de leur créer des intérêts différents, d'en faire comme deux nations distinctes, ayant chacune sa sphère d'action, sa vie à part ; on ne sait pas tout le mal qu'a fait le mot de *pays légal* prononcé par les ministres et adopté par tous leurs agents, — et surtout la séparation que ce mot impliquait. Mais le malheur, on pourrait aller jusqu'à dire le crime de la Révolution de 1848, a été de donner à cet antagonisme un drapeau, une organisation, une tradition et de sanglants souvenirs. Sous le règne de Louis-Philippe c'était un germe qui se développait lentement et dans l'ombre ; par la Révolution de 1848, c'est devenu une plaie *toujours béante* qui affecte le principe vital de notre société. On a voulu y appliquer le remède désespéré du despotisme et cependant le mal ne peut se guérir que par le temps, par la sagesse, par une charité éclairée et surtout par la liberté, la liberté, qui, seule, en créant des droits communs, une opinion commune, peut fondre ensemble ceux-là mêmes que divisent les intérêts.

La Révolution de 1848 n'était pas la victoire du

peuple contre la bourgeoisie, car celle-ci avait laissé
tomber le gouvernement de Juillet sans le défendre ;
la guerre ouverte entre les deux classes n'existait pas
encore alors, et c'est précisément par ce motif que les
bourgeois avaient laissé s'accomplir la révolution avec
une si imprévoyante indifférence. Le conflit entre ces
deux classes n'est venu qu'à la suite ; il a été l'effet,
et non la cause de la révolution.

Et cependant, le gouvernement de Louis-Philippe
était tellement identifié dans la pensée de tous avec
la classe moyenne, que les ouvriers s'imaginèrent
qu'ils avaient vaincu les bourgeois, le 24 février.
Cette victoire que le défaut de résistance, et même le
concours d'une partie de la garde nationale, avait
rendue si facile, leur avait donné une opinion exagérée de leur puissance ; opinion que tous les actes
officiels du gouvernement provisoire, toutes les
adresses, toutes les proclamations et la prudente réserve des autres citoyens, portèrent depuis jusqu'à
l'ivresse, jusqu'au délire. L'impression morale du
peuple, vis-à-vis des autres classes de la société,
tenait dans ce moment tout à la fois de l'envie et
du mépris ; ce n'était point encore de la violence.

Mais après la première confusion produite par
l'ardeur de la lutte et par l'enivrement de la victoire,
après que le premier étonnement causé par cet événement si nouveau, si subit de la république, eut
cessé, la lumière ne tarda pas à se faire dans ce
chaos où riches et pauvres, bourgeois et prolétaires,
s'étaient trouvés entraînés pêle-mêle ; chacun reconnut bientôt son rang, son drapeau, son intérêt.
Toute cette classe moyenne qui, en France surtout,
s'étend si loin, s'élève si haut et descend si bas, et
qui, poursuivant une réforme simplement politique,
s'était vue entraînée dans l'abîme d'une révolution
sociale, se rejeta en arrière ; elle avait assisté d'abord

avec une anxieuse curiosité à l'expérience qui se tentait sous ses yeux; puis à mesure que la situation se dessinait avec plus de netteté, que le changement opéré dans le gouvernement de la France perdait le caractère d'une révolution politique, à mesure que se produisaient devant elle les manifestes, les doctrines, les actes de cette guerre hautement déclarée à la vieille société, à mesure qu'elle en subissait dans sa fortune, dans son repos, dans sa sécurité, les funestes conséquences, elle passait de cette indifférence apparente à une opposition passive et bientôt après à l'hostilité ouverte. De sorte que, dès le lendemain du jour où le gouvernement provisoire avait été porté à l'Hôtel de ville par la tourmente révolutionnaire, ce malheureux gouvernement se trouvait placé entre les prétentions perturbatrices du socialisme et l'hostilité de la classe moyenne; situation fausse qui le condamnait d'avance et fatalement à suivre la plus détestable des politiques, celle de bascule; c'est-à-dire à prendre son point d'appui tantôt sur les ouvriers contre les bourgeois, tantôt sur les bourgeois contre les ouvriers; politique qui devait infailliblement le commettre avec les uns et avec les autres et lui faire perdre toute force morale, toute autorité. La faute n'en était pas aux gouvernants; c'était une des tristes nécessités de cette révolution qui venait de s'accomplir sans cause politique suffisante, sans grief bien défini, sans but déterminé et réalisable.

Ainsi le conflit entre les ouvriers et les bourgeois, tel était le caractère propre de la révolution de 1848. Ce qui est commun à cette révolution et à toutes celles qui, depuis 1789, se sont succédé à des intervalles à peu près égaux dans notre France, c'est que, nées d'une centralisation excessive, elles se sont toutes trouvées possédées d'une manie insensée d'unité et de concentration du pouvoir, de mépris pour les droits individuels, et qu'elles ont toutes péri par l'excès du principe dont elles étaient sorties. Phénomène qui seul peut expliquer ces cataclysmes successifs et si rapprochés dans lesquels notre génération a vu trois gouvernements s'écrouler tout entiers et en un seul jour, sans qu'il en restât autre chose que des débris, des souvenirs et de stériles regrets.

Ce n'est ni la révolution de 1789, ni l'empire qui ont amené cette centralisation ; il faudrait remonter bien haut, pour suivre à travers les siècles l'effort persévérant de tous les gouvernements employé à détruire une à une toutes les agglomérations de force et de résistance même les plus naturelles et les plus légitimes, et cela pour arriver à ne laisser debout et vivantes dans la société que deux unités, l'État toutpuissant d'une part, et l'individu isolé et impuissant de l'autre. Or, cette constitution de notre société, que, par la plus étrange méprise, les libéraux, comme les conservateurs, les républicains comme les anarchistes, se sont accordés à admirer et à glorifier, est essentiellement vicieuse et pleine de dangers ; elle est en contradiction avec toutes les lois d'ordre et de stabilité qui régissent les sociétés humaines. Dans le monde moral, comme dans le monde physique, l'ordre et la stabilité ne peuvent naître que d'un certain équilibre entre des forces contraires ; rien de plus opposé à la sagesse providentielle que cette manie d'uniformité et de simplification, qui, supprimant tous les rouages secondaires et modérateurs de la machine sociale, n'y laisse subsister que deux forces, lesquelles, selon que l'une ou l'autre vient à l'emporter, font passer la société successivement de l'anarchie au despotisme *et vice versâ*, jusqu'à épuisement.

Qu'on nous permette d'emprunter à notre histoire moderne quelques exemples qui sont la confirmation éclatante de cette vérité. Ce ne sera pas une digression tout à fait inutile, car elle servira à éclairer l'époque que nous avons entrepris de retracer.

Si ce fait de la centralisation exagérée du pouvoir eut été plus étudié dans ses causes et dans ses conséquences inévitables, qui sait combien de révolutions eussent été épargnées à notre pays, et si, encore aujourd'hui, il se formait enfin une conviction générale en France sur la nécessité d'y remédier, qui sait combien de cruelles épreuves pourraient être prévenues dans l'avenir.

D'abord, et pour le passé, l'Assemblée Constituante (la grande) n'eût pas fait tant d'efforts, dépensé tant de talents, pour continuer et consommer ce travail de centralisation poursuivi depuis si longtemps par la monarchie. Elle voulait sincèrement fonder un gouvernement libre ; elle avait en elle assez de lumières et même de vertus pour y réussir : comment a-t-elle eu la malheureuse pensée d'y procéder par les mêmes moyens que le pouvoir absolu avait employés avec succès pour tout absorber en France ? comment s'est-elle attaquée avec tant d'énergie aux derniers débris de ces forces vives et réelles qui existaient encore, quoique bien affaiblies, dans certaines institutions éminemment libérales de la vieille monarchie ; — les états provinciaux, par exemple ?

C'est qu'il n'y a que deux voies à suivre dans la politique : l'une de bon sens et toute pratique, qui consiste à procéder du connu à l'inconnu, à prendre dans les faits existants le bien, se bornant à en écarter le mal, à agir enfin comme la nature qui ne brusque rien, mais où tout se développe par des transitions souvent insaisissables ; l'autre, qui consiste à afficher un profond mépris pour les faits, à bâtir à nouveau sans rien garder de l'édifice existant, détruisant le bon comme le mauvais ; à rejeter toute transition comme toute tradition, à faire le vide entre le présent et le passé et, perdant ainsi pied, à se lancer témérairement dans le monde dangereux des utopies : la première de ces écoles pourrait se personnifier dans Montesquieu ; la seconde, dans Jean-Jacques Rousseau ; l'évangile de l'une est l'*Esprit des Lois*, celui de la seconde est le *Contrat social*. C'est malheureusement cette dernière qui prévalut en 1789, et qui, peut-être, domine encore aujourd'hui ; de là les organisations *a priori* et les constitutions tout d'une pièce ; de là, cette prétention à la logique absolue qui, à partir de 1789, a été invariablement suivie, toutes les fois que la nation a eu à régler ses institutions. Nous en subissons les tristes conséquences.

Certes, je ne rattacherai pas cette tendance, comme l'ont fait d'autres publicistes, à une certaine disposition organique de notre nation ; je n'en ferai pas une question de tempérament. Je sais tout ce qu'on a dit d'ingénieux sur ce sujet : pour moi, je ne crois pas qu'il y ait des peuples qui naissent avec le goût exclusif de la théorie et de la généralisation ; qui par une légèreté organique de caractère, combinée avec une certaine hardiesse de pensée, aient en quelque sorte reçu de la Providence cette dangereuse mission de remuer toutes les idées, de faire pour les autres peuples toutes les expériences, et qui soient ainsi voués à tout entreprendre, sans jamais rien achever, semblables en cela à ces pionniers du nouveau monde qui abandonnent la terre qu'ils viennent à peine de défricher, et qui, poussant toujours en avant dans les profondeurs du désert, se chargent de tous les hasards, de tous les périls de l'inconnu et laissent à ceux qui viennent après eux les bénéfices des travaux achevés et de l'expérience acquise.

Non, la France, pas plus que les autres nations, n'est organisée de manière à poursuivre indéfiniment les aventures ; son histoire, si obscure et si mal comprise qu'elle ait été jusqu'à ce jour, commence, grâce aux travaux de quelques historiens éminents qui ont fait entrer la philosophie dans l'étude des faits historiques, à être mieux connue, et quand on voit au seizième siècle, par exemple, à combien peu il a tenu que notre nation n'entrât dans cette voie où d'autres nations et l'Angleterre entre autres ont rencontré cette sage conciliation entre les droits de l'individu et ceux de l'État, qui assure à ces nations la dignité, la liberté et la sécurité, il n'est pas permis de désespérer de voir la France entrer un jour dans cette même voie.

Pourquoi, en effet, les Français du Canada, les exilés à la suite de la révocation de l'édit de Nantes, ont-ils su s'organiser si fortement et offrir le spectacle de communautés vraiment libres, en Allemagne, en Amérique? C'est qu'ils avaient été jetés par la force des événements hors de l'influence de ces mœurs, de ces habitudes de centralisation qui, dans leur pays, les paralysaient et leur enlevaient toute spontanéité. Il faut donc reconnaître qu'il n'y a pas là une question de tempérament, mais une question de conduite, et cela est consolant ; car si on doit désespérer de guérir un mal organique, on entreprend avec confiance la guérison d'une maladie seulement accidentelle.

Le résultat de la lutte entre la réforme et le catholicisme, au seizième siècle, a été doublement malheureux pour la France ; la partie virile de l'aristocratie française ayant été brisée dans cette lutte, cette force résistante a disparu de la société, laissant le champ libre à la monarchie qui, à partir de ce moment, trouva de trop grandes facilités pour tout concentrer en elle. Après cette lutte qui a été la crise décisive de la constitution politique de notre pays, il y a eu encore des ligues, des coalitions d'ambition, des intrigues de cour, il n'y a plus eu de sérieuse tentative pour fonder la liberté sur des forces vives et résistantes : les idées ont continué à cheminer, les esprits à travailler ; mais en dehors des faits qui n'étaient plus là pour donner un corps à ces idées, elles se sont égarées à la poursuite de l'impossible. Il faut cependant bien chercher et trouver d'autres éléments de résistance pour remplacer ceux qui n'existent plus et qu'il y aurait folie à vouloir faire revivre. Car comment concevoir la liberté dans un pays où rien ne résiste, l'équilibre des forces là où il n'y a qu'une force qui absorbe tout en elle-même ? La France s'est vouée à cette recherche, elle a fait bien des essais, elle n'a pas encore réussi ; elle ne se reposera cependant dans un gouvernement stable et libre que lorsqu'elle aura trouvé la solution de ce problème. L'œuvre est difficile, sans doute, mais quelles difficultés ne peut surmonter le sentiment de la nécessité, alors surtout que le besoin de triompher d'un mal connu serait devenu la préoccupation de toute la partie intelligente d'une grande nation !

Une autre conséquence est sortie de cet état de choses : la nation successivement dépouillée de toute participation sérieuse à ses affaires, de toute responsabilité dans la direction de son gouvernement, s'est trouvée forcément jetée dans le domaine des théories et des idées spéculatives ; à quoi aurait-elle employé les loisirs que son gouvernement lui faisait, si ce n'est à rêver et à se livrer à tous les écarts de l'imagination ? La pensée est le plus noble attribut de l'homme, mais si elle n'est réglée par l'expérience, si elle n'est contenue par la responsabilité, elle s'égare inévitablement et c'est ce qui est arrivé en France. Croyez bien que si le gouvernement monarchique n'avait pas si bien et si complétement réussi à écarter systématiquement les Français de la gestion de leurs affaires même locales, la révolution de 1789 eût suivi un cours tout différent ; elle eût été beaucoup moins radicale et se fût beaucoup plus rapprochée des caractères d'une grande et utile réforme. Par une expiation toute providentielle, la monarchie a subi le châtiment de sa politique égoïste et imprévoyante ; elle avait mis la nation hors du *fait politique et pratique* de son gouvernement, et c'est l'*idée* qui, déchaînée sans règle et sans expérience, s'est chargée de l'en punir.

Après la fatigue et l'épuisement de la guerre civile de 1791 à 1800, après l'éclatant suicide de la dictature militaire de Napoléon, la France s'est trouvée, en 1814, replacée en face de cette même monarchie et à son point de départ de 1789.

Mais la charrue révolutionnaire et impériale avait de plus en plus labouré et nivelé notre société. Ces débris qui auraient pu être encore utilisés en 1789, n'existaient même plus en 1814 ; que faire ?

Charles X, précédant son frère, lors de leur rentrée en France, prononça un mot fort applaudi par les courtisans du jour et même par la multitude, trop habituée à prendre les choses par leur côté sentimental. *Il n'y a qu'un Français de plus en France*, aurait dit ce prince, en mettant le pied sur le seuil des Tuileries. Cela voulait dire : la monarchie trouve le lit de l'empire fort commode et elle va tout bonnement s'y coucher.

Cela n'était, cependant, ni aussi commode, ni aussi sûr qu'on pouvait le croire au premier abord : pour vivre au moins quelque temps et avec quelque sécurité dans cette société française, toute individualisée, il fallait deux choses que l'empire avait pu réaliser et que la monarchie des Bourbons ne pouvait retrouver : donner un aliment incessant aux imaginations, les distraire perpétuellement par une mise en scène éclatante : et quelle autre diversion pouvait remplacer, surtout pour une nation naturellement guerrière, celle de la guerre ?

Il fallait, en outre, veiller à ce que ces individualités, si peu à craindre, tant qu'elles sont isolées les unes des autres, mais si redoutables lorsqu'elles sont agglomérées par une passion commune, ne pussent jamais se réunir dans un sentiment et dans un effort commun. Dans de telles conditions, le despotisme peut vivre, mais de cette vie précaire du despotisme qui est soumise à d'autres causes de mort qui lui sont propres; la conspiration de Mallet est là pour prouver que le despotisme lui-même n'échappe pas aux dangers inévitables de l'excès de centralisation.

Or, la Restauration se plaça précisément dans des conditions contraires ; elle fournit par la presse et la tribune aux individualités jusque-là isolées, impuissantes, les moyens de se rapprocher, de s'agglomérer. Puis elle se chargea, par ses attaques contre les vanités et les intérêts de la révolution, de réunir dans une passion commune toutes ces individualités; elle formait ainsi à plaisir la tempête qui devait l'emporter.

On agite tous les jours la question de savoir s'il n'eût pas mieux valu, en 1830, accepter l'abdication de Charles X et garder son fils encore enfant : ce qui eût, dit-on, sauvé tout à la fois la monarchie et la liberté. Question oiseuse : le choix n'était pas possible. Ce malheureux gouvernement ayant été assez insensé, assez imprévoyant, pour amener les choses jusqu'à une bataille de trois jours dans les rues de Paris ; les vainqueurs eux-mêmes furent bien obligés de compter avec les passions de la multitude qui venait de combattre et de vaincre. Certes, la plupart des 221 eussent été heureux de pouvoir s'arrêter à l'abdication du roi, mais le peuple, qui avait combattu et versé son sang, criait avec fureur : *plus de Bourbons!*... et ce fut à grand'peine qu'on put lui faire accepter la transaction d'un prince de la branche d'Orléans. Que si toute la force n'eût été concentrée sur un seul point ; si, par exemple, on eût pu prendre son point d'appui sur des institutions provinciales fortes et résistantes, il est plus que probable que le parti parlementaire eût fait prévaloir son esprit politique sur les passions de la rue et eût arrêté la révolution à l'abdication et à la régence. Le même phénomène s'est reproduit en 1848, avec des circonstances et par des causes presque identiques, terrible avertissement pour les gouvernements et pour les partis. La prévoyance est plus nécessaire en France qu'en tout autre pays, parce que le danger y est plus subit et plus irrésistible ; entre l'ébranlement et la chute, il y a à peine l'intervalle de quelques jours : une fois hors des Tuileries, les gouvernements n'ont plus rien où se prendre et tombent fatalement dans l'abîme, victimes de cette centralisation qui, aux jours de leur puissance, leur paraissait si commode et si précieuse.

Le gouvernement de Louis-Philippe ne fut guère plus prévoyant, ni plus sage, que celui de Charles X ; lui aussi trouva fort doux et fort commode le régime administratif de l'Empire ; il n'en conserva pas seulement l'organisation unitaire, la centralisation absolue ; il trouva, sans doute, très-politique d'évoquer, de glorifier les souvenirs de cette époque, de se faire le héraut, le restaurateur de la gloire impériale. Il prenait pour de l'habileté ce qui n'était qu'une bien haute imprudence. Il succomba dans ce jeu dangereux. Que pouvaient, en effet, la presse, la tribune, les élections, contre la toute-puissante centralisation impériale, mise au service du chef de l'État ? produire l'irritation de la lutte et de l'impuissance, sans pouvoir opérer une seule réforme. Cette centralisation dans les mains de Napoléon avait servi d'instrument à l'essai de la monarchie universelle ; elle ne pouvait servir dans celles de Louis-Philippe qu'à neutraliser le jeu sérieux, sincère des institutions libres. Elle abusa le chef de l'État sur ses véritables forces, l'encouragea dans sa résistance aveugle, opiniâtre à toute réforme, et par cela même rendit inévitable une révolution, tout en la faisant dépendre d'un seul coup frappé au cœur.

Enter des institutions libres sur le trone de l'Empire, c'est une œuvre impossible pour les monarchies représentatives et plus impossible encore pour une république; et cependant cette œuvre, qui avorte toujours, est toujours recommencée. Quatre ou cinq expériences éclatantes en ont démontré l'impossibilité: suffiront-elles pour éclairer la France? Je n'oserais l'affirmer.

Sans prétendre assimiler la chute du gouvernement de Louis-Philippe à la chute du gouvernement de Charles X et tout en faisant la part des différences qui existent au moins dans les causes immédiates de ces deux révolutions : l'une ayant été faite pour défendre le droit et la constitution ; l'autre l'ayant été, on ne peut le nier, en violation du droit constitutionnel : l'une ayant eu le parlement pour auteur et régulateur ; l'autre ayant été faite contre le parlement, on ne peut disconvenir qu'il n'y ait eu entre ces deux révolutions de très-frappants rapports; ainsi, dans l'une comme dans l'autre, c'est la population de Paris qui a pris l'initiative de l'insurrection et, par cette initiative, a entraîné le reste de la France; dans l'une comme dans l'autre, la prise des Tuileries a terminé la lutte et rendu toute résistance impossible. Enfin, dans la révolution de 1848, comme dans celle de 1830, ce sont toutes les individualités dont se compose l'immense population de Paris, individualités impuissantes pour résister et réformer pacifiquement, qui, réunies par une passion commune, ont produit cet ouragan que la force organisée n'a pu arrêter et contre lequel elle n'a même pas sérieusement lutté.

Ce qui est digne de remarque, c'est que ce phénomène qui se reproduit invariablement tous les douze ou quinze ans, en France, et qui semble être passé à l'état normal dans ce pays, s'est manifesté d'une manière plus nette, plus absolue, lors du second cataclysme que lors du premier, et plus encore lors du troisième que lors du second ; d'où on peut conclure que, bien loin de s'affaiblir ou de s'atténuer par le temps, le mal est en progrès. Jusqu'où cette puissance centralisatrice, armée de toutes les forces que lui apporte une fausse civilisation, portera-t-elle cette funeste facilité donnée aux révolutions en France ? Ce sera à nos successeurs à en décider.

Ainsi, la France livrée au travail des idées, aux impatiences des ambitions, aux avidités que rien n'arrête ni ne contient ; la France ne comptant pas avec les faits et les probabilités, n'ayant en elle aucune force agglomérée et capable de résister à la toute-puissance du gouvernement central ou à une explosion de la colère populaire, incapable, par conséquent, de se gouverner, de se réformer elle-même, mais sachant merveilleusement où est le point vulnérable auquel il faut frapper pour faire crouler en un clin d'œil tout l'édifice gouvernemental : tel est le trait général qui n'appartient ni à telle époque, ni à telle révolution, mais qui malheureusement est commun à toutes les époques, à toutes les révolutions en France ; tel est le danger qui pèse sur le présent et sur l'avenir, comme il a dominé le passé. Peut-être pourrons-nous, dans un autre travail[1], sonder à fond le vice d'organisation qui produit ce danger. Nous examinerons alors sérieusement et sans parti pris si le despotisme, c'est-à-dire une concentration encore plus absolue de toutes les

---

1. Ce travail a été fait et publié, — et peut-être rend-il inutile toute cette dissertation sur la centralisation.

forces dans l'État, un affaiblissement plus grand encore de tous moyens de résistance individuelle ou locale, n'est pas plutôt une aggravation qu'une atténuation de ce mal? mais une telle question ne doit pas être traitée incidemment et en passant.

CHAPITRE II

LE GOUVERNEMENT PROVISOIRE ET SON PERSONNEL

Bien que le parti républicain ait joué, en apparence, un rôle principal dans la révolution du 24 février et que la république ait de fait succédé au gouvernement de Louis-Philippe, il faut bien reconnaître que ce parti, au moment où cette révolution éclata, était fort peu nombreux dans les chambres où il n'atteignait pas le chiffre de vingt membres : encore ce chiffre si minime se répartissait-il entre deux fractions : l'une, et c'était la plus consistante, voulait de la république, mais à son temps et quand les mœurs du pays l'auraient rendue possible ; elle en redoutait l'avènement prématuré, pressentant bien qu'il serait infailliblement suivi d'un avortement; l'autre, plus ardente ou plus facile à se faire illusion, croyait, ou au moins affectait de croire à la possibilité de l'établissement immédiat de la république et elle y poussait par tous les moyens d'influence dont elle pouvait disposer, non dans les chambres où elle comptait à peine, mais sur les ouvriers, sur une partie de la jeunesse, sur les sociétés secrètes, dont les débris fort découragés, fort mélangés d'éléments impurs, subsistaient toujours; elle avait aussi pour auxiliaires, d'avance acquis à toute révolution, ces hommes fort nombreux, surtout en France, qui, ayant plus de prétentions que de savoir, plus de besoins que de ressources, plus d'imagination que de conduite et de bon sens, flottent entre des carrières manquées, aspirent à un changement de gouvernement, seule chance qu'ils aient de monter au rang dont ils se prétendent dignes et qu'ils n'ont pas su acquérir par le travail, la persévérance et la bonne conduite ; armée redoutable, toujours disponible pour une révolution, quel qu'en soit le but et le drapeau, et qui, après que la citadelle du pouvoir a été emportée et que les plus hardis ou les plus heureux en ont refermé les portes sur eux, se reforme immédiatement au dehors, tout aussi forte et aussi redoutable que la veille, et prête à recommencer dès le lendemain le siège et les approches de la place dans laquelle ils n'ont pu pénétrer.

Comment en serait-il autrement dans un pays où, par la double influence des mœurs et des lois, réagissant les unes sur les autres, tout se divise, se morcelle incessamment et à l'infini ; où tout s'émiette et s'éparpille, richesse, instruction, considération, de telle sorte que personne n'est assez riche pour vivre indépendant, ni assez dépourvu d'instruction et de prétentions pour se contenter de la condition dans laquelle il est né ; dans un pays où les places du gouvernement, quelque minime qu'en soit le salaire, forment cependant dans le budget de chaque famille un appoint indispensable et où ces places sont si nombreuses, si bien à la portée de tous, que chacun y tend et y aspire, et que les rechercher, les solliciter, les obtenir à tout prix, forme la grande industrie des populations et la préoccupation universelle des esprits.

Que si vous ajoutez à ces causes la douceur d'un

climat tempéré, les charmes d'une sociabilité facile qui retiennent toute cette fourmilière sur le sol natal, qui l'empêchent de porter au dehors son activité et d'aller chercher fortune au loin, on comprendra que le danger que nous signalons est inhérent à la constitution de notre société, et qu'y porter remède n'est ni chose facile, ni l'œuvre d'un jour, mais qu'il serait temps, cependant, d'y songer sérieusement.

La première fraction du parti républicain, que nous appellerons modérée, par comparaison avec l'autre, celle, il faut le dire, qui comptait dans ses rangs les talents et les caractères les plus respectables, Arago, Dupont (de l'Eure), Carnot, Garnier-Pagès, avait, en maintes circonstances, proclamé que, malgré sa foi dans l'avenir républicain de la France, elle s'associait sincèrement aux efforts comme aux espérances de l'opposition constitutionnelle dynastique ; que son devoir était même d'aider loyalement celle-ci à améliorer l'institution de la monarchie parlementaire : elle reconnaissait que la France pouvait parvenir, avec les institutions existantes, à réaliser, en grande partie, les avantages de la république[1]. C'est dans cet esprit qu'elle s'était unie à nos démonstrations réformistes, consentant à ce que ces démonstrations conservassent un caractère régulier et même monarchique, et adoptant complétement notre formule : *Une réforme pour éviter une révolution.*

Quant au parti de la république à tout prix, qui empruntait sa force à ses rapports avec les sociétés secrètes, il ne recevait quelqu'éclat dans la Chambre que du concours d'un avocat à la Cour de cassation, M. Ledru-Rollin, lequel était entré dans la carrière politique sous la bannière de l'opposition libérale

---

1. Voir l'ouvrage de M. Carnot, intitulé : *Les radicaux et la Charte.*

constitutionnelle, mais que son orgueil et une ambition aveugle avaient jeté dans les rangs des républicains extrêmes ; orateur véhément, en qui le tribun et l'homme d'affaires se combinaient de manière à en faire souvent un adversaire assez redoutable.

Ces deux opinions avaient chacune son organe dans la presse quotidienne, le *National* et la *Réforme*. Leurs dissidences éclataient dans ces feuilles en une polémique acerbe, violente ; elles étaient même parvenues à leur paroxysme de fureur dans les jours qui précédèrent la révolution.

Aussi, lors du banquet du Château-Rouge, par lequel commença cette série de démonstrations réformistes qui devaient avoir une si funeste issue, M. Ledru-Rollin avait-il été laissé à l'écart, et cela non par oubli, mais par suite d'une exclusion préméditée et délibérée dans un comité où les républicains modérés s'étaient montrés les plus ardents à le repousser.

A Lille, où, par une surprise, M. Ledru-Rollin était apparu tout à coup avec la prétention de prendre part au banquet réformiste, les opposants constitutionnels et les républicains modérés avaient mieux aimé lui abandonner le champ libre, que de mêler leur drapeau au sien.

Et depuis ce moment, les républicains exaltés avaient eu à Autun, à Châlons, et dans différentes villes, leurs banquets à part, dans lesquels les attaques les plus violentes avaient été dirigées bien moins contre le ministère que contre cette opposition qui ne voulait pas se prêter à une révolution : *M. Barrot a beau mettre des bâtons dans les roues du char de la révolution, elle n'en suivra pas moins son cours*, etc., s'écriait l'un d'eux à Châlons.

Enfin, lorsque le trop fameux banquet du XIIe arrondissement, après avoir été d'abord abandonné, fut repris sur les défis imprudents de MM. Duchâtel et

Hébert, il fut encore décidé, dans le comité d'opposants dynastiques et de républicains modérés, que M. Ledru-Rollin et ses amis en seraient exclus.

L'hostilité était donc flagrante au moment de la révolution du 24 février, entre ces deux fractions du parti de la République ; cette hostilité existait encore pendant toute la première partie de la journée du 24 février. On peut en juger par ce fait que deux des hommes les plus éminents de la république modérée, MM. Garnier-Pagès et Pagnerre, m'accompagnaient et se trouvaient dans ma voiture, lorsque je me rendis au ministère de l'intérieur pour tenter un effort suprême en faveur de la monarchie constitutionnelle : leur langage, et ils étaient de bonne foi, était, à ce moment, complétement favorable à la combinaison de la régence de la duchesse d'Orléans, et je dus tellement croire à cette bonne foi, que c'est avec mon assentiment qu'ils allèrent, avec M. de Malleville, prendre possession de l'Hôtel de ville.

J'étais donc autorisé à dire à la duchesse d'Orléans, lorsque j'allai la trouver aux Invalides, dans la soirée du 24 février, que ces deux *partis* étaient radicalement hostiles l'un à l'autre, et qu'ils ne tarderaient pas à entrer en conflit ; que, par conséquent, elle devait se tenir assez rapprochée de Paris pour être en mesure d'en profiter ; et, en effet, toute l'histoire du gouvernement provisoire n'est guère que celle de la lutte de ces deux fractions du parti républicain, de leurs tentatives pour s'arracher mutuellement le pouvoir, de leurs conspirations l'une contre l'autre.

Le conflit eût même éclaté dès le premier jour et les dalles de l'Hôtel de ville eussent peut-être été ensanglantées du sang des vainqueurs, si les membres de la Chambre des députés dont les noms avaient été proclamés comme membres du gouvernement provisoire eussent persisté à soutenir qu'ils étaient seuls investis d'un mandat régulier. En effet, au moment même où ils étaient proclamés au Palais-Bourbon, d'autres membres du gouvernement provisoire avaient été également désignés dans les bureaux du journal *la Réforme*, et ces derniers avaient pris les devants à l'Hôtel de ville.

Il fallut bien transiger, et les parlementaires de la République, après avoir vainement offert à leurs compétiteurs le titre de secrétaires, titre dédaigneusement rejeté, furent obligés de reconnaître que la direction du mouvement ne leur appartenait pas exclusivement. On convint d'une fusion entre toutes les forces qui avaient concouru à la révolution, et le gouvernement provisoire se trouva ainsi composé du plus étrange amalgame d'opinions, de caractères, de situations qui se soit jamais rencontré dans une combinaison politique.

C'étaient, d'une part, MM. Dupont (de l'Eure), Arago, Lamartine, Garnier-Pagès, Marie, Crémieux et Marrast, qui représentaient la république modérée; d'autre part, MM. Ledru-Rollin et Flocon, qui, imbus des traditions du vieux parti jacobin, regardaient l'intimidation et la contrainte comme des moyens nécessaires pour fonder la république; enfin, MM. Louis Blanc et Albert, ce dernier, simple ouvrier, répondaient aux idées hostiles à la société : c'étaient les Babœufs de cette révolution.

Nous allons essayer de dépeindre en quelques traits chacun de ces hommes qui, un instant, ont tenu dans leurs mains les destinées de la France et qui, à ce titre, ont leur place dans l'histoire. Ils se sont, d'ailleurs, dessinés eux-mêmes dans les événements auxquels ils ont concouru, et c'est à ces événements que nous empruntons les principaux traits de l'esquisse que nous allons en faire.

M. Dupont (de l'Eure), le président du gouvernement provisoire, originaire de Normandie, était, sous l'empire, président de la Cour impériale criminelle de Rouen, et jouissait, comme magistrat, d'une considération méritée. Il avait fait partie du Corps législatif de l'empire et de la Chambre des Cent-Jours, dont il avait été un des vice-présidents. Dans la Chambre de la Restauration, il avait constamment siégé à l'extrême gauche. Ami de Lafayette, de Manuel, il n'était pas resté étranger à l'organisation de la Charbonnerie et aux tentatives faites pour renverser un gouvernement auquel il ne pardonnait pas son origine. Aussi, lors de la révolution de 1830, son nom était-il prononcé par le peuple, à la suite de celui du général Lafayette ; il fit partie du premier ministère formé au début de cette révolution : les sceaux lui furent confiés.

On sait que deux fractions du parlement avaient concouru à renverser le gouvernement de Charles X, mais avec des idées et des tendances bien différentes : l'une, entraînée par le courant des événements au delà du but qu'elle se proposait dans son opposition, aurait voulu du moins arrêter la révolution à un simple changement de dynastie ; l'autre, ne se contentant pas de ce changement de personne, voulait une modification profonde dans les institutions. MM. Casimir Périer, Sébastiani, Guizot et de Broglie appartenaient à la première fraction ; Laffitte, Bignon et Dupont (de l'Eure) à la seconde. La première était forte de sa parfaite conformité de sentiments et de pensées avec le roi ; la seconde l'était de l'appui qu'elle trouvait dans les ardentes sympathies de toute la partie jeune et active de la population, qui avait fait la révolution. Elle avait, en outre, un puissant auxiliaire dans le général Lafayette qui, après avoir sommeillé dans une sorte d'obscurité et d'oubli pendant près d'un demi-siècle, de 1792 à 1830, s'était, par un étrange jeu de la fortune, réveillé tout à coup l'homme le plus populaire de France, général des gardes nationales de tout le royaume, et une seconde fois l'arbitre, à peu près souverain, des destinées de son pays.

J'étais alors préfet de la Seine ; mes opinions et mes affections personnelles me rattachaient à la politique de cette partie plus avancée du ministère.

Déjà, des dissidences nombreuses et profondes avaient éclaté au sein du conseil, lorsqu'un conflit survint entre M. Guizot et moi, au sujet de la nomination des maires de Paris, et à la suite d'une proclamation destinée à calmer l'effervescence populaire qui avait éclaté la veille du procès des ministres ; ce conflit amena la dissolution et la recomposition du cabinet. On était alors à la veille de ce procès fameux des ministres de Charles X, qui devait fournir aux passions populaires un si dangereux aliment ; l'élément avancé du ministère dut à cette circonstance de prévaloir sur l'autre élément. M. Dupont (de l'Eure) resta membre du nouveau cabinet, sous la présidence de M. Laffitte. Mais, en désaccord continuel avec la pensée du roi et avec la majorité de l'Assemblée, il s'empressa, lors de la démission du général Lafayette, de donner la sienne, que, depuis longtemps, il ne retenait que sur les instances de ses amis. A partir de cette époque jusqu'à 1848, il siégea constamment à l'extrême gauche, se défendant d'appartenir au parti républicain, blâmant avec vivacité les fautes et les impatiences de ce parti, dont son expérience et son bon sens naturel prévoyaient les funestes conséquences ; mais, par une déplorable faiblesse, qui ne peut s'expliquer que par un besoin irrésistible de popularité, il ne manqua jamais de couvrir ces fautes de l'autorité de son nom : ce qu'il redoutait le plus au monde, c'était de perdre quelque chose de la faveur populaire. Il avait soif de cette faveur comme d'autres ont soif du pouvoir. Ce fut le mobile de toutes ses actions, la passion de toute sa vie ; c'est la seule tache d'une existence d'ailleurs toute remplie d'honneur, de probité et de patriotisme. Certes, dans la journée néfaste du 24 février, nul mieux que lui, peut-être, dans la Chambre, ne mesurait toute la profondeur de l'abîme dans lequel les quelques meneurs qui poussaient à une révolution allaient entraîner le pays ; et, cependant, lorsque M. Sauzet laissa vide le fauteuil de la présidence et que la clameur populaire y appela Dupont (de l'Eure), celui-ci ne résista pas et sanctionna de sa présence la violence faite par une minorité à la France entière ; son nom ne pouvait dès lors manquer d'être porté à la tête de la liste du gouvernement provisoire, qui le désigna pour son président. J'eus l'occasion de le voir quelques jours après cette époque : il déplorait avec moi toutes les perturbations auxquelles était livrée notre patrie, et, cependant, impuissant à remédier à tout ce désordre, il consentait à lui servir en quelque sorte de décoration. Dans toutes ces scènes démagogiques de l'Hôtel de ville, où il fallait conjurer les passions de la populace, le vénérable Dupont (de l'Eure), ses vertus et ses cheveux blancs, étaient le ressort le plus puissant que faisaient jouer les orateurs, et ce ressort manquait rarement son effet. Enfin, et lorsque l'Assemblée Constituante se réunit, il reconnut d'abord, avec tous les hommes sensés de son parti, que le moment était venu de se dégager de cet élément violent et compromis du gouvernement provisoire contre lequel sa modération avait eu à lutter si péniblement ; et cependant, au moment du vote, toujours faible en face des exigences du populaire, il vota pour la combinaison qui maintenait Ledru-Rollin au gouvernement. Depuis ce moment, il disparut de la scène politique, et eut la douleur de se voir insulté dans son propre pays, par ce même peuple dont il avait été l'idole; expiant ainsi à la fin de sa vie cette malheureuse faiblesse, seule cause de la déplorable contradiction qui a perpétuellement existé entre sa raison et sa conduite.

Arago, lui, avait tous les orgueils et toutes les ambitions ; il voulait dominer dans la politique comme dans la science. Né dans les Pyrénées, à Perpignan, la nature l'avait doué de facultés qui s'excluent ordinairement : une imagination ardente, un sang prompt à s'allumer, et, en même temps, une aptitude merveilleuse pour les calculs et une patience à toute épreuve dans la poursuite des découvertes scientifiques. Cette heureuse combinaison de qualités différentes a grandement servi à son illustration dans le monde de la science, car nul n'a su colorer avec une plus parfaite délicatesse d'esprit, rendre plus saisissables et plus vivantes pour tous, les vérités les plus obscures et les plus abstraites même : il y a dans le sentiment sympathique qui s'attache à sa mémoire, quelque chose qui tient de la reconnaissance ; le public lui saura éternellement gré d'avoir mis à sa portée les plus sublimes conceptions du génie.

Mais en politique, les qualités qui font le littérateur et le mathématicien, le poëte et l'astronome, sont trop souvent exclusives de cette raison froide qui juge sainement la portée des événements, qui distingue le possible de l'impossible, et qui ne s'engage dans aucune entreprise avant d'en avoir calculé et bien mesuré les conséquences.

M. Arago manquait complétement de cette raison froide et calme ; je l'avais rencontré après 1830 à l'Hôtel de ville, où, comme membre du conseil général, il avait, en plusieurs circonstances, appuyé mon administration, que des mauvais vouloirs systématiques ou des timidités aussi compromettantes qu'inopportunes dans ces moments de crises s'efforçaient d'entraver ; à partir de ce moment, nous nous étions liés, nous nous retrouvâmes à la Chambre, où il siégeait à l'extrême gauche, plus par tempérament que par conviction raisonnée. Dans les commencements du règne de Louis-Philippe, il avait été en rapports assez intimes avec la famille régnante, il avait même donné quelques leçons de mathématiques et d'astronomie au duc d'Orléans; mais croyant avoir à se plaindre de cette famille et incapable par sa nature de pardonner un tort, alors surtout que son amour-propre était en jeu, il s'était jeté dans le parti républicain, et cependant il était loin d'avoir des idées bien arrêtées sur l'espèce de république à laquelle il donnait sa foi. Interpellé dans une réunion électorale, s'il était partisan de la république, il répondait à son interlocuteur : « De quelle république voulez-vous parler? de celle d'Athènes ou de Sparte; de celle de Rome ou de Carthage; de celle de Venise ou de Saint-Marin, etc. » La réponse était spirituelle et le tirait d'embarras, mais elle ne dénotait pas en lui une foi républicaine bien arrêtée. C'était chez lui, comme chez beaucoup d'autres, un sentiment bien plus qu'une conviction raisonnée. Aussi, un jour que, parcourant ensemble, dans un voyage de délassement, les rives du Rhin, nous avions mis la discussion sur ce terrain, et que j'objectais à la possibilité de l'établissement de la république l'immense centralisation du pouvoir exécutif dans notre pays, les tentations et les facilités que cette concentration de puissance donnerait inévitablement à celui qui en serait saisi, il me répondit, après un moment de réflexion : « Vous avez raison, mais le remède est simple : *On coupera la tête à une dizaine de présidents de la république, à moi tout le premier, et alors l'exemple profitera aux autres.* » Sur quoi je me permis de lui faire remarquer que ce serait une raison de plus pour les présidents futurs de prendre les devants. « Voyez, mon cher Arago, ajoutai-je en riant, les rôles sont intervertis entre nous. De nous deux, c'est vous qui êtes le poëte, et moi qui suis le mathématicien!... »

La position qu'il avait prise dans l'Assemblée n'empêchait pas qu'il n'y fût écouté avec une grande déférence et une faveur marquée, même par la majorité, toutes les fois qu'il montait à la tribune pour éclairer de sa science et de sa parole si nette et si élégante quelque question technique, se rattachant à ses travaux scientifiques ; mais, dans les occasions assez rares, d'ailleurs, où il intervenait dans les débats purement politiques, lorsqu'il se chargeait, par exemple, de soutenir à la tribune et de justifier le suffrage universel, il n'était suivi que par un fort petit nombre d'adhérents, ce qui ne le réconciliait pas avec la monarchie constitutionnelle.

C'est dans cette position d'illustration scientifique incontestée, de solidarité de votes avec la partie la plus extrême de la gauche, que la révolution de 1848 le prit pour en faire un membre du gouvernement provisoire.

Hâtons-nous de dire qu'il y défendit avec courage les derniers éléments d'ordre qui existaient encore dans notre société. Avide, comme Dupont (de l'Eure), de popularité, il n'apportait cependant pas dans cette prétention à la faveur populaire la même faiblesse de caractère que son collègue : car, tout en courtisant le peuple, il ne cessait pas d'être lui-même, c'est-à-dire ardent, impérieux, naturellement dominateur. Chargé de la responsabilité du pouvoir, il se prononça résolûment, et malgré des liens de famille qui le rattachaient au parti extrême, contre les violences de la rue et des clubs ; il prit en haine les agents de ces désordres, nous les dénonça courageusement dans la commission d'enquête et maintint avec fermeté sa dénonciation au sein de l'Assemblée, malgré les cris et les menaces de la Montagne.

Quant à M. de Lamartine, il est exclusivement poëte ; son malheur et le nôtre a été qu'il s'est cru, en outre, homme d'État. Il lui est échappé de dire dans un de ces *Entretiens littéraires* sur lesquels il fonde l'espoir du rétablissement de sa fortune, que, *dans sa vie, il avait toujours jugé et apprécié les événements d'après la forme dans laquelle ils pouvaient être racontés*. Il s'est peint tout entier et d'un seul trait dans ce passage : pour lui, la forme, en effet, n'est pas un simple accessoire, c'est le principal ; il ne la met pas au service du fond, c'est l'inverse qu'il fait. En lui, l'artiste a toujours dominé de beaucoup l'homme politique. On pourrait dire de M. de Lamartine ce qu'on a dit d'un autre poëte : Ce n'est pas un homme, c'est une *lyre*. Son organisation le disposait à être un littérateur d'un éclat sans pareil, un orateur d'une fécondité inépuisable, mais un détestable homme d'affaires ; et cependant, par une bizarrerie assez commune chez les hommes et qui les porte à attacher bien plus de prix aux aptitudes qu'ils n'ont pas qu'à celles qu'ils possèdent, M. de Lamartine se montrait fort peu sensible aux éloges qu'on adressait à ses vers. Ce sont, disait-il négligemment, des *distractions de ma jeunesse*. Il prenait beaucoup plus au sérieux son rôle d'homme politique, et il disait volontiers, et sans aucun embarras, à qui voulait l'entendre, qu'il était le plus habile homme d'affaires que la France eût jamais possédé. Il paraît un peu revenu aujourd'hui de cette infatuation ; la littérature, cette bonne et douce mère, lui a pardonné ses ingratitudes et l'a recueilli dans son naufrage.

Les hommes simplement sensés que leur destinée a jetés dans la politique cherchent, en général, à raisonner toutes leurs actions, à en calculer les résultats, à bien réfléchir avant d'adopter une ligne de conduite ;

et, après s'y être engagés, à y persévérer, à moins de motifs bien impérieux ; ils s'efforcent avant tout de mettre quelque *unité*, quelque *logique* dans leur vie publique. Telle n'a pas été et telle ne pouvait pas être la préoccupation de M. de Lamartine. On le retrouve, au commencement et à la fin de sa carrière politique, aux deux pôles extrêmes : il avait commencé par servir la légitimité, il a fini par être le principal acteur dans une révolution démagogique et sociale ; il avait débuté par remuer dans le cœur humain les cordes les plus douces, les sentiments les plus conservateurs, et il a fini par sonner en quelque sorte le tocsin de la guerre civile. De ses *Harmonies* à l'éloge de Robespierre dans *les Girondins*, il y a tout un monde : le vol seul du poëte peut franchir de tels espaces.

Et cependant nous n'aurions fait de lui qu'un portrait incomplet, si nous n'ajoutions que, soit par suite de l'enivrement de ses succès, soit par la perversion qu'apporte inévitablement dans l'âme et le cœur une imagination que rien ne retient ni ne modère, on retrouve dans les principaux actes de la vie de M. de Lamartine la triste influence d'une personnalité dominatrice et intraitable : les seuls écarts du poëte ne suffiraient pas en effet à expliquer certains revirements, certaines contradictions qui ont douloureusement étonné même ses amis.

Ainsi, en entrant dans la carrière politique, M. de Lamartine avait pris place au centre droit : c'était la position que lui assignaient naturellement son origine, ses services, ses premiers travaux, et même la distinction aristocratique dont toute sa personne est empreinte. La coalition de 1839 lui avait fourni une admirable occasion de défendre le principe d'autorité contre le principe parlementaire ; il était là dans son rôle naturel et il y avait conquis tout d'abord une grande situation politique. Eh bien, il quitte tout à coup cette situation pour venir s'enrôler dans les rangs de notre opposition, et cela parce que la majorité, en lui préférant je ne sais quel autre député pour la présidence de la Chambre, lui semblait avoir méconnu et ses services et son mérite. Il pose à peine parmi nous : les allures prudentes, réservées d'une opposition qui ne veut rien détruire, qui se contente, comme il le disait lui-même avec mépris, de *petites réformes*, ne pouvait lui convenir longtemps; il s'y sentait mal à l'aise et trop à l'étroit. Alors il s'isole des partis, sa prétention est d'en former un à lui tout seul. Toujours sûr de captiver la Chambre par l'éclat de sa parole et d'arracher des applaudissements par les ressources merveilleuses qu'il sait faire jaillir de notre langue, il s'étonne que les conclusions qu'il présente ne soient jamais suivies, il s'indigne de son isolement; les succès de l'orateur ne le consolent pas des échecs de l'homme d'État, et c'est alors qu'il prononce ces tristes et prophétiques paroles : *La France s'ennuie!* et puis il se met à l'agiter, à la remuer jusqu'au fond des entrailles, en évoquant les fantômes de la révolution, en les revêtant de tous les prestiges de son imagination. Il obtient, à force de talent, ce cruel et déplorable succès de remettre en honneur les hommes et les actes de 1793; de faire succéder dans le cœur du peuple, à l'amour d'une liberté sage et progressive, l'ardeur révolutionnaire qui avait emporté et égaré nos pères; il ramasse, réunit, prépare les matériaux de ce foyer qu'une étincelle devait, quelques jours plus tard, convertir en un terrible incendie.

Que se passait-il dans la tête et le cœur de M. de Lamartine lorsque, dans la matinée du 24 février, recevant la visite d'un émissaire des sociétés secrètes, l'acteur Bocage, il le renvoyait avec l'engagement par lui pris d'appuyer la république; et lorsque, quelques heures après, dans le comité où les républicains d'origine et de race, les plus croyants et les plus décidés, hésitaient devant cette tentative si aventureuse de la république, lui, l'aristocrate de sang, de sentiment, d'origine, naguère le défenseur éloquent et alors bien inspiré de la régence de la duchesse d'Orléans, il gourmandait leur timidité, et, se frappant le front, s'écriait : *Non, la République !*... et les entraînait avec lui dans cette terrible aventure ? Fut-ce chez lui une erreur, une inconsistance d'esprit ? son imagination lui dépeignait-elle dans ce moment avec des couleurs trop brillantes pour qu'il y résistât ce qu'avait d'émouvant, de dramatique, cette république surgissant tout à coup et sans préparation, comme un coup de théâtre, du milieu des débris de la monarchie ? ou bien, par un retour sur lui-même, a-t-il vu, dans cette révolution dont il prenait si témérairement l'initiative, l'occasion d'une revanche, et a-t-il cédé à son insu à ce besoin de son orgueil de donner une cruelle leçon à ceux qui l'avaient méconnu, en même temps qu'il y trouvait le bonheur de briller d'un grand éclat au premier rang, ne fût-ce que pour un seul jour ? Dieu, qui pénètre au fond des consciences et qui juge les intentions, peut seul répondre à cette question.

Jeté à l'Hôtel de ville par cette tourmente révolutionnaire à laquelle il s'était abandonné, l'histoire dira, et la France aurait tort de ne pas s'en souvenir, que M. de Lamartine y a déployé tout ce que l'éloquence peut donner de puissance sur un peuple naturellement artiste et amoureux de la forme ; il a lutté courageusement contre les dangers qu'il n'avait pas prévus et qui ne l'ont pas abattu. Il a pu croire, un instant, que le rêve de son orgueil était réalisé et qu'il était le maître des destinées de la France ; il s'est malheureusement souvenu qu'il n'était pas seulement éloquent, mais qu'il était habile, et alors il s'est mis à ruser avec les hommes et les choses : l'homme d'affaires a détruit bien promptement l'édifice de grandeur et de puissance que l'orateur populaire avait élevé. Cette prétention à l'habileté l'a entraîné dans d'étranges compromissions. Il se croyait sûr d'un homme dès qu'il lui avait parlé ; et plus cet homme était violent et compromis, plus la conversion qu'il s'imaginait avoir opérée flattait son amour-propre. Peut-être aussi, républicain du lendemain, converti bien nouveau et un peu suspect au républicanisme, se croyait-il obligé, pour s'attacher ces démagogues farouches en qui il supposait qu'était la force, de leur donner des gages. Ce qui est certain, c'est que, bien que placé par l'opinion et avec raison parmi les modérés du Gouvernement provisoire, il fut celui d'entre eux qui affectait le plus de ménagements et montrait le plus de condescendance pour les démagogues les plus violents. *Il appelait cela conspirer avec la foudre :* c'était là un jeu dangereux, qu'il a joué trop longtemps et dont il a fini par être victime. Contre le sentiment universel et malgré les exigences de la situation, il crut pouvoir continuer sous la Constituante ces ménagements, ces complicités avec les hommes de la violence : il tomba tout d'une pièce et depuis ne s'est plus relevé.

La responsabilité d'une des plus grandes catastrophes qui aient ébranlé les sociétés humaines pèse en grande partie sur lui : et cependant telle est la séduction qu'exercent le courage, la distinction personnelle, le talent ; tel est l'intérêt qu'inspirent les péripéties de cette existence si agitée, le contraste si émouvant que présente cette haute fortune d'un jour, suivie d'une adversité soutenue avec courage, que nous restons incertains et perplexes dans le jugement que nous portons sur cet homme, et qu'il nous laisse en suspens entre l'admiration et la réprobation.

Nous ne dirons que peu de mots des quatre autres

membres du Gouvernement provisoire appartenant au parti modéré.

M. Garnier-Pagès était arrivé assez tard dans la Chambre ; le nom de son frère lui en avait facilité l'entrée. Il avait pris place au milieu du petit groupe de républicains et prenait surtout part aux discussions financières : ses études et sa profession même — il était courtier de commerce — l'y avaient préparé. D'un caractère naturellement bienveillant, de goûts simples et modestes, il était parmi les républicains modérés un de ceux qui avaient le plus vivement senti la nécessité de se séparer du parti montagnard ou jacobin et de s'unir loyalement aux efforts de l'opposition constitutionnelle ; il avait par ce motif encouru les diatribes du journal la *Réforme*, et spécialement la haine de M. Ledru-Rollin, patron de ce journal. Ce qui caractérise surtout M. Garnier-Pagès, c'est une confiance imperturbable en lui-même, une sorte de vanité puérile qui le porte à se faire le centre de tous les événements, et une puissance d'illusion qui le dispose à croire à la réalisation de tout ce qu'il désire. Ce sentiment serait odieux ou ridicule, s'il n'était mêlé à une grande bonté de cœur, à une probité à toute épreuve ; et, après tout, on ne peut pas oublier que ce défaut a été la source de cette résolution courageuse qu'il a montrée dans des circonstances difficiles, et spécialement au milieu de la terrible crise financière contre laquelle il eut à lutter.

M. Marie avait cédé à la tentation à laquelle résistent rarement les avocats parvenus aux premiers rangs de leur ordre : il avait voulu, lui aussi, couronner sa carrière du barreau par la députation. Son talent peu flexible, sa parole un peu embarrassée, et d'ailleurs les préoccupations de sa profession, à laquelle il n'avait pas renoncé, ne lui avaient pas permis de jeter un grand éclat à la tribune et de réaliser toutes les espérances que ses amis avaient placées en lui. Il faisait partie du groupe des républicains modérés et jouissait, parmi ses amis et même dans la Chambre, de l'estime qui ne se refuse jamais à un caractère sérieux et honorable ; il eut le triste honneur de proposer le premier, le 24 février, la formation du Gouvernement provisoire.

M. Marrast avait succédé à Carrel dans la rédaction et la direction du *National* ; sa plume facile, colorée et incisive, le rendait merveilleusement propre à retracer ce drame des Chambres dont alors vivait notre France. Le pas décisif qu'Armand Carrel, son prédécesseur, avait fait faire au journal *le National* en y arborant un jour, et sans trop expliquer ce changement, le drapeau républicain, n'avait pas empêché un autre journal, intitulé *la Réforme*, de renchérir encore et de planter ce drapeau en pleine démagogie révolutionnaire. De là un conflit d'opinions, d'amours-propres, d'ambitions et même d'intérêts entre ces deux journaux ; conflit qui ne contribua pas peu à placer et à maintenir M. Marrast dans les rangs des républicains modérés. Il était d'ailleurs naturellement porté, par ses goûts de luxe, par sa vie un peu épicurienne, à prendre en haine et en dégoût l'anarchie en haillons : on verra qu'il fut certainement un de ceux qui la combattirent avec le plus de courage.

Nous avons déjà fait connaître M. Ledru-Rollin. Il appartient à cette classe d'hommes en qui l'ambition et l'orgueil ne sont modérés ni par le jugement ni par le cœur : placez ces hommes dans la vie privée, ils tourmenteront leur existence par des entreprises folles et finiront par quelque catastrophe ; jetez-les au milieu d'une crise révolutionnaire, ils seront Danton ou Robespierre, selon que leur tempérament sera sanguin ou bilieux. M. Ledru-Rollin était de la nature des Danton, plein d'audace et de foi en lui-même ; mais sensuel et aimant le plaisir, il réunissait dans sa personne, par son caractère, par la nature de son talent, les conditions du tribun, mais non celles de l'apôtre : de là, ses hésitations, ses incertitudes ; il y a en lui plus d'ambition que de fanatisme. Il a pu menacer la société, la troubler profondément, se permettre toutes les témérités de la pensée, toutes les folies révolutionnaires en paroles et en projets, donner la main à tous les agents de désordre, entreprendre et défaire avec eux vingt conspirations ; nous ne croyons pas qu'il eût été jusqu'à une terreur sanglante : il faut être bien convaincu pour être cruel.

M. Louis Blanc avait tout autant d'ambition et d'orgueil au moins que M. Ledru-Rollin ; mais ces sentiments étaient chez lui plus raisonnés et par conséquent plus profonds. Je dirais de lui, à la différence de M. Ledru-Rollin, qu'il est plus apôtre que tribun, mais apôtre plus inspiré encore par la haine que par la foi. Il a été la véritable incarnation de cette passion haineuse qu'il avait tant contribué à allumer par ses ouvrages au sein de la classe ouvrière. C'est pourquoi, bien qu'à peu près seul dans le Gouvernement provisoire, car l'ouvrier Albert qu'il s'était associé n'était qu'une espèce d'automate lui servant tout à la fois de satellite et de décoration populaire, il tenait cependant en échec tous les autres membres du Gouvernement ; parfois il les entraînait, mais toujours il les maintenait dans une sorte de terreur. C'est qu'en effet il représentait dans ce gouvernement la seule passion réelle, la seule force efficace de la révolution du 24 février : la haine du pauvre contre le riche, et la force des bras nus contre celle de l'intelligence ; seulement, sa haine et son fol orgueil, comme toute passion extrême, l'avaient complétement aveuglé sur les possibilités humaines et sociales. C'est un sujet d'étonnement et un problème psychologique assez curieux à étudier que celui d'une intelligence aussi remarquable pouvant s'égarer aussi grossièrement et s'absorber si complétement dans la poursuite d'une chimère monstrueuse. C'est à tel point qu'on pourrait parfois croire à un égarement sincère et consciencieux de sa part. Du reste, dans ce petit corps, se trouve une énergie remarquable : en le voyant le 15 mai, au moment où nous venions de l'arracher tout pantelant et ses habits en lambeaux des mains des gardes nationaux, monter à la tribune, s'y cramponner pendant deux heures, y déployer un sang-froid, une ténacité dignes d'une meilleure cause, on ne pouvait se défendre de déplorer que de telles facultés, un tel courage, ne fussent pas accompagnés d'un sens moral plus élevé, et surtout dirigés par quelque peu de raison.

Nous ne parlons ni de M. Crémieux, avocat, ni de M. Flocon, sténographe, espèces de comparses, flottant entre les deux camps, qui s'étaient glissés dans le Gouvernement plus qu'ils n'y avaient été portés, et qui, du reste, n'y représentaient que des prétentions personnelles, hommes d'ailleurs d'esprit et de ressources, mais sans consistance aucune : l'histoire n'a pas à s'en occuper.

Dès le premier jour, ce gouvernement désignait ses ministres : c'était, à la guerre, d'abord le général Bedeau : cette nomination se trouve dans une première édition du *Moniteur ;* il refusa, mais accepta le commandement de la division de Paris : c'était encore trop : il fut remplacé au ministère par M. le général Subervie, vieux général de l'empire, qui siégeait sans éclat à l'extrême gauche, homme fini et usé, si toutefois il avait jamais eu d'autre valeur que celle d'un commandant assez brillant de cavalerie légère. Ledru-Rollin garda l'intérieur; Lamartine, les affaires étrangères; Crémieux eut la justice; Arago, la marine; Marie, les travaux publics; Bethmont, autre avocat d'un esprit distingué, mais d'une santé chancelante, d'un caractère hésitant, accepta le commerce et l'agriculture; un banquier, juif de religion, Goudchaux, fort avancé dans ses opinions, mais animé de sentiments généreux, prompt à s'exalter, homme de probité et de courage, mais de jugement essentiellement faux, assez enclin aux idées socialistes, et cependant antagoniste très-prononcé de Louis Blanc, se chargea des finances, qu'il ne garda pas longtemps; enfin, l'instruction publique fut donnée à Carnot, le fils du célèbre Carnot: comme Georges Lafayette, il gardait au fond du cœur un culte profond pour la mémoire de son père, culte dont il vivait moralement et politiquement; homme doux et modéré de caractère, mais fanatique d'opinion, il était du nombre de ces républicains modérés qui avaient accepté loyalement l'expérience de la monarchie constitutionnelle et s'étaient réunis à nous; mais l'avénement de la république le jeta dans une sorte de délire démagogique : nous en verrons la triste preuve dans ses circulaires aux instituteurs primaires.

Chacun de ces ministres était doublé d'auxiliaires qui, bien qu'au deuxième rang, n'en eurent pas moins une grande influence sur les affaires : c'était, à côté de Ledru-Rollin, Jules Favre, avocat doué d'une prodigieuse facilité de parole, mais chez qui la parole, comme le dard chez certains animaux, traverse apparemment une vésicule de venin, car cet homme offre ce phénomène étrange, qu'avec des mœurs privées pleines de douceur et de bienveillance naturelle, sa parole est toujours âcre et venimeuse; il eut une grande part dans les trop fameuses circulaires de M. Ledru-Rollin, et joua un rôle assez important dans les débats de l'Assemblée constituante. A côté de Carnot, était un sieur Élias Regnault, littérateur démagogique et socialiste, plus ardent que son ministre : il ne contribua pas peu à l'égarer. A côté du ministre de la guerre, était M. le colonel Charras, homme d'intelligence et de décision, qui avait servi en Afrique avec distinction; un de ces hommes rares, en qui la passion et le fanatisme n'offusquent pas les lumières de l'esprit, et qui n'en sont que plus dangereux lorsqu'ils sont mal engagés. Nous le verrons jouer un rôle assez important dans les deux assemblées Constituante et Législative.

Enfin, M. Garnier-Pagès fut nommé maire de Paris, ayant pour adjoints MM. Pagnerre, libraire-éditeur de presque tous les livres ou brochures de l'opposition sous Louis-Philippe, et un des rares républicains sensés et pratiques de ce gouvernement; et Buchez, médecin, rêveur philanthrope, que nous verrons plus tard porté à la présidence de l'Assemblée constituante. D'autres médecins, tels que Recurt, Trélat, figuraient aussi dans les agents secondaires de ce gouvernement.

Tel était le personnel de ce gouvernement improvisé sous le feu des passions révolutionnaires : la Providence semblait s'être plu à y réunir toutes les variétés de l'orgueil humain, comme pour démontrer une fois de plus combien cette disposition de l'âme, toute-puissante pour détruire, est impuissante pour édifier. Ces hommes, réunis pour fonder ensemble une république, manquaient tous de la première qualité indispensable à une telle mission, l'oubli de soi-même et l'abnégation. Aussi ce gouvernement ne parvint-il jamais à reconnaître un chef ni une direction unique ; les individualités qui le composaient ne purent se fondre, même sous la pression des plus grands dangers.

Et cependant, quel terrible problème se dressait devant eux au lendemain de cette révolution! Il s'agissait de faire vivre une société sans gouvernement, sans force répressive, sans finances, sans police! et cela, au milieu de toutes les fureurs d'une anarchie qui, elle, avait son gouvernement, sa police, sa presse, ses clubs, son armée, tout cela heureusement en partie multiple et sans unité d'action, ce qui nous a sauvés. L'histoire dira que, pendant un certain temps, tout ce qu'il y avait en France de force organisée était *contre* et non *pour* la société... et que cependant la société s'est sauvée ; mais à quel prix !...

Nous venons de faire connaître la partie officielle et à peu près régulière du gouvernement de l'Hôtel de ville. Parlons maintenant de ces autres centres d'influence et d'action qui s'étaient formés à côté de lui, *pour le surveiller, et au besoin pour le combattre*.

Un de ces groupes révolutionnaires, celui-là émané plus directement des sociétés secrètes, s'était installé dès le 24 février, de sa propre autorité, à la préfecture de police : il était composé de ces conspirateurs émérites, dont plusieurs dans leurs nombreux démêlés avec la police, quelques-uns même à raison de leurs rapports équivoques avec elle, connaissaient bien l'importance et savaient parfaitement le chemin de la préfecture. C'était d'abord Caussidière, qui avait fait beaucoup de métiers ; il avait eu des démêlés avec la police de Lyon, dont il avait tué un agent ; plusieurs fois traduit en justice, il s'en était tiré heureusement, grâce à une certaine finesse mêlée d'audace. Au moment de la révolution du 24 février, il était chargé de colporter en province les prospectus du journal *la Réforme* et de lui recruter des abonnés, mission à deux fins et qui lui fournissait l'occasion de se mettre en rapport avec les différentes sociétés secrètes de Paris et des départements. Il vivait des primes qu'il recevait pour chaque abonnement et des sommes que lui fournissait la bourse de M. Ledru-Rollin. D'une taille et d'une force vraiment athlétiques, rusé, caustique, et bon vivant, il avait ces mérites que le peuple admire et dont il accepte volontiers l'ascendant. Si Louis Blanc représentait les avidités et les rêves socialistes de la classe ouvrière, Caussidière représentait bien mieux les instincts, les goûts, les habitudes de cette classe. Les ouvriers se sentaient très-exactement personnifiés en lui. Aussi, en juin, au moment suprême du conflit avec la bourgeoisie, ce fut son nom qui leur servit de drapeau : il avait emmené avec lui à la préfecture de police ses anciens complices de conspiration. De tout ce ramassis d'hommes que le vice, autant et plus que les passions politiques, réunissait sous sa main, il avait formé sous le titre de Montagnards une garde prétendue de police, mais plus véritablement une espèce de club armé, portant des insignes sinistres et objets d'effroi pour la population paisible.

Parmi ces hommes était un sieur Sobrier, qui, plus lettré que Caussidière, ayant quelque fortune personnelle, aurait pu lui disputer la direction de la préfecture : mais il se fit entre eux un traité de partage ; Caussidière garda la préfecture de police, et Sobrier se chargea d'organiser la presse révolutionnaire, de centraliser l'action des clubs et des sociétés secrètes : en un mot, de la direction morale et politique du parti démagogique. Ce dernier s'empara, à cet effet, de l'hôtel des bureaux de la liste civile, situé rue de Rivoli, tout près du château, conservant ses rapports avec la police, qui lui fournissait des hommes de garde et des armes ; et là, il s'installa militairement, à la grande frayeur de tout ce quartier, habité par la population la plus riche de Paris. On verra quel rôle actif cet homme a joué dans les attaques dirigées contre l'ordre social.

Ce n'est pas tout : la Société des Droits de l'homme avait eu une grande part dans la révolution du 24 février ; c'est elle qui avait refusé de désarmer devant les concessions de Louis-Philippe, elle qui avait pris la tête des attaques sur le Palais-Royal et le Château-d'Eau, elle qui était entrée aux Tuileries, elle qui avait envahi la Chambre des députés et qui, par son audace, avait d'un mouvement réformiste fait une révolution : elle pouvait à bon droit réclamer sa part dans les fruits de la victoire. Elle eut donc aussi son gouvernement : elle formait déjà au sein de Paris, et dans les quartiers les plus populeux, une armée de 20,000 affiliés ; elle avait ses chefs vieillis dans les conspirations et éprouvés dans maints combats contre l'autorité : Villain, Barbès, Blanqui et autres. Organisée militairement, d'après le principe de l'obéissance passive la plus absolue, chacun de ses membres était armé et obligé de marcher au premier ordre, sans avoir le droit de discuter cet ordre (singulier instrument, on en conviendra, de liberté). Répandue par sections dans les quatorze quartiers de Paris, elle avait un centre de réunion dans chacun de ces quartiers ; mais il lui fallait un local pour son état-major, et le Palais-Royal lui fut livré. C'est là que, nuit et jour, s'agitait la question d'insurrection armée et de guerre civile, et qu'on s'y préparait même matériellement en fondant des balles et en faisant des cartouches.

Ajoutez à tous ces éléments anarchiques les nombreux clubs (on en a compté plus de sept cents) qui s'ouvrirent, comme par enchantement, presque dans toutes les rues de Paris, et à qui tous les monuments publics avaient été livrés pour y tenir leurs séances, et, de plus, les 450 journaux qui surgirent tout à coup, sous les titres les plus odieux et les plus grotesques, empruntant les souvenirs de 1793 et ravivant toutes les passions de cette époque ; ajoutez encore les affiches que l'on placardait et arrachait successivement sur tous les murs de Paris, affiches dans lesquelles des appels incessants étaient faits à toutes les avidités, à tous les ressentiments de la classe ouvrière, et où se lisaient les provocations les plus directes à la guerre civile et au pillage, et on pourra se représenter ce débordement inouï de passions démagogiques qui, dès le lendemain du 24 février, inonda la société française.

Comme si ce n'était pas assez encore, le gouvernement ne tarda pas à ajouter à ces éléments de désordre des éléments encore plus formidables : nous voulons parler de l'organisation ouvrière du Luxembourg et des ateliers nationaux.

Mais n'anticipons pas sur l'ordre des faits ; et, maintenant que nous avons fait connaître les éléments divers dont se composait cette dictature officielle et officieuse, née de la tourmente démagogique du 24 février, nous allons en retracer les actes.

CHAPITRE III

LE GOUVERNEMENT PROVISOIRE ET SES ACTES

Il y a des révolutions qui, depuis longtemps préparées, ont leur marche toute tracée ; elles n'ont qu'à réaliser ce qui était déjà dans le cœur et l'esprit de tous. Telle avait été la révolution de Juillet : longtemps avant que le conflit éclatât entre la couronne et le parlement, Louis-Philippe était pressenti, indiqué, comme pouvant donner à la liberté constitutionnelle les garanties que lui refusait la branche aînée : c'était là l'opinion commune de la France ; la révolution de Juillet n'avait qu'à convertir cette opinion en un fait. Aussi cette révolution avait-elle d'avance son personnel, sa marche et son but bien déterminés. La révolution du 24 Février n'a pas eu cet avantage : comme la veille tout était imprévu, le lendemain tout fut incertain. Que sommes-nous ? qu'allons-nous faire ? Telle est la question que se posaient les membres du nouveau gouvernement au moment où ils touchaient le seuil de l'Hôtel de ville : *Nous sommes,* disaient-ils dans la proclamation du 24 février, *un gouvernement provisoire, sorti d'acclamation et d'urgence par la voix du peuple et des députés des départements dans la séance du 24 février...* C'était débuter par un mensonge. Quelques centaines d'affiliés des sociétés secrètes, qui s'étaient jetés sur l'Assemblée, n'étaient pas plus le peuple français que les quarante ou cinquante députés de l'extrême gauche et de l'extrême droite, joignant leurs cris aux vociférations de la populace, n'étaient les députés de la France ; et il y avait, il faut en convenir, une grande assurance à qualifier de *séance* cette orgie du 24 février, dans laquelle une populace, ivre de poudre et de vin, faisait brutalement violence à la représentation nationale, la chassait de ses bancs, menaçait de mort ses orateurs, et, se substituant à tous les pouvoirs, composait un gouvernement au milieu de sauvages et confuses vociférations. Ils étaient plus dans la vérité alors que, dans leur adresse du même jour à l'armée, ils disaient : *Quand la capitale de la France est en feu, le mandat du Gouvernement provisoire est dans le salut public.*

Il y a toujours, dans ceux-là mêmes qui outragent le plus violemment le droit, un besoin secret de garder certaines apparences de légalité : on a dit que l'hypocrisie était encore un hommage à la vertu. C'est un hommage de cette nature que les membres du Gouvernement provisoire rendaient au gouvernement parlementaire, lorsqu'ils s'annonçaient comme issus de ce même gouvernement qu'ils venaient de fouler aux pieds.

Ce qui nous frappe aussi dans ces définitions diverses du Gouvernement provisoire, c'est l'affectation qu'on y remarque de la part des membres de ce gouvernement à s'excuser d'avoir pris le pouvoir. Déjà Louis-Philippe, en 1830, s'était annoncé à la France comme subissant, en quelque sorte, la couronne pour sauver l'ordre public. Je n'aime pas ces révolutions que ses représentants n'osent pas avouer et dont ils rejettent la responsabilité sur le compte du destin : c'est qu'elles n'ont pas la pleine conscience de leur légitimité.

Quant au but à assigner à la révolution de 1848, il était bien difficile à déterminer. La lutte avait commencé au cri de : *Vive la réforme et point de révolution!* Or c'était une révolution qui venait de s'accomplir, à la grande douleur des uns et à la grande surprise du plus grand nombre. Le manifeste de l'Hôtel de ville ne pouvait donc plus parler de ce qui avait provoqué l'insurrection; il fallait assigner un but, non-seulement différent, mais contraire à celui qu'on s'était d'abord proposé; tout au plus pouvait-on déclarer que le gouvernement de Louis-Philippe étant tombé, la nation, ressaisie de son droit de souveraineté, allait être appelée à se prononcer sur son gouvernement, et que la mission du nouveau pouvoir se bornerait à assurer la pleine liberté des suffrages. Telle fut, en effet, la première pensée des parlementaires républicains : ils venaient, par l'organe de M. de Lamartine[1], de M. Ledru-Rollin lui-même, de proclamer solennellement à la tribune de la Chambre des députés qu'à la nation seule tout entière appartenait exclusivement le pouvoir de se prononcer sur le gouvernement qui convenait à la France. C'est sur leur prétendu respect pour le principe de la souveraineté nationale qu'ils avaient motivé la proposition d'un gouvernement provisoire: ils ne pouvaient donc, sans la plus haute inconséquence, violer tout d'abord cette souveraineté; mais la masse des sociétés secrètes était là, remplissant la place de Grève, se pressant aux portes de l'Hôtel de ville, assiégeant le lieu même où délibéraient les membres du Gouvernement provisoire, demandant à grands cris et avec menaces la

---

[1] « Je demande que l'on constitue un gouvernement provisoire, qui ne *préjuge rien*, ni de nos droits, ni de nos ressentiments, ni de nos sympathies, ni de nos colères; le gouvernement définitif qu'il plaira au pays de se donner quand il sera consulté... (C'est cela ! c'est cela !). » — Paroles de M. de Lamartine (*Moniteur* du 24 février 1848).

République immédiate. Que pouvait contre cette pression violente, et aussi contre l'impulsion de leurs sentiments personnels, un faible scrupule de forme?

Cependant, tout en cédant, les modérés du gouvernement voulurent d'abord y apporter quelques ménagements; ils disaient, dans la première édition de leur proclamation : *Bien que le Gouvernement provisoire agisse uniquement au nom du peuple français et qu'il préfère la forme républicaine, ni le peuple de Paris ni le Gouvernement provisoire ne prétendent substituer leur opinion à l'opinion des citoyens, qui seront consultés sur la forme définitive du gouvernement.* M. Louis Blanc s'indigna de ces ménagements; il biffa cette formule, pour la remplacer par celle-ci, plus explicite et plus affirmative : *Bien que le Gouvernement provisoire soit de cœur et de conviction pour le gouvernement républicain.* Mais cela ne suffisait pas encore aux exigences impatientes de la foule; la formule finalement adoptée fut celle-ci : *Le Gouvernement provisoire veut la République;* il est vrai qu'on ajoute, *sauf ratification par le peuple, qui sera immédiatement consulté*[1] : réserve dérisoire et qui n'empêchait pas ce même gouvernement, tout provisoire qu'il était, de mettre au même instant en tête de sa proclamation à l'armée, datée du même jour, 24 février, ces mots : *République française*, et le lendemain, 25, de faire afficher que les citoyens de Paris devaient *se défier de tous les bruits que les malintentionnés faisaient courir ; que la République était proclamée;* et, le 26, de déclarer solennellement, aux pieds de la colonne de Juillet, *au nom du peuple français, que la royauté, sous quelque forme que ce soit*, était ABOLIE *sans retour possible.* On voit ce que devenait ce droit de ratification si dérisoirement réservé.

Consulter le peuple après que le fait est accompli et

---

1. Voir les documents.

irréparable, c'est un procédé que les gouvernements révolutionnaires ne se sont jamais épargné.

Le premier et le second empire n'ont pas manqué, eux aussi, d'y avoir recours : l'empire s'est deux fois installé sur les ruines de la république, comme celle-ci s'était établie sur les ruines de la monarchie, réservant également, l'une et l'autre, au peuple son droit de ratification. La Providence, dans sa justice, se plaît quelquefois à employer la peine du talion.

Ainsi cette révolution faite pour donner une nouvelle sanction à la souveraineté nationale débutait par une usurpation flagrante de cette souveraineté. Une minorité de la population de Paris imposait d'autorité le gouvernement de ses passions à toute la nation.

Comment, après un tel début et un tel succès, cette populace ne se serait-elle pas désormais considérée comme maîtresse absolue de la France? Toute résistance à ses volontés ne pouvait que lui paraître une atteinte à son droit, une véritable insurrection contre sa victoire.

Mais là ne devaient pas s'arrêter les concessions arrachées à ce gouvernement : l'Hôtel de ville était incessamment battu par les flots populaires ; à la foule qui demandait, qui imposait la proclamation immédiate de la République, en succédait une autre portant le drapeau rouge, ce même drapeau planté par la Société des Droits de l'homme sur les barricades de la rue Saint-Denis, dans la matinée du 24 février : c'était la partie active et militante des sociétés secrètes[1] qui réclamait ces couleurs sinistres. Nous ne

---

1. Proclamation de M. Blanqui.

Au Gouvernement provisoire.

« Les combattants républicains ont lu avec une douleur profonde la proclamation du Gouvernement provisoire, qui rétablit le coq gaulois et le drapeau tricolore.

« Le drapeau tricolore, inauguré par Louis XVI, a été illustré par

croyons cependant pas, comme on l'a généralement pensé, que les partisans de cette couleur rouge y rattachassent des idées de sang. Le drapeau rouge était pour eux le signe qui devait distinguer et séparer radicalement cette nouvelle révolution de celles de 1789 et de 1830, le gage du triomphe de ce qu'ils appelaient emphatiquement *l'idée*.

La partie modérée du Gouvernement provisoire dut repousser cette couleur, et la lutte fut vive et orageuse, plus vive cependant au sein de ce gouvernement que dans les rangs du peuple, pour qui cette couleur était inséparable de souvenirs néfastes. M. de Lamartine n'eut qu'à rappeler que *le drapeau tricolore avait fait le tour du monde en triomphateur et que le drapeau rouge n'avait fait que le tour du Champ-de-Mars traîné dans la boue et le sang*, pour arracher à cette foule, toujours si facile à remuer par les sentiments vrais et généreux, des acclamations unanimes d'assentiment. Mais Louis Blanc et Albert ne se rendirent pas si facilement : il fallut transiger avec eux, et il fut convenu que le drapeau conserverait ses couleurs tricolores, à la condition toutefois que la cravate de ce drapeau serait rouge et que le Gouvernement provisoire et les fonctionnaires porteraient des insignes rouges. Le lendemain, 25 février, *le Moniteur* contenait la déclaration suivante :

« Le Gouvernement provisoire déclare, comme signe

la première république et par l'empire ; il a été déshonoré par Louis-Philippe.

« Nous ne sommes plus, d'ailleurs, ni de l'empire ni de la première république.

« Le peuple a arboré la *couleur rouge* sur les barricades de 1848 ; qu'on ne cherche pas à la flétrir.

« Elle n'est rouge que du sang généreux versé par le peuple et la garde nationale.

« Elle flotte étincelante sur Paris, elle doit être maintenue.

« Le peuple victorieux n'amènera pas son pavillon. »

(Stern, t. II, pag. 391.)

de ralliement et comme souvenir de reconnaissance pour le dernier acte de la révolution populaire, que les membres du Gouvernement provisoire porteront la rosette rouge, laquelle sera placée aussi à la hampe du drapeau. »

La portée de cette transaction a été de beaucoup exagérée; on a beaucoup dit qu'elle avait sauvé la société : elle n'a fait du bien qu'à la République, qu'elle a fait vivre quelques jours de plus. La République tricolore avait déjà bien de la peine à se faire accepter : qu'eût-ce été de la République rouge? Le dénoûment eût été plus immédiat, et voilà tout. C'est là, du reste, on le sait, le sujet d'une grande querelle entre les républicains modérés et les républicains rouges, querelle qui n'est pas encore vidée et dans laquelle nous n'avons pas à prendre parti.

Si quelques-uns des hommes qui siégeaient à l'Hôtel de ville avaient pu un instant se laisser prendre au mirage d'une république à l'antique, ils ne tardèrent pas à être désabusés.

Après les exigences républicaines et jacobines vinrent les exigences socialistes. La proclamation de la République ne donnait satisfaction qu'à cette passion vague, indéfinie, qui agitait la jeunesse et un très-petit nombre de théoriciens politiques; mais à cette masse d'ouvriers travaillés depuis si longtemps par les promesses du socialisme il fallait quelque chose de plus positif.

C'est pour répondre à ces exigences, appuyées de la démonstration armée de cinq à six mille ouvriers, que, sous la dictée de Louis Blanc, fut rédigée l'adresse aux ouvriers du 25 février. On y trouvera le germe de toutes les perturbations qui ont plus tard mis en si grand péril la société.

Le Gouvernement s'engage, est-il dit dans cette adresse, *à garantir l'existence de l'ouvrier par le travail; il s'engage à garantir du travail à tous les citoyens.* » Engagement téméraire, dont Proudhon, dans sa cynique franchise, disait qu'il renfermait l'abolition virtuelle et fatale de la propriété; engagement que, plus tard, on essaya vainement de faire passer dans la Constitution sous le titre de *droit au travail;* engagement dont les insurgés de juin revendiquaient l'accomplissement, les armes à la main.

Pour ajouter encore à la signification socialiste de cette déclaration, le Gouvernement ajoutait que *les ouvriers devaient s'associer entre eux pour jouir du bénéfice de leur travail*: ce qui était un véritable non-sens, si cette association restait libre et facultative; ce qui était le socialisme pur, c'est-à-dire la destruction de tout droit individuel, de toute indépendance personnelle, s'il s'agissait d'association obligatoire et forcée.

Enfin, et pour couronner cette œuvre, l'adresse se terminait par cette inexplicable déclaration : *Le Gouvernement rend aux ouvriers, auxquels il appartient, le million qui va échoir de la liste civile.*

A quel titre une pareille restitution? était-ce une prime ou une rançon?

C'était, dans tous les cas, exalter à plaisir toutes les passions dangereuses et intéressées contre lesquelles la société allait bientôt avoir à se défendre.

Il y a, dans toute révolution qui s'accomplit, une force impulsive qui ne s'arrête pas, qui s'accroît même presque toujours par le triomphe : céder indéfiniment à cette force, c'est courir aux abîmes; y résister d'une manière absolue, c'est tenter l'impossible, alors surtout que les points d'appui manquent : céder et résister dans une juste mesure et à propos est donc le devoir, la nécessité de telles situations. Il est évident que le Gouvernement provisoire cédait trop et aggravait le danger par ses concessions.

Malheureusement, des concessions imprudentes appellent d'autres concessions. Le droit au travail, l'abolition du paupérisme, cette annonce de l'association universelle dans laquelle la main-d'œuvre serait affranchie de la tyrannie du capital, tout cela renfermait le germe de deux mesures qui ont failli faire périr la société : nous voulons parler de la commission du Luxembourg et des ateliers nationaux.

Dès le 24 février au soir, des masses d'ouvriers, répondant à une idée préconçue et bien certainement à un mot d'ordre d'avance donné, demandaient à grands cris, sous les voûtes de l'Hôtel de ville, un *ministère du travail*, pour lequel Louis Blanc était d'avance désigné. C'est cette exigence d'un ministère spécial du travail qui donna naissance à la trop fameuse commission du Luxembourg, où se formèrent et d'où sortirent tant de tempêtes.

Le décret qui institue cette commission est utile à reproduire : il éclaire la situation.

Considérant, porte ce décret, que la révolution faite *par le peuple* doit être *faite pour lui* ; qu'il est temps de mettre un terme *aux longues et iniques souffrances des travailleurs* ; que la question du travail est d'une importance suprême ; qu'il appartient surtout à la France d'*étudier* ardemment et de résoudre un problème posé aujourd'hui chez toutes les nations ; qu'il faut aviser sans le moindre retard à garantir au peuple les fruits légitimes de son travail..... une commission permanente, qui s'appellera commission du Gouvernement pour les travailleurs, va être nommée, avec mission spéciale de s'occuper de leur sort.

Pour montrer quelle importance le Gouvernement provisoire attache à la solution de ce problème, il nomme, pour présider cette commission, un de ses membres, M. Louis Blanc, et pour vice-président un autre de ses membres, M. Albert, ouvrier.

Le siège de la commission est au Luxembourg.

M. Arago, déposant devant notre commission d'enquête, nous a appris que cette mesure avait été imaginée par la majorité du Gouvernement provisoire pour se débarrasser de Louis Blanc et le déporter, comme on disait sous le gouvernement parlementaire, au Luxembourg, et en même temps pour contenter les ouvriers. Le calcul ne s'est pas trouvé juste : en détachant Louis Blanc, en lui donnant un gouvernement à part, avec son siège distinct, l'on en faisait une puissance bien autrement redoutable que s'il fût resté ministre sous l'œil et la main de ses collègues ; et quant aux ouvriers, le plus sûr moyen d'achever de les pervertir et de les rendre fous, c'était de les appeler à discuter en commun ce redoutable et insoluble problème du paupérisme. Le fanatisme est fils de l'imagination : transporter ces malheureux ouvriers dans le monde des rêves et des folles théories, c'était les plonger en plein fanatisme ; et puis, les faire siéger dans le palais de la Chambre des pairs, en ayant grand soin de leur faire remarquer qu'ils passaient brusquement de l'atelier au sénat, leur dire et redire tous les jours qu'ils étaient les maîtres de la société, que chacun d'eux était roi, que ce qu'ils décideraient serait la loi souveraine, n'était-ce pas nourrir en eux cet orgueil que les tristes réalités de leur position individuelle ne pouvaient que tourner bientôt en désespoir?

Quant aux ateliers nationaux, ce fut un expédient nécessaire, sans aucun doute, mais devenu fatal par la malheureuse direction qui lui fut donnée.

Nous avions eu aussi, en 1830, à subir la nécessité de fournir du travail à cette population déclassée que toute révolution jette subitement en masse sur le pavé des grandes villes, sans aucun moyen d'existence : ce fait se produit toujours au moment même où la société a le plus besoin de rentrer dans le calme, et de ne pas aggraver le danger du fanatisme politique par le désespoir de la faim. Mais, en 1830, tout en ouvrant des ateliers de travail pour donner du pain à ceux qui n'en avaient plus, nous avions eu grand soin de les ouvrir à titre de charité, de simple assistance municipale ; il était hautement annoncé que ce n'était là qu'un soulagement temporaire : nous ne les avions pas fait précéder de la proclamation du droit au travail ; nous ne les avions pas appelés *ateliers nationaux*, comme pour en faire une sorte d'institution.

En exécution d'un décret du 26 février 1848, des registres furent ouverts dans chaque mairie, où fut admis, sans aucun examen ni contrôle d'aucune espèce, tout individu qui se présenterait pour faire partie des ateliers nationaux. Il était trop facile de prévoir que la foule s'y précipiterait, et c'est ce qui arriva. Entre un salaire laborieusement gagné et un salaire assuré sans travail, quelque minime qu'il soit, le vice et la paresse préféreront toujours ce dernier. Comment d'ailleurs en aurait-il été autrement, alors que le Gouvernement provisoire commettait la haute imprudence, non-seulement de faire de ce secours une dette nationale, et d'enlever ainsi à la mendicité jusqu'à l'humiliation qui en éloigne tout individu qui se respecte, mais même de rattacher des idées de puissance et d'honneur à cette mendicité organisée, en attribuant à ces ateliers une sorte de mission politique, ne craignant pas de les appeler dans ses proclamations « la représentation armée de la révolution » ?

D'ailleurs, la commission du Luxembourg, par ses théories imprudentes, par ses provocations contre les patrons, poussait à la désertion des ateliers de travail libre et aurait suffi à elle seule à jeter la masse des ouvriers dans les ateliers nationaux. Pour suivre les progrès de cette action du Luxembourg sur les ouvriers, il suffit de remarquer la progession effrayante dans le chiffre des ateliers nationaux après chaque crise que la commission du Luxembourg provoquait.

Enfin, et comme si cette agglomération n'était pas déjà assez dangereuse par elle-même ; comme si l'oisiveté, le malaise, le déclassement de ces hommes de tous états, de toutes professions, parfaitement impropres au travail manuel qu'on leur donnait, ne jetaient pas assez de ferments au milieu de cette masse et n'en faisaient pas un foyer déjà assez incandescent, on sembla prendre à tâche d'en aviver le feu, en y organisant un club central, club où ces malheureux étaient invités, encouragés même à se rendre, au moyen d'une haute paye : ils étaient payés pour venir boire à longs traits le poison des doctrines les plus antisociales. Il ne restait plus qu'à donner à tous ces hommes des armes, et à les exercer et organiser militairement, et c'est à quoi l'on ne manqua pas. Le Gouvernement était ainsi parvenu à faire des ateliers nationaux tout à la fois une grève universelle, encouragée et soldée par l'État, un club de déclamation violente et une armée sans discipline de plus de cent mille hommes, c'est-à-dire de combiner les trois plus grands dangers qui puissent jamais se rencontrer au sein d'une société.

On essaya bien de tirer quelque parti de cette agglomélioration si redoutable ; et même les habiles du Gouvernement essayèrent d'exploiter quelque temps la rivalité de pouvoir et d'influence qui s'était établie entre les ouvriers du Luxembourg et ceux des ateliers nationaux, ou plutôt entre M. Émile Thomas, directeur des uns, et Louis Blanc, patron des autres : mais cette habileté de tactique ne pouvait conjurer l'immense danger social qui était au fond de l'institution elle-même, et qui ne pouvait manquer d'éclater.

Nous verrons plus tard se produire les conséquences fatales de cette coupable imprudence.

Pendant que tous les éléments d'une grande crise sociale s'agglomèraient et s'organisaient ainsi, l'administration centrale était en peine dissolution. Tout le réseau administratif de préfets et de sous-préfets avait disparu en un jour. Du ministère de l'intérieur étaient partis, dès le 25 février, une nuée de commissaires, de sous-commissaires, ordinaires, extraordinaires, généraux et spéciaux, qui avaient pris possession de l'administration des départements et l'avaient complétement désorganisée; leurs atributions étaient indéfinies. A la question de savoir quels étaient les pouvoirs de ces commissaires, M. Ledru-Rollin avait répondu : *Ces pouvoirs sont illimités;* et le ministre avait été pris au mot. A Lyon, le commissaire établissait de son autorité privée le doublement de l'impôt, il interdisait tout transport d'argent hors des portes de Lyon, il livrait les forts aux ouvriers ; d'autres destituaient des juges, au mépris de l'inamovibilité ; d'autres disposaient à leur gré des caisses publiques ; d'autres organisaient des expéditions contre les gouvernements voisins. C'était une anarchie administrative complète : souvent, deux commissaires se rencontraient dans le même siége, s'y disputaient le pouvoir et donnaient le spectacle grotesque de leurs luttes aux populations, qui se permettaient quelquefois de les chasser tous les deux.

Mais ce n'était pas assez de cette armée de commissaires [1] : d'autres agents, ceux-ci occultes, mais non moins puissants, étaient délégués par le *Club central* de la rue de Rivoli, et soldés sur les fonds secrets du ministère de l'intérieur; ils avaient, eux, la mission d'organiser partout des clubs, d'attaquer, de miner les

---

1. Voir, aux documents, l'opinion de M. J. Favre sur le choix de ces commissaires, parmi lesquels se trouvaient cependant quelques hommes honorables et même de mes amis, qui avaient, eux aussi, cédé à cet entraînement de la république.

influences établies ; d'effrayer les uns par l'intimidation, de séduire les autres par des promesses, d'attiser enfin les mauvaises passions de la démagogie, la haine et l'envie ; quelques-uns d'entre eux, choisis surtout parmi d'anciens militaires et même parmi des sous-officiers en activité de service, pour lesquels on avait demandé et obtenu du ministre de la guerre des congés, avaient pour mission spéciale d'exciter les soldats contre leurs officiers, de ruiner toute discipline dans l'armée, et d'en faire, si cela était possible, un vaste club armé : *Offrez des grades aux sous-officiers*, disait l'instruction qui leur était donnée : *c'est le plus sûr moyen de les soulever contre leurs officiers*. On trouvera dans les documents cette instruction ; elle est un spécimen curieux de la moralité de ces prétendus républicains ; en la lisant, on ne pourra se défendre d'un certain rapprochement entre cette pièce et les instructions secrètes qui, au moyen âge, étaient données aux inquisiteurs. Ce n'est pas sans raison que les jacobins ont été appelés les jésuites rouges. Le fond de la morale est le même : c'est toujours cette formule célèbre : *La fin justifie les moyens*.

Et puis, quand, parcourant la liste de ces délégués, on voit dans quelle classe, dans quelle position on allait les chercher, on ne sait ce dont on doit s'étonner le plus, ou de ce qu'il s'est trouvé des hommes de quelque sens qui se soient imaginé que ces malheureux, pris dans les estaminets ou les échoppes, et transformés tout à coup en missionnaires politiques, seraient pour les populations autre chose qu'un objet de dégoût et de mépris ; ou de ce que notre société renferme dans ses bas-fonds une si grande quantité d'individus toujours prêts à toute fonction, à toute mission, même les plus étrangères à leurs habitudes et à leurs aptitudes. Napoléon disait, au milieu de ses plus grandes prospérités, « que la France renfermait en elle les éléments de vingt comités de salut public. » Cela s'est trouvé vrai en 1848 : ce ne sont pas les agents prêts à tout faire qui ont manqué à cette révolution ; mais c'est un terrain préparé pour les recevoir, un esprit public disposé à les laisser faire.

On voit que ce n'est pas l'administration centralisée qui, dans ces jours de défaite, nous a sauvés : l'anarchie seule était organisée au milieu de cette crise si menaçante, et alors que la société aurait eu le plus besoin d'être protégée. La violence des passions destructives se manifesta, en effet, avec des caractères effrayants.

Dès le soir du 24 février, les barrières étaient attaquées, le pont Louis-Philippe brûlé, et c'est à la sinistre lueur de cet incendie que j'avais quitté le ministère. Les Tuileries envahies n'avaient pas, comme en 1830, été respectées avec un scrupule dont on fit grand honneur alors à la démocratie victorieuse. On peut juger, par la rage de destruction et de pillage qui, dès que le premier moment d'étonnement et de crainte fut passé, s'empara, en 1848, des possesseurs du château, que des sentiments tout autres que ceux qui avaient conduit les vainqueurs de Juillet animaient ceux de Février. Une dévastation générale, suivie de vols nombreux et de débauches ignobles, souillèrent cette antique demeure de nos rois. Il est vrai de dire que, dans la foule à laquelle les portes des Tuileries avaient été si imprudemment ouvertes, se trouvaient un assez grand nombre de forçats libérés et de ces hommes de proie que le flair des révolutions imminentes attire toujours dans les murs de Paris. Quelques élèves des écoles, aidés de quelques gardes nationaux, eurent beaucoup de peine à sauver de cette dévastation les papiers privés de Louis-Philippe et les diamants de la couronne. Le Gouvernement provisoire, se sentant trop faible, dans les premiers jours, pour faire déguerpir cette étrange garnison qui s'était installée dans le château, et craignant surtout que, d'un instant à l'autre, elle n'y mît le feu, n'imagina rien de mieux pour conserver ce monument que d'en faire l'hôpital des blessés de Février : pendant plusieurs jours on vit pêle-mêle, dans les vastes salles de ce palais, les lits des blessés, les sœurs de charité qui les soignaient, et ces ignobles ménages qui, à côté de la douleur et de la sainte charité, offraient le spectacle de leur dégradation.

Le château de Neuilly fut également envahi et pillé de fond en comble ; les misérables, dont beaucoup peut-être vivaient la veille des aumônes et des secours de la famille royale, trouvèrent une joie infernale à se vautrer sur ces débris d'une grandeur déchue ; un grand nombre d'entre eux, descendus dans les caves, s'abandonnèrent à leur ivrognerie et y trouvèrent la mort ; leurs cadavres, le lendemain, étaient retirés des ruines fumantes du château.

Jusque-là ces dévastations pouvaient être attribuées à l'exaltation politique, et, en effet, en tous temps les colères populaires ont soif de destruction. Heureux encore quand cette soif s'assouvit sur les choses inanimées !

Mais on ne tarda pas à apprendre à l'Hôtel de ville que, dans un rayon assez vaste, toutes les gares des chemins de fer étaient en feu, et que la destruction des rails s'étendait de proche en proche et menaçait l'existence de toutes nos voies ferrées ; alors le Gouvernement provisoire, qui, le 25 février, disait aux citoyens de Paris : *Encore deux jours, et la paix publique sera complétement rétablie*, revenu de cette étrange illusion, fut bien obligé d'aviser... Il publia, le 27 février, la proclamation suivante :

Le Gouvernement provisoire, informé que des malfaiteurs se sont portés sur divers points, pour y dévaster les propriétés publiques et privées, incendier des ponts, couper les grandes voies de communication, déclare que les propriétés publiques et privées, les ponts, routes et chemins de fer sont placés sous la sauvegarde de la République.

On peut voir parmi les documents le rapport du commissaire qui, à la tête de quelques citoyens courageux, parvint à arrêter ces dévastations, que la plus ignoble des passions, l'intérêt, avait provoquées, et que la plus stupide indifférence des gardes nationales locales laissait consommer sans aucune résistance.

Au milieu de tout ce désordre, le Gouvernement provisoire, placé entre une armée dont il ne pouvait se servir et qu'il tenait soigneusement éloignée de Paris, et une garde nationale dont il se défiait, eut la pensée de faire concourir à la défense de la société la partie la plus jeune et la plus effervescente de cette foule insurgée : il offrit un salaire de 1 fr. 50 c. par jour à tous les jeunes hommes qui voudraient s'enrôler dans des bataillons de volontaires, auxquels il donna le titre de *Garde nationale mobile*, pour mieux indiquer leur destination, celle d'assurer l'ordre intérieur. Il eut foi dans l'influence de l'uniforme, de l'esprit de corps, de l'honneur du drapeau ; il espéra que cette influence l'emporterait sur des souvenirs récents et sur l'excitation des clubs : l'événement lui a donné raison. Les hommes de cette garde et ceux des ateliers nationaux sortaient de la même classe, avaient la même origine, étaient animés des mêmes passions, soumis aux mêmes besoins ; et cependant ils devaient sous peu de jours se rencontrer dans les rues comme ennemis, et se battre avec acharnement, les uns *pour*, les autres *contre* la vieille société. Il y avait, on ne peut se le dissimuler, dans cette mesure, de grands hasards à courir ; il a tenu à bien peu, comme on le verra dans la suite de ce récit, qu'elle ne fût funeste : mais, en définitive, elle a contribué, au moment de la crise suprême, à sauver la France. Il faut en faire honneur à ceux qui l'ont conçue et exécutée. Cette troupe fut admise, comme la garde nationale, à élire ses officiers et sous-officiers.

En 1830, on avait également recruté et armé, sous le titre de régiments de la Charte, tous ces jeunes hommes que l'ardeur de leur passion avaient poussés sur les barricades, et à qui cette même ardeur interdisait de reprendre les labeurs paisibles de leur profession ; mais ces régiments ne jouèrent aucun rôle politique : la société avait alors d'autres points d'appui ; la révolution avait en elle, dans son principe et dans son but, le moyen de se modérer. L'intervention active et vigoureuse de la garde nationale d'abord, celle de l'armée ensuite, suffirent au rétablissement immédiat de l'ordre.

Ainsi une révolution sans cause et sans but bien déterminé, trois ou quatre gouvernements différents et rivaux, des impulsions multiples et en sens contraires, des forces rivales toujours prêtes à s'entrechoquer, partout le conflit menaçant et partout des compromis forcés : compromis sur la composition du gouvernement, compromis sur le but de la révolution entre la démocratie et le socialisme, compromis sur le drapeau rouge ou tricolore, compromis sur les moyens, l'intimidation ou la liberté ; l'incertitude et l'anarchie partout : tel était le début de cette république, qui devait périr avant d'avoir pu trouver sa formule et son but. On s'y disputait encore sur le titre à lui donner, si on l'appellerait *démocratique* ou *sociale*, le jour même où elle a disparu.

Encore, si elle eût rencontré quelque résistance sérieuse, soit à l'intérieur, soit à l'extérieur, la nécessité de vaincre cette résistance lui eût peut-être donné quelque unité d'action: rien ne discipline les passions comme le sentiment d'un danger commun. Sans l'émigration, les guerres de la Vendée et l'invasion des étrangers, jamais le Comité de salut public, en 1793, n'eût pu concentrer les forces révolutionnaires et leur donner une si effrayante impulsion. Mais, si la révolution de 1848 n'eut pas même ce mobile, elle eut le malheur de ne pas rencontrer de résistance.

En effet, à partir du moment de l'occupation du château des Tuileries, la révolution, comme toujours, fut consommée. Tout se soumit, ou au moins se résigna.

Louis-Philippe fuyait le sol de la France avec une précipitation et dans des conditions qui n'attestaient que trop le trouble de son âme et le désordre de ses facultés. Le 25 février, il quittait Saint-Cloud précipitamment, puis Trianon; mais, s'y trouvant encore trop près de l'insurrection, il se retirait à Dreux, d'où, sur la nouvelle des événements qui s'accomplissaient à Paris, il partait le 28, déguisé, et, après des péripéties diverses, parvenait à s'embarquer au Havre, le 3 mars, avec un passe-port et sur un navire que les agents du gouvernement anglais lui avaient procuré; le 4 mars, il était à Claremont, où la reine et ses enfants le rejoignirent.

Les détails de ce triste voyage, qui contraste si malheureusement avec la retraite pleine de dignité de Charles X, ne peuvent s'expliquer que par la terreur dont le souvenir de l'échafaud sur lequel avait péri son père le poursuivait. Et cependant personne, en France, même parmi les démocrates les plus furieux, n'avait la pensée d'attenter à sa liberté et moins encore à sa vie. Bien au contraire, le Gouvernement provisoire, dans la prévision où le roi serait arrêté, avait d'avance désigné les commissaires qui seraient chargés de l'escorter, et pourvu aux frais de son voyage¹. C'est qu'en effet tout était changé depuis 1792, les mœurs, les temps, les nécessités. La malheureuse préoccupation de Louis-Philippe, qui s'obstinait à assimiler des époques si différentes, assimilation qui eut sur toute sa politique une si funeste influence, se retrouva chez lui au dernier moment à l'état d'une sorte de folie, folie qui seule peut expliquer, sinon justifier, et les circonstances de sa fuite, et enfin la défaillance momentanée de cette âme qui avait, dans d'autres circonstances, offert des preuves de tant d'intelligence, de décision et même de courage.

Quant aux princes, le duc d'Aumale et le prince de Joinville, plus douloureusement affectés que surpris de la révolution qui venait de s'accomplir à Paris, car ils l'avaient pressentie et vainement prophétisée², ils se trouvaient au moment de la révolution en Afrique. L'ascendant que l'un exerçait sur la flotte, le commandement dont l'autre était investi dans les possessions et sur toute l'armée d'Afrique, leur auraient peut-être permis de tenter un effort pour le maintien de la monarchie de Juillet. La seule nouvelle de leur résistance eût eu en France l'effet probable de suspendre les défections et de rallier tous ceux qui ne voyaient qu'avec une profonde anxiété recommencer l'expérience si hasardeuse et si redoutée de la république. Ils ne le voulurent pas : soit que le duc d'Aumale ait aperçu quelque hésitation dans une partie de son armée, soit que l'horreur de la guerre civile et l'invincible répugnance qu'ils éprouvaient à faire battre des Français contre des Français les aient détournés d'une résistance qui eût peut-être épargné à la France de bien cruelles épreuves, ils se décidè-

---

1. Voir aux documents la lettre de M. de Lamartine sur ce sujet.
2. Voir aux documents la lettre du prince de Joinville, trouvée, le 24 février, parmi les papiers de Louis-Philipe.

rent pour la soumission. Monseigneur le duc d'Aumale fit la proclamation suivante :

Alger, 3 mars 1848.

Habitants de l'Algérie,

Fidèle à mes devoirs de citoyen et de soldat, je suis resté à mon poste tant que j'ai pu croire ma présence utile au pays. Soumis à la volonté nationale, je m'éloigne ; mais, du fond de l'exil, tous mes vœux seront pour votre prospérité et pour la gloire de la France, que j'aurais voulu servir plus longtemps.

Signé : D'Orléans.

Le prince de Joinville, de son côté, fit à peu près dans les mêmes termes la résignation de son commandement.

Le Gouvernement provisoire, heureux de se sentir soulagé de l'anxiété qu'il avait un moment éprouvée sur le parti que prendraient les princes et l'armée d'Afrique, s'empressa de publier cette adresse dans le *Moniteur*.

Quant à cette armée innombrable de fonctionnaires et d'agents qui entouraient la veille le gouvernement de Louis-Philippe, et qui tous avaient juré de vivre et de mourir pour lui et avec lui, c'était à qui se montrerait le plus empressé à offrir ses services au nouveau pouvoir ; cachant les calculs d'une honteuse défection sous le voile complaisant de l'intérêt public, et se couvrant de ce prétexte si commode et si fort en usage en France depuis soixante ans : *Ne se doit-on pas à son pays avant tout ?*

Ainsi, non-seulement nulle résistance, mais partout soumission servile : les uns ont fait honneur à la révolution de février de sa modération ; les autres la lui ont amèrement reprochée et y voient encore aujourd'hui la cause de son avortement[1]. Les pre-

1. Voir l'ouvrage de M. Castille, *de la République française*, page 336.

miers ne sont pas plus dans le vrai que les seconds : il est rare qu'on fasse de la violence quand personne ne vous contrarie. Or c'était là le phénomène qui se produisait au lendemain d'une révolution dont presque personne ne voulait la veille, et à laquelle cependant tout le monde paraissait se résigner le lendemain.

Quand on voit, dans les premiers jours qui suivirent le 24 février, tous les grands fonctionnaires, maréchaux, magistrats, administrateurs, le maréchal Bugeaud lui-même en tête, se presser à l'envi à l'Hôtel de ville pour apporter à la République leurs adhésions plus ou moins sincères, tous prêts à lui prêter le serment dont elle les dispensait assez dédaigneusement; lorsqu'on voit la cour de cassation, la cour royale de Paris, solliciter l'honneur d'aller porter leur hommage au Gouvernement provisoire, et, ayant obtenu cet honneur, se rendre processionnellement en robes rouges à travers Paris à l'Hôtel de ville pour y prononcer des discours qui se terminent, sur l'intimation hautaine du ministre Crémieux, par les cris de : « *Vive la République!* le clergé s'empressant de bénir, avec toute la pompe religieuse, les arbres de la liberté; l'archevêque de Lyon, Mgr de Bonald, l'archevêque de Paris lui-même, Mgr Affre, celui dont la fin a été si sainte et si glorieuse, se chargeant de dresser l'acte d'accusation contre le gouvernement vaincu, le signaler comme un gouvernement d'oppression, parce qu'il avait eu le malheur de ne pas livrer l'instruction publique sans partage et sans contrôle au clergé, et saluant dans la République le retour de la liberté[1], en se demande contre qui le Gouvernement provisoire aurait fait de la terreur.

1. Voir les documents.

La magistrature ne se borna même pas à ces hommages ; elle fit plus : elle eut le courage de relever la mise en accusation des ministres tombés, et de transformer notre accusation toute politique en une accusation judiciaire. Je fus appelé, comme témoin, devant deux des conseillers de la cour d'appel de Paris, délégués par le premier président Séguier pour instruire sur cette accusation, et je tâchai de faire comprendre à ces magistrats que notre accusation était tombée avec la monarchie ; que, d'ailleurs, autre chose était une accusation politique et autre chose une prévention judiciaire. Il est vrai que le nouveau procureur général avait fait un réquisitoire qu'on trouvera dans les documents ; mais il ne fallait que bien peu de courage pour repousser ce réquisitoire en disant que la politique avait fait son œuvre, que la justice, après elle, n'avait plus rien à faire, que ce n'était pas son rôle de se mettre à la suite des révolutions pour achever avec le glaive des lois les blessés laissés sur le champ de bataille. Malheureusement notre magistrature a contracté une trop longue habitude de céder à ce qu'elle appelle les nécessités politiques.

Dans le monde non officiel, l'adhésion avait été sans doute moins empressée[1] : les départements, qui avaient pris une part si active dans la lutte pour la réforme, et qui, sur les premières nouvelles télégraphiques annonçant l'avénement d'un ministère sorti des rangs de l'opposition dynastique et simplement

---

1. Le *Moniteur* publia avec une certaine affectation le fait que M. Odilon Barrot et ses amis s'étaient rendus à l'Hôtel de ville pour y porter leur adhésion à la République. *Le fait était controuvé* : je n'ai pas mis les pieds à l'Hôtel de ville pendant toute la durée du Gouvernement provisoire ; *on peut voir dans ma réponse à la lettre que M. Garnier-Pagès m'adressa de l'Hôtel de ville, dans la nuit du 24 au 25, et qui est parmi les documents, de quelle nature était l'adhésion que je donnais à ce nouveau gouvernement.* (Pièces justificatives ; n° 1.)

réformiste, avaient partout manifesté une joie éclatante (à Strasbourg la ville avait été spontanément illuminée), n'accueillirent la proclamation inattendue de la République qu'avec stupeur ; mais, grâce aux effets merveilleux de notre centralisation, qui fait que, lorsque Paris s'est prononcé, les autres villes en sont réduites à recevoir par le courrier le gouvernement et les couleurs qu'il a plu à la capitale de se donner, sauf sur quelques points, comme à Fontainebleau, par exemple, où le peuple courut aux armes pour s'opposer à la révolution et ne céda qu'à l'influence de son curé, qui déploya toute son éloquence pour faire ressortir les mérites d'un gouvernement républicain, partout la République rencontra la soumission, ou du moins la résignation la plus complète. On attendait, et le mot d'ordre à peu près universel était celui-ci : *Voyons ce qui sortira de cette république, ne contrarions pas l'expérience qui va se faire.*

C'était une condition trop difficile pour cette révolution de n'avoir pas de but déterminé à atteindre et pas d'ennemi à combattre : elle tomba tout de suite dans la déclamation vague, dans le drame, dans le lyrisme ; faute d'un caractère propre, elle se mit à imiter la première république dans ses démonstrations et ne réussit qu'à faire de la parodie.

A Dieu ne plaise que nous entendions ramener les affaires humaines à de simples calculs positifs ! nous sommes bien éloignés d'en exclure l'enthousiasme, source des grandes idées et des nobles actions ; mais encore faut-il que cet enthousiasme se propose un but certain : briser un despotisme oppresseur, chasser l'étranger, venger le droit ou la morale violés, conquérir la liberté des consciences : voilà des réalités qui donnent à l'enthousiasme d'un peuple la consistance de la vertu et qui valent les chances d'une révolution ; mais l'enthousiasme sans objet défini, c'est une agitation fiévreuse, c'est un rêve pénible, un cauchemar douloureux, qui n'a d'autre résultat que de faire désirer et bénir le réveil.

Parmi les adresses et félicitations qui affluaient de toutes parts à l'Hôtel de ville et où l'exagération de l'expression le dispute au vague de la pensée, nous en avons remarqué une, celle des étudiants à M. de Lamartine, qui caractérise bien cette espèce d'ivresse des esprits.

« Lorsque votre nom parut dans le gouvernement, disaient ces jeunes gens à M. de Lamartine, des sceptiques s'écrièrent : C'est un poëte! Vous leur avez montré que la poésie, c'est tout ce qu'il y a de plus grand et de plus généreux. » Et M. de Lamartine de leur répondre : « Eh! que faisons-nous donc, que fait aujourd'hui notre pays, si ce n'est la plus sublime de toutes les poésies? »

Cela n'était que trop vrai, au moins pour cette jeunesse et pour ces hommes à imagination vive, à qui la République n'apparaissait que comme la réalisation d'un beau rêve ; c'était pour eux affaire d'imagination et non de raison : ils songeaient bien plus à s'enivrer de mots qu'aux difficultés réelles et pratiques que pouvait offrir l'établissement d'une république en France, et l'imprévoyance complète dont ils ont fait preuve lorsqu'ils ont eu à organiser cette forme de gouvernement, témoigne assez qu'ils n'avaient vu, en effet, que le côté poétique et non pratique de la redoutable question qui se posait devant eux.

Aussi quelles déclamations retentissantes et souvent contradictoires! quel besoin de fêtes, de démonstrations théâtrales! Chaque jour ce sont des processions continuelles de tous les états, de tous les âges, de tous les sexes, qui se rendent à l'Hôtel de ville avec des bannières et des devises : processions d'ouvriers, de jeunes gens, de femmes même, toutes portant au Gouvernement provisoire l'expression de leur adhésion enthousiaste à la République, et en même temps les demandes les plus bizarres, les plus impossibles. Les ouvriers demandent tous, bien entendu, l'accroissement des salaires, la diminution du travail; ils se disent les esclaves opprimés de leurs patrons, ils crient au despotisme du capital, etc.; tout en proclamant les lois de la fraternité, ils revendiquent avec un égoïsme cynique les bénéfices du monopole. Ainsi les ouvriers de Paris repoussaient de leurs ateliers, non-seulement les ouvriers étrangers, mais ceux mêmes de la banlieue; et ceux-ci, à leur tour, ne manquaient pas de rejeter les ouvriers de Paris. Tous demandaient à grands cris et obtenaient la suppression de tout travail utile dans les prisons, dans les hospices, dans les asiles religieux. Les femmes, se disant aussi opprimées par l'homme, demandaient une part à la liberté et au pouvoir; elles promenaient dans les rues, sur les places publiques et jusque dans des clubs, devenus bientôt un spectacle tout à la fois grotesque et hideux, le scandale de leurs débordements. Les écoles réclamaient l'uniforme et l'épée, croyant apparemment par cette puérile vanité faire preuve de sentiments républicains: véritable chaos de sentiments contraires, qui agitent encore aujourd'hui même notre société, et où il serait bien temps de faire pénétrer quelque ordre et un peu de lumière. Il faut relire ces adresses, ces discours, ces proclamations, ces affiches qui, dans ces quelques jours, inondèrent Paris. C'est du délire, de l'ivresse, combinés avec le cynisme de l'égoïsme et parfois avec l'insolence de la victoire; on n'y trouve rien de cette simplicité, de cette abnégation, de ce bon sens pleins de vraie grandeur, qui régnaient dans le langage des fondateurs de la république américaine. On sent dans toutes ces déclamations je ne sais quoi de faux, de vertigineux, qui procède plutôt d'un état maladif de l'âme d'un peuple que de sa santé morale; cela ressemble trop à un accès de fièvre qui n'aura qu'un moment et fera bientôt place à la prostration.

Pour rendre ce conflit de passions contraires encore plus inextricable, le sentiment bonapartiste vint s'y mêler. Louis Bonaparte qui, à Strasbourg, à Boulogne, s'était ouvertement posé comme prétendant, et qui, en sa qualité d'héritier le plus proche de Napoléon, puisait dans je ne sais quel sénatus-consulte de l'empire ses titres à une sorte de légitimité impériale, avait, lui aussi, considéré la révolution de 1848 comme lui ouvrant une chance inespérée, et en cela il se trompait beaucoup moins que les légitimistes.

Jérôme Bonaparte, dernier frère de Napoléon, était avec son fils à Paris, le 24 février : ils y étaient venus pour suivre quelques réclamations d'argent, et y avaient été non-seulement tolérés, mais accueillis avec une sorte de faveur par le gouvernement de Louis-Philippe, qui ne semblait craindre qu'une seule chose au monde, le principe libéral dont il était sorti. Au plus fort de la crise du 24 février, Jérôme s'était présenté chez moi, alors que je parcourais les boulevards ; il demanda avec une certaine insistance ma voiture à ma femme, pour, disait-il, aller se montrer au peuple, prétendant qu'un Bonaparte pouvait seul dompter et désarmer l'insurrection. Cette proposition fut rejetée comme ridicule : il ne se trompait cependant que de temps. La révolution étant accomplie, Louis-Napoléon n'avait pas perdu un instant pour accourir à Paris et offrir ses services au Gouvernement provisoire. Ce gouvernement lui avait répondu par un ordre de quitter la France, ordre auquel il avait tout de suite obéi, se faisant honneur de cette déférence pour la République, mais laissant après lui à Paris son oncle, ses cousins et d'assez nombreux partisans, qui, comprenant bien le parti qu'il y avait à tirer de ces désordres anarchiques pour la réalisation de leurs espérances, commencèrent leurs manœuvres avec toute l'activité que donne la confiance dans le succès.

Un des principaux traits du caractère de ce personnage prédestiné qui devait reconstituer l'empire, est de savoir céder : c'est ce qui le distingue essentiellement du premier Napoléon, et c'est ce qui fait surtout sa force. Posséder une volonté aussi inflexible que la fatalité même, ne redouter aucune initiative, quelque téméraire qu'elle soit ; mais en même temps savoir s'arrêter, ajourner, reculer, sans aucun embarras de vanité personnelle ni d'orgueil, ce sont là des qualités contraires qui, lorsqu'elles se combinent dans une personne, en font un être à part. Ces qualités étaient merveilleusement appropriées à la situation de Louis-Napoléon, qui, n'ayant ni le génie du premier Napoléon ni son prestige victorieux, était condamné à obtenir par la ruse et la patience ce que l'autre avait cru pouvoir emporter de haute lutte.

Chose étrange et qui s'explique parfaitement pour tout esprit un peu observateur ! le sentiment bonapartiste s'alliait fort bien à la passion démagogique qui animait alors les masses ; ces ouvriers qui, sur la place de Grève, criaient tout à la fois : *Vive la République* et *Vive Napoléon!* ne paraissaient pas se douter qu'ils étaient tout aussi conséquents avec eux-mêmes que s'ils eussent crié en même temps : *Vive la liberté* et *Vive le despotisme!* Un des grands fonctionnaires de l'empire actuel, s'appuyant des témoignages de l'histoire, n'a pas craint d'affirmer que la démocratie romaine s'était couronnée dans César. Nous n'avons rien à objecter à cette citation, ni même à son application à la France ; seulement nous substituerons au mot *démocratie* celui de *démagogie*. Oui, il y a dans la plèbe de tous les temps, de toutes les nations, quelque chose d'instinctivement favorable au despotisme. Cela s'explique facilement : que désire-t-elle avant tout? le nivellement; qu'admire-t-elle par-dessus tout ? la force. Eh bien! le despotisme lui donne satisfaction entière sous ce double rapport. Et puis, pourquoi voudrait-elle de la liberté? elle sait bien qu'elle ne pourrait s'en servir, qu'elle serait toujours obligée de reconnaître certaines supériorités morales et intellectuelles, qu'elle ne peut se passer de guides. Elle se rend justice; elle cherche instinctivement un maître, et, lorsque ce maître sort de ses entrailles, comme cela arrive toujours, il ne lui reste plus rien à désirer; alors l'accouplement de la démagogie et de l'empire est complet : M. Troplong a raison.

Le parti bonapartiste trouvait donc dans les désordres de la révolution du 24 février un terrain tout préparé en sa faveur; plus l'anarchie devenait violente, plus il se fortifiait de la haine des uns, de la peur des autres. Il recrutait ainsi dans les deux camps. Les démagogues portaient bravement *Louis-Napoléon* sur les mêmes listes que *Barbès*, tandis que les conservateurs, se souvenant que l'empire avait déjà une fois délivré la France de l'anarchie, tournaient naturellement les yeux vers Louis-Napoléon, et, après l'avoir longtemps méprisé comme un ambitieux maniaque, commençaient à entrevoir en lui un sauveur.

Étrange peuple, qui a des admirations successives et quelquefois simultanées pour les succès heureux de la force et pour les sublimes dévouements de la vertu, pour Napoléon et pour Lafayette! tant il raisonne peu ses enthousiasmes et obéit aveuglément à ses impressions du jour! Comme pour témoigner avec plus d'éclat de cette bizarre contradiction de son caractère, il a élevé aux deux extrémités de sa capitale deux monuments qui se regardent et semblent se défier : sur l'un, il a élevé jusqu'au ciel l'image du despotisme militaire: sur l'autre, il a érigé le génie de la liberté! ce sont comme deux autels différents sur lesquels il porte successivement son encens et ses sacrifices.

La fête de la proclamation de la République inaugura toute cette mise en scène révolutionnaire fausse et sentimentale.

Le dimanche 28 février, c'était vers la colonne de Juillet que s'avançait une longue procession dans laquelle se trouvaient mêlés les gardes nationaux, les ouvriers, quelques rares soldats, encadrés pour ainsi dire entre les compagnies de la garde nationale, comme pour en être protégés; les jeunes gens des écoles disposés à tous les enthousiasmes, les blessés de Juillet et les condamnés politiques de toutes les époques, la magistrature avec ses insignes, puis le clergé et le Gouvernement provisoire en tête. Les membres de ce gouvernement portaient la rosette rouge, signe de conciliation entre les deux républiques. Ce pêle-mêle d'habits et de haillons, de condamnés et de juges, de soldats et d'insurgés armés, de prêtres et de démagogues triomphants, était bien la fidèle image de cette révolution qui n'était, à vrai dire, que la convulsion d'une société en pleine dissolution et dans laquelle tous les éléments semblaient se dénaturer dans une fermentation commune. Il eût été difficile de bien définir le sentiment qui animait cette foule, car il était complexe: l'ivresse des barricades n'était pas encore passée, elle n'avait pas encore fait place à la faim, et la curiosité de la classe bourgeoise n'était pas épuisée et n'avait pas encore été remplacée par la ruine et le désespoir. On criait donc : *Vive la République!* et la foule des curieux était grande. Arrivés au pied de la colonne, les membres du Gouvernement provisoire s'y arrêtent. Arago proclame la République, malgré la réserve faite la veille au profit de la souveraineté nationale; Dupont (de l'Eure) remercie la garde nationale des services qu'elle a rendus dans ces circonstances *et qu'elle rend encore pour le maintien de l'ordre social :* on n'en était pas encore venu à la défiance contre elle, et M. Crémieux, qui prenait possession du rôle d'orateur du Gouvernement, fait entendre ces lieux communs déclamatoires et à effet sur *le bronze de la colonne*, sur *la magnanimité du peuple*, sur *la concorde*, sur *la fraternité des peuples*, qui défrayent cette éloquence d'apparat: après quoi le cortége reprend le chemin qu'il avait suivi.

Ce n'a été qu'un seul cri de : *Vive la République !* disait le *Moniteur* du lendemain dans sa relation officielle, un cri dont l'écho se prolongeait au milieu d'une foule innombrable. Le peuple de Paris semblait vouloir prendre à témoin le ciel et la terre qu'il consacrait la République... Cette journée est désormais inscrite au nombre de celles qui laissent dans l'histoire des traces glorieuses : ce peuple si indigné, il y a trois jours, était là tout entier, mêlant, confondant ses impressions, n'éprouvant plus qu'un sentiment de concorde et s'abandonnant à toutes les espérances d'un avenir de grandeur et de prospérité qui, cette fois du moins, ne seront pas trompées... Le peuple de Paris a ouvert une ère nouvelle : la République française fait reprendre à notre patrie le cours glorieux de ses destinées ; elle lui rend l'initiative du progrès ; elle prépare les États-Unis du continent !

Étrange illusion, et qui devait être de si courte durée !

A cette fête succède l'espèce d'ovation posthume donnée à Carrel, mort à la suite d'un duel. L'événement le plus remarquable de cette cérémonie fut la présence du meurtrier même, de M. Émile de Girardin, qui eut l'assurance de se présenter dans le cortége et de faire amende honorable sur la tombe de sa victime. Il demanda qu'à l'abolition de l'échafaud le Gouvernement provisoire ajoutât l'abolition du duel.

Puis, quelques jours après, vint l'inhumation solennelle des morts de février sous la même colonne qui recouvrait déjà les restes des morts de juillet, comme s'il était de bon goût et de bonne justice de réunir dans la même tombe et ceux qui avaient fondé le gouvernement de Juillet et ceux qui l'avaient détruit. Du reste, même procession composée des mêmes éléments que celle du 28 : il n'y avait en plus que les corbillards des victimes. M. Crémieux, qui est décidément le barde de la Révolution, cette fois encore fait entendre son langage dithyrambique.

Voilà le soleil de la République! s'écrie-t-il : il vient, dans toute sa majesté, répandre les flammes d'en haut sur ces grandes et glorieuses funérailles; il vient proclamer lui-même au milieu de nous l'immortalité de nos frères morts pour la liberté..... Ils ont aussi un drapeau, les hommes de *notre* peuple : savez-vous quel est le drapeau que porte *notre* peuple? Son drapeau, c'est une idée; cette idée, c'est la liberté!.... (*ce n'est pas bien sûr*) et pour conquérir la liberté, il meurt, et, quand il est mort, la reconnaissance publique s'écrie : Honneur aux héros morts pour conquérir la liberté!... honneur à eux! car ils ont assuré pour jamais à la France le gouvernement républicain.

Le général de la garde nationale renchérit encore dans son ordre du jour sur ce langage. Le faux enthousiasme est bavard et déclamateur : les convictions vraies et profondes ont un tout autre langage ; mais, il faut le dire, c'était le diapason à peu près universel de tous les discours de cette époque. Jamais révolution, on peut le dire, ne fut plus prodigue de grands mots, et cependant plus stérile en hommes et en choses.

Après la fête des morts, vint celle des drapeaux, où 2 ou 300,000 hommes armés défilèrent devant l'arc de triomphe de l'Étoile, depuis le matin jusqu'à la nuit, aux flambeaux, comme si de ce monument toute cette armée avait dû s'élancer à la conquête du monde;

puis celle de la concorde et des arts, où des bœufs aux cornes dorées, des jeunes filles empruntées aux chœurs de l'Opéra et tous les oripeaux d'une représentation théâtrale achevaient de déconsidérer ce gouvernement, même aux yeux de ce peuple si amoureux cependant de spectacles.

Ajouterai-je à ces puériles réminiscences du passé le décret qui transforme les membres du Gouvernement provisoire en autant de professeurs : l'un, de littérature ; l'autre, d'histoire ; l'autre, de philosophie, comme pour ajouter un vernis de pédantisme à toute cette puérile fantasmagorie ; puis ces arrêtés par lesquels, « considérant que le Gouvernement doit satisfaire non-seulement aux besoins matériels, mais aussi aux besoins intellectuels du peuple, » des lectures publiques sont ordonnées dans chaque quartier et des théâtres ouverts gratuitement à la foule ; et enfin le décret qui prend soin, au moment où l'Assemblée constituante allait se réunir, de régler la coupe des gilets que porteront les députés. Toutes ces mesures, mort-nées, ne reçurent pour la plupart aucune exécution ; si nous les rappelons, c'est pour montrer que cette révolution, condamnée à s'agiter dans le vague et le vide, devait inévitablement rencontrer le faux et le ridicule.

Nous serions injuste cependant, si nous ne distinguions, au milieu de toutes ces manifestations d'un faux enthousiasme, quelques actes qui ont un vrai caractère de grandeur : l'abolition de l'échafaud politique et celle de l'esclavage dans nos colonies. De fait, sous Louis-Philippe, l'échafaud ne s'était jamais dressé pour un crime purement politique ; tout au plus, quelques assassins du roi, et seulement ceux qui avaient paru les plus dangereux, y avaient expié leur crime : mais transformer cette indulgence en principe et en axiome d'humanité n'en était pas moins une grande et noble inspiration. Ce même gouvernement de Juillet avait également préparé et continué le grand acte de l'abolition de l'esclavage ; mais il était réservé à la révolution de 1848 de le confirmer, sans passer par toutes ces précautions dilatoires dont la prudence de nos hommes d'État avait cru devoir s'entourer. Il est bien qu'un peuple ait son idéal : car, même pour atteindre le but, il faut quelquefois viser plus haut. Mais, nous ne saurions trop le répéter, la politique n'est pas et ne peut pas être un simple rêve de l'imagination ; lorsque toutes les forces surexcitées d'une nation s'épuisent à la poursuite d'une chimère, elle ne manque jamais de retomber bientôt dans le marasme : c'est là l'histoire au vrai de cette époque ; nous cherchons à la bien caractériser, pour que désormais nos concitoyens sachent bien, si un jour ils se remettent en marche vers le progrès, que rien n'est plus funeste en politique que le vague et l'indéfini.

Au reste, cette maladie de l'âme que nous définirions : l'*enthousiasme sans but*, le *délire de l'idée*, n'était pas une maladie particulière à la France ; elle s'était étendue sur l'Europe entière. L'Allemagne, la paisible Allemagne elle-même s'agitait, se soulevait de toutes parts aux cris de : *Vive l'unité allemande !* sans se rendre compte des impossibilités que rencontrait la réalisation de ce rêve ; elle se lançait, comme la France, à la recherche d'un problème insoluble. L'Italie aussi, placée entre deux buts, dont l'un possible et raisonnable : son indépendance vis-à-vis de l'étranger au moyen d'une fédération d'États libres, et l'autre impossible : sa transformation en une république unitaire et centrale, se laissait aller follement à poursuivre ce dernier but, abandonnant le premier, qui seul était réalisable.

La Russie seule, dans son immobilité, fortifiait ses armées, invoquait Dieu et attendait le moment où l'excès du désordre en Europe rendrait son intervention nécessaire. Jamais plus nobles passions n'avaient été remuées dans le monde civilisé, jamais un élan plus universel des âmes et des cœurs n'avait éclaté d'un bout de l'Europe à l'autre ; et cependant tout cela devait avorter, parce que tout cela n'était que la poursuite d'un idéal impossible.

C'est au milieu de ces circonstances que le Gouvernement provisoire eut à tracer les errements de sa politique extérieure ; sur ce terrain se rencontraient encore les deux républiques rouge et tricolore : celle-ci s'abstenant de toute agression contre les gouvernements étrangers ; l'autre ne voyant de salut pour la république que dans sa propagande armée chez les peuples voisins et dans le monde entier : c'était le vieux rêve du parti jacobin. Le premier système prévalut, et, il faut le dire, sans de grands efforts. On avait beaucoup crié, sous le gouvernement de Louis-Philippe, contre la paix à tout prix ; mais en 1848 les idées et les passions du peuple avaient pris un autre cours : elles n'étaient plus à la guerre. La révolution de 1830 avait été bien plus disposée à tirer l'épée contre l'étranger que ne l'était la révolution de 1848, et cela par la raison toute simple que l'une était plus politique que sociale, et que l'inverse était vrai pour l'autre. Le socialisme, né d'un progrès du matérialisme, n'éprouvait pas les mêmes besoins de propulsion au dehors et de propagandisme par la guerre qu'avait ressentis, en 1830, le fanatisme politique ; il faut le dire aussi, il ne trouvait pas autour de lui les mêmes sympathies, les mêmes complicités morales : il ne se sentait pas attiré. Il aurait fallu qu'il allât jusqu'en Russie pour y trouver des analogies : car il est à remarquer que c'est l'organisation de cet empire qui a su le mieux réaliser l'abolition du paupérisme par le classement strict et rigoureux de la société et par le pouvoir absolu, c'est-à-dire par l'étouffement de toute liberté individuelle.

Dans le gouvernement, Ledru-Rollin, Caussidière, Flocon et un assez petit nombre des partisans du vieux jacobinisme; en dehors du monde officiel, l'émigration polonaise, italienne, quelques groupes de Belges et d'Allemands, d'Irlandais transplantés en France, représentaient seuls le parti de la guerre, et encore était-ce plutôt une guerre de conspiration, de surprise, de propagande, que la guerre ouverte qu'ils voulaient.

L'immense majorité du gouvernement et de la nation, bien rassurée contre toute agression extérieure, était, au contraire, très-fermement résolue à garder la paix.

Aussi, lorsque M. de Lamartine déclara, dans son manifeste, que « la nouvelle république *désirait entrer dans la famille des gouvernements institués comme puissance régulière et non comme un phénomène perturbateur de l'ordre européen ; que la proclamation de la république n'était un acte d'agression contre aucune forme de gouvernement dans le monde....; que la monarchie et la république n'étaient pas des principes absolus, condamnés à se combattre à mort, mais qu'ils pouvaient vivre face à face en se comprenant et se respectant; que la France n'intenterait donc la guerre à personne et qu'elle encourrait une responsabilité terrible si elle déclarait la guerre sans y être provoquée; qu'elle ne ferait pas de propagande sourde ou incendiaire chez ses voisins; que, si les traités de 1815 n'existaient plus que comme un fait à modifier en commun, toutefois les circonscriptions territoriales de ces traités étaient admises par la république comme base et point de départ de ses rapports avec les autres nations,* » aucune voix ne s'éleva pour protester contre cette politique toute pacifique : cette déclaration de l'acceptation des traités de 1815, sinon comme droit, au moins comme fait, c'est-à-dire, cette doctrine *du fait accompli*, qui, alors que je l'avais portée pour la première fois à la tribune, m'avait attiré tant d'invectives et d'accusations de la part du parti exalté, rencontrait cette fois un assentiment presque universel de ce parti.

La forme et le style de ce document, quoique nouveaux en diplomatie, étaient merveilleusement appropriés au temps pour lequel il était fait : une grande pompe de mots et d'images, pour masquer au fond beaucoup de prudence ; la poésie, cette fois, se mettait au service de la raison. Tout est à louer dans ce manifeste ; quelques concessions faites à l'esprit du jour, telles que celles-ci : *La révolution s'est faite par le peuple et pour le peuple, il est la révolution même,* ne sont que des passe-ports destinés à faire accepter un langage de bon sens et de vrai libéralisme, qui eût convenu tout aussi bien à un ministre de la monarchie qu'à un ministre de la république. Toutefois, quelle qu'ait été l'influence de ce beau et honnête manifeste, qu'on soit bien assuré que toute cette éloquence eût été impuissante, si elle ne se fût pas rencontrée avec la disposition générale des esprits.

On verra, dans le cours de ce récit, que cette politique a persévéré, dans quelques mains que la république ait passé : dans celles de M. Bastide, comme dans celles de M. de Lamartine ou celles du général Cavaignac ; et cela quelles qu'aient été les tentations offertes à l'esprit guerroyant par les événements qui bouleversaient alors l'Europe : tant le sentiment pacifique était alors profond et général en France !

Mais, si cette sagesse éloignait de la nouvelle république, au moins pour les premiers moments, les complications et les dangers de l'extérieur, elle la privait aussi de cette diversion toute-puissante que la guerre aurait pu apporter aux dangers de l'intérieur, dangers qui, chaque jour, devenaient plus menaçants.

Une terrible crise financière, bien facile à prévoir, éclatait, menaçant la société du plus grand des désastres.

Le principal élément de prospérité de nos sociétés modernes, c'est la rapidité dans la circulation des capitaux. Cette rapidité, en temps de paix et de pleine sécurité, devient même presque convulsive ; mais elle s'arrête tout à coup lorsque la sécurité disparaît. Il n'y a pas alors affaiblissement ou diminution progressive ; non, la transition est subite. La veille, vous trouviez un crédit facile, presque indéfini, toutes les caisses vous étaient ouvertes, les capitaux s'offraient aux affaires ; le lendemain, toutes les caisses se ferment, les capitaux disparaissent, plus de crédit même pour les affaires les plus sérieuses ; la circulation ne se fait plus sentir ; la vie est fiévreuse dans les idées ; la mort est dans les affaires.

On peut calculer toutes les perturbations qu'un tel état de choses dut apporter le lendemain du 24 février dans le commerce et l'industrie, toutes les ruines, toutes les catastrophes privées qu'il produisit. L'État ne pouvait tarder à en subir les contre-coups.

Si le commerce privé, surtout en France, prévoit rarement la tempête et se voit presque toujours assailli par elle, alors qu'il vogue, comme on dit, *toutes voiles dehors*, les gouvernements la prévoient bien moins encore : car, s'ils la voyaient venir, il leur serait bien facile de la détourner. Alors il arrive ceci : le gouvernement a calculé ses dépenses sur un accroissement progressif du revenu public ; et ce revenu, bien loin de progresser, décroît tout à coup dans d'immenses proportions, laissant un déficit considérable entre la recette et la dépense. Quel est le gouvernement qui fait entrer dans son budget la prévision d'une révolution ? Mais c'est là le moindre danger : le déficit d'un exercice se comble ou par des économies ou par un emprunt fait à des conditions plus ou moins onéreuses. Il n'en est pas de même de cette masse de valeurs remboursables à volonté et qui, au lendemain de toute révolution, se présentent tout à coup et en même temps à remboursement au Trésor public et l'épuisent en un instant. C'est d'abord la *dette flottante*, représentée par des bons du Trésor : ces bons, à courte échéance, offrent en temps de paix une merveilleuse facilité pour dispenser de recourir à la ressource extrême de l'emprunt ; mais ils creusent une espèce de gouffre que masquent les prospérités des temps tranquilles, et dont il faut bien, au jour de la catastrophe, mesurer et tâcher de combler les profondeurs. Ce sont, en outre, ces dépôts confiés à l'État, et que l'État, qui en paye l'intérêt, est bien obligé de faire servir à ses besoins : ce qui fait qu'au jour de la crise ces dépôts ne se trouvent plus en argent dans ses caisses. Dans les temps ordinaires, ils se renouvellent et même s'accroissent, et se soldent ainsi les uns par les autres : le gouvernement n'a pas à s'en préoccuper ; mais, quand la panique s'empare des esprits, les dépôts cessent, et ceux qui ont été confiés à l'État se retirent. Ce n'est même pas toujours la défiance et la peur qui amènent ces résultats ; d'autres causes y concourent : l'interruption du travail, la diminution des salaires, et toutes ces misères, compagnes ordinaires et presque inévitables des révolutions, rendent forcé le retrait subit et universel de toutes ces valeurs.

La révolution de Février ne pouvait échapper à cette loi fatale. Le danger pour elle s'aggravait encore de la situation embarrassée dans laquelle elle trouvait les finances de l'État.

Le gouvernement de Louis-Phippe s'était rencontré avec une de ces époques de découvertes et de progrès matériels où, sous peine de se laisser distancer par ses voisins, il faut bien suivre le mouvement imprimé autour de soi. La vapeur appliquée à la locomotion avait déjà dans les Amériques et à nos portes, en Angleterre, en Belgique, en Allemagne même, décuplé la rapidité des communications et créé ainsi des sources nouvelles de richesse et de puissance. Après beaucoup de temps et d'argent perdus au milieu des fluctuations entre le système des compagnies et celui de la confection par l'État, un système transactionnel avait été adopté, et la France, résolue à réparer le temps perdu, venait enfin de se jeter hardiment dans cette voie de progrès; elle avait arrêté son réseau de chemins de fer, elle y avait consacré des sommes considérables, dont les unes devaient être couvertes par un emprunt de 200 millions, souscrit dans les meilleures conditions par M. de Rothschild, et dont les autres étaient venues accroître la dette flottante et en exagérer le chiffre, plus que la prudence peut-être ne le permettait. En outre, l'institution des caisses d'épargne avait enfin vaincu les défiances des populations : toutes les épargnes du peuple s'y versaient à grands flots. 329 millions de bons du Trésor, 355 millions de versements des caisses d'épargne, formaient un capital effrayant de près de 670 millions de francs qui allait être exigé immédiatement, sous l'influence irrésistible de la panique inspirée par la révolution.

En effet, le Trésor fut tout de suite assailli de demandes en remboursement; son encaisse, qui était le 24 février de 192 millions, après le payement du semestre de la rente, suffisait à grand'peine aux services courants et aux nouvelles dépenses que la révolution entraînait avec elle : l'armée à augmenter de 100,000 hommes pour les éventualités du dehors; les ateliers nationaux, ce chancre dévorant, à entretenir; les secours à donner à l'industrie aux abois, tout un peuple à nourrir, etc. Il n'avait été payé, il est vrai, que 82 millions sur les 200 millions de l'emprunt Rothschild, et le reliquat encore dû eût été une ressource précieuse; mais exiger ce reliquat du banquier souscripteur, c'eût été provoquer sa faillite, et ce désastre n'eût fait qu'aggraver la situation : force fut donc de lui remettre son engagement.

La Banque offre ordinairement au Trésor un prêteur commode et facile; mais elle était elle-même menacée, son encaisse diminuait dans une proportion effrayante : du 26 février au 15 mars, elle avait escompté à Paris 160 millions et 43 dans les départements; des craintes sérieuses se répandirent sur la solidité de ses billets, qui n'avaient plus dans le numéraire de sa réserve un gage suffisant; ils perdaient déjà 10 pour 1,000 sur la place, et la foule se pressait aux portes de la caisse pour les convertir en argent. Dans la seule journée du 15, elle en avait remboursé pour 12 millions, et son encaisse était descendu à 59 millions. La banqueroute s'avançait ainsi à grands pas ; la Banque était aux abois, et, bien loin de prêter secours à l'État, elle poussait vers lui des cris de détresse.

En outre, le premier effet de cette crise avait été de faire tomber en faillite tous les grands établissements de crédit intermédiaires qui s'étaient formés entre la Banque et le commerce : la caisse Laffitte, celle de Ganneron, celle de Baudon, suspendirent simultanément leurs payements, et par là se trouva tout à coup tarie cette source où s'alimentait le crédit industriel et commercial; d'un autre côté, les consommations se restreignant, les manufactures se fermant, les négociations d'effets devinrent difficiles, onéreuses, impossibles même. En vain le gouvernement accorda-t-il un sursis de quelques jours, à l'instar de ce qui s'était fait en 1830, aux payements des effets exigibles : cela était bien loin de suffire. On ne trouvait pas plus d'argent à l'expiration de ce sursis qu'avant ; le commerce, qui ne ressent que ses souffrances actuelles, demandait à grands cris un sursis de trois à six mois : c'eût été la banqueroute universelle, c'eût été le premier pas vers cette liquidation générale dont le socialisme menaçait la société. Le gouvernement provisoire eut le bon esprit de le sentir et de résister : il fallait bien cependant sortir de cette horrible situation.

Le ministre des finances, M. Goudchaux, avait perdu la tête ; trop honnête homme pour recourir au remède honteux et violent de la banqueroute, que quelques banquiers lui conseillaient cependant, comme étant commandé par l'inexorable nécessité, il pressait le gouvernement d'accepter sa démission, et menaçait de se brûler la cervelle, si on ne le débarrassait pas de sa cruelle responsabilité. Il ne fallait rien moins que le courage et la confiance imperturbable que Garnier-Pagès avait en lui-même pour le porter à se charger d'un tel fardeau. Son outrecuidance fut dans cette circonstance un bonheur public et un moyen de salut.

Le précédent ministre, par un acte de forfanterie qui ne fut pas heureux, avait ordonné bravement d'avancer l'échéance du semestre de la rente et de payer à bureau ouvert. Ce n'était qu'une vraie gasconnade, qui ne trompa et ne pouvait tromper personne : car, dans le même acte où il faisait cette bravade, le ministre sonnait le tocsin d'alarme et suppliait tous les contribuables d'anticiper le payement de leurs contributions.

Il fallait bien recourir à des moyens plus sérieux : il s'agissait, d'une part, de remplir le Trésor pour qu'il pût satisfaire à des besoins que la révolution n'avait pas diminués, mais accrus de tous les engagements qu'elle avait pris envers le peuple, et, d'autre part, solder les bons du Trésor exigibles et rembourser les dépôts de la caisse d'épargne.

Mais ce qu'il y avait de plus urgent était de reconstituer ces établissements de crédit intermédiaires entre la Banque et le commerce, auquel ils étaient indispensables : établissements qu'on avait eu le tort de laisser tomber. C'est dans ce but qu'on établit le Comptoir d'escompte, dont le capital fut fourni en partie par l'État, par les villes et par le commerce : institution excellente, dont nous avions éprouvé déjà les bons effets en 1830, et qui apporta un soulagement immédiat au petit commerce.

Quant au dénûment du Trésor, le ministre espérait y satisfaire en faisant décréter un emprunt de 100 millions au pair, en se faisant prêter 100 autres millions par la Banque de France, à laquelle fut remise l'autorisation de vendre les forêts de l'État jusqu'à due concurrence. Ces ressources, jointes à celles que pourraient procurer la vente des domaines de la liste civile, qui avaient fait retour à l'État, et celle des diamants de la couronne, paraissaient devoir suffire aux services publics.

Restaient les exigences des porteurs de bons du Trésor et des créanciers de la caisse d'épargne à satisfaire : à leur égard, le ministre adopta une mesure exorbitante, qui n'était autre chose qu'une banqueroute partielle. Il fit décréter que les créanciers de la caisse d'épargne dont les titres étaient au-dessous de 100 francs seraient remboursés en numéraire, et qu'au-dessus de cette somme ils seraient soldés moitié en bons du Trésor, moitié en rente au pair. Or ces rentes étaient alors à 70 francs. C'était une perte sur le capital de 30 pour 100 imposée aux déposants. Cette distinction entre des créanciers de même nature et de même origine est motivée par le ministre sur ce que les créanciers au-dessus de 100 francs n'ont placé sur les caisses d'épargne, selon lui, qu'en fraude des limitations de la loi, et que c'est dans un *esprit contre-révolutionnaire* qu'ils demandent leur remboursement. Pourquoi ne pas dire tout de suite que ces malheureux *sont des aristocrates,* qui sont hors la loi commune ? Leur faire banqueroute, et par-dessus le marché les injurier et les dénoncer, c'était trop !...

Même mesure à peu près fut adoptée pour les porteurs de bons du Trésor : on leur offrit ou le remboursement en rente au pair ou l'ajournement du payement à une année.

Encore si ces mesures eussent sauvé l'État ! mais elles étaient insuffisantes. En effet, l'emprunt de 100 millions au pair, fondé sur le patriotisme présumé des capitalistes, n'était qu'une niaiserie qui avait déjà été vainement essayée sous le gouvernement de Louis-Philippe, et qui ne pouvait qu'avorter ; il y eut tout au plus *une vingtaine de millions de souscrits.* L'empire, en suivant une voie tout opposée et en offrant des rentes au-dessous du pair, faisant ainsi appel à l'intérêt et non au désintéressement des capitalistes, a prouvé depuis qu'il connaissait bien mieux son temps et le cœur humain.

Quant à l'emprunt à faire à la Banque, cette mesure aurait aggravé la situation de cet établissement, qu'il fallait avant tout sauver.

Le moyen de salut fut héroïque ; il était dangereux, mais nécessaire, et on doit remercier M. Garnier-Pagès d'y avoir eu recours : ce moyen fut d'établir le cours forcé des billets de la Banque de France et de les fractionner en coupons de 100 francs, de manière à en faire une monnaie courante, capable de remplacer le numéraire qui se retirait. Dès lors plus de foule de porteurs de billets se pressant aux portes de la Banque de France, et, chose extraordinaire ! la dépréciation que les billets de banque avaient subie lorsqu'ils étaient libres s'arrêta tout à coup, et même, tant était grand le besoin de moyens de circulation, ils furent recherchés.

Cette mesure fut complétée par une autre mesure non moins salutaire : ce fut l'absorption dans la Banque de Paris de toutes les autres banques des départements, qui, de fait, ne vivaient depuis longtemps que de son crédit.

Grâce à ces mesures, la Banque de Paris prit une force, une consistance, une sécurité d'avenir, qui la mirent en état de traverser la crise.

La Banque était sauvée, mais le Trésor ne l'était pas, puisque l'emprunt émis au pair n'était qu'une illusion. Or le Trésor et la Banque s'étaient tellement solidarisés, et c'était là un des dangers de la situation, que la chute de l'un eût entraîné infailliblement celle de l'autre. Il fallut donc de toute nécessité remplir le Trésor d'autre chose que du papier de la Banque et des vaines promesses du patriotisme.

C'est sous la pression de cette nécessité rigoureuse, absolue, que fut établi le fameux impôt de 45 centimes.

> Considérant, porte le décret qui établit cet impôt, que l'intérêt de la République exige que de puissants secours soient immédiatement donnés au travail, à l'industrie, au commerce, décrète : Il sera perçu temporairement, et pour l'année, 45 centimes du total des contributions directes.

Le gouvernement avait hésité entre plusieurs projets, dont l'un consistait dans un impôt sur le revenu. Il ne dissimule même pas, dans l'exposé des motifs, que toutes ses sympathies eussent été pour cette nature d'impôt; mais que les difficultés de l'asseoir, et surtout les lenteurs que nécessiteraient la classification et la constatation des revenus de chacun, l'avaient forcé à recourir à l'impôt foncier, dont la réalisation n'exigeait aucun travail préparatoire.

Pour simplifier encore davantage la perception de ces 45 centimes et s'éviter le remaniement des rôles, tout en augmentant les produits, il fut décidé, contre toute justice, que l'impôt porterait non-seulement sur les centimes principaux, mais même sur les centimes additionnels et facultatifs : de telle sorte que plus les communes et les départements étaient déjà grevés, plus ils étaient chargés par le nouvel impôt; ce qui ne contribua pas à le rendre populaire.

Il provoqua en effet un soulèvement à peu près général dans les campagnes : pour nos paysans, la république était synonyme de gouvernement à bon marché et de dégrèvement ; plus l'illusion avait été grande, plus la déception fut vivement sentie et plus la réaction fut forte. Dans quelques communes la population s'insurgea et prit les armes. Cette mesure prévenait les horreurs d'une banqueroute, mais elle tuait la république : car elle lui valait la haine des campagnes, sans lui donner l'amour des villes. Tous ceux qui depuis voulurent séduire les campagnes et les rattacher à leurs projets, depuis Barbès jusqu'à Napoléon, ne manquèrent pas de faire annoncer par leurs partisans qu'ils rembourseraient les 45 centimes. Ce n'était là qu'un leurre, mais qui atteste combien était universel et profond le ressentiment des campagnes contre cet impôt.

Il ne pouvait guère en être autrement : la première république, en 1792, si elle avait eu, elle aussi, son cortége de misères et de souffrances, avait du moins doté les campagnes de l'abolition de la dîme, des corvées, des droits seigneuriaux, et affranchi le travail et la propriété foncière. Mais quelles sympathies pouvait rencontrer chez nos paysans, chez qui le sentiment de l'intérêt est si vivace, cette république qui débutait par doubler presque le fardeau qui pesait déjà si lourdement sur le travail des champs? Nous ignorons si ceux qui prirent cette mesure eurent la conscience de toute la portée qu'elle devait avoir; s'ils l'ont eue, ils n'en méritent que plus d'éloges et de reconnaissance : car, républicains sincères, engagés dans la cause de la république corps et âme et sans retour possible, placés entre la foi publique et leurs intérêts de parti, ils auraient sciemment et volontairement sacrifié ces derniers au salut de leur pays.

Du reste, la suspension du payement de la rente eût produit un effet différent, mais non moins funeste à la république. Les sociétés modernes, en créant cette masse de valeurs mobilières auxquelles se rattache désormais l'existence de la grande majorité des populations, ont de beaucoup étendu les effets désastreux des banqueroutes nationales, et par là elles ont fait de la bonne foi et de la fidélité aux engagements de l'État la plus impérieuse nécessité. C'est là une vérité que le mouvement progressif de la civilisation rend de jour en jour plus évidente, plus formidable : ceux qui font les révolutions doivent en tenir grand compte.

Le gouvernement provisoire n'avait donc que le choix entre deux mesures, toutes deux mortelles pour la république : l'impôt ou la banqueroute. Honorons-le de s'être prononcé pour celle qui ne menaçait du moins que ses opinions et ses intérêts.

Mais que pouvaient ces expédients financiers, sans la sécurité, ce premier besoin de toute société qui vit de son travail? Ils pouvaient prolonger l'agonie de la république quelques jours de plus, et voilà tout : les sources de vie ne pouvaient se rouvrir pour elle qu'à une condition, celle du rétablissement de l'ordre et de la sécurité. Or cette sécurité, bien loin de se rétablir, était de jour en jour plus profondément troublée. De toutes les parties, non-seulement de la France, mais de l'Europe, s'abattaient sur Paris une nuée d'hommes avides, affamés, attirés par la perspective d'un salaire sans travail et impatients de prendre leur part des émotions populaires. En vain le gouvernement et le préfet de police prenaient-ils des mesures pour prévenir l'affluence des étrangers; la masse des hommes déclassés et oisifs qui couvre en tout temps le pavé de Paris s'accroissait incessamment. Pendant la journée, des processions d'hommes en blouse circulaient dans les rues, sur les places publiques, vociférant des cris menaçants; le soir, des explosions d'armes à feu, des intimations insolentes et sous menace d'avoir à illuminer les maisons, souvent l'appel sinistre : Aux armes! ne laissaient pas même aux paisibles habitants le repos de la nuit.

L'esprit de désordre et d'anarchie s'étendait partout. L'asile de la vieillesse n'en fut pas préservé : on vit un jour les invalides, ces vétérans de nos armées, possédés d'une frénésie subite, sous le prétexte de je ne sais quel grief, se ruer sur leur commandant le général Petit, ce vieux et glorieux débris de nos armées, dernier représentant de la loyauté militaire et de la fidélité au drapeau, et, sans égard pour ses cheveux blancs et ses nobles cicatrices, l'insulter, le maltraiter même, et le conduire sur une charrette à l'état-major de la place.

Ajoutez à l'anxiété générale qu'inspiraient de tels désordres, de telles violences, les cruels embarras financiers de chacun en particulier, toutes les ressources d'argent, de crédit, taries, et cependant l'impitoyable échéance frappant à des caisses vides, le manufacturier en lutte violente avec ses ouvriers, aux prises avec le désespoir lorsqu'il était sans commande, avec leurs folles exigences lorsqu'il en avait à exécuter. Les ateliers désertés ou interdits, les manufactures même incendiées, les propriétaires de maisons menacés par leurs locataires, voyant avec terreur leurs portes marquées d'une potence lorsqu'ils exigeaient le prix de leurs locations, et on n'aura qu'une faible idée de l'horrible désordre dans lequel se débattait notre société. « L'horizon s'assombrit chaque jour, disait le directeur de la police dans un de ses rapports ; les prétentions des ouvriers deviennent de plus en plus extravagantes : ils menacent verbalement et par écrit d'incendier les établissements qui les font vivre. Le Luxembourg taille une besogne surhumaine au gouvernement. » etc.

Ce dévergondage des socialistes était porté à un tel degré de folie que, pour le combattre, quelqu'un eut l'idée de lui opposer l'autorité de la Convention elle-même, et de faire afficher sur toutes les murailles de Paris les articles de la constitution de 1793 portant que « NUL NE PEUT ÊTRE PRIVÉ DE LA MOINDRE PORTION *de sa propriété sans son consentement, et que la Convention nationale garantit à tous les Français sa propriété.* » Il était piquant de donner ainsi une leçon à Louis Blanc au nom de Collot-d'Herbois, et de rappeler à l'ordre nos modernes socialistes par la voix de ces mêmes Montagnards dont ils se disaient les élèves et les continuateurs : c'est qu'il y avait entre les deux révolutions de 1793 et celle de 1848 cette différence que, dans la première, on combattait pour des idées, et, dans la seconde, pour des intérêts. Cette dernière avait passé par-dessus Robespierre, pour arriver tout de suite et de plein saut à Babœuf.

Louis Blanc lui-même s'effrayait de la dissolution sociale à laquelle il travaillait si ardemment ; il trouvait que son œuvre allait trop vite. « Quelque légitime que soit votre impatience, disait-il dans une proclamation du 5 mars aux ouvriers, nous vous conjurons de ne pas faire aller vos exigences plus vite que nos recherches. Trop d'impatience de votre part, trop de

précipitation de la nôtre n'aboutirait qu'à tout compromettre. » Il s'apercevait bien tard que le problème de l'organisation du travail était difficile et complexe ; mais alors pourquoi le poser? Ces ouvriers auxquels il adressait ces recommandations de modération et de patience n'étaient-ils pas en droit de lui répondre :
— Quoi! vous nous annoncez depuis dix ans que vous avez le secret d'une nouvelle organisation sociale qui, selon vous, doit nous donner à tous l'aisance et le bonheur; nous faisons à votre incitation une révolution qui fait table rase de tous les pouvoirs de la vieille société et vous investit d'une dictature absolue : et lorsque, pour prix de notre sang versé, nous croyons que vous allez nous livrer votre grand et merveilleux secret et produire votre organisation du travail depuis si longtemps annoncée par vous et rêvée par nous, vous nous dites que vous êtes encore à la *recherche* d'une solution! vous nous exhortez à prendre patience!... Vous nous avez donc trompés? Vous n'êtes qu'un coupable et cruel charlatan, qui, en éveillant en nous des espérances, en allumant des convoitises que vous saviez bien ne pouvoir satisfaire, avez aggravé nos souffrances de toute l'amertume de la plus cruelle déception!...

Il n'y eut pas jusqu'à M. Caussidière qui, tout en gourmandant les bourgeois de Paris pour leur froideur envers la république et en les menaçant de les mettre à la raison avec des allumettes chimiques, ne se crût cependant obligé de rassurer la population et même de protéger les propriétaires contre les violences de leurs locataires. « Quand les citoyens s'alarment, dit-il dans un avis du 23 mars, l'ouvrier voit s'éteindre la confiance et tarir les sources du travail; l'ouvrier qui se laisse entraîner dans ces promenades nocturnes perd une partie de sa journée et compromet gravement celle du lendemain. » Et, dans un autre avis du

27, il déclarait « qu'informé des menaces proférées par plusieurs personnes contre les propriétaires qui refusaient de faire remise de leurs loyers à leurs locataires, il rappelait ses concitoyens au respect de tous les droits. » La bourgeoisie de Paris lui tint compte de ces velléités apparentes en faveur de l'ordre, et l'en récompensa par 150,000 suffrages qu'elle lui donnait après le 15 mai, témoignage dans lequel il entrait, il est vrai, autant de peur que de reconnaissance.

Le maire central de Paris adressa le 10 avril, aux maires de Paris, une circulaire qui prouve qu'à cette date les propriétaires étaient toujours menacés.

Je viens appeler toute votre attention, dit-il, sur des faits dont la gravité pourrait, à juste titre, alarmer la population : déjà, dans plusieurs quartiers de Paris, des locataires ont cru pouvoir exiger de leurs propriétaires des quittances, sans en avoir effectué le payement ; à ce premier abus se sont joints des actes non moins répréhensibles : on a voulu, par certains signes extérieurs, désigner à l'attention publique d'abord les maisons de ceux qui se sont montrés faibles, aujourd'hui les maisons de ceux qui sembleraient rester forts. C'est à nous qu'il appartient de flétrir de tels actes, etc.

C'étaient là, sans doute, de louables efforts ; mais que pouvaient ces paroles et ces vaines recommandations, lorsqu'elles étaient démenties par les actes ? Le gouvernement lui-même, en portant la main sur les impôts indirects, d'abord sur le timbre des journaux qu'il commençait par suspendre et finissait par abroger, puis sur l'octroi de la ville de Paris qu'il réduisit considérablement en abaissant les taxes sur certaines denrées, puis sur l'impôt des boissons qu'il désorganisait et tuait en supprimant l'exercice, puis enfin sur l'impôt du sel qu'il abrogeait ; le gouvernement, en tarissant ainsi les ressources du Trésor, alors qu'en même temps il créait de toutes parts de nouvelles dépenses, ne pouvait qu'accroître grandement l'alarme du public, qui voyait se creuser ainsi sous ses yeux l'abîme où devaient s'engloutir rapidement les nouvelles ressources créées par les expédients du ministre des finances.

Aussi le pays tout entier appelait-il de ses vœux les plus ardents cette Assemblée constituante qui, pour tous, était le port de salut : la majorité du gouvernement espérait y trouver un point d'appui contre le parti jacobin et socialiste; les républicains de bonne foi attendaient d'elle la réalisation de leur idéal républicain ; enfin, tous les intérêts blessés et menacés en attendaient un peu de sécurité et un retour vers l'ordre : et cependant, le jour où cette Assemblée serait élue et convoquée était encore incertain : car le parti anarchique redoutait d'autant plus ce jour, qu'il était plus ardemment désiré par tout ce qui avait quelque chose à conserver.

Deux questions devaient être résolues préalablement à cette élection : l'une de principe, l'autre de fait. Selon quelles conditions l'élection se ferait-elle ? à quelle époque aurait-elle lieu ? Sur la première question, le gouvernement provisoire avait à choisir entre le système électoral consacré en 1791 par la première Assemblée constituante, qui, en admettant le double degré, exigeait un cens de quelques journées de travail, et le suffrage universel absolu et direct, sans aucune condition que celles du sexe et de la majorité de vingt et un ans.

L'école logicienne, celle qui se formule en équation pour ainsi dire algébrique et qui poursuit l'absolu dans la politique, c'est-à-dire l'école la plus absurde et la plus dangereuse qui puisse exister pour un État, dominait dans ce petit groupe d'hommes qui avaient pris la direction de la révolution du 24 février. Le suffrage universel fut donc adopté, et il ne paraît pas qu'il y ait eu, sur ce point si décisif, aucun débat ni même aucun dissentiment dans le sein du gouvernement provisoire.

Jusqu'à ce jour, les législateurs de tous les temps et de tous les pays avaient mis toute leur science à trouver des combinaisons capables de faire dominer dans les affaires de l'État la raison, l'intelligence, l'esprit et l'intérêt de conservation, apanages ordinaires d'une minorité ; nos législateurs du 24 février trouvèrent plus logique, eux, d'abandonner les destinées d'un grand pays aux aveugles entraînements, aux passions du grand nombre. Ils réduisirent toute la science politique à la supputation d'un chiffre ; ils ne se préoccupèrent pas même de l'indépendance des électeurs : les domestiques, les soldats furent indistinctement admis à voter. La logique inflexible ne le voulait-elle pas ainsi ?

A ce sujet, je ne puis m'empêcher de rapporter une visite que je reçus alors de M. de Cormenin, auquel ses pamphlets et surtout son culte bien connu pour la logique absolue avaient donné une assez grande popularité. Le gouvernement provisoire l'avait chargé de rédiger le décret qui devait régler les conditions de l'élection de l'Assemblée constituante. Il vint me consulter, et voici le dialogue qui eut lieu entre nous :

M. de Cormenin. Ils m'ont chargé de rédiger leur loi électorale, et je ne vois rien de mieux à adopter que le suffrage universel ; toutefois, avant de rien arrêter, je désirerais avoir votre avis.

M. Odilon Barrot. Quoi ! le suffrage universel, *direct et absolu ?*

M. de Cormenin. Oui.

M. Odilon Barrot. Vous admettrez donc les soldats sous les armes à voter ?

M. de Cormenin. Pourquoi pas ?

M. Odilon Barrot. Mais ou vous imposerez à ces soldats un vote convenu, et alors ce n'est plus qu'une consigne,

par conséquent une dérision ; ou vous leur laisserez toute liberté de discuter, de concerter entre eux leur choix ; et alors que devient la discipline de l'armée, le jour où les soldats et les officiers voteront en sens contraires? que deviendra votre gouvernement, le jour où la majorité de l'armée, après discussion, se sera prononcée contre lui ?

M. de Cormenin. Vous pouvez avoir raison, mais c'est logique.

M. Odilon Barrot. Au diable votre logique, qui conduit à l'absurdité !

Nous nous séparâmes, laissant à l'avenir à décider qui de nous deux avait raison.

Il fut également décidé que le vote se ferait au chef-lieu de chaque département et qu'il n'y aurait qu'un scrutin pour tous les députés à élire par département. C'était retirer de fait ce qu'on venait de concéder si libéralement et si imprudemment en droit : comment le peuple, en effet, pourrait-il s'entendre pour choisir dix, quinze, vingt, et même trente députés à la fois ? Il était forcé de recevoir de son curé, ou de son maire, ou de l'homme influent de la localité, ou mieux encore du comité central, la liste des candidats, toute chargée de noms que souvent il ne connaissait pas. Les habiles du gouvernement avaient pensé que le foyer révolutionnaire serait plus ardent au chef-lieu du département ; ils s'étaient souvenus de nos luttes contre le trop grand fractionnement de l'élection : mais ils n'avaient pas songé qu'avec le suffrage universel, qui faisait descendre le droit dans les classes peu éclairées, il fallait opter entre un suffrage aveugle et donné de confiance et un suffrage complétement localisé ; ils voulaient échapper à l'indifférence politique, et ils tombaient sous les influences politiques déjà établies, influences qu'une révolution ne suffit pas à renouveler du jour au lendemain.

Restait la question de la fixation du jour de l'élection, et, sur ce point, un grave et orageux dissentiment éclata au sein du gouvernement provisoire. Le gouvernement, cédant à l'impatience publique, à ses scrupules, et surtout à la pression de ses embarras financiers et de ses périls, avait rigoureusement calculé le temps nécessaire pour dresser les listes électorales. *Un seul jour de dictature prolongé au delà de la plus impérieuse nécessité*, disait-il dans une proclamation, *serait une criminelle usurpation*.

Le jour de l'élection fut donc fixé pour la garde nationale au 19 mars, et pour l'Assemblée nationale au 5 avril; et cette fixation, dans la première confiance qu'inspirait la victoire, n'avait d'abord rencontré aucune opposition. Mais, plus tard, ceux qui plaçaient le salut de la République bien au-dessus de tout scrupule légal, jugeant mieux l'état réel de la société et commençant à s'apercevoir que la résignation est autre chose que l'amour, se ravisèrent : pleins de doutes et d'anxiétés sur les résultats de l'élection prochaine, ils résolurent d'emporter à tout prix, au besoin par la force, l'ajournement de cette élection ; ajournement pendant lequel, disaient-ils, ils pourraient faire l'éducation républicaine du pays, qui, selon eux, était encore à faire. Ils annonçaient d'ailleurs ouvertement que le droit et le devoir du gouvernement étaient d'intervenir directement dans l'élection, et de l'influencer par tous les moyens dont il disposait, au besoin même par l'intimidation. M. Ledru-Rollin était dans le gouvernement le principal champion de cette opinion.

Les élections sont votre grande œuvre, disait-il à ses commissaires dans cette circulaire du 12 mars devenue si fameuse : c'est de la composition de l'Assemblée que dépendent nos destinées. Il faut qu'elle soit animée de l'esprit révolutionnaire ; sinon, nous marchons à la guerre civile et à l'anarchie. Sachez bien que, pour briguer l'honneur de siéger à l'Assemblée nationale, *il faut être pur de la tradi-*

tion du passé. Que votre mot d'ordre soit : partout des hommes nouveaux, etc., autant que possible sortant du peuple ; éclairez les électeurs, vous comprenez combien votre tâche est grande : l'éducation du pays n'est pas faite ; c'est à vous de le guider !...

De telles choses peuvent se penser ; mais les proclamer, mais dire au peuple le plus vain de la terre que *son éducation n'est pas faite*, qu'on veut faire son éducation ; et par quels éducateurs, grand Dieu ! c'était tout à la fois bien imprudent et bien insolent. Puis, quelle contradiction ! ils proclament la République comme étant le vœu, disent-ils, unanime du pays, et puis ils viennent avouer que l'éducation républicaine de ce pays est à faire. Enfin, cette exclusion générale, absolue, donnée à tout homme qui n'était pas *pur de toute tradition du passé*, comment l'expliquer ? Tous les gouvernements qui naissent sont trop heureux qu'on vienne à eux, ils font même de grands frais pour cela ; en voilà un qui repousse tout ce qui a touché au passé : il ignorait donc que les nations n'accordent pas du jour au lendemain leur confiance ; qu'il n'y a pas dans le sein d'une société des couches d'hommes qui, jusque-là ignorées, surgissent tout à coup, investies de la confiance publique et propres aux affaires. La chaîne des temps ne se rompt jamais complétement et surtout si brusquement. Dans notre première révolution même, il avait fallu plusieurs années de combats, d'épreuves de toute espèce, avant que le personnel tel quel du gouvernement révolutionnaire se fût formé. C'est pour avoir ignoré ces vérités si vulgaires que le gouvernement provisoire tentait l'impossible : car à la difficulté des choses il ajoutait celle des personnes.

Une autre circulaire, adressée le 6 mars, par le ministre de l'instruction publique, M. Carnot, aux instituteurs primaires, dans le même esprit, n'eut pas moins de retentissement dans le pays et n'y reçut pas un meilleur accueil. Après avoir déclaré qu'il n'était pas nécessaire pour être député d'avoir de l'éducation, il s'écrie :

Que nos 36,000 instituteurs se lèvent donc à mon appel, pour se faire immédiatement les réparateurs de l'instruction publique devant la population des campagnes! Puisse ma voix les toucher jusque dans nos derniers villages!... Des hommes nouveaux, voilà ce que réclame la France. Une révolution ne doit pas seulement renouveler les institutions, il faut qu'elle renouvelle les hommes. Pourquoi nos instituteurs primaires ne se présenteraient-ils pas, non-seulement pour enseigner ce principe, mais pour prendre eux-mêmes place parmi ces hommes nouveaux?... Qu'une ambition généreuse s'allume en eux et qu'ils oublient l'obscurité de leur condition.

Certes, nous ne chargeons pas le modeste et simple M. Carnot du reproche de cette circulaire ; ce n'est ni son style ni son caractère ; quelqu'un de ces hommes de lettres tout à la fois envieux et fanatiques, qui ont joué un si grand rôle dans cette révolution, lui aura prêté sa plume et ses inspirations, et il aura signé de confiance... C'est assez cependant pour qu'il ait dû en porter la responsabilité politique ; on verra plus tard que, sous l'Assemblée constituante elle-même, cette responsabilité lui fut durement appliquée.

Ainsi M. Ledru-Rollin proposait ses commissaires, M. Carnot ses maîtres d'école, pour faire l'éducation républicaine du pays et le représenter. C'était trop ! le public s'en émut, une nombreuse députation de gardes nationaux vint à l'Hôtel de ville se plaindre de ces circulaires. M. de Lamartine se crut obligé de les désavouer. « Le gouvernement n'a chargé personne, répondit-il à cette députation, de parler en son nom à la nation, et surtout un langage supérieur aux lois. Le gouvernement tout entier éprouve le besoin de rassurer deux fois la conscience publique : une fois dans ce dialogue et bientôt par une proclamation à tous les citoyens de la France. »

En effet, dans une adresse à la nation, au sujet des élections, le gouvernement faisait dans la déclaration suivante le désaveu éclatant des doctrines de M. Ledru-Rollin :

Le gouvernement provisoire n'imitera pas les gouvernements usurpateurs de la souveraineté du peuple, qui corrompaient les électeurs et qui achetaient à prix immoral la conscience du pays. A quoi bon succéder à ces gouvernements si c'est pour leur ressembler ? Le gouvernement provisoire veut que la conscience publique règne. On ne peut remonter aux royautés impossibles ; on ne veut pas descendre aux anarchies inconnues... Assurez aux autres l'indépendance des suffrages que vous voulez pour vous ; surtout liberté, respect aux consciences. Ayez confiance dans le bon sens du pays ; donnez-lui la liberté, il vous renverra la république !

Ainsi le conflit jusque-là renfermé dans les délibérations intérieures du gouvernement éclatait au grand jour, et sur la question même la plus capitale du moment. Cette question devenait comme le champ clos où les deux républiques allaient engager un combat à outrance. Le public, grandement intéressé dans cette lutte et instruit de toutes les péripéties, ne pouvait manquer d'y prendre parti. Les sociétés secrètes, les clubs, toute la partie ardente de la révolution se prononçait naturellement pour M. Ledru-Rollin ; la masse de la population paisible faisait des vœux pour les modérés du gouvernement. Si les passions eussent eu le même caractère de fanatisme et de férocité qu'en 1792, ce conflit se fût terminé par un 31 mai, et les membres modérés du gouvernement eussent payé de leur vie leur modération. Mais le temps avait marché ; la civilisation et la liberté n'avaient pas régné et progressé en vain pendant trente ans dans cette société ; elles avaient changé et adouci ses mœurs. Le dissentiment qui, lors de la première République, avait été tranché par les échafauds, fut en 1848, ainsi que nous allons le voir, arrangé par un compromis, par une sorte d'ajournement à huitaine.

Le premier acte de ce drame fut la manifestation du 16 mars, dite des bonnets à poils. Voici les circonstances dans lesquelles elle eut lieu :

Le gouvernement avait décrété que tout Français faisant partie de la garde nationale serait habillé et armé aux dépens de l'État. Cette mesure radicale avait à ses yeux le double mérite d'abord de satisfaire à cette manie de l'absolu qu'il poursuivait en tout, et, en outre, de noyer l'ancienne garde nationale, composée surtout de la bourgeoisie de Paris, qui lui était, non sans quelque raison, très-suspecte, dans la masse des ouvriers et des prolétaires.

La conséquence inévitable d'une telle mesure et sans laquelle elle n'eût pas atteint le but politique qu'on se proposait, était de dissoudre ces compagnies d'élite qui, dans chaque légion, s'étaient formées sous les influences du voisinage, des convenances personnelles : influences que l'habitude de se voir, de se rencontrer dans les postes, de causer ensemble de politique, avait fortifiées au point de faire de ces compagnies de véritables familles, les seules agglomérations de forces réelles qui existassent au milieu de cette vaste cité de Paris, où les habitants non-seulement d'un même quartier, mais d'une même maison, sont presque toujours étrangers et inconnus les uns aux autres. La dissolution de ces compagnies et leur dissémination dans cette foule qu'on appelait à former désormais la garde nationale fut un coup très-vivement ressenti par la bourgeoisie de Paris.

Une députation nombreuse de gardes nationaux se

présenta le 15 mars au ministère de l'intérieur pour faire entendre ses doléances. M. Ledru-Rollin ayant refusé de la recevoir, et l'ayant renvoyée assez dédaigneusement à son secrétaire, celui-ci la traita durement, lui reprochant de vouloir conserver les signes du privilège jusqu'au sein de l'égalité républicaine. Les gardes nationaux, qui, eux aussi, se croyaient encore les souverains et les maîtres sur le pavé de leur ville, comme ils l'avaient été, en effet, depuis 1830, et qui ne se trompaient que de temps, annoncèrent pour le lendemain une manifestation.

Et, en effet, le lendemain 16 mars, neuf à dix mille gardes nationaux en uniformes, mais sans armes, se dirigèrent par les quais vers l'Hôtel de ville, faisant entendre des cris, parmi lesquels celui de *A bas Ledru-Rollin!* dominait. Le général Courtais, qui voulait s'opposer à ce mouvement, fut fort maltraité; son épée lui fut arrachée. La manifestation dépassait ainsi de beaucoup le but avoué et prenait un caractère d'hostilité directe contre la République.

Le gouvernement, averti dès la veille, avait pris ses précautions. Par les soins du préfet de police Caussidière, quelques milliers d'ouvriers avaient été massés sur le quai, alors fort étroit, qui conduit à l'Hôtel de ville; ces ouvriers barrèrent le passage à la garde nationale : celle-ci, surprise de cet obstacle qu'elle n'avait pas prévu et nullement préparée à se frayer un chemin par la force, hésita, s'arrêta, parlementa, et finalement n'obtint des ouvriers la permission de passer que pour une simple députation, laquelle se rendit à l'Hôtel de ville à travers une haie d'hommes en blouse, qui ne lui épargnèrent ni les moqueries ni les sifflets, ni même les voies de fait à son retour.

Certes, à ne prendre que son motif apparent, savoir : la conservation des compagnies privilégiées, cette manifestation paraissait en elle-même puérile et surtout fort inopportune ; elle n'en était pas moins un fait très-considérable : car c'était le premier symptôme du réveil de la bourgeoisie, sa transition de l'état d'observation à celui de l'action. Le prétexte était mal choisi, sans doute ; mais le mouvement n'en était pas moins imprimé, et, à partir de cette époque, il ne devait plus s'arrêter.

Aussi, et malgré les épigrammes, les épithètes dédaigneuses prodiguées à cette manifestation, qui avait eu surtout le grand tort d'échouer, faute d'un but précis et d'une action suffisamment combinée et préparée, personne dans le gouvernement ne se méprit sur son caractère et sa portée ; le besoin d'une contre-manifestation qui imprimât à la bourgeoisie une salutaire terreur se fit immédiatement sentir. Caussidière, ce grand meneur de la populace, se chargea de préparer pour le lendemain cette contre-manifestation : la position centrale de la préfecture de police, ses nombreux agents, lui fournissaient de grandes facilités pour une telle mission, et il s'en servit avec une rapidité et une dextérité merveilleuse.

Dans la matinée du 16, on voyait de toutes parts des bandes d'ouvriers se dirigeant vers la place de la Concorde ; tous les ateliers étaient fermés, tous les travaux suspendus : malheur à l'ouvrier qui eût refusé de répondre à l'espèce de réquisition frappée sur lui par ses camarades ! ne s'agissait-il pas, d'ailleurs, de donner une leçon aux bourgeois, de consacrer la toute-puissance de la blouse sur l'habit ? Aussi, cette fois, la classe ouvrière tout entière se réunissait-elle dans un seul et même sentiment, et la manifestation atteignit des proportions formidables : 200,000 ouvriers environ, réunis deux à deux et par files régulières, portant des bannières et de petits drapeaux, défilèrent par les quais dans un ordre et un silence qui annonçaient la discipline la mieux observée, et par conséquent une action directrice toute-puissante. Arrivée sur la place de l'Hôtel-de-Ville, bien insuffisante à la contenir, cette colonne s'arrête, des délégués d'avance désignés sont admis auprès du gouvernement : c'étaient Barbès, Sobrier, Raspail, Cabet et le fameux Blanqui avec ses sombres et fanatiques acolytes; tous les chefs et directeurs du parti démagogique et socialiste étaient là réunis. La grande salle de l'Hôtel de ville en était remplie, et le moment était aussi critique que solennel.

Un nommé Gérard, chargé de porter la parole, s'exprima ainsi : « Hier, une manifestation menaçante avait pour but de vous ébranler ; nous y répondons par une manifestation pacifique, pour vous défendre et nous défendre avec vous. »

C'était bien jusque-là ; mais à ce gouvernement qu'il vient défendre contre toute pression menaçante, il intime à son tour les exigences du rassemblement au nom duquel il parle, à savoir :

1° L'éloignement des troupes ;

2° L'ajournement de l'élection de la garde nationale ;

3° Celui de l'élection de l'Assemblée constituante ; et, après cette intimation, un des assistants demande impérieusement une réponse immédiate. Louis Blanc et Ledru-Rollin, en organisant ce mouvement, ne s'étaient proposé que deux buts : d'abord, de faire acte de puissance en déployant aux yeux de la bourgeoisie et des modérés du gouvernement provisoire la force populaire et de montrer qu'ils en disposaient ; ensuite, de produire par ce déploiement une intimidation telle, qu'elle les rendît maîtres de la suprême direction de la révolution : ils n'en étaient pas encore arrivés à la pensée de se débarrasser de leurs collègues. Craignant que leur but ne fût dépassé, ils demandent qu'on laisse au gouvernement le temps de délibérer, ils revendiquent pour lui au moins les apparences de l'indépendance. « Tout cela, ce sont de belles paroles, leur répond insolemment un des délégués ; ce sont des actes qu'il nous faut. Nous ne nous retirerons pas que vous n'ayez délibéré devant nous et sur l'heure ! » Cette brutalité excite parmi les membres du gouvernement provisoire un mouvement d'indignation. Cabet, Raspail et Sobrier s'en aperçoivent ; ils voulaient, comme Louis Blanc et Ledru-Rollin, intimider et non violenter : ils interviennent à leur tour, supplient leurs amis de respecter la dignité du gouvernement. Mais un des meneurs, plus politique et plus avisé que les autres, — c'était, sans doute, Blanqui ou un de ses partisans, — s'écrie : *Le gouvernement provisoire, tout entier, approuve-t-il la circulaire, oui ou non* (celle de Ledru-Rollin)? D'autres voix, pour qu'on ne se méprenne pas sur la portée de l'interpellation, désignent nommément Lamartine, et le somment de répondre. Celui-ci s'avance. Sa position était délicate : il avait désavoué publiquement et officiellement la circulaire de Ledru-Rollin ; s'il faiblissait, il était perdu. Il est des moments où le salut est dans l'audace : si on fait face à la foule, elle vous respecte ; si on tombe, elle vous écrase sans pitié. Il ne daigna pas répondre à la question ; mais, revendiquant avec hauteur la dignité du gouvernement, qui est aussi celle du peuple, il ajouta :

> Ce gouvernement, sans armes, sans soldats, n'a qu'une force morale, dit-il ; la lui enlever, c'est plus que le destituer, c'est le dégrader, et que deviendra la république, avec un gouvernement sans indépendance ? Cette indépendance, nous la défendrons jusqu'à la mort : car, en la défendant, c'est la dignité du peuple et sa liberté que nous défendrons. Nous pouvons périr dans cette lutte, mais nous périrons par vous et pour vous. Prenez garde : *de telles journées, quelque belles qu'elles soient, ont leur péril. Le 18 Brumaire du peuple pourra amener le 18 Brumaire du despotisme!*

Les modérés, déjà gagnés à cette cause, applaudirent.

D'ailleurs, les masses qui, au dehors, encombraient la place de l'Hôtel-de-Ville, s'agitaient, mises en mouvement sous le prétexte de protéger le gouvernement contre les bourgeois; inquiètes de la longueur de cette conférence, apprenant par les émissaires de M. Marrast qu'on veut faire violence à ceux qu'elles étaient venues appuyer, elles poussaient des cris furieux de : Vive le gouvernement provisoire ! et réclamaient la présence sur le balcon des membres de ce gouvernement ; ceux-ci se présentent et sont universellement acclamés. Blanqui et les siens se sentent vaincus et se retirent ; le rassemblement s'écoule : les uns, pour aller faire le tour de la colonne de Juillet ; les autres, au nombre de 10,000 environ, pour se porter au ministère de l'intérieur et y faire une sorte d'ovation à l'auteur de la circulaire. Ces derniers étaient la partie politique du rassemblement, le contingent des clubs, des délégués du Luxembourg et des sociétés secrètes.

Ainsi se termina cette journée, qui laissa indécise la victoire entre les Jacobins et les Girondins modernes. Si, d'un côté, la bourgeoisie avait été humiliée et intimidée ; si le peuple, par ce déploiement formidable de ses forces, s'était de plus en plus enivré de sa suprématie ; si Louis Blanc et Ledru-Rollin avaient joué le rôle de protecteurs vis-à-vis de leurs collègues, s'ils avaient été l'objet des ovations de la partie ardente de la population ; d'un autre côté, la partie modérée du gouvernement avait courageusement défendu et maintenu sa dignité ; elle avait au moins sauvé les apparences, et Lamartine, attaqué personnellement, avait, par son éloquence et son courage, imposé aux passions démagogiques et arraché à la foule des applaudissements. La démonstration laissait donc les choses dans l'état préexistant ; le conflit n'était pas vidé, il restait toujours ouvert : ce n'était pas même une trêve, ce n'était qu'un premier essai des forces respectives des deux partis qui restaient en présence ; tout annonçait une crise nouvelle plus menaçante et plus décisive.

Cependant le Gouvernement provisoire fut unanime à exalter dans ses adresses et proclamations la grandeur, la magnanimité du peuple et à blâmer la garde nationale.

> Quelques-uns d'entre vous, disait le général Courtais, dans son ordre du jour à la garde nationale, ont fait hier une manifestation qui pourrait faire douter de leur patriotisme. Voyez le peuple, il souffre ; mais il a foi et il attend : pendant le combat, il a été héroïque ; confiant, après la victoire il a fait respecter tous les droits ; aujourd'hui encore sa modération égale son courage, il est au niveau de toutes les gloires, c'est par lui et pour lui seul que la révolution s'est faite ; dans quel autre pays du monde pourrait-on voir 200,000 hommes unis comme 200,000 frères, marcher avec plus de dignité dans leur indépendance? Voilà bien la majesté du peuple ! Au milieu de vos chants patriotiques vous demandiez des armes, à quelles mains plus dignes de les porter pourrait-on les confier ? vous en aurez tous... En vous voyant défiler devant moi, comme l'armée la mieux disciplinée, j'ai éprouvé un sentiment d'orgueil..... oui, je partage vos joies et vos espérances, et si je puis ambitionner un titre, c'est celui de *Général du Peuple !*

Général du peuple ! quelle modestie et quelle prétention ! M. de Courtais, obscur député la veille, ancien garde du corps, se guinder jusqu'à cette hauteur ! Mirabeau appelait La Fayette *Cromwell-Grandisson*, quel nom eût-il donné à M. de Courtais?... Au reste, cet ordre du jour est parfaitement caractéristique de ces temps : aduler le peuple parce qu'il se montre fort et qu'on en a peur, insulter la classe moyenne parce qu'elle se montre faible et qu'on s'en défie ; telle était la politique du jour. Le moment n'était pas encore venu où on aurait à implorer l'appui de la bourgeoisie armée et où on serait trop heureux de le trouver.

Nous avons dit que le Gouvernement provisoire, dans cette journée du 16 mars, avait gardé une apparence d'indépendance ; ce n'était, en effet, qu'une vaine apparence, car de fait il céda sur toutes les exigences qui lui avaient été intimées au nom du peuple. Le peu de troupes qui avaient été rappelées à Paris en furent renvoyées ; l'élection de la garde nationale fut ajournée au 25 mars et celle de l'Assemblée nationale au 19 avril.

Mais ajourner les élections, ce n'était, aux yeux des démagogues, qu'éloigner le danger, ce n'était pas le conjurer ; c'était peut-être même l'aggraver. Ledru-Rollin, Louis Blanc et leurs partisans le sentaient ; ils n'étaient pas arrêtés, eux, par les scrupules de légalité ; non, ces ménagements pour l'indépendance des consciences, ce respect pour la loi des majorités dont les modérés du gouvernement faisaient profession n'étaient pour eux que des niaiseries sentimentales ; prolonger la dictature des ouvriers de Paris, l'imposer au besoin par la force à toute la France, donner la main à toutes les révolutions de l'Europe, leur prêter l'appui de notre armée, achever la ruine de la société par les assignats et les impôts progressifs, et, pendant ce temps, chercher la solution des problèmes sociaux et politiques qu'ils avaient soulevés et tâcher de s'accorder sur cette solution : tel était leur programme qui rencontrait une énergique opposition de la part de leurs collègues. De là des scènes de violence dans le sein même des conseils tenus à l'Hôtel de ville, scènes qui nous ont été retracées par les acteurs eux-mêmes dans l'enquête. « Quand la querelle devenait plus vive, dépose M. Arago, devant la commission d'enquête, je disais : Appelez vos adhérents, je ferai battre le rappel et nous déciderons la question à coups de fusil. — Des coups de fusil, nous disait-on alors assez facilement, des coups de fusil ! eh bien, soit !... » Un autre membre du gouvernement révèle que les membres du gouvernement en étaient venus à se munir de pistolets chargés, qu'ils déposaient sur la table pendant les délibérations [1].

Un tel état de choses ne pouvait se prolonger : l'initiative d'une solution violente appartenait naturellement aux Jacobins ; ils résolurent de chasser de l'Hôtel de ville leurs collègues, hommes à préjugés parlementaires qui se permettaient d'avoir des scrupules en pleine révolution.

Les circonstances étaient trop favorables et leur promettaient un succès facile : la bourgeoisie était terrifiée, les ouvriers exaltés ; cette force disciplinée de 200,000 hommes réunie, le 17 mars, en un instant et comme à la baguette, marchant comme un seul homme, M. Ledru-Rollin croyait pouvoir en disposer : *Quand on a 200,000 hommes derrière soi*, disait-il au Gouvernement provisoire, *on peut tout oser*. Il lui suffisait d'un prétexte pour mettre en mouvement cette masse ; une fois poussée sur la place publique, on saurait bien la faire servir à un coup d'État populaire.

D'un autre côté, les événements se pressaient au dehors, des révolutions éclataient chaque jour dans toutes les parties de l'Europe ; il était donc urgent de prendre parti pour ces révolutions, de faire alliance avec elles, de leur donner un appui actif, au besoin même de provoquer des insurrections, là où les vieux gouvernements étaient encore debout. Le feu était partout, on était au fort de l'incendie, il s'agissait donc de le propager et de le rendre universel ; des tentatives

---

[1]. Voir la déposition de MM. Pagnerre et Garnier-Pagès.

avaient été faites en Belgique, en Savoie, sur les bords du Rhin ; mais, obligé d'agir dans l'ombre et par des moyens détournés, le parti jacobin avait partout échoué. Les bandes de Belges réfugiés parties de Paris sous le commandement d'élèves de l'École polytechnique, payées par M. Ledru-Rollin, transportées gratuitement sur les chemins de fer, armées sur les ordres du ministre aux dépens de nos arsenaux de Lille, avaient rencontré, sur le territoire belge, une force armée qui les avait reçues et repoussées à coups de canon. Celles destinées à l'invasion de la Savoie, parties de Lyon, avaient été repoussées et faites prisonnières par les habitants des campagnes devant Chambéry ; les corps d'Allemands formés sur les bords du Rhin avaient excité les réclamations des puissances voisines, et un décret du Gouvernement provisoire avait dû en ordonner le licenciement.

Ainsi avaient avorté les unes après les autres toutes les tentatives de propagande armée du parti violent ; ainsi s'étaient évanouies l'une après l'autre ses espérances de révolutionner le monde, et cela parce que, gênés par leurs collègues, MM. Ledru-Rollin et Louis Blanc n'avaient pu procéder que par des voies détournées. Encore quelques jours perdus et la plus belle occasion qui eut été donnée à l'esprit révolutionnaire de bouleverser l'Europe allait échapper : il n'y avait donc pas un instant à perdre pour agir.

En outre, il était aisé de pressentir que plus on s'approcherait de l'élection, plus les esprits s'absorberaient dans l'attente et l'espoir du résultat de cette grande épreuve, plus il serait difficile d'arracher au pays cette espérance à laquelle il se rattachait avec la passion du désespoir. Tout poussait donc le parti violent à une action immédiate, tout lui faisait une nécessité de détruire, sans retard, cet antagonisme qui avait neutralisé jusqu'à ce jour, dans le gouvernement, l'action révolutionnaire à l'étranger et à l'intérieur ; selon lui, il fallait prévenir à tout prix cette échéance tant redoutée d'une élection dont les résultats étaient pressentis. Le salut de la république exigeait, au lieu d'une assemblée constituante tiède et modérée, un comité de salut public, ce but, mais aussi ce terme de toutes les révolutions démagogiques.

La conspiration de ce parti, comme il arrive dans les temps de révolution, ne s'enveloppait d'aucun mystère ; elle se poursuivait en plein jour. Des conférences nombreuses se tenaient au ministère de l'intérieur où l'on discutait sans aucune réserve la composition du futur comité de salut public, ainsi que le programme politique qu'il serait chargé d'imposer à la France. Quant au succès, on n'en doutait pas. Ne venait-on pas de faire la revue des forces de la démagogie, et n'avait-on pas constaté la faiblesse et l'impuissance de la bourgeoisie, seul point d'appui des modérés? Dans ces conférences, Caussidière, Louis Blanc, Albert, Sobrier, Barbès, Blanqui, tous les chefs de la démagogie ardente poussaient au coup d'État populaire, et en pressaient l'exécution. Louis Blanc et Albert n'étaient pas satisfaits du rôle qu'on leur faisait jouer au Luxembourg ; ils voyaient, d'ailleurs, les difficultés de leur organisation du travail devenir de plus en plus inextricables : de toutes les promesses qu'il avait faites aux ouvriers, Louis Blanc n'en avait réalisé aucune. La réduction du travail à 10 heures, pour les ouvriers de Paris, et à 11 heures pour ceux de la province (comme si les hommes de Paris et ceux des départements n'étaient pas de la même espèce), l'abolition du *marchandage* qui fermait aux ouvriers économes et laborieux la seule porte par laquelle ils pouvaient sortir de la classe des simples manœuvres pour entrer dans celle des entrepreneurs et des capitalistes ; l'abrogation du travail dans les prisons, mesure, il faut le dire en passant, fort peu morale et fort peu philanthropique, étaient les seules conquêtes socialistes qui fussent sorties jusqu'à ce jour de cette grande agitation sociale; c'étaient là des résultats bien insuffisants aux yeux de ces hommes à qui on répétait tous les jours que la société leur appartenait, qu'ils en étaient les maîtres souverains, et qu'ils devaient avoir part au moins égale dans les richesses du pays. De plus, Louis Blanc, s'enivrant de ses propres idées, renchérissait sur l'absurdité des autres sectes socialistes. A cette formule : *à chacun selon ses facultés*, qu'elles avaient généralement adoptée, il avait hardiment substitué la sienne, qui était : *à chacun selon ses besoins*, et il avait tenté de faire accepter cette énormité par ses auditeurs à qui, malgré toute son éloquence, il ne parvenait pas à faire comprendre que le paresseux eût le droit de profiter des labeurs de l'ouvrier laborieux, intelligent et économe; il avait ainsi fini par révolter jusqu'à ses auditeurs eux-mêmes. Dans les rassemblements tumultueux de la classe ouvrière, des cris : *A bas Louis Blanc!* commençaient à se faire entendre; cet homme était donc aux abois, désespéré, il ne pouvait plus trouver son salut que dans un bouleversement universel, et il y poussait. Caussidière, de son côté, se sentait suspect au parti modéré de l'Hôtel de ville, en particulier à Marrast, maire de Paris, qui en défiance du préfet de police avait organisé une contre-police. Il était, d'ailleurs, indigné que les expéditions belge et italienne, qu'il avait si laborieusement préparées de complicité avec Ledru-Rollin, eussent avorté, et il se plaignait amèrement de n'avoir pas été secondé. Cet homme, sous les apparences d'une bonhomie affectée, cachait une ambition démesurée; son langage était humble, sa grosse face toujours riante et facétieuse semblait n'exprimer que des dispositions

sages et naturellement bienveillantes, mais son cœur
était plein d'orageuses impatiences de grandeur et de
fortune ; il laissait dire et croire qu'il n'était que le
client et l'instrument de Ledru-Rollin, mais il comptait
bien pousser du pied son patron et le renverser lorsqu'il l'aurait une fois porté au pouvoir suprême, et
cela lui eût été facile ; car souple, rusé, il avait sur
Ledru-Rollin tous les avantages qu'a sur un homme
sensuel, vaniteux, dont les ardeurs sont extérieures
et se dépensent en paroles, l'homme d'action qui
concentre en lui ses projets, qui sait attendre, et
dont les paroles ne trahissent jamais la pensée. Il
était, d'ailleurs, par son origine, par ses mœurs, par
ses relations, bien plus peuple que son ministre, et
avait sur les classes ouvrières un bien autre ascendant.
Quant à Sobrier, nous ne l'avons pas connu, mais
voici ce qu'un écrivain, M. Élias Regnault, qui devait
bien le connaître, en dit dans son ouvrage apologé-
tique de la révolution de 1848 et du gouvernement
provisoire. « Une autre excentricité de ce temps était
Sobrier, qui aspirait à tenir le glaive spirituel et le
glaive temporel de la république ; il y avait dans son
regard quelque chose d'ascétique et de composé, en
même temps que, dans ses allures, quelque chose de
brusque et d'évaporé. Moins ambitieux de pouvoir
qu'avide de mouvement et de bruit, il joignait à une
grande douceur de caractère une excessive turbulence
d'idées ; prompt aux entraînements sans préméditation
personnelle, et par conséquent instrument facile pour
toute tentative. » Barbès, esprit étroit et fanatique,
âme énergique et courageuse, suivait alors les voies
de Ledru-Rollin, et était résolu à le soutenir. Blanqui,
dans ce monde de conspirateurs, était une figure à
part ; il était le plus redouté, et, en effet, le plus redoutable de tous. D'un courage indomptable, d'un
fanatisme sombre, il était capable de tout, et aurait

commis avec le plus grand sang-froid même un fratricide, pour assurer le triomphe de ses opinions; au moins il s'en vantait. On assurait que, le 16 mars, il était venu à l'Hôtel de ville avec l'intention de poignarder de sa main les membres modérés du gouvernement provisoire. L'auteur déjà cité dit de lui : *Sa pensée est un abîme, et sa vie une perpétuelle menace.* C'est aussi de lui que Ledru-Rollin disait dans l'enquête : *Son âme est pétrie de fiel et de sang.* Acteur nécessaire dans tout projet de violence et de bouleversement, il prétendait cependant y jouer un rôle indépendant; il se réservait toujours une action particulière et individuelle dont il n'expliquait à personne ni le but ni la portée; entouré d'hommes de sa trempe, qu'il avait fascinés par la sombre exagération et le mysticisme de ses paroles, autant que par l'énergie de son caractère, il pouvait en disposer pour tout ce qu'il voudrait entreprendre, assuré d'avance de ne rencontrer en eux ni un scrupule ni une hésitation. Cet isolement, ce mystère dans lesquels il se renfermait, avaient donné lieu à des bruits étranges et à des soupçons auxquels une révélation de la *Revue rétrospective*, rédigée par M. Taschereau, grand fureteur de documents secrets, vint donner assez de consistance. On reproduisait dans cette revue un rapport qui aurait été fait à la police de Louis-Philippe, sur une certaine conspiration; l'auteur de ce rapport donnait des détails tels, il entrait dans des particularités si intimes, si personnelles aux chefs de la conspiration, qu'en le lisant, Barbès s'était écrié : « Il n'y a que Blanqui, ou moi, qui puissions avoir connu ces particularités. » D'où cette conclusion que c'était Blanqui qui avait livré ses secrets à la police. Cette induction était, d'ailleurs, fortifiée par d'autres circonstances, celle par exemple de la mise en liberté de Blanqui avant l'expiration de sa peine. De là, un *haro* général dans tout ce monde de vieux conspirateurs, et dans les sociétés secrètes, contre le révélateur, contre le traître. Blanqui tint tête à cet orage. Il jeta publiquement à la face de ses accusateurs la qualification de *lâches calomniateurs*, donna sa démission de président de son club, se justifia, fut réélu avec enthousiasme, et, désormais consacré aux yeux de ses adeptes par le martyre, n'en devint que plus puissant et plus envenimé. Le document, cause de tout ce bruit, avait été trouvé par Taschereau au ministère de l'intérieur ; Blanqui vit dans cette circonstance une perfidie de Ledru-Rollin contre lui, une manœuvre pour le ruiner moralement dans son parti ; il ne le lui pardonna pas.

Nous ne parlons pas des autres agents de cette conspiration dans laquelle était entré le parti démagogique dans toutes ses nuances, depuis le Jacobin forcené jusqu'au socialiste le plus utopiste. Quelques mots cependant sur deux d'entre eux : Cabet et Raspail. Cabet appartenait au parti socialiste ; il avait joué un certain rôle dans la révolution de 1830 ; avocat laborieux et fort libéral alors, il avait été nommé député, et Dupont (de l'Eure) en avait même fait un procureur général en Corse. Mais son esprit ardent et inquiet l'avait bientôt jeté hors des voies du libéralisme, et après quelques débats parlementaires où l'absolu de ses idées et l'ardeur de ses passions l'avaient assez gravement compromis, il avait disparu de la scène politique, pour aller se perdre dans les rêves d'un socialisme mystique ; son utopie était l'organisation d'une société où tous les biens seraient en commun, espèce de phalanstère ou de mormonisme qui aurait tenu du couvent et de l'hospice. Il avait écrit beaucoup de programmes, beaucoup de petits livres sur les délices de ce paradis qu'il promettait à tous les êtres souffrants ; et il avait trouvé un grand nombre de crédules, principalement dans les classes qui vivent de leur travail manuel, d'autant plus faciles à abuser qu'elles sont plus malheureuses. Il jouissait parmi les ouvriers d'une certaine popularité; c'était une des puissances du jour, et nous l'avons vu jouer le rôle de modérateur dans la séance de l'Hôtel de ville, au 16 mars; mais depuis ce jour il s'était effrayé, comme les autres, des progrès de la réaction : il était disposé, lui aussi, à sauver la république démagogique et sociale par un coup d'État populaire. L'autre chef populaire dont nous voulons parler est Raspail. Ce n'est ni sur les passions, ni sur les perspectives du bien-être et des jouissances matérielles qu'il avait fondé, lui, sa popularité : c'était sur une base plus solide, plus honorable et qui a survécu même aux désenchantements de la politique, aux désillusionnements du socialisme; c'était sur les soins médicaux qu'il donnait aux pauvres. Chimiste assez distingué, il avait étudié toutes les propriétés du camphre et, croyant reconnaître dans cette substance des moyens curatifs puissants, il en avait fait une sorte de panacée; cette découverte simplifiait de beaucoup la médecine; elle convenait admirablement à toute la classe ouvrière qui n'a guère le temps ni les moyens de suivre des remèdes compliqués et coûteux ; aussi eut-elle dans les faubourgs un grand succès. Raspail ouvrit des boutiques où il débitait ses médicaments à bon marché à tous les ouvriers, y ajoutant même parfois des secours gratuits : ce qui lui avait donné une popularité immense et de bon aloi. Plût à Dieu pour lui et pour son pays que cette philanthropie ne se fût pas trouvée unie chez lui à un jugement faux et à une imagination malade qui le jetèrent dans toutes les exagérations de la démagogie et du socialisme et le rendirent complice d'hommes dont il partagea les idées, et favorisa les projets.

Tel était le personnel de cette conspiration. Nous sommes loin de dire que tous ces hommes si divers par leur caractère, leurs origines, leurs tendances, fussent d'accord sur la forme et les conditions du gouvernement qu'ils rêvaient pour la France. Il y avait même, entre le parti politique et le parti socialiste, entre les nouveaux jacobins et les nouveaux babouvistes, un dissentiment profond, qui n'eût pas tardé à éclater en conflits violents. Mais pour le moment tous ces hommes étaient unanimes à reconnaître que la révolution de 1848 n'avait pas tenu ce qu'elle avait promis, qu'elle était entravée par la résistance de la classe moyenne, que cette résistance jusqu'alors inerte devenait active et pousserait bientôt à la réaction, qu'il fallait empêcher que cette réaction ne trouvât dans l'Assemblée constituante une représentation et un appui dont il serait ensuite bien plus difficile de triompher, qu'il y avait donc nécessité impérieuse et urgente à faire faire un pas de plus à la révolution de 1848, de rejeter de son gouvernement tout ce qui était entaché de vieilles idées et de modérantisme, de placer enfin le pouvoir et la force en pleine classe ouvrière. Le programme universellement adopté était celui-ci : *Ajourner indéfiniment l'élection de l'Assemblée constituante, épurer le gouvernement par un coup d'État populaire, le remplacer par un comité de salut public.*

Mais de quels éléments se composerait ce gouvernement révolutionnaire? quels seraient ses moyens d'action? Là commençait le dissentiment.

M. Ledru-Rollin était l'homme principal de cette nouvelle dictature, la présidence du comité de salut public projeté lui revenait de droit; aussi était-il le centre de tous les projets, l'âme de toutes les conférences; c'est chez lui, dans son ministère, souvent la nuit, que se réunissaient les conjurés, et cependant il hésitait et flottait dans de pénibles anxiétés. Si, d'un côté, la perspective d'être enfin l'arbitre suprême de la France, de n'avoir plus à lutter contre les résistances, les désaveux même de collègues timorés, flattait son orgueil et son ambition; d'un autre côté, serait-il en son pouvoir de contenir, de diriger la force même qui l'aurait porté à la dictature? n'échapperait-il aux contrariétés et aux taquineries de M. Marrast, aux désaveux de M. de Lamartine, aux boutades de M. Garnier-Pagès et d'Arago, que pour retomber sous les exigences de Caussidière ou les menaces de Blanqui? et puis il voulait bien avoir le Luxembourg pour auxiliaire, mais il ne consentait pas à en être l'instrument : il redoutait cet abîme de l'inconnu où Louis Blanc l'entraînerait à sa suite. Ne serait-il pas enfin débordé, puis abandonné par cette faveur populaire si mobile et si changeante, et jeté aux gémonies après avoir été porté au Capitole? Toutes ces réflexions étaient fortifiées en lui par les conseils de prudence et de sagesse que lui donnaient quelques anciens confrères, devenus magistrats depuis 1848, et qui apportaient au milieu des passions révolutionnaires quelques restes de leurs habitudes de légalité. C'était Portalis, le procureur général de la nouvelle république près la Cour de Paris, neveu du fameux Portalis, rédacteur du Code civil ; c'était Landrin, procureur de la république près le tribunal de Paris, cœur chaud, tête ardente et facile à s'égarer au delà du vrai et du possible ; c'était Jules Favre, que nous avons déjà fait connaître ; c'était Flocon lui-même, homme d'esprit, que l'expérience commençait à éclairer et qui, du parti le plus extrême, était passé au parti modéré : transition que ses anciens amis ne pouvaient expliquer, disaient-ils, que par l'affaiblissement et l'épuisement de sa santé. Flocon surtout agissait puissamment sur l'esprit de Ledru-Rollin ; ses conseils de prudence n'étaient pas suspects, ses antécédents leur donnaient une grande force. C'était aussi un sieur Carteret, directeur de la police générale, qui, effrayé de l'indépendance affectée par Caussidière, s'efforçait d'avertir et de retenir son ministre. Toutes ces influences se disputaient Ledru-Rollin, qui, au milieu de ses anxiétés, trouvait un certain bonheur à respirer les parfums d'une puissance qu'il avait rêvée toute sa vie. Ce rôle ne pouvait cependant se prolonger bien longtemps ; le jour assigné pour l'exécution du coup d'État populaire approchait. Les clubs s'étaient déclarés en permanence ; des armes, des cartouches, avaient été distribuées, par les soins de Caussidière et sur les ordres du ministre de l'intérieur, au Palais-Royal, à la rue Rivoli, dans tous les centres où l'insurrection se préparait. Tout était prêt ; il ne s'agissait plus que de désigner les membres du futur comité de salut public et les ministres du nouveau gouvernement : la liste s'élaborait dans les divers conciliabules, non sans de violents tiraillements ; les uns voulaient y faire dominer l'élément socialiste, les autres ne l'admettaient tout au plus que comme auxiliaire.

Pendant ce temps, la partie modérée du Gouvernement provisoire, nullement résignée à attendre le coup fatal, se préparait au combat.

Lamartine commença par s'assurer du concours du général Négrier, qui commandait la division du Nord et qui promit, au premier avis, de marcher avec ses troupes sur Paris, ou de recevoir à Lille les débris du Gouvernement provisoire, s'il était obligé de quitter la capitale. Puis il redoubla d'efforts et de séductions auprès des chefs démagogiques : il employa les ressources de son éloquence et les prestiges de sa personne auprès de Cabet, de Raspail, de Lamennais, de Caussidière, de Blanqui même, pour essayer de les ramener à lui ; comme poëte, il était attiré vers ces caractères dont la sauvage énergie frappait son imagination ; comme diplomate, il avait grande foi dans ces négociations d'homme à homme ; comme enfant gâté du monde élégant, il croyait à la toute-puissance de ses grâces et de ses cajoleries sur eux : il prenait pour des adhésions et des soumissions les paroles polies avec lesquelles ses avances et ses compliments étaient accueillis. Il ne savait pas que ces hommes qu'il se flattait d'avoir captivés étaient tout autres dans un entretien privé qu'ils n'étaient au milieu de leurs partisans et dans les ardeurs de leur fanatisme ; que pour les bien connaître et les saisir dans leur vrai caractère, il aurait fallu pénétrer avec eux dans ce milieu où ils vivaient, sentaient et prenaient leurs résolutions. Il devait savoir, d'ailleurs, qu'ils n'étaient pas indépendants de leurs complices, de leurs antécédents, de leurs engagements. Prétendre dominer les influences irrésistibles de la rue et du club par des causeries agréables de salon, ce n'était qu'une puérile vanité, une politique de coin du feu : avec de tels moyens il eût infailliblement été jeté par les fenêtres de l'Hôtel de ville par ceux-là mêmes qu'il croyait avoir ainsi apprivoisés.

Il y avait heureusement à l'Hôtel de ville un homme plus positif, plus familiarisé avec les conspirations et les pratiques révolutionnaires, et connaissant mieux les ressorts qu'il faut faire agir sur le peuple : c'était Marrast. Celui-ci sentait bien que c'était à Paris et non à Lille qu'il fallait vaincre ou périr. Il avait sa police qui l'instruisait avec la plus grande précision de tout ce qui se tramait dans les conférences du ministère de l'intérieur, de tout ce qui se préparait chez Caussidière et dans les clubs. La garde nationale et les bataillons de la garde mobile étaient la seule force qu'il pût opposer aux masses ouvrières que la conspiration allait jeter sur l'Hôtel de ville ; il profita de l'occasion que lui offrait la reconnaissance des officiers de cette garde qui venaient d'être élus pour les rassembler dans chaque légion, se mettre en rapport avec eux, les pérorer, leur parler des périls du gouvernement et les préparer à le secourir.

La garde nationale mobile était toujours en blouse ; une association libre d'ouvriers tailleurs avait bien reçu la commande des uniformes, mais elle ne se hâtait pas de les confectionner. Marrast sentait cependant de quelle importance il était qu'au moins une partie des bataillons fût habillée pour le jour de la lutte. Il fit si bien que deux bataillons furent enfin habillés et équipés, et il les appela aussitôt à garder l'Hôtel de ville ; il s'entendit de plus avec le général Duvivier, général de cette garde mobile, pour qu'il disposât ses hommes de manière à les faire arriver par les rues latérales sur le quai, lorsque la colonne insurrectionnelle s'avancerait sur l'Hôtel de ville, afin de la couper en autant de tronçons qui ne pourraient plus se rejoindre. Toutes ces mesures prises, il attendit à l'Hôtel de ville le jour de l'insurrection.

Ce fut pour le 17, jour où tous les ouvriers étaient officiellement convoqués et réunis par métiers, afin d'élire les officiers de l'état-major de la garde nationale ; le général Courtais avait eu, en effet, l'étrange idée de faire représenter tous les corps d'état dans son état-major, assignant tant d'officiers aux maçons, tant aux serruriers, tant aux jeunes gens des écoles, et ainsi de suite. Il faisait, en cela, de l'aristocratie même dans sa démagogie et ressuscitait, autant qu'il était en lui, les vieilles corporations ouvrières.

Tout était donc prêt pour l'action, mais, la veille du 17 avril, la division éclata parmi les chefs de la conspiration. Après bien des hésitations et des négociations, la liste du nouveau gouvernement avait enfin été arrêtée. Ledru-Rollin figurait en tête de la liste ; venaient ensuite Flocon, Albert, Louis Blanc, anciens membres du Gouvernement provisoire ; on leur adjoignait Raspail, Kersausie, Cabet et Blanqui. Mais ce qui fit avorter cette combinaison, c'est l'exclusion que Ledru-Rollin et Blanqui se donnèrent mutuellement. Blanqui, plein de ressentiments contre Ledru-Rollin, qu'il accusait d'avoir livré son honneur à ses ennemis, manifestait hautement sa répugnance à siéger avec lui dans le comité. Ledru-Rollin, de son côté, acceptait les collègues qu'on lui donnait, sauf Blanqui, qu'il repoussait. Vainement Sobrier vint chez le ministre de l'intérieur pour le convaincre de la nécessité d'accepter la liste entière ; vainement il le menaça, s'il ne voulait pas subir le collègue qu'on lui donnait, de le jeter, lui, Ledru-Rollin, *avec les autres, par les fenêtres de l'Hôtel de ville :* Ledru-Rollin restait irrésolu. Il convenait bien avec Caussidière, qui insistait vivement auprès de lui, que le lendemain du succès on pourrait faire arrêter Blanqui ; mais ce dernier n'était pas le seul que redoutât Ledru-Rollin. Louis Blanc et Cabet, avec leurs rêves socialistes, ne l'effrayaient pas moins : pourrait-il, d'ailleurs, résister aux mesures sanguinaires vers lesquelles le sombre fanatisme de Barbès, et peut-être aussi la nécessité de vaincre les résistances, le pousseraient inévitablement ?

Le but de l'insurrection était de rétablir de l'unité dans l'action révolutionnaire, et on le voit, dans le nouveau gouvernement, les caractères étaient aussi divers, les tendances, les vues d'avenir aussi différentes, au moins, que dans celui que les conspirateurs voulaient mutiler. Une oligarchie allait en remplacer une autre ; seulement, la dernière serait plus disposée à la violence, et cette violence, il faut le dire à son honneur, M. Ledru-Rollin voulait bien se la permettre dans les paroles, mais il y répugnait dans les actes. Que voulait donc, se demandera-t-on, cet homme? Il voulait toutes les témérités, toutes les folies de la Convention, moins l'échafaud; il ne reculait ni devant les assignats, et nous verrons plus tard qu'un des reproches qu'il adressait au gouvernement était de n'en avoir pas créé pour plusieurs milliards de francs, ni devant la propagande révolutionnaire armée, ni devant les impôts progressifs; mais il craignait d'être encore poussé au delà de ces folies : il s'était cru un instant assez fort pour enchaîner et maîtriser les clubs et les sociétés secrètes; mais il commençait à comprendre que, dans de telles conjonctures, ce sont les plus violents qui restent les maîtres; il craignait de travailler pour Blanqui ou Louis Blanc.

Toute la journée du 16 fut employée par lui à sonder, seul et dans le silence de son cabinet, les chances diverses et les résultats probables des événements; toute cette journée se passa en de muettes agitations. Le soir, ceux de ses amis qui n'étaient pas d'avis qu'il tentât cette grande et dangereuse aventure, *voyant ses perplexités, convinrent de faire un dernier effort pour l'en détourner*. Flocon, Jules Favre, Portalis, Landrin, Carteret et quelques autres employèrent tout ce qu'ils avaient de force persuasive et d'influence pour le déterminer à renoncer à cette entreprise : « Que ferez-« vous si vous réussissez? lui disaient-ils; rejeté comme « un obstacle, ou complice d'excès que vous déplo-« rerez[1]. » La conférence dura jusqu'à trois heures du matin; les amis de Ledru-Rollin, en le quittant, assuraient qu'il renonçait à ses projets.

Cependant le trouble et l'anxiété n'étaient pas moins grands au sein du parti modéré du gouvernement. Ledru-Rollin avait cessé depuis quelques jours de

[1]. Voir le livre d'Elias Regnault.

paraître au conseil ; on savait les conférences qui se tenaient chez lui et les résolutions qui s'y prenaient. Le 16, on vit placardé sur tous les murs de Paris le fameux seizième bulletin, qui, bien que venant à la suite d'une série d'autres bulletins rédigés tous dans le même esprit de démagogie et de socialisme violent, offrait un caractère si directement menaçant, que la population entière, qui se groupait et se pressait pour le lire, ne put s'empêcher d'y voir le manifeste de guerre du nouveau comité de salut public et le coup de tocsin qui précédait et annonçait l'action.

Paris, était-il dit dans ce bulletin, se regarde avec raison comme le mandataire de toute la population du territoire national : Paris est le poste avancé de l'armée républicaine ; Paris est à certaines heures le rendez-vous de toutes les volontés généreuses, de toutes les forces morales de la France. Si l'anarchie travaille au loin, si les influences sociales pervertissent le jugement ou trahissent le vœu des masses dispersées et trompées par l'éloignement, le peuple de Paris se croit et se déclare solidaire des intérêts de toute la nation. Si les élections ne font pas triompher la vérité sociale..... il n'y aurait alors qu'une voie de salut pour le peuple qui a fait les barricades : ce serait de manifester une seconde fois sa volonté d'ajourner la décision d'une fausse représentation nationale. Ce remède extrême, la France voudra-t-elle forcer Paris à y recourir ?... *Citoyens, il ne faut pas que vous veniez à en être forcés de violer vous-mêmes le principe de votre souveraineté !*

Que ce bulletin ait été fait pour la circonstance et pour justifier d'avance le coup d'État qu'on allait faire au nom du peuple de Paris, nous ne pouvons l'affirmer. On a soutenu, dans l'enquête, qu'il sortait de la plume d'une femme célèbre, *George Sand*, que c'est par erreur qu'entre plusieurs projets de style et de caractères différents on aurait choisi celui-là, qui était le plus vif ; que la personne chargée de le soumettre au contrôle du ministre, pressée qu'elle était de partir pour la campagne, l'aurait porté directement à l'imprimerie, et cent autres versions différentes sur lesquelles nous n'avons pas à nous prononcer. Toujours est-il qu'une telle menace émanée du ministère de l'intérieur, le jour même où un mouvement populaire allait porter le ministre à la dictature, pouvait bien être prise pour le manifeste précurseur de ce mouvement; la population et le gouvernement le crurent, et ils étaient bien autorisés à le croire.

Les membres menacés du Gouvernement provisoire étaient tellement convaincus qu'ils allaient être attaqués par une force populaire irrésistible, qu'ils résolurent de ne pas s'assembler le 17 à l'Hôtel de ville, craignant d'y être enlevés; ils choisirent le ministère des finances, où ils se regardaient comme plus en sûreté, sous la protection de la 1re et de la 2e légion de la garde nationale, qui furent convoquées à cet effet; M. Arago, de son côté, était allé s'établir dans la mairie du IXe arrondissement, pour être plus à portée, disait-il, de veiller sur ce qui se passerait à l'Hôtel de ville. M. de Lamartine s'apprêtait à mourir stoïquement et faisait ses dispositions dernières, lorsque le général Changarnier, qui se trouvait accidentellement à Paris, revenu récemment de l'Algérie, et qui faisait une visite à Lamartine, apprit de lui les dangers dont le gouvernement était menacé.

Ce général, qui débutait ainsi sur la scène politique qu'il devait bientôt remplir de son nom et de son importance, est un de ces hommes qui puisent une grande force dans la confiance absolue qu'ils ont en eux-mêmes, confiance justifiée chez lui par un coup d'œil militaire très-sûr, par un courage personnel et un sang-froid au milieu de l'action admirés des plus braves : on ne saurait mieux juger de ce personnage que par la lettre qu'il écrivait au Gouvernement provisoire en lui offrant ses services après le 24 février.

« L'amour passionné de la gloire, y disait-il, la volonté et l'habitude de vaincre me permettront de remplir avec succès les devoirs qui me seront imposés. » Nous verrons, plus tard, se produire les avantages, mais aussi les dangers d'un caractère si résolu et si confiant.

Après avoir offert et fait accepter ses services, le général Changarnier court à l'Hôtel de ville, rassemble les bataillons de la garde mobile qui en forment la garnison, les échauffe de son zèle, leur communique son courage et sa confiance, distribue les postes et prépare sur ce point si important une résistance sérieuse. Puis, sans perdre un moment, il se rend à l'état-major de la garde nationale et y transmet l'ordre de battre le rappel dans tous les quartiers de Paris.

De son côté, Ledru-Rollin, chez qui la raison l'avait enfin emporté, sortant de son irrésolution, s'était décidé à se rendre chez Lamartine dans la matinée de ce même jour, 17 avril, et à lui tout révéler. C'était bien tard : car la conspiration se tramait depuis quinze jours, et il n'apprenait à Lamartine que ce que celui-ci savait déjà depuis longtemps. Faire battre le rappel, noyer le mouvement démagogique dans un immense déploiement de cette même garde nationale que la veille encore on rudoyait, tel était le seul parti à prendre. « S'il y a encore une garde nationale, nous sommes sauvés ! » dit Lamartine à Ledru-Rollin, et celui-ci se retira pour aller donner l'ordre de battre le rappel.

Telle était la confiance des chefs du mouvement en leurs forces, tel était le mépris qu'ils ressentaient pour leurs adversaires, que, bien que privés du concours de Ledru-Rollin qui entraînait avec lui Barbès, Et. Arago et plusieurs autres chefs importants, ils n'en persévérèrent pas moins à réunir les masses ouvrières et à les diriger contre l'Hôtel de ville.

Les ouvriers que Louis Blanc et les délégués du Luxembourg conduisaient, au nombre de 40,000 à peu près, devaient se réunir au Champ de Mars ; ceux que Caussidière et ses nombreux agents dirigeaient avaient leur rendez-vous à l'Hippodrome. Chaque bande avait ses bannières sur lesquelles étaient écrites ces formules qui se répétaient depuis le 24 février dans tous les ateliers : *Abolition de l'exploitation de l'homme par l'homme ; organisation du travail pacifique ; égalité.* Chaque bande, à son arrivée au lieu du rendez-vous, plantait son drapeau en terre, se réunissait autour de ce drapeau, et alors commençaient les discours contre la tyrannie du capital, l'égoïsme des riches, le modérantisme, etc.; des offrandes à la patrie étaient recueillies ; tout ce qui pouvait exalter cette masse ouvrière, ivre de ses précédentes victoires, aigrie par ses misères et ses déceptions, haletante après ces jouissances promises et toujours ajournées, était employé par les meneurs. Enfin, le signal du départ est donné, et la masse s'ébranle.

Lamartine et Marrast étaient à l'Hôtel de ville, les yeux fixés sur l'horloge ; ils entendaient déjà gronder l'orage qui s'approchait, anxieux de savoir si les secours devanceraient l'attaque. Déjà la colonne insurrectionnelle faisait entendre ses bruits confus, lorsque la 12ᵉ légion paraît, traverse le pont d'Arcole au pas de course et vient se ranger autour de l'Hôtel de ville. Barbès la commande. Lamartine aussitôt s'écrie : *Nous sommes sauvés ; la garde nationale ressuscite!* et, au même instant, le général Duvivier exécute la manœuvre convenue avec Marrast : de forts pelotons de gardes mobiles descendent par les rues latérales du quai et coupent la colonne des ouvriers, de manière à en isoler toutes les parties ; cette colonne, ainsi heurtée de front par la garde nationale, coupée dans ses files par les gardes mobiles, perd toute consistance; des cris : *A la trahison!* s'échappent de son sein. Pendant ce temps, les autres légions de la garde nationale arrivent successivement et remplissent la place de l'Hôtel-de-Ville qui, désormais, est hors de toute atteinte.

En révolution comme à la guerre, la fortune a ses retours et ses caprices: la veille c'étaient les gardes nationaux qui passaient sous les fourches caudines des ouvriers ; aujourd'hui ce sont les ouvriers dont les délégués obtiennent par grâce la permission d'aller déposer l'offrande dont ils se disaient porteurs, et qui, tristes et décontenancés, défilent à travers une haie profonde de gardes nationaux, où ils ont à leur tour plus d'une insulte à dévorer. Encore le gouvernement ne fit-il pas même l'honneur à cette députation de la recevoir : il la renvoya avec dédain à son secrétaire. M. Adam, qui rappela sévèrement à la modération et aux convenances l'orateur de cette troupe vaincue, dont les paroles étaient encore menaçantes. Cette députation, au moment où elle se retirait, rencontrant M. Louis Blanc, se plaignit amèrement à lui de la réception qu'on venait de lui faire, et surtout des remontrances de M. Adam. Louis Blanc leur promit satisfaction et courut au conseil demander la destitution de l'imprudent secrétaire. Il se trompait de temps : il ne fut pas même écouté, et s'il eût pénétré jusque dans le cabinet de Marrast, il y aurait assisté à une scène qui eût achevé de lui enlever toute illusion ; il y eût trouvé plusieurs chefs de légion et plusieurs maires qui pressaient le maire de Paris de profiter de cette victoire pour faire arrêter Louis Blanc lui-même, le dictateur de la veille, mais le vaincu du jour.

Marrast résista et refusa. « Ne voyez-vous pas, disait-il à ceux qui le pressaient de frapper ce grand coup sur l'apôtre du socialisme, derrière cette garde nationale, les dynastiques de toutes nuances ; gardons-nous de les faire profiter d'un succès qui ne tient qu'à une querelle de famille. Louis Blanc est un frère politique, rival seulement de circonstance ; les autres sont nos ennemis éternels ; la victoire que nous venons de remporter est pleine de dangers. »

M. Marrast avait raison à son point de vue. Cette victoire, en effet, était un premier pas vers le rétablissement de l'ordre. Ces sortes de réactions qui ne sont pas autre chose que le mouvement irrésistible de tout un peuple, tantôt en faveur de l'humanité odieusement outragée, comme en thermidor de l'an IV, sous la première république, tantôt en faveur de l'ordre social profondément troublé, comme dans la circonstance actuelle, ces réactions ne se dirigent pas à volonté : on ne peut pas leur dire : Là tu t'arrêteras. La réaction d'ordre qui commençait ne devait pas plus s'arrêter que ne s'était arrêtée la réaction d'humanité de thermidor ; elle devait également suivre son cours, et cela, malgré les appréhensions de ceux qui l'avaient provoquée et qui se prenaient de terreur pour le remède qui les avait sauvés. La condition fatale de ce malheureux gouvernement était de rester suspendu entre deux peurs : la peur des ouvriers et la peur des bourgeois, et d'être ballotté entre ces deux sentiments jusqu'au jour où l'expiration de ses pouvoirs viendrait mettre un terme à son supplice.

On se félicitait dans le gouvernement d'avoir échappé à un grand danger sans combat ; mais les hommes vraiment politiques de ce gouvernement, M. Pagnerre entre autres, regrettaient, au contraire, qu'il n'y eût pas eu un conflit : car alors la victoire eût été plus significative et plus féconde en résultats ; le Gouvernement provisoire en fût sorti plus fort et plus maître de régler selon les lois de la raison la marche de la révolution, tandis qu'après cette manifestation ni réprimée ni punie, mais simplement avortée, les choses restaient à peu près dans l'état où elles étaient la veille.

Bien plus, le gouvernement paraissait comme embarrassé et honteux de sa victoire; cet embarras se trahit dans sa proclamation :

> La journée d'hier, disait-il, n'a fait qu'ajouter une consécration nouvelle à ce qu'avait si puissamment inauguré la journée du 17 mars; de même que le 17 mars, le 16 avril a montré combien sont inébranlables les fondements de la république. Plus de royauté, avions-nous dit dans les premiers jours, et pas de régence ! ces mots libérateurs, ces mots qui rendent la guerre civile impossible, Paris les a répétés hier dans ce cri unanime : Vive la République, vive le Gouvernement provisoire ! Voilà comment vous avez confondu les espérances des ennemis de la république. Citoyens, l'unité du Gouvernement provisoire représente l'unité de la patrie : c'est ce que vous avez compris. Grâces vous soient rendues ! dans trois jours une grande fête doit vous réunir encore, etc.

Ces anathèmes à la monarchie, à la régence, n'avaient évidemment d'autre but que d'avertir les partisans de l'ordre de ne pas trop se prévaloir de leur succès. Cependant, le Gouvernement provisoire se crut assez fort pour interdire les clubs armés et pour faire rentrer à Paris deux à trois mille soldats; il poussa même l'audace jusqu'à permettre au procureur général de commencer des poursuites judiciaires contre les auteurs et fauteurs de la conspiration qui venait d'être déjouée; mais ces poursuites furent presque aussitôt abandonnées : on voyait trop jusqu'où elles auraient porté.

D'ailleurs, comme le faisait remarquer plus tard M. Ledru-Rollin dans l'enquête, entre les poursuivants et les poursuivis, où était le droit? Le Gouvernement provisoire était-il lui-même autre chose qu'une insurrection? C'était donc une querelle d'insurgés contre insurgés entre eux : c'est la force et non le droit qui décidait.

La fête annoncée par la proclamation du Gouvernement provisoire, et qui avait pour objet la distribution des drapeaux à la garde nationale, fournit l'occasion aux deux partis de sceller une apparente réconciliation. Cette fête, en réunissant dans une masse de plus de 200,000 baïonnettes toute la population virile de Paris, qui vint défiler depuis midi jusqu'assez avant dans la nuit devant l'Arc de triomphe, où trônait le Gouvernement provisoire, eut pour effet tout à la fois de porter tous les membres de ce gouvernement à des sentiments de confiance et de conciliation au moins momentanés, et de relever le courage du parti démagogique, toujours disposé à regarder la foule comme lui appartenant. En effet, le défilé de cette masse d'hommes armés, le retentissement de ces cris formidables de *Vive la République!* sortant de plus de 200,000 poitrines, tout cela était bien de nature à lui faire illusion.

A l'issue de cette revue, les membres du gouvernement convinrent de jeter un voile d'indulgence et d'oubli sur le passé, et l'ordre fut donné au procureur général de la république de renoncer aux poursuites commencées ; comme après la manifestation du 17 mars, le contingent des clubs, c'est-à-dire 10 à 12,000 hommes environ, se portèrent au ministère de l'intérieur et firent une ovation aux flambeaux à M. Ledru-Rollin.

L'impression de cette immense démonstration de la force populaire fut vive sur le Gouvernement provisoire, et particulièrement sur M. de Lamartine, ainsi que nous le verrons plus tard : elle ne fit pas seulement oublier les torts du 17 avril, elle porta ce gouvernement à des mesures de rigueur contre le parti modéré. Soixante-quatre généraux de l'armée furent mis à la retraite; quatre ou cinq présidents de cour furent destitués, espèce d'holocauste que le gouvernement offrait au peuple en expiation de la victoire du 17 avril.

Aussi le parti anarchique, bien loin d'être démoralisé ou abattu par son insuccès, redoublait-il d'audace et de violence.

C'est dans ce moment que Louis Blanc jetait l'anathème à cette société qui avait commis le crime de le méconnaître, et la condamnait solennellement à périr. « J'en jure, disait-il dans une de ses trop fameuses conférences du Luxembourg, devant Dieu, devant ma conscience : si jamais je suis appelé à régler les conditions de cette société inique, je n'oublierai pas que j'ai été un des plus malheureux enfants du peuple; que la société a pesé sur moi. J'ai fait contre cet ordre social le serment d'Annibal!... »

Cri de haine et de convoitise qui explique beaucoup de choses de cette révolution.

C'est dans ce même temps que Ledru-Rollin, ne tenant aucun compte des désaveux éclatants qu'il avait reçus de ses collègues, écrivait dans une de ses circulaires cette phrase qui le plaçait bien près de Louis Blanc :

« Quiconque ne sait pas que l'ancienne société a péri et qu'il faut en édifier une nouvelle, ne serait qu'un député tiède et dangereux; son influence compromettrait la paix de la France. »

C'est alors aussi que Caussidière, accumulant à la préfecture munitions, armes, matières incendiaires, et faisant de son hôtel une sorte de forteresse menaçante, adressait aux commissaires de police réunis chez lui ces insolentes menaces : « Dites à vos stupides bourgeois que, s'ils ont le malheur de se laisser aller à la moindre réaction, 400,000 travailleurs attendent le signal pour faire table rase de Paris : ils ne laisseront pas pierre sur pierre, et pour cela, ils n'auront besoin que d'allumettes chimiques. »

Les clubs, de leur côté, bien loin d'être intimidés par leur défaite, redoublaient de fureur; ils faisaient entendre d'atroces menaces : on parlait ouvertement d'une Saint-Barthélemy des députés qui n'appartiendraient pas à la république démagogique et sociale. Il y a toujours, surtout en France, bien loin des paroles aux actions; mais ces menaces étaient prises au sérieux par un assez grand nombre d'électeurs et jetaient le trouble dans les âmes timides.

Ce qui était plus sérieux et plus alarmant, c'est que, dans les réunions de la garde nationale, dans celles de la garde mobile, se posait ouvertement et publiquement cette question : *Si la nouvelle Assemblée constituante venait à marcher dans des errements stationnaires, quel serait le devoir?* Et la réponse unanime était que le devoir serait de marcher contre l'Assemblée.

Cependant la journée du 17 avril avait produit ce grand résultat, que l'élection de l'Assemblée constituante était désormais assurée; les partis les plus violents eux-mêmes, désespérant de pouvoir l'empêcher, s'apprêtaient, au milieu de toutes leurs vociférations et de leurs menaces, à transporter un instant la lutte dans la lice électorale. D'une part, ils cherchaient à se rapprocher et à se réunir pour arriver à une seule et même liste de leurs candidats. Dans leur opinion, Paris c'était la France, et c'était surtout dans Paris qu'ils attachaient une grande importance à obtenir la majorité. Aussi que d'efforts pour déterminer les ouvriers à voter! l'ouvrier en général, et surtout l'ouvrier de Paris, est bien plus prêt à prendre un fusil et à descendre dans la rue qu'à se concerter pour voter avec calme et réflexion; il comprendra toujours mieux la pratique de la force que l'exercice d'un droit. Cette indifférence désespérait les chefs, qui redoublaient d'efforts pour animer leurs soldats et les pousser à prendre part à la lutte électorale. Les circulaires, les placards, les proclamations, dont ils couvraient les murs, répondaient tous à un même mot d'ordre : pousser les ouvriers à se faire inscrire et à se concerter pour adopter une seule et même liste ; faire peur à la bourgeoisie, lui crier bien haut que si elle ne prenait pas les candidats de la démagogie, elle devait s'attendre à toutes les rigueurs de la justice du peuple. Le ministre de l'intérieur avait donné le signal de cette menace : *Réactionnaires, ou même douteuses*, avait-il dit dans sa circulaire, *les élections condamneraient le pays à de terribles déchirements*. Le Comité révolutionnaire ou Club des clubs renchérissait sur ces menaces dans son adresse au peuple :

Ne t'endors pas, lui disait-il, dans une aveugle confiance : la légitimité, l'orléanisme, conspirent au grand jour ; surveille avec vigilance les insensés qui rêvent les royautés. Si, dans leur aveuglement, ils osent attaquer ta souveraineté, fais justice des rebelles ; espérons encore qu'ils renonceront à provoquer ta juste colère ; mais, pour les maintenir, que ton œil soit ouvert, comme l'a dit le citoyen Lamennais.

Pour faire justice des intrigants, des réactionnaires, des sangsues, disait Sobrier, dans une proclamation électorale également affichée sur les murailles de Paris, il faudra ressaisir vos armes et livrer de nouveaux combats. Cinq noms, surtout, sortiront de l'urne : Béranger, Lamartine, Lamennais, Ledru-Rollin, Louis Blanc.

On voit qu'il payait Lamartine de ses coquetteries.

Qu'on se représente les deux ou trois cents clubs de Paris en permanence, s'occupant jour et nuit de cette question brûlante : la composition de l'Assemblée constituante ; les nombreux journaux politiques créés sous les noms les plus bizarres, les plus sauvages, parfois même les plus effrayants, s'évertuant à qui fera retentir le plus fort la grosse cloche électorale ; les innombrables agents de la police de Caussidière, de Ledru-Rollin, leurs émissaires cachés et officiels s'agitant tous pour pétrir cette matière rebelle ; les mille et mille candidats se disputant les murailles de Paris pour les couvrir de leurs professions de foi républicaines, socialistes, démagogiques, philanthropiques et dithyrambiques, professions dont quelques-uns de ces candidats devaient plus tard être si embarrassés, et on pourra juger de l'agitation fiévreuse qui s'était emparée de notre société dans cette grande et décisive circonstance.

Louis Blanc, qui sentait bien que l'épreuve était décisive : que, s'il était vaincu à Paris dans son propre foyer, c'en était fait de tous ses projets, redoublait d'efforts. Il lui fallait vingt-quatre ouvriers sur les trente-quatre membres dont se composait la députation de Paris, afin de consacrer, disait-il, la domination de la classe ouvrière au moins à Paris. Il faisait entendre que, si on obtenait la majorité dans la députation de Paris, cette majorité saurait bien entraîner le reste de l'assemblée. Il se rapprochait d'Émile Thomas, alors encore directeur des ateliers nationaux, et lui faisait, pour le décider à faire adopter par les ateliers nationaux la liste du Luxembourg, les offres les plus séduisantes. Vains efforts ! il ne pouvait pas plus triompher de l'inertie de ses adeptes que de l'ambition de ses rivaux.

Nous avons parmi nous 400,000 électeurs, disait la veille de l'élection à ses camarades un ouvrier de Paris, dans une de ces nombreuses affiches électorales ; il n'y a plus que deux jours pour se faire inscrire, et nous ne sommes pas encore 20,000 inscrits dans toutes les mairies du département de la Seine. Quoi ! vous combattez sur les barricades pour être libres, et vous ne savez pas vous servir de la liberté ! Quoi ! vous avez voulu être électeurs ! et vous ne vous faites pas inscrire pour voter !... Qui donc défendra alors vos intérêts ?

Mais il n'aurait pas suffi d'amener tous les ouvriers à voter : il fallait encore leur faire adopter une même liste, et c'était là le plus difficile. Dans d'autres temps, lorsqu'ils étaient les vaincus du jour, ils se disciplinaient ; mais, enivrés de leur victoire, leur orgueil se révoltait contre toute discipline ; on avait tellement exalté cette classe que chacun s'y croyait digne d'être représentant, et puis chaque métier se disait le plus important et voulait avoir une part plus grande dans la répartition des candidats. On s'indignait même contre la liste proposée par Louis Blanc, on criait à la tyrannie.

D'un autre côté, les ateliers nationaux, obéissant aux inspirations de leur directeur, ne voulaient pas se laisser imposer la liste des délégués du Luxembourg. Le désordre et l'anarchie étaient dans les rangs de cette armée, d'avance vaincue.

Tandis qu'au contraire les autres classes, ralliées par le sentiment du danger commun, n'ayant aucunes prétentions rivales et personnelles à concilier et à combattre, plus habituées d'ailleurs, par les luttes politiques du régime précédent, à se concerter, à se discipliner, reconnaissant soit dans les hommes politiques déjà accrédités, soit dans leurs curés et leurs maires, des guides naturels, se disposaient à voter comme un seul homme, et à assurer la victoire aux candidats du parti conservateur.

Ce parti, alors bien inspiré, bien conseillé, averti par une sorte d'habileté instinctive que certaines positions doivent être tournées et non emportées, avait compris qu'il devait choisir ses candidats, autant que possible, parmi les modérés du parti républicain, ou au plus près de ce parti, parmi les anciens libéraux. Ledru-Rollin avait vainement proclamé dans ses circulaires que c'était précisément là qu'étaient ses adversaires les plus dangereux ; il avait eu beau leur donner une exclusion, pour ainsi dire, nominative et recommander à ses commissaires de combattre surtout les anciens opposants constitutionnels[1] : les masses ne changent pas si facilement leurs jugements et leurs impressions sur les hommes; elles ne pouvaient se décider à repousser comme ennemis de leur république des hommes qu'elles avaient vus combattre toute leur vie pour la liberté, et elles se montraient d'autant plus empressées à les nommer qu'on mettait plus de violence à les repousser.

Enfin, le résultat pressenti par le parti démagogique se réalisa : la grande majorité des élus appartenait à l'opinion libérale et modérée. L'élection de Paris surtout était caractéristique : au lieu de vingt-quatre ouvriers, qui était le contingent espéré par Louis Blanc, il n'y en avait que trois : son acolyte Albert et deux autres, Corbon et Peupin; il y en avait bien un quatrième, nommé Schmitt, mais c'était un conservateur qui avait faussement pris le titre d'ouvrier. Son élection fut annulée pour cette supercherie. Quant à Louis Blanc, jusqu'à ce jour le dominateur de la révolution, celui qui commandait à ces ouvriers si nombreux, si puissants et si redoutés, qui en était tout à la fois le chef et l'apôtre, il n'arrivait qu'un des derniers, le vingt-sixième sur la liste. Le chiffre des votes obtenus par les socialistes les plus influents et les plus accrédités, tels que Raspail, Pierre Leroux, Eugène Sue, Cabet, Sobrier, qui n'obtenaient que d'infimes minorités (20 à 40,000 suffrages), pouvait faire juger de la force réelle de cette secte qui faisait tant de bruit; ce n'était pas *parce que*, mais *quoique* socialiste que Louis Blanc avait passé. Le mot d'ordre donné dans la masse des électeurs, même conservateurs, avait, en

---

1. Voir le rapport de M. Ducos sur les fonds dépensés dans le département de l'Aisne.

effet, été de nommer le Gouvernement provisoire tout entier : c'était, disait-on, une convenance et dans le fait une grande habileté. Ledru-Rollin lui-même, la plus haute et la plus vraie personnification de la république démagogique, ne venait que le vingt-quatrième sur la liste, et le célèbre Lamennais, le dernier. Tous les honneurs de l'élection étaient pour les modérés du Gouvernement provisoire : ils passaient à d'immenses majorités ; mais c'est surtout sur Lamartine que se réunissaient tous les rayons de la faveur publique. Son nom figurait le premier sur la liste de Paris avec 259,800 suffrages, c'est-à-dire la presque unanimité, près du double des votes donnés à M. Ledru-Rollin, et dix autres élections dans les départements venaient couronner son triomphe. Jamais homme n'avait été élevé plus haut par une nation. On oubliait ses fautes pour ne se souvenir que de son éloquence et de son courage contre les violences de la démagogie. Le soir de ce beau et grand jour pour lui, à son entrée à l'Opéra, il fut accueilli par les acclamations unanimes de *Vive Lamartine!* M. Elias Regnault nous rapporte, dans son *Histoire du gouvernement provisoire*, que, lorsque M. Marrast vint annoncer à Lamartine le résultat de l'élection, ce dernier, s'élançant de son canapé, se serait écrié : « *Me voilà donc plus grand de la tête que César et Alexandre!...* » Quoique l'auteur auquel nous empruntons cette citation soit un des familiers de M. de Lamartine, nous hésitons à croire à la vérité de ces paroles ; elles seraient, dans tous les cas, l'élan d'une bien puérile, je dirais presque d'une bien sotte vanité. Un homme plus sérieux se serait plutôt senti écrasé qu'exalté par un tel triomphe, qui allait faire peser sur lui une si grande et si périlleuse responsabilité.

L'élection, celle de Paris surtout, était un grand événement pour la France. On doit reconnaître qu'elle ut exempte de violences et que, malgré les intrigues, les menaces des agents et des organes du parti démagogique, les suffrages furent partout donnés librement, et même avec un ordre et un calme qu'il était difficile d'espérer dans cette première épreuve si hasardeuse du suffrage le plus radicalement universel qui ait jamais été pratiqué dans le monde. M. Ledru-Rollin essaya bien d'envoyer des commissaires dans les diverses sections électorales de Paris, dans la vue d'influencer l'élection par leur présence ; mais le maire de Paris, M. Armand Marrast, prit sur lui de les congédier. Les opérations du dépouillement employèrent toute la journée du 28 et se prolongèrent dans la soirée ; la multitude qui remplissait la place de Grève attendait avec la plus vive impatience la proclamation du résultat de l'élection.

> La nuit était sombre, dit le *Moniteur*, et la population, qui attendait depuis le matin le résultat du scrutin, a poussé des cris d'un enthousiasme immense quand le maire, avec ceux qui le suivaient, ont monté sur l'estrade improvisée derrière la grille où s'arrêtaient les flots de la foule. Des torches nombreuses jetaient une lueur brillante, qui se reflétait sur les armes de la garde nationale et de la garde mobile et sur tous ces visages attentifs et joyeux ; des drapeaux flottaient au-dessus des magistrats municipaux, et ajoutaient à l'effet pittoresque et saisissant de cette grande scène populaire. On se ferait difficilement une idée de l'allégresse qui régnait dans le peuple, quand le dernier nom proclamé est venu annoncer le terme de cette opération, qui a tenu Paris tout entier en suspens pendant cinq jours, etc.

L'immense intérêt que la population prenait aux résultats de cette élection se comprend facilement ; ils lui apprenaient au vrai quelles étaient respectivement les forces des partis. A travers le bruit de ces démagogues qui se multipliaient et s'agitaient, il avait été très-difficile, jusque-là, de juger de leur nombre. L'élection révélait combien ce nombre était peu considérable et comme perdu dans la masse du peuple ; elle apprenait que, même dans la classe ouvrière, le socialisme ne représentait qu'une infime minorité.

C'est à ce moment qu'on put se féliciter des heureux résultats de cette modération si habile, déployée par le parti conservateur, qui, mettant de côté ses ressentiments et ses prédilections, avait eu le bon esprit de faire ses choix de manière à éviter toute apparence de réaction monarchique. Ces choix étaient assez modérés pour rassurer la société ; ils étaient assez libéraux, assez républicains même, pour satisfaire les républicains sincères et honnêtes ; c'est grâce à cette modération, que le résultat du scrutin fut accueilli avec allégresse par la masse de la population.

Mais si la société entière se reprenait à l'espérance, le parti démagogique n'en était que plus excité à recourir à la violence et à répondre aux votes par des coups de fusil. Les discours prononcés dans les clubs, les adresses affichées sur les murailles, tout annonçait que ce parti était bien loin d'accepter le *verdict* que la nation venait de porter, et cela se comprend. Après avoir connu tous les enivrements de la victoire, après avoir respiré, pendant deux mois entiers, l'encens que la peur et la spéculation brûlent toujours en faveur de la force, apprendre tout à coup qu'on n'est qu'une faible minorité, être obligé de céder la puissance à ces misérables bourgeois qu'on méprisait tant ; après avoir tenu dans sa main et à sa discrétion cette société qu'on couvait depuis si longtemps, voir cette riche proie vous échapper et, au lieu des rêves de richesse dont on s'était bercé, retomber dans la nécessité du travail quotidien ou dans la misère et les privations, c'était déjà bien dur ; mais recevoir ce coup du suffrage universel, de cette conquête tant désirée, tant vantée, dans laquelle on s'attendait à trouver le remède à tous les maux, la source de toutes les jouissances, c'était plus que la résignation des démagogues ne pouvait supporter.

Aussi, Louis Blanc, au Luxembourg, faisait-il le procès au suffrage universel lui-même.

> On a proclamé le suffrage universel, disait-il aux ouvriers : est-il l'expression de la volonté du peuple ? Oui, dans une société où toutes les conditions seraient égales ; non, mille fois non, lorsque le maître peut dire à l'ouvrier : Si tu ne votes pas comme je le désire, tu mourras, ta femme et tes enfants mourront : on appelle cela de la liberté ! Je jure que c'est l'esclavage !... (Applaudissements.)

Le suffrage universel n'était donc bon, selon Louis Blanc, qu'autant qu'il était précédé de la destruction de la société. Mais comment opérer cette destruction en écartant préalablement le vote des citoyens, si ce n'est par la violence ? Il était impossible de proclamer avec plus de cynisme le désespoir, mais aussi la rage de l'impuissance.

Les clubs, un moment étonnés, reprirent bientôt leurs furieuses déclamations.

> Vous avez besoin, disait insolemment le comité directeur de la Société des Droits de l'homme, dans une adresse aux habitants de Paris, placardée sur tous les murs ; vous avez besoin du pardon de ceux que vous avez trop longtemps sacrifiés. Si vous persistez à vous isoler pour défendre l'ancienne forme sociale, vous trouverez à l'avant-garde, au jour de la lutte, nos sections organisées, et ce ne sera plus de pardon que vos frères vous parleront, mais de justice !

On sait assez de quelle justice les signataires de cette adresse, parmi lesquels figure Blanqui, menaçaient la population de Paris, qui avait eu l'audace criminelle de prendre au sérieux le droit de suffrage, et d'en user avec une certaine indépendance.

A Rouen, les ouvriers ne s'en tinrent pas aux menaces.

Se voyant vaincus dans le scrutin électoral, ils coururent tout de suite aux barricades : les autorités administratives et municipales sorties, pour la plupart, de ce foyer de passions démagogiques, bien loin de réprimer cet appel à la force brutale, l'approuvaient tacitement ; l'autorité militaire n'osait pas prendre sur elle la répression, ne sachant si elle ne serait pas désavouée à Paris : et cependant la garde nationale, sous la pression du danger commun, s'était spontanément réunie et attendait des ordres que nul n'osait donner, lorsque M. Sénard, avocat célèbre du barreau de Rouen, qui avait été nommé procureur général près la Cour de Rouen, mais qui venait de se démettre de ces fonctions, libéral avancé, d'opinion même un peu teintée de socialisme, mais assez éclairé pour détester cette anarchie violente des minorités, court au Palais, reprend sa robe de magistrat, donne l'ordre à l'autorité militaire de commencer le feu. Nous ne pouvons qu'honorer un tel acte de courage civil, beaucoup trop rare dans notre France. Nous verrons ce même homme donner, comme président de l'Assemblée constituante, d'autres preuves de ce même courage, dans des circonstances plus critiques encore.

Sous cette vigoureuse impulsion, les barricades furent promptement enlevées, et un assez grand nombre d'ouvriers furent arrêtés. Un commissaire de M. Ledru-Rollin et quelques membres de l'autorité municipale, complices, au moins moralement, de l'insurrection, furent également mis sous la main de la justice.

Le contre-coup de cet événement fut très-grand à Paris. Les conservateurs y virent un exemple et un encouragement ; les démagogues, un premier attentat contre l'inviolabilité et la toute-puissance reconnues jusqu'à ce jour de la populace : leur colère en redoubla de violence, ils eurent l'audace de dénoncer comme un crime, non pas l'insurrection, mais sa répression.

Dans une adresse au Gouvernement provisoire, émanée de la Société républicaine, se lisait cette phrase : « La contre-révolution vient de se baigner dans le sang du peuple ; nous demandons justice immédiate des assassins et le désarmement de la garde nationale de Rouen, l'arrestation et la mise en jugement des généraux et officiers de cette garde, des membres de la cour d'appel. »

Dans le club des Droits de l'homme, un membre proposa de partir immédiatement pour Rouen, afin de demander compte aux bourgeois du sang versé ; un autre, de mettre en accusation sept membres du Gouvernement provisoire ; un autre dit que c'était à l'Assemblée constituante qu'il faudrait s'en prendre, si elle ne faisait pas justice des bourreaux. — Oui, oui, s'écrie l'assemblée : *vengeance!*

Dans une autre adresse délibérée, rédigée et signée dans le club des Antonins, la démagogie exhalait ainsi ses fureurs :

Qu'est-ce que ce procureur général laissant traîner dans la boue des magistrats municipaux, chasser le représentant de la république, mettant ses mandats à la discrétion des mains sanglantes d'un général ? Que signifient ces magistrats siégeant sur les cadavres des vaincus au milieu d'une caste et de soldats gorgés de vin ? etc.

Cette insurrection de Rouen était-elle un fait isolé, ou bien se rattachait-elle à un complot général ayant pour but d'empêcher la réunion de l'Assemblée constituante? C'est là une question qui reste encore environnée de nuages.

Ce qui est certain, c'est que, dans ce même temps, se tenaient chez Ledru-Rollin des conférences où s'agitait la question de l'ajournement de l'Assemblée constituante et de sa dissolution partielle ou générale, et, ce qui est remarquable, c'est que les mêmes hommes, MM. Portalis, Landrin, Jules Favre, etc., qui avaient, lors du complot du 17 avril, agi le plus énergiquement sur Ledru-Rollin pour le détourner de se joindre à ceux qui voulaient mutiler le Gouvernement provisoire, agissaient cette fois dans un sens contraire et poussaient à un coup d'État révolutionnaire contre l'Assemblée. Ce revirement s'explique : le danger de réaction qui, au 17 avril, ne leur paraissait qu'éventuel, était devenu à leurs yeux, depuis l'élection, un danger actuel qu'il fallait à tout prix conjurer.

Ce qui paraît avoir donné quelque consistance à cette opinion d'une action concertée entre les démagogues de Rouen et ceux de Paris, c'est que, quelques jours avant l'insurrection, un ordre était parti du ministère de l'intérieur de délivrer aux ouvriers de Rouen 30,000 fusils sous le prétexte, qui a été reconnu faux, d'armer la garde bourgeoise de cette ville, laquelle n'en avait aucun besoin et n'avait fait aucune demande à ce sujet. Le fait de cet envoi d'armes au moment de l'insurrection est constant. Se reliait-il à cette insurrection? en était-il la préparation? Une instruction judiciaire avait été commencée à ce sujet devant la cour de Rouen. Le rapport du magistrat chargé de l'instruction est parmi les documents que nous produisons : on y voit que la pensée de la magistrature était portée à admettre entre le fait de l'envoi des armes et celui de l'insurrection un lien de complicité.

Nous avons dû aussi faire porter notre enquête sur ce point ; mais nous n'avons rien trouvé de plus positif que cette double circonstance de l'envoi non justifié d'un si grand nombre de fusils et la concordance précise de cet envoi avec l'insurrection. Dans tous les cas, ces fusils n'arrivèrent pas à temps, l'insurrection ayant éclaté pendant qu'ils étaient en route. Ce qui nous ferait douter de l'existence d'un complot concerté entre Rouen et Paris, c'est que, dans cette dernière ville, où il était si facile de provoquer une insurrection ou du moins une manifestation populaire, rien de pareil ne fut tenté pour appuyer le mouvement des ouvriers de Rouen. On voit même, au ton des discours et des adresses des clubs, que ceux-ci furent surpris par l'événement.

Mais, en admettant qu'il n'y ait pas eu concert dans l'action, il n'y en avait pas moins une solidarité qui porta les démagogues de Paris à revendiquer une éclatante réparation en faveur de leurs frères de Rouen.

« La contre-révolution vient de se baigner dans le sang du peuple, disait la Société républicaine de Rouen, dans une adresse au Gouvernement provisoire : justice immédiate des assassins! » Les pétitionnaires demandaient ensuite, avec menace, le désarmement de la garde bourgeoise de Rouen, l'arrestation et la mise en jugement des officiers et généraux qui avaient concouru à la répression, celles des membres de la Cour d'appel qui avaient signé le mandat de justice et évoqué l'affaire. La première signature apposée au bas de cette pétition est celle de *Blanqui*.

Ce qui est remarquable, c'est que cette demande, qui intervertissait si étrangement les rôles, et qui des criminels faisait des juges, fut appuyée au sein du Gouvernement provisoire par Ledru-Rollin, d'accord, en ce point, avec Blanqui [1].

Le gouvernement ne se laissa pas entraîner jusqu'à une telle énormité ; mais, malgré le résultat des élections qui aurait dû l'encourager à prendre une attitude plus décidée et plus sévère contre les anarchistes,

---

1. Voir la déposition d'Arago dans la commission d'enquête. Le résultat de l'élection avait sans doute rapproché les deux démagogues.

fidèle à son système de ménagements pour eux, il fit insérer dans *le Moniteur* une note dans laquelle, au milieu de quelques expressions de regret et de blâme contre le désordre qui venait d'ensanglanter la ville de Rouen, se manifeste une certaine répugnance de la part de ce gouvernement à se prononcer contre les insurgés. Il y annonce que, « d'accord avec le ministre de l'intérieur, il a envoyé un commissaire pour prendre connaissance des causes des événements, et qu'aussitôt qu'il connaîtra les faits, il agira avec l'impartialité et la fermeté qu'il puise dans son origine. »

C'est ainsi que la fureur des démagogues, un moment suspendue pendant les élections, était portée à son paroxysme depuis que la composition de l'Assemblée constituante et le réveil des classes moyennes de la société menaçaient ce qu'ils appelaient les fruits de leur victoire du 24 février.

Leur violence avait même atteint un degré tel, que Caussidière lui-même en fut ému, et qu'il se crut obligé de tancer ses amis et de leur recommander plus de calme et de modération dans une proclamation où il disait :

Des rumeurs sourdes circulent depuis quelques jours dans tous les rangs de la société; des provocations, soit verbales, soit écrites, sont adressées à une partie de la population contre l'autre... Vos magistrats se refusent à croire à un pareil égarement; la lutte armée, quand s'ouvre l'arène de la discussion des idées, ne peut être que l'œuvre des traîtres à la république ou d'insensés voulant amener dans l'ordre matériel le désordre de leurs esprits.

Qu'étaient devenues ces illusions qui, au début de la révolution, le 25 février, faisaient dire au Gouvernement provisoire : « Encore deux jours et la paix publique sera complétement rétablie? » Qu'était devenue cette foi aveugle dans le suffrage universel, cette panacée qui devait guérir tous les maux? Qu'était devenue cette confiance dans l'apaisement général de toutes les passions que devait apporter avec elle l'Assemblée constituante? Les deux mois qui venaient de s'écouler, l'exercice du suffrage universel, la réunion de l'Assemblée constituante, tout cela n'avait fait qu'ajouter à l'exaspération des passions subversives. Le Gouvernement provisoire livrait à l'Assemblée constituante une société menacée de la banqueroute, assaillie par toutes les misères et, de plus, prête à subir les horreurs d'une guerre sociale. *Nous avons traversé deux mois d'anarchie sans verser une goutte de sang,* disait un des membres de ce gouvernement à la tribune. — Oui, lui répondait-on, *vous avez suspendu le conflit, mais vous l'avez rendu plus inévitable pour vos successeurs.*

CHAPITRE IV

CONCLUSION

Quelle est la part de responsabilité qui revient aux membres du Gouvernement provisoire dans cette situation et dans les conséquences qu'elle devait fatalement produire? Nous ne parlons pas de ceux de ces membres qui appartenaient à l'école jacobine ou socialiste. Ceux-là, ils sont responsables, non-seulement du mal qui s'est produit, mais aussi de celui qui était dans leur volonté et qu'ils n'ont pu faire. Nous parlons des membres modérés de ce gouvernement.

Leur première faute, leur faute capitale, dont toutes les autres dérivaient nécessairement, fut de s'associer, le 24 février, à cette violence démagogique qui, à une réforme appelée par les besoins et les vœux du pays, substituait une révolution radicale, sans cause et sans but. Ils ont beaucoup dit, pour leur justification, qu'ils avaient été entraînés par un mouvement devenu irrésistible, et qu'ils n'avaient fait que céder à la nécessité. Cela serait vrai qu'en morale il n'y aurait pas là, pour eux, une justification; il n'est jamais permis de s'associer au mal, sous le prétexte qu'on ne peut pas l'empêcher; mais l'excuse manque de vérité, en fait. L'effort de quelques enfants perdus des sociétés secrètes, s'il eût été laissé à lui-même et à ses propres forces, n'eût produit qu'un désordre passager. En accordant à l'insurrection la sanction et l'autorité de leurs noms, les députés de l'extrême gauche et de la droite ont pu seuls donner à cette orgie démagogique du 24 février les fausses apparences d'une résolution parlementaire ; ce sont eux qui ont procuré à cette folle entreprise la consistance d'une révolution. Cela suffit pour leur en faire supporter moralement la responsabilité.

La révolution une fois consommée, il faut reconnaître que les difficultés étaient à peu près insurmontables. En effet, donner à cette révolution une signification qui ne fût pas celle d'une simple réforme politique, et cependant ne pas tomber en plein socialisme ; concilier avec la liberté la plus entière un gouvernement qui s'avouait lui-même n'être qu'un gouvernement de minorité ; défendre une société qui ne pouvait vivre qu'au moyen de la plus entière sécurité, et cependant ménager les passions populaires d'où ce gouvernement était sorti et auquel il devait la vie : il y avait là autant de problèmes insolubles.

Réunis un instant dans l'œuvre commune du renversement du gouvernement de Juillet, les républicains et les socialistes poursuivaient, en réalité, et sans s'en apercevoir, deux buts non-seulement différents, mais absolument opposés. Pour les uns, il s'agissait de fonder une république en France ; pour les autres, il ne s'agissait de rien moins que de refaire la société sur des bases entièrement nouvelles. Les uns pas plus que les autres n'avaient une idée bien arrêtée, ni une perception bien nette des difficultés du problème qu'ils voulaient résoudre ; ils étaient tous à la recherche d'un inconnu, et c'est précisément à raison du vague de leurs aspirations que la contrariété des buts ne leur apparut pas tout d'abord. Tant qu'on en restait à ces formules générales de *liberté, égalité, fraternité ;* qu'on exhalait son enthousiasme aux cris de *Vive la République*, on paraissait d'acord ; mais à mesure que les doctrines et les prétentions des deux partis se produisaient et se traduisaient par des actes ; à mesure, surtout, que les conséquences s'en développaient au grand péril de la société, le désaccord devenait de plus en plus éclatant et plus profond. Ainsi s'expliquent le concert aux premiers jours, puis les défiances, puis les animosités, et enfin les conflits sanglants. Ces conflits étaient en germe dans la profonde et absolue incompatibilité qui existait et qui existera éternellement entre la république et le socialisme, tel au moins qu'il s'est produit de nos jours.

La république, en effet, est un non-sens, si elle n'est pas le plus grand développement possible, la plus forte garantie du droit individuel et, par contre, la plus grande simplification du pouvoir social ou central ; c'est pour les peuples ce que l'âge de la majorité est pour les individus, c'est-à-dire, l'émancipation complète, l'affranchissement d'une tutelle, jusque-là non-seulement utile, mais nécessaire. C'est ce qui fera toujours du gouvernement républicain un but vers lequel tendront les esprits généreux ; c'est ce qui lui donne tant d'attraits pour ceux qui estiment assez leur patrie pour la croire arrivée à la complète maturité.

Le socialisme, pris dans sa plus pure acception, c'est-à-dire cette sympathie vraie et profonde pour les classes laborieuses ; ce besoin du cœur de soulager, autant que possible, toutes leurs misères, de leur tendre une main secourable pour les aider à s'élever, à s'instruire et à entrer en participation, dans la mesure du possible, des biens matériels et surtout moraux de ce monde ; ce socialisme n'a rien d'incompatible avec la république ; il se rencontre avec elle en ce point, que c'est de la liberté même, du respect le plus étendu pour le droit individuel, qu'il s'efforce, comme elle, de faire sortir cette secourable assistance.

Mais le socialisme que nous avons connu, celui qui a pris soin de se définir lui-même, et par ses doctrines professées avec cynisme et par ses actes trop éclatants, celui-là prétend, au contraire, réaliser le bien-être des classes indigentes, non par le développement, mais par la destruction du droit individuel, c'est-à-dire de toute liberté. Il tend à absorber les forces, les facultés de l'individu, dans ce qu'il appelle l'être social; ainsi, pour établir l'égalité des jouissances, il détruira toute appropriation privée; pour rendre la condition des travailleurs identique, il fera disparaitre le crédit privé, et par suite les capitaux libres; il attaquera même la différence des salaires et désintéressera, pour ainsi dire, l'ouvrier de la bonne conduite, de l'économie, de toutes les vertus sociales; pour prévenir la concurrence, il anéantira la liberté des transactions; pour éviter que la famille ait des intérêts et des sentiments à part, il détruira la famille, il proclamera que les enfants appartiennent à l'État et non à leurs parents; il poursuivra enfin le droit individuel dans tout ce qui le constitue : dans la propriété, dans la famille, dans la commune, dans la liberté, et ne s'arrêtera que lorsqu'il l'aura complètement et radicalement anéantie. Il ne croira avoir réalisé son idéal que lorsqu'il sera parvenu à transformer la société en une communauté où les hommes, perdant toute individualité, ne seront plus que des chiffres toujours égaux, toujours les mêmes, et pourront être désignés par de simples numéros, comme les soldats le sont dans les casernes, les moines dans les couvents ou les forçats dans les bagnes. Peut-on concevoir rien qui soit plus contradictoire que ce socialisme ainsi compris, non pas seulement avec une république, mais même avec toute liberté humaine?

Comment les républicains et les socialistes pouvaient-ils poursuivre en commun et en même temps deux buts aussi contraires? Cela était d'autant plus impossible que, si les buts étaient opposés, les moyens ne l'étaient pas moins; et, en effet, si on voulait fonder une république, on devait non-seulement respecter les garanties existantes et protectrices de ces droits individuels que nous venons de retracer, mais il était nécessaire de les étendre encore; tandis que, pour organiser cette communauté rêvée par les socialistes, il fallait, au contraire, détruire toutes ces garanties et n'en pas laisser subsister une seule. Ces deux chemins d'avance tracés aux deux partis ne couraient pas même parallèlement, ils se dirigeaient en sens inverse : comment pouvaient-ils jamais se rencontrer?

C'est cependant à cette œuvre impossible que le Gouvernement provisoire s'était condamné; il ne pouvait qu'échouer.

L'entreprise même n'aurait jamais été tentée, si nos républicains eussent eu une idée plus juste et plus vraie de ce qui constitue une république. Malheureusement, chez la plupart d'entre eux le mot *république* ne réveillait que des idées de révolution, de destruction, de nivellement général, d'unité et de concentration de pouvoir; c'est par cette fausse appréciation de la république qu'ils touchaient au socialisme, et qu'ils purent considérer un moment les socialistes comme des frères un peu exagérés, sans doute, quelquefois même compromettants, mais enfin comme des membres de la grande famille libérale et républicaine.

C'était là une grossière et profonde méprise qu'ils ont durement expiée, mais dont la France subit et subira longtemps encore les funestes conséquences.

On peut dire avec vérité que, dans l'ordre politique, la révolution de Février a fait faire un pas de plus à cette œuvre de centralisation commencée par la monarchie absolue et continuée par le despotisme impérial. Elle a été un progrès, non vers la liberté, mais en sens contraire de la liberté, c'est-à-dire un grossier contre-sens. On aurait pu pardonner aux hommes du 24 février d'avoir jeté leur pays dans les hasards d'une révolution, si c'eût été au profit de la liberté; mais faire courir à son pays de tels dangers pour étouffer de plus en plus cette liberté dans les liens d'une concentration absorbante, c'est une folie coupable.

Après la faute d'avoir tenté l'épreuve impossible de la république, les hommes du Gouvernement provisoire ont commis celle de ne pas en comprendre les premières conditions. Là surtout sera leur double responsabilité devant l'histoire.

Nous reconnaitrons, si on veut, qu'après avoir fait la faute de se livrer au parti socialiste le 24 février, le combattre le lendemain était chose bien hasardeuse : mais après le 17 avril, alors que le parti socialiste avait produit ses prétentions et ses doctrines, qu'il avait révélé sa folie et son impuissance, que la classe moyenne et le parti républicain modéré avaient repris confiance, que la garde nationale, selon l'expression de M. de Lamartine, *était ressuscitée*, le gouvernement ne devait-il pas tenter de briser cette dangereuse alliance? Ne devait-il pas, au risque même de succomber dans le conflit dont on le menaçait, accepter la démission de M. Ledru-Rollin, et mettre en accusation Louis Blanc et Albert, rappeler les troupes à Paris et entrer enfin ouvertement et résolûment dans les voies d'un vrai gouvernement républicain? N'eût-il pas en cela bien mieux servi la cause de la république que par la marche contraire qu'on a suivie?

A quoi leur a servi de continuer ces ménagements,

ces flatteries envers les socialistes et les jacobins, et ces témoignages de défiance, ces répulsions contre la bourgeoisie? Ils n'ont réussi qu'à exalter et exaspérer de plus en plus les passions perturbatrices, à décourager, à éloigner et à rendre de plus en plus hostiles à la république tous les sentiments conservateurs et tous les intérêts de l'immense majorité de la société. Au lieu de préparer et de faciliter l'œuvre de l'Assemblée qui allait avoir à constituer la république, ils ont rendu sa mission à peu près impossible, en accumulant sur elle des orages au milieu desquels il lui était bien difficile de conserver le calme d'esprit nécessaire à cette mission ; ils l'ont forcée à se préoccuper exclusivement de sa défense, et à employer tout ce qu'elle avait d'énergie à repousser des attentats qui faillirent l'emporter, et avec elle la société entière.

Quelques-uns de ceux qui siégeaient à l'Hôtel de ville ont eu le sentiment de cette politique courageuse et vraiment républicaine que nous venons d'indiquer ; mais ce sentiment ne put jamais l'emporter sur la peur de la réaction monarchique qui dominait et aveuglait le Gouvernement provisoire. Étrange destinée !... les républicains perdent la république par peur de la monarchie, comme Louis-Philippe venait de perdre la monarchie par peur de la république !

Il est d'usage de dire dans les divers partis que les hommes ont manqué à cette révolution ou qu'elle a été trop modérée; qu'elle a eu le tort de respecter la vie, la fortune de ses adversaires, de permettre l'élection de l'Assemblée constituante, de ne pas prolonger la dictature révolutionnaire et de ne pas lui avoir donné le terrible appui d'un nouveau Comité de salut public : rien de tout cela n'aurait pu sauver la république ni de ses propres difficultés, ni des impossibilités que lui créait son alliance forcée avec le socialisme. Cette alliance a été sa fatalité, son avortement était inévitable; plus de violence aurait pu retarder ou précipiter ce dénoûment, le rendre plus sanglant ou plus odieux; on ne pouvait l'éviter, et cela par l'unique mais irrésistible raison que la révolution était à son origine plus sociale que politique.

Les Américains avaient bien pressenti ce dénoûment : un des membres du Congrès fédéral de Philadelphie ayant proposé de voter une adresse de félicitations à la France pour la révolution qu'elle venait d'accomplir, cette proposition fut combattue et rejetée par le motif, aussi prudent que prévoyant, *qu'il fallait attendre, et que l'expérience de la première république n'était pas de nature à inspirer une grande confiance dans la seconde*[1]. Que l'on compare cette froide et prudente réserve avec leur empressement enthousiaste à reconnaître et à saluer notre révolution de 1830! C'est que dans la révolution de 1830 ils avaient reconnu un élan de liberté; dans celle de 1848 ils n'entrevoyaient qu'un mouvement de socialisme aveugle : les événements ne se sont que trop chargés de justifier leurs prévisions.

En poursuivant notre récit nous allons voir la révolution entrer avec l'Assemblée constituante dans une nouvelle phase : les acteurs changent, mais le drame reste toujours le même. Nous y retrouverons la société aux prises avec les mêmes ennemis; seulement les conflits sanglants jusqu'alors suspendus vont éclater; mais, du moins, si les passions et les haines prennent un nouveau caractère de violence dans l'attaque, les moyens de répression sont plus puissants pour la défense.

1. Voir le *Moniteur*.

ASSEMBLÉE CONSTITUANTE

C'est le 4 mai 1848 que l'Assemblée constituante devait se réunir; après plus d'un demi-siècle écoulé au milieu d'essais infructueux, d'avortements et d'expériences de toute nature, elle avait à reprendre cette même œuvre déjà si malheureusement tentée en 1789.

Le seul fait de la réunion de cette assemblée était un grand événement : elle apportait, en effet, dans la situation, d'importants changements. A un gouvernement improvisé par l'insurrection, pouvant d'un jour à l'autre être brisé par la force brutale et capricieuse qui l'avait créé, allait succéder une assemblée qui était bien, elle, la représentation vraie de cette souveraineté nationale au nom de laquelle venait de se faire la révolution du 24 février. Issue du suffrage le plus radicalement universel qui eût jamais été reconnu et pratiqué dans le monde, il n'y avait pas un républicain consciencieux, quelque fanatique qu'il fût de la forme républicaine, pas un de ces logiciens intraitables, quelque possédé qu'il fût de la manie de l'absolu, qui pût contester à cette nouvelle assemblée son autorité, sous peine d'inconséquence. Mais le fanatisme républicain et l'abus de la logique n'étaient pas les seuls mobiles de la révolution. L'orgueil, qui, lorsqu'il est sans moralité, ne veut relever que de lui-même, la passion envieuse des classes ouvrières contre la bourgeoisie, et surtout l'opinion où l'on avait eu soin d'entretenir la population de Paris qu'elle avait conquis la France le 24 février et qu'elle pouvait lui imposer ses idées et ses passions : tout cela n'annonçait que trop aux députés des départements quelles luttes ils auraient à soutenir. Ils y avaient du reste été préparés : M. Ledru-Rollin, dans ses circulaires, n'avait-il pas pris soin de les menacer de la juste colère du peuple de Paris, s'ils s'avisaient de tromper son attente? M. Louis Blanc ne déniait-il pas en plein Luxembourg toute autorité à l'Assemblée, et cela par la raison qu'elle avait précédé et non suivi la destruction de la vieille société?

Toutefois, comme les passions anarchiques et antisociales dont ces deux hommes étaient les organes et les représentants, malgré tout le bruit qu'elles faisaient et toute la peur qu'elles inspiraient, n'étaient après tout ressenties que par une assez faible minorité dans la nation, la nouvelle Assemblée constituante, par la sécurité qu'elle apportait aux uns, par la force du principe qu'elle représentait pour les autres, n'en avait pas moins en elle une grande et incontestable puissance.

Mais, on le verra dans la suite de ce récit, si cette assemblée n'a pas eu d'abord la pleine conscience de cette puissance ou si elle a pu se faire illusion quelques jours sur la grandeur du péril social qu'elle avait à conjurer, une fois avertie, elle n'a pas faibli devant le danger, et elle a su faire courageusement et résolùment son devoir.

Elle n'a pas été aussi heureuse, il est vrai, dans cette autre partie de sa mission, qui était de constituer la république; mais c'est que là se rencontraient des difficultés, des impossibilités même contre lesquelles le courage ne suffisait pas. Il est toujours plus difficile de se défendre contre ses préjugés et ses propres entraînements que contre les violences du dehors.

Avant de retracer les différentes phases de l'existence si pleine d'orages, de généreux sentiments et de tristes avortements de cette assemblée, jetons un coup d'œil sur sa composition.

Le nombre des membres de l'Assemblée constituante avait été porté au chiffre énorme de *neuf cents*, ce qui ne contribua pas peu à en rendre les discussions orageuses et souvent confuses.

Bien qu'élue dans les premiers enivrements de la révolution de Février, et bien que, par un accord tacite mais général, très-peu de candidatures se fussent produites comme ouvertement hostiles à la République, néanmoins la plupart des députés qui avaient marqué dans les assemblées précédentes de la monarchie furent élus, tandis qu'un fort petit nombre de commissaires de Ledru-Rollin, tous cependant candidats obligés du nouveau pouvoir, réussirent à se faire élire. D'étranges rapprochements se remarquèrent dans cette élection ; on y rencontrait les situations les plus opposées. Ainsi, dans le département du Cher, M. Félix Pyat sortait de l'urne électorale entre M. de Vogué et M. Duvergier de Hauranne ; M. de Mortemart était nommé à Lyon à côté de Greppo. Il n'y avait pas encore de parti pris, de jugement arrêté sur les hommes : c'était une espèce de pêle-mêle général. La révolution de 1848, comme ces violents orages qui remuent profondément et troublent les eaux des fleuves, avait agité et fait monter à la surface les éléments les plus divers de notre société.

Le parti qui, en proportion de sa force numérique dans le pays, fut le mieux partagé dans l'élection, fut le parti légitimiste. Il avait concouru à la révolution ; il fraternisait avec les républicains et n'effrayait pas les conservateurs. De plus, l'influence du clergé, qui se révélait avec le suffrage universel, s'exerçait tout entière en sa faveur. Pour la première fois depuis 1789, des évêques, des prêtres, des moines même reparurent en assez grand nombre sur les siéges de la représentation nationale; il y eut des départements, particulièrement dans l'Ouest, où la liste dressée par l'évêque passa tout entière. Les républicains n'avaient pas prévu ce résultat du suffrage universel qui leur préparait, au reste, bien d'autres mécomptes.

Les légitimistes, pendant le règne de Louis-Philippe, ne formaient dans les Chambres qu'un faible appoint dans les luttes des autres partis; mais, à partir de la révolution de Février, ils devinrent une fraction considérable de la représentation nationale : il fallut compter avec eux. La partie ardente des républicains dits de *la veille*, parce qu'ils se vantaient d'avoir toujours professé la foi républicaine, prit tout de suite le titre et le rôle de l'ancienne et trop fameuse *Montagne*. Ils représentaient tout au plus un quart de l'Assemblée : le parti légitimiste, à peu près le même chiffre; le reste se partageait entre les républicains modérés et les anciens libéraux constitutionnels : c'était là qu'était la vraie force de l'Assemblée; à ces derniers surtout appartenait la principale influence, à raison de leur expérience des assemblées et de leur notoriété politique déjà établie. On en peut juger par ce fait que, sur les *dix-neuf* présidents élus pour la première fois dans les bureaux, *dix-sept* étaient d'anciens parlementaires. Quoique vaincus, ils étaient naturellement appelés à diriger ou tout au moins à modérer cette révolution.

Il y a dans tous les corps politiques une certaine dissimulation, qui n'est pas de l'hypocrisie ni de la fausseté, mais une concession forcée à telles ou telles circonstances du moment.

Ainsi, à en juger par les démonstrations extérieures

de la nouvelle assemblée, on eût pensé qu'elle était tout entière composée de républicains profondément convaincus, ce qui était loin d'être la réalité : la grande majorité sentait, il est vrai, la nécessité de se rallier à la république et de se prêter de bonne grâce à l'expérience qui allait en être faite ; mais ce n'était là, pour un grand nombre, qu'une concession faite aux circonstances, un pur mariage de raison, comme on le disait alors.

Aussi verrons-nous bientôt les quatre principaux éléments dont se composait l'Assemblée constituante s'unir ou se disjoindre, se coaliser ou se combattre selon les nécessités du moment ; les alliés de la veille devenir les ennemis du lendemain ; les républicains modérés, par exemple, marcher avec les constitutionnels et les légitimistes contre les socialistes, lorsque la société est violemment attaquée, puis faire volte-face lorsqu'ils entrevoient que la république à son tour est menacée, ou plutôt que sa direction passe en d'autres mains. Nous verrons les partisans de la monarchie arborer d'abord résolûment la bannière républicaine pour combattre le socialisme ; puis, le danger passé, revenir à leurs anciennes convictions, à leurs vieilles affections. C'est ce qui explique les contradictions apparentes que nous remarquerons dans l'histoire de cette assemblée, et surtout le contraste bien marqué qui existe entre son commencement et sa fin.

Ajoutons quelques détails de la police intérieure, qui ne sont pas sans rapport avec les événements que nous avons à retracer.

Un décret du Gouvernement provisoire avait chargé *Albert* de choisir le personnel des agents et serviteurs de l'Assemblée, et on peut juger dans quels rangs il les avait pris. De plus, les clubs avaient revendiqué le droit de se faire représenter aux séances de l'Assemblée par des délégués ; cette prétention avait été accueillie. Une tribune spéciale et un bureau leur avaient été, en conséquence, réservés, comme pour leur faciliter le droit de surveillance qu'ils prétendaient exercer sur les représentants : l'Assemblée n'était pas maîtresse, même chez elle et dans sa propre enceinte. En outre, comme l'ancienne salle était jugée trop petite pour contenir neuf cents membres, et que d'ailleurs le Gouvernement provisoire craignait jusqu'aux souvenirs de l'ancienne Chambre des députés, il fut ordonné qu'une nouvelle salle serait construite dans la cour du palais Bourbon ; et, comme on dut y mettre beaucoup de précipitation, cette nouvelle salle était parfaitement impropre à sa destination. Une grande partie des auditeurs était trop éloignée de la tribune, tandis qu'une autre en était beaucoup trop rapprochée et trop disposée à l'assiéger : cette circonstance toute matérielle contribua aussi beaucoup à rendre les délibérations difficiles et tumultueuses.

C'est dans cette salle qu'eut lieu, le 4 mai 1848, l'inauguration solennelle de la seconde Assemblée constituante de France. Le spectacle était bien différent de celui qu'avait offert la première Assemblée, celle de 1789.

Ce n'étaient plus ces trois ordres, momentanément réunis en présence du trône, mais si profondément divisés par leurs mœurs, par leurs intérêts, par leurs traditions, qui allaient, avant de se fondre ensemble, bouleverser la France et remplir le monde de leurs luttes sanglantes. Aujourd'hui, l'œuvre de fusion était accomplie : plus d'ordres distincts, plus de classes ; les anciens ducs et pairs, les évêques, les artisans, tous siégeaient côte à côte et pêle-mêle ; nul n'avait la pensée de revendiquer une place à part, mais tous avaient la conscience qu'ils étaient engagés dans une lutte où quelque chose de plus grand, de plus important que de simples priviléges personnels, l'existence même de la société, allait se débattre. Aussi, et malgré la légèreté imprévoyante de notre caractère français, les physionomies étaient-elles sérieuses et graves; on s'observait en silence, et les esprits étaient sous le poids des préoccupations d'un avenir inconnu et menaçant.

Le programme de la séance d'ouverture avait été d'avance tracé par le gouvernement de l'Hôtel de ville. Tout y était prévu et réglé : la division de l'Assemblée en dix-huit bureaux pour la vérification des pouvoirs, les procédés à suivre pour rendre cette vérification aussi prompte, aussi simultanée que possible; la nomination du bureau de l'Assemblée, l'ajournement de tout débat sur les élections contestées, enfin la formule d'inauguration de l'Assemblée, tout était minutieusement réglé[1]. Cette formule était la suivante :

Art. 22. — Le Président se lève et prononce ces mots :

Représentants du Peuple,

Au nom de la République une et indivisible, l'Assemblée nationale *est définitivement constituée. Vive la République!...*

On le voit, le Gouvernement provisoire n'admettait pas que la république pût être remise en question devant l'Assemblée; il ne demandait ni vote ni même une simple ratification; il ne reconnaissait à cette Assemblée que le droit de crier : Vive la République ! sur le signal qu'en donnerait le président; et encore cette acclamation était-elle prévue d'avance, comme le serait l'incident obligé d'un programme de fête : car dans les dispositions prises par le Gouvernement provisoire pour l'ouverture de l'Assemblée et insérées au *Moni-*

---

[1]. C'est à la suite de ce programme que se trouve dans *le Moniteur* le décret ridicule qui règle la coupe des gilets que devaient porter les députés.

teur, il était dit, article 4 : « Lorsqu'un signe extérieur annoncera au dehors l'acclamation de la République faite par l'Assemblée, les gardes nationaux et les troupes présenteront les armes, les tambours battront aux champs, etc. »

Telle était la part qu'on faisait à la représentation nationale ; telle était la loyauté qu'on mettait à tenir l'engagement pris solennellement le 24 février envers la France de lui laisser le libre choix de son gouvernement !

Une assemblée constituante investie directement de tous les pouvoirs du souverain aurait pu se sentir blessée de ce sans-façon avec lequel on la traitait, et cependant aucune réclamation ne s'éleva. Bien plus, au milieu de la vérification des pouvoirs, avant même qu'un nombre de représentants suffisant pour rendre régulières et valables les délibérations de l'Assemblée eussent été vérifiés et admis, M. Berger, que nous avons déjà nommé dans ce récit, proposa tout à coup, au nom de la députation de Paris, dont il était membre, de déclarer à la face du monde entier que *la république proclamée le 24 février était et resterait la forme du gouvernement de la France ;* proposition suivie, dit *le Moniteur, d'acclamations unanimes et prolongées.* Vainement un autre membre, M. Ducoux, tout en partageant cet enthousiasme républicain, regrette-t-il que la proclamation de la République soit ainsi faite à *la suite d'un rapport d'élections* et demande-t-il que, dans une *réunion prochaine, l'Assemblée nationale vienne comme un seul homme proclamer la République ;* on crie de toutes parts : *Non, pas d'ajournements !...* et les cris de : Vive la République ! de redoubler. D'ailleurs, M. Degousée rappelle à l'Assemblée assez naïvement que le Gouvernement provisoire a annoncé d'avance que cette journée ne s'écoulera pas sans que la proclamation de la République ait eu lieu, et que le canon est tout prêt à répondre à ses cris ; et puis le terrible et sincère Barbès vient dire le mot vrai de la situation :

La République, s'écrie-t-il, n'a pas besoin d'une nouvelle proclamation ; le 24 février, le premier acte du peuple, en reconquérant sa souveraineté, a été de proclamer la République : *il ne dépend plus de personne de mettre en doute son existence* ; nous sommes les serviteurs du peuple, *nous n'avons ici* qu'à acclamer sa volonté. *Vive la République* une, indivisible, démocratique et sociale !...

Il n'y avait donc plus à délibérer, il n'y avait plus qu'à crier, et on ne s'en fit pas faute. Des gens qui les ont comptés prétendent qu'il y eut successivement, et sur les motions enthousiastes de divers membres, onze acclamations successives de la République. Le président Buchez, dans son discours de remerciements, porte ce chiffre à dix-sept. Il faut convenir que, puisque le fait de la république était consommé, de toutes les manières de manifester sa résignation à ce fait, celui des acclamations était le plus commode : il engageait et compromettait moins qu'un vote après délibération. Sous ce rapport, il y avait quelque habileté dans la proposition de M. Berger ; il était bien sûr d'avance de rencontrer l'assentiment de tous les membres de l'Assemblée, des républicains de la veille comme de ceux du lendemain : les premiers, parce qu'ils y trouvaient la sanction de leur insolente prétention de faire de la volonté de la populace de Paris la loi de la France ; les seconds, parce qu'ils aimaient mieux s'incliner devant un fait accompli que d'en assumer la responsabilité par leurs votes. Ainsi la violence des uns, la prudence des autres étaient satisfaites : qu'importait après cela une inconséquence de plus dans une de ces révolutions faites cependant au nom de la logique ?

Ce n'était pas assez de cet hommage à la toute-puissance de la démagogie parisienne : le général de la garde nationale, M. Courtais, vient tout à coup, et au milieu de cet enthousiasme, annoncer que le peuple demandait à voir le *Gouvernement et l'Assemblée nationale*: ce désir ainsi exprimé ressemblait bien à un ordre. C'était une continuation des habitudes de l'Hôtel de ville. Il y a des temps où les peuples, absorbés par les soins de leur vie ordinaire, savent à peine qui les gouverne et comment on les gouverne; il en est d'autres, et ce sont les jours de fièvre révolutionnaire, où au contraire ils éprouvent le besoin d'intervenir personnellement et activement dans tous les actes de leur gouvernement. Pleins de défiance envers leurs représentants et leurs délégués, ils voudraient les voir agir en pleine place publique, sous leur surveillance et leur pression incessante. Le peuple de Paris était encore dans ces jours de fièvre : il voulait voir l'Assemblée, non pour l'honorer, mais pour bien l'avertir qu'il était là, toujours prêt à revendiquer sur elle et contre elle son droit de surveillance et de souveraineté. Céder à ce sentiment, c'était le fortifier et l'encourager : il eût donc été politique de se refuser à cette exigence populaire, de rompre ainsi dès le début avec les habitudes des jours d'anarchie et d'annoncer hautement au peuple de Paris que, du jour où la représentation nationale de toute la France était assemblée, la dictature de la multitude avait cessé, et qu'il devait renoncer désormais à toute intervention révolutionnaire. Quelques représentants le sentaient; l'un d'eux, M. Flandin, s'opposa même à l'étrange sommation du général Courtais, non pas, il est vrai, hautement et courageusement, au nom de la dignité et des droits de l'Assemblée, mais timidement et dans l'intérêt, disait-il, de la continuation de ses travaux législatifs. Le courant révolutionnaire était encore trop fort pour s'arrêter devant une telle opposition : toute l'Assemblée, son bureau en tête, se présenta en masse sur le péristyle du palais Bourbon ; des cris de : Vive la République! s'échangèrent ; des drapeaux, qu'on était allé chercher dans une caserne voisine, s'agitèrent, et de tout ce faux et dangereux enthousiasme il ne resta que le sentiment chez le peuple de la subordination de l'Assemblée à ses volontés: sentiment qui, quelques jours plus tard, devait se traduire en une scène inouïe de violence.

Après ces manifestations, la vérification des pouvoirs se continua sans présenter d'autres incidents remarquables que celui d'une enquête ordonnée sur l'élection de l'évêque d'Orléans dans le département de la Lozère, élection signalée par le procureur de la république de Marvejols comme ayant été le résultat tout à la fois et d'obsessions ecclésiastiques et de distributions d'argent, et celui de l'annulation de l'élection d'un *sieur Schmitt*, employé supérieur d'une administration, qui, dans une brochure pleine de sens et de sagesse adressée aux ouvriers, ayant pris lui-même le titre d'*ouvrier* pour donner plus de force à ses conseils, avait été élu député au moyen d'un certain nombre de suffrages donnés à cette qualité empruntée.

Du reste, toutes les difficultés électorales furent écartées avec empressement : l'Assemblée était impatiente de constituer son bureau définitif. Elle décida même qu'elle n'attendrait pas pour nommer ses officiers la vérification complète de tous les pouvoirs, et que les représentants même non vérifiés seraient admis à voter.

Le programme du Gouvernement provisoire décidait que la nomination du président devait être faite à la majorité absolue, et celles des vice-présidents et secrétaires à la simple majorité relative. L'Assemblée, tout en refusant de reconnaître à ce programme force de loi, jugea cependant à propos de s'y conformer.

Il y avait accord tacite dans toute l'Assemblée de ne pas faire de la composition du bureau une question de parti et d'accepter pour cette composition les choix du parti républicain modéré. Trois candidats étaient proposés par ce parti : c'étaient trois médecins du faubourg Saint-Antoine, MM. Buchez, Recurt et Trélat, tous trois hommes de bien, animés d'une philanthropie plus ardente qu'éclairée, et surtout parfaitement inexpérimentés dans les affaires et peut-être les plus impropres de toute l'Assemblée aux fonctions qu'on voulait leur confier. M. Buchez l'emporta par 382 voix sur 727. Les vice-présidents furent MM. Recurt, Cavaignac, Corbon (ouvrier), Guinard, Cormenin et Senard. Ce dernier choix, par 318 votants sur 727, avait seul quelque signification politique : c'était une réponse aux violentes accusations du parti démagogique contre le courageux procureur général qui avait donné l'ordre de tirer sur les émeutiers de Rouen. Les secrétaires appartenaient également, sauf M. Lacrosse, au parti républicain avancé. Pour la nomination de ses questeurs, plus spécialement chargés de veiller à sa sûreté, l'Assemblée parut obéir à un sentiment plus politique et plus conservateur : le général Négrier, M. Bureaux de Puzy et M. Degousée, qui furent nommés questeurs, étaient des hommes énergiques, résolus à combattre toute violence démagogique. Les deux premiers étaient ralliés à la république par raison, le dernier l'était de conviction et depuis longtemps ; il avait même joué un rôle assez actif dans la journée du 24 février, où, à la tête d'un bataillon de la 3ᵉ légion de la garde nationale, il s'était interposé entre l'insurrection et la troupe, et avait donné l'ordre à son bataillon de croiser la baïonnette contre les dragons qui voulaient charger les émeutiers. Mais, doué d'un certain sens, quoique s'exaltant facilement, il était du nombre de ces républicains qui comprenaient bien que les excès de la démagogie, en troublant profondément la sécurité et compromettant les intérêts, ne pouvaient qu'être mortels pour la République.

S'il était facile aux partis de se faire de telles concessions sur les personnes, il leur était moins facile de s'entendre sur les choses. D'abord, le Gouvernement provisoire avait à rendre compte à l'Assemblée de ses actes. M. de Lamartine, au nom du président M. Dupont, puis en son propre nom, comme ministre des affaires étrangères, vint faire une apologie brillante des actes de ce gouvernement, apologie qu'il résumait dans cette phrase, dont il aurait pu se contenter :

Nous avons passé quarante-cinq jours sans autre force que la force morale; et le peuple a consenti à se laisser gouverner par la parole, par nos conseils ; nous descendons de cette longue dictature et pouvons nous mêler au peuple sur la place publique, sans qu'un citoyen puisse nous demander: Qu'as-tu fait d'un citoyen ?

Il eût été juste cependant d'ajouter que ce résultat était dû en grande partie à l'influence persistante de ces mêmes institutions que la révolution de février venait de briser. — Mais une telle justice n'appartient qu'à l'histoire.

Tout le reste du compte rendu est rempli de cette phraséologie à effet, destinée à faire illusion sur des choses qui n'admettraient pas une discussion sérieuse. Ainsi, lorsque M. de Lamartine parlait de la révolution du 24 février, inaugurée par la grandeur d'âme, *pure comme une idée*, *magnanime comme un sentiment*, *sainte comme une vertu;* lorsqu'il disait que le 24 février, en proclamant la République, il n'avait fait qu'*écrire le cri de la nation;* lorsqu'il s'écriait avec une confiance que certainement il ne ressentait pas : *Il n'y a plus de faction possible, tout le monde a son droit et son arme ;* lorsqu'il déclarait avec une assurance bien étrange, et qui devait sitôt recevoir un si éclatant démenti, que *l'armée, rappelée par le peuple de Paris, n'y serait plus qu'une garnison honoraire, une simple décoration;* lorsqu'il appelait la Commission du Luxembourg un *laboratoire d'idées*, un *congrès préparatoire;* lorsqu'il faisait au Gouvernement provisoire l'honneur d'avoir sauvé la France de la banqueroute, que le gouvernement de Louis-Philippe avait rendue inévitable; lorsqu'enfin il représentait les traités de 1815 comme *annulés de fait et de droit*, tout en les respectant dans les possessions qu'ils avaient créées, assurément il ne trompait personne, pas plus qu'il ne se trompait lui-même; et cependant, pas un représentant ne contredisait, et les applaudissements étaient universels : à quoi auraient servi, en effet, des récriminations sur le passé? c'était bien assez de pourvoir à l'avenir. MM. Ledru-Rollin et Carnot purent même essayer de justifier leurs circulaires, sans que le sentiment à peu près unanime qu'elles avaient inspiré se trahît par une seule interruption.

Mais, lorsqu'il fallut voter sur la constitution du nouveau pouvoir exécutif, un dissentiment éclata dans l'Assemblée : c'est qu'à ce point la République rencontrait sa principale difficulté, laquelle, dans la circonstance, se compliquait de la rivalité des personnes et du choc de leurs passions diverses.

Ce pouvoir serait-il exercé par l'Assemblée elle-même, au moyen de ministres responsables et toujours révocables, qu'elle désignerait? ou bien serait-il délégué par elle à des commissaires, qui choisiraient eux-mêmes leurs ministres et les autres agents? Dans ce dernier cas, quels seraient ces commissaires?

seraient-ce tous les membres du Gouvernement provisoire indistinctement, ou seulement quelques-uns ; et alors qui serait conservé ? qui exclu ? C'est ce dernier point qui agitait surtout les esprits ; trois opinions se produisaient dans les différents groupes de représentants : ceux qui voulaient mettre à l'écart tout le Gouvernement provisoire et procéder à nouveau par le choix de simples ministres ; ceux qui voulaient, au contraire, continuer le Gouvernement provisoire tout entier avec ses onze membres, Louis Blanc et Albert compris ; enfin, ceux qui par transaction proposaient une commission de cinq membres, dans laquelle Ledru-Rollin entrerait comme représentant l'élément avancé du Gouvernement provisoire. Inutile d'entrer dans toutes les intrigues, toutes les laborieuses négociations auxquelles ces diverses combinaisons donnèrent lieu : celle qui tendait à la conservation du gouvernement provisoire tout entier n'avait que très-peu de partisans ; la lutte sérieuse était entre les partisans des deux autres combinaisons dont les chances se balançaient. M. Dupont (de l'Eure), que son grand âge désintéressait personnellement dans le débat, pouvait faire pencher la balance. Le souvenir des embarras, des dangers qu'avait créés au sein du Gouvernement provisoire l'élément jacobin ou montagnard, dont M. Ledru-Rollin était le représentant, était trop récent pour que l'ancien président ne fût pas disposé à écarter cet élément du futur gouvernement ; ses amis assurent même qu'ils avaient reçu de lui, la veille même du vote, l'assurance qu'il emploierait toute son influence dans ce sens. Mais dans cette circonstance, comme dans d'autres non moins importantes, sa raison le poussait d'un côté, et sa faiblesse l'entraînait de l'autre. M. Martin (de Strasbourg), honnête républicain, mais esprit faux et caractère absolu, le décida au dernier moment en faveur de la résolution qui conservait Ledru-Rollin au pouvoir.

Quant à M. de Lamartine, il s'était tout d'abord hautement prononcé pour Ledru-Rollin; en dire la raison serait peut-être difficile. La logique du patriotisme, celle du bon sens, celle même de son intérêt, le portaient à appuyer la combinaison qui tendait à faire désigner par l'Assemblée un ministère dont il était d'avance le président en quelque sorte forcé, et cela sans aucune compétition possible : désignation qui emportait avec elle et comme perspective à peu près assurée la nomination à la présidence de la République. Pour atteindre à cette haute destinée, il n'avait qu'à se laisser porter par le courant des idées qui dominaient alors dans l'immense majorité de la nation. Il en fut détourné par deux choses qui l'ont toujours égaré dans sa vie : son imagination et sa vanité. L'une lui grossit outre mesure la force du parti jacobin en France, l'autre lui donna la confiance de dominer ou de diriger ce parti. Il trouva tout à la fois politique et généreux de patronner Ledru-Rollin ; il donna le signal de ce qu'il appelait la *conciliation*. Une réunion de cent cinquante députés se chargea de régler les conditions de cette conciliation, et M. Dornès, républicain avancé, fort accrédité dans son parti, fut chargé de porter à l'Assemblée une proposition dans laquelle, après avoir déclaré que *le Gouvernement provisoire avait bien mérité de la patrie*, cette assemblée déclarait déléguer le pouvoir exécutif à cinq membres de ce gouvernement : *MM. de Lamartine, Arago, Ledru-Rollin, Garnier-Pagès et Marie*. Les signataires étaient, outre M. Dornès, MM. Jean Reynaud et Trélat.

Les auteurs de cette proposition s'étaient imaginé qu'on la voterait par acclamation, que ce serait l'affaire d'un coup de majorité; ils furent bientôt désabusés.

La seule lecture de la proposition fut le signal d'un tumulte effroyable dans l'Assemblée. On ne permit pas à l'orateur de prononcer les noms qu'il se permettait de désigner d'avance. *Pas de noms propres!* lui cria-t-on de toutes parts; et chaque effort qu'il faisait pour prononcer ces noms était étouffé par des protestations bruyantes et presque générales. Il fut obligé de déclarer qu'il modifiait sa proposition et qu'il en retranchait les désignations personnelles.

Cet incident vidé, on demanda la division des deux parties distinctes de la proposition. Le vote de remerciement au Gouvernement provisoire ne pouvait rencontrer de sérieuses contradictions dans le sein de l'Assemblée, dès qu'on était généralement convenu que *toute liberté d'approbation ou de désapprobation était réservée sur chacun des actes de ce gouvernement*[1].

Cependant Barbès protesta contre ce vote, ayant, disait-il, au nom du peuple, à reprocher au Gouvernement provisoire une foule d'*actes antipopulaires*. Et comme on le sommait de préciser : *Oui*, s'écrie-t-il, *nous avons à demander compte à ce gouvernement des tueries qui ont été faites à Rouen par les gardes nationaux contre le peuple*. C'était porter dans toute sa violence à la tribune le cri de rage qui avait été poussé dans les clubs à la nouvelle de la répression de l'émeute des ouvriers de Rouen.

M. Sénard y répondit avec habileté et modération; il fit ressortir tout ce qu'il y avait eu de patience et de longanimité dans la conduite de la garde nationale de Rouen, de violence non motivée dans la conduite des ouvriers, qui, parce qu'ils n'avaient pas eu la majorité dans l'élection, s'étaient crus autorisés à recourir aux armes. Tout en déplorant le conflit, il exposait combien on avait apporté de ménagement dans la répres-

---

1. Voir l'opinion de M. Durieu. *Moniteur*, page 967, 1848.

sion, le canon n'ayant été tiré que contre les pavés des quarante-sept barricades élevées subitement par les ouvriers, et non sur les masses insurgées. Il produisit le chiffre des victimes, déjà trop considérable, mais qu'on avait de beaucoup exagéré : onze hommes tués sur place, soixante-treize blessés. Il terminait en mettant au défi ses adversaires de contester la vérité d'une seule de ses assertions. La grande majorité de l'Assemblée l'appuya de ses applaudissements.

Après cet épisode, l'Assemblée décida par assis et levé que *le Gouvernement provisoire avait bien mérité de la patrie*. Trois ou quatre membres, parmi lesquels Barbès, se levèrent à la contre-épreuve, et elle renvoya à une commission la seconde partie de la proposition, celle relative à la délégation du pouvoir exécutif.

Dès le lendemain, un rapport bref mais très-substantiel proposait, par l'organe de M. Peupin, ouvrier, de décider que l'Assemblée choisirait elle-même des ministres pour chacune des branches du pouvoir exécutif, et de plus, un ministre sans portefeuille pour présider le conseil des ministres.

La discussion s'engagea immédiatement sur ce rapport ; elle fut orageuse et prolongée, et cependant la question était bien simple.

Indépendamment de la condition essentielle à tout pouvoir constituant, qui est d'être souverain et de n'admettre aucun partage dans sa souveraineté, dans une situation aussi menacée que la nôtre par les violences de l'extérieur, c'étaient l'unité et l'homogénéité dans le pouvoir, en même temps que la parfaite concordance de vues et de sentiments avec l'Assemblée, qu'on devait avant tout rechercher. Or la seule manière d'établir ce double accord des ministres entre eux et du ministère avec l'Assemblée, c'était de faire nommer par celle-ci un président du conseil, qui serait chargé de choisir ses collègues ; c'était de faire par raison ce que l'Assemblée devait faire quelques jours plus tard par nécessité et sous la pression des événements. Le système de la commission était celui qui se rapprochait le plus de cette combinaison, la seule raisonnable. Je me décidai donc à l'appuyer et à sortir pour cela de la réserve que je m'étais jusqu'alors imposée.

C'était la première fois que je remontais à la tribune depuis l'effort désespéré et infructueux que j'y avais fait le 24 février, pour tenter d'épargner à mon pays la terrible épreuve dans laquelle il se débattait en ce moment. Je fus écouté avec déférence et même avec une certaine faveur.

Je commençai par déclarer que j'étais heureux de pouvoir ramener le débat à une pure question de principes constitutionnels et de nécessité gouvernementale. J'établis que l'Assemblée, tant qu'elle procéderait à son œuvre constituante, ne pouvait déléguer aucune partie de sa souveraineté à un pouvoir indépendant d'elle ; que le moment n'était pas encore venu d'équilibrer des pouvoirs distincts et indépendants les uns des autres ; que ce serait là l'œuvre de la Constitution ; que, d'ailleurs, quelque fût le nom qu'on donnerait à ceux à qui l'Assemblée déléguerait tout ou partie du pouvoir exécutif, ces délégués interpellables, responsables, et par conséquent destituables par elle, ne seraient, dans la réalité, que ses ministres ; qu'ils ne cesseraient pas de l'être par cela seul qu'on les admettrait à nommer d'autres agents pour administrer sous eux ; qu'on aurait beau appeler ces agents des ministres, ils ne seraient à côté d'eux que de tristes et inutiles comparses ; que c'était créer dans le pouvoir exécutif un double emploi, un rouage inutile et un danger de plus, etc.

Mon discours avait fait quelque impression. M. de Lamartine crut devoir y répondre.

En écoutant M. Odilon Barrot, dit-il, dont la parole a tant d'autorité sur mon esprit dans ces matières ; en me rendant compte de l'hésitation que sa parole pouvait jeter dans l'esprit de tant de bons citoyens, cherchant la vérité comme nous, j'ai senti la nécessité de faire connaître mes propres impressions sur ce grave sujet. Il y a dans la matière, telle que l'a traitée l'honorable M. Odilon Barrot, deux questions, pour moi parfaitement distinctes : une question *un peu vide* pour la grandeur du sujet, une question de mécanisme constitutionnel, et une autre question de politique grave quoique circonstancielle.

Il était impossible de dire plus crûment que la question des choses et des principes devait se subordonner à la question des personnes, et que tout devait céder au grand intérêt de conserver M. Ledru-Rollin au pouvoir : car c'était là qu'aboutit tout l'effort de la discussion de M. de Lamartine.

Eh quoi ! s'écrie-t-il, nous avons traversé deux mois et demi les situations les plus critiques où jamais des hommes politiques se soient rencontrés. Nous avons été portés ensemble par l'acclamation du peuple, le 24 février, à l'Hôtel de ville. Le peuple, avec un instinct admirable, n'a pas choisi un seul homme pour lui confier ses destinées ; il a choisi dans tous les partis ; il a dit à ces partis : Ralliez-vous, unissez-vous, oubliez vos dissidences ; consacrez-vous comme une seule âme, un seul corps, au salut public. C'est là un océan capable d'immerger tous les dissentiments qui sont entre vous. C'est là ce qu'a fait le peuple ; faites comme lui.

Certes, l'exemple du Gouvernement provisoire était bien mal choisi. Le souvenir des déchirements qui avaient désolé ce malheureux gouvernement pendant sa courte existence était bien peu propre à faire naître le désir de reproduire sous l'Assemblée constituante une situation pareille. Le bonheur d'être délivré de ce gouvernement à plusieurs têtes et de ses tristes dissensions intestines était pour beaucoup dans l'impatience avec laquelle la France avait appelé et salué l'avénement de cette assemblée. Son ressentiment fut donc vif et profond, lorsque, se croyant enfin arrivée au port, elle se vit, par le fait de M. de Lamartine, rejetée dans les mêmes orages qu'elle venait de traverser. L'expiation ne tarda pas à suivre la faute.

Vainement MM. de Lamartine et Ledru-Rollin vinrent-ils affirmer, avec plus d'assurance que de vérité, qu'ils n'avaient jamais été divisés sérieusement, *qu'ils avaient toujours vécu en frères*, *qu'il n'y avait eu entre eux que de simples nuances qui constituaient la variété dans l'unité*, les faits étaient trop récents et trop éclatants pour être oubliés. La proposition Dornès, malgré toute la violence faite, au nom des circonstances et des ménagements *dus aux personnes*, sur la raison de l'Assemblée, ne passa qu'à 411 votants contre 385, après trois épreuves déclarées douteuses.

Dans le scrutin de nomination des cinq commissaires, MM. Arago, Garnier-Pagès et Marie tenaient la tête de la liste avec de fortes majorités, tandis que MM. de Lamartine et Ledru-Rollin ne venaient que les derniers, et comme par concession, avec des chiffres de beaucoup inférieurs. (M. Arago avait 725, M. de Lamartine 641 et M. Ledru-Rollin 458 voix.)

Mais cette première faute du parti républicain devait avoir une bien autre portée que celle d'humilier et de dépopulariser un homme : elle eut ce résultat de constituer une espèce de Directoire dépourvu d'unité et d'indépendance, par conséquent sans force, tant vis-à-vis de la démagogie que de l'Assemblée. D'un autre côté, c'était un désir de conciliation qui avait servi de prétexte à cette violation des règles les plus élémentaires en fait de gouvernement, et cette conciliation était bien loin d'être réalisée. En effet, sur onze membres du Gouvernement provisoire, on en écartait six. M. Dupont (de l'Eure) s'éloignait volontairement;

mais les autres ressentaient vivement l'ostracisme dont on les frappait.

M. Louis Blanc commença par donner avec éclat à la tribune sa démission de président de la commission du Luxembourg ; puis, le lendemain, il tenta de faire revivre cette mission, sous le titre de ministère du travail. Il fit à ce sujet un long discours où se reproduisaient, un peu adoucies et voilées, toutes les doctrines socialistes du Luxembourg, auxquelles on trouva piquant d'opposer le simple bon sens d'un ouvrier. M. Peupin répondit, avec beaucoup d'esprit et de raison, que le véritable ministère du travail, c'était le ministère des travaux publics, et qu'au surplus la commission du Luxembourg n'avait rien fait pour le bien des ouvriers. Il fut applaudi par l'Assemblée, qui, à la presque unanimité, rejeta le projet de M. Louis Blanc ; et, pour ne pas laisser dire qu'elle était indifférente à la condition des classes ouvrières, sur la proposition de quinze représentants conservateurs, elle nomma une commission d'enquête, chargée de constater la situation et de rechercher les moyens de soulager la condition des travailleurs industriels et agricoles.

L'élément socialiste, vaincu à d'énormes majorités dans l'Assemblée et ne pouvant plus conserver aucune illusion de ce côté, se retourna vers les clubs et les sociétés secrètes, et s'y ménagea une revanche.

LE 15 MAI 1848

L'événement que nous allons raconter est un des plus extraordinaires, mais aussi des plus tristement caractéristiques de l'état dans lequel les révolutions successives ont conduit notre société, état où tout est si précaire et si exposé aux hasards de l'imprévu. Jamais aussi la faiblesse du pouvoir n'avait offert un plus étrange contraste avec la force résistante de la société ; jamais la démagogie ne s'était montrée plus impuissante à fonder à elle seule un gouvernement même d'un jour ; jamais une victoire plus facile de l'anarchie n'avait été suivie d'un avortement plus complet et plus subit ; jamais insurrection populaire n'avait présenté au même degré les caractères d'un drame des boulevards ou d'une farce de tréteaux, et ne fut cependant plus près de dégénérer en une sanglante tragédie ; jamais enfin la violence sans but, l'imprévoyance du lendemain, le tout combiné avec un certain esprit de conspiration et même une sorte de machiavélisme, ne fit mieux ressortir les traits distinctifs de notre démagogie française, si facile à se soulever, si prête aux coups de mains, si habile à démolir, mais si incapable de concevoir par elle-même quelque chose de raisonnable et de pratique et de le vouloir avec suite.

Nous l'avons vu, l'Assemblée constituante était condamnée dans les clubs avant même d'être née. Ses premiers actes n'avaient pas été de nature à la racheter de cette condamnation : il ne restait plus qu'à exécuter la sentence.

Le maintien de Ledru-Rollin au pouvoir, cette concession faite aux partis extrêmes, bien loin de les désarmer, n'avait fait que redoubler leur confiance. Ils croyaient avoir en lui un complice sur lequel ils pouvaient compter au jour de l'action ; ils savaient en outre, quoiqu'ils n'eussent pas prévu jusqu'à quel point la résistance serait faible, qu'ils ne rencontreraient ni dans le général de la garde nationale Courtais, ni dans le préfet de police Caussidière, ni dans le ministre de la guerre Charras, ni dans le directeur général des postes Étienne Arago, des adversaires bien sérieux ni bien redoutables. Ils n'ignoraient pas non plus que cette garnison de Paris, dont M. de Lamartine avait fait si grand bruit dans son rapport, n'était, comme il l'avait dit, tout au plus qu'une *décoration*. Les facilités étaient donc grandes ; il ne manquait plus qu'une occasion, qui ne devait pas tarder à se présenter.

En attendant cette occasion, la démagogie préparait ses armes. Une nouvelle activité se remarquait dans ses différents centres d'action, chez Sobrier, rue de Rivoli, comme au Palais-Royal : on transportait des armes, de la poudre ; on fabriquait des cartouches ; on façonnait des blouses, des cocardes, des drapeaux ; on rédigeait des proclamations, on préparait des décrets révolutionnaires. Des conciliabules se tenaient à la barrière de l'Étoile entre les chefs, pour fixer le jour de l'attaque.

Le Gouvernement et l'Assemblée étaient avertis, le premier par ses agents, la seconde par la rumeur publique ; l'un et l'autre se préparaient à repousser l'agression. Le Gouvernement se hâtait de nommer son ministère, dont la composition était notifiée à l'Assemblée dans la séance du jeudi 11 mai.

C'étaient MM. Crémieux, à la justice; Bastide, aux affaires étrangères, avec Jules Favre pour sous-secrétaire d'État ; la guerre, destinée au général Cavaignac encore absent, était confiée par intérim au colonel Charras ; la marine, à l'amiral Casy ; l'intérieur, au citoyen Recurt, avec M. Carteret pour sous-secrétaire d'État ; Carnot gardait l'instruction publique ; le citoyen Trélat avait les travaux publics ; Flocon, l'agriculture et le commerce ; Bethmont, les cultes ; Duclerc, ami de Garnier-Pagès, les finances ; Marrast restait maire de Paris ; Caussidière, préfet de police, et Courtais, général de la garde nationale.

Comme on le voit, c'était toujours le personnel du Gouvernement provisoire, moins pourtant Albert et Louis Blanc, lesquels se trouvaient bien et définitivement exclus du Gouvernement.

Quant à l'Assemblée, elle se pressait de faire son règlement; elle en détachait, pour les voter d'urgence, les dispositions qui armaient le président du droit de requérir directement la force publique ; elle choisissait, en dépit des résistances de Caussidière, un commissaire de police spécialement affecté à sa sûreté et ne devant recevoir des ordres que de son bureau. De plus, informée que les clubs se proposaient, à l'imitation de ce qui se passait en 1793, sous le prétexte de lui apporter une pétition, de défiler devant elle et de lui imposer leurs volontés, elle interdisait expressément tout apport de pétition à sa barre ; elle signifiait avec hauteur aux membres de la Commission, qui affichaient la prétention de se faire représenter dans les séances par leurs ministres, qu'ils eussent à y être présents de leur personne et à ne s'absenter qu'avec son autorisation. Enfin, pour suppléer à l'insuffisance de son gouvernement, elle s'organisait en comités permanents. Déjà et dans chacune de ces mesures éclatait un sentiment de défiance contre le pouvoir si récemment constitué : l'Assemblée semblait se repentir de ce qu'elle venait de faire.

Le samedi 13 avait d'abord été fixé pour l'attaque. Une pétition en faveur de la Pologne devait être portée et fut en effet portée à l'Assemblée. Mais, ayant appris que la discussion sur la Pologne avait été renvoyée au lundi, les meneurs, qui n'étaient d'ailleurs pas encore entièrement préparés, ajournèrent au lundi l'attaque sérieuse. L'attroupement, qui s'était avancé jusqu'à la place de la Concorde, s'arrêta et consentit à remettre sa pétition dans les mains de

M. Vavin, un des députés de Paris, homme de bien, au cœur chaud, qui s'était passionné pour la cause de la Pologne, et en était le défenseur en quelque sorte consacré.

Le lundi 15 mai, M. Wolowski, auteur des interpellations en faveur de la Pologne, était à la tribune. Fils de réfugié polonais, il exposait avec une chaleur toute patriotique les malheurs de sa patrie d'origine et les droits qu'elle avait à la protection de la France, lorsque nous entendîmes le bruit encore lointain mais très-distinct d'une foule qui s'approchait : c'était la masse des clubs et des sociétés secrètes, qui, parties de la place de la Bastille, où elles s'étaient donné rendez-vous dès le matin, défilaient le long des boulevards, et, se grossissant en chemin de tous les contingents de l'émeute, fondait comme une avalanche sur le palais Bourbon.

Prévenu depuis plusieurs jours de cette agression, le Gouvernement avait la veille tenu conseil au palais du Luxembourg ; il y avait mandé le préfet de police, qui, sous le prétexte d'un accident de cheval, s'était excusé de n'y pas paraître. Mais ce fonctionnaire assurait d'ailleurs par écrit au Gouvernement *que la manifestation populaire que l'on paraissait redouter n'avait rien de dangereux ; qu'il en répondait, et qu'au surplus il la ferait surveiller par ses agents.* Malgré ces assurances, la Commission exécutive crut devoir concentrer toutes les forces actives, tant de l'armée que de la garde nationale, dans les mains d'un seul chef : c'était là une très-sage mesure assurément ; mais elle confia ce commandement au général Courtais, qu'elle devait bien connaître : ce qui était, de sa part, une haute imprudence.

En effet, les ordres que ce général donna pour le lendemain furent si tardifs et si mal exécutés, que les détachements de gardes nationales qui devaient entourer et protéger l'Assemblée n'étaient pas encore réunis, lorsque l'émeute frappait déjà aux portes du palais Bourbon. Il ne monta à cheval pour visiter les postes qu'à onze heures : or le rassemblement était en mouvement depuis 10 heures et demie. Il allégua pour sa défense qu'on lui avait dit que les insurgés ne s'ébranleraient qu'à une heure. C'était bien mal aux insurgés, il faut en convenir, d'avoir ainsi trompé le général en avançant l'heure du rendez-vous. Quatre bataillons de garde mobile avaient été réunis, par les soins et sur les ordres des questeurs de l'Assemblée, sur le pont de la Concorde, et devaient l'occuper en masse ; ce qui eût plus que suffi pour arrêter les envahisseurs, si le général n'eût pris sur lui de changer leur consigne et de leur ordonner de se ranger en haie le long des parapets, et de mettre leur baïonnette dans le fourreau, comme pour faire honneur à l'émeute et l'inviter à entrer. Ce n'est pas tout : la grille était fermée, et, tout faible qu'il était, cet obstacle eût peut-être suffi à arrêter les premiers assaillants, qui parlementeraient et demanderaient à être admis seulement par députation, lorsque le général Courtais ordonna d'ouvrir la grille ; et alors le flot populaire se précipita et inonda en un instant le péristyle et les couloirs de l'Assemblée.

A ce moment, un des questeurs, M. Degousée, se précipite à la tribune et s'écrie : *La salle est envahie ! Contrairement aux ordres donnés par les questeurs, le commandant en chef de la garde nationale a exigé que la garde mobile remît la baïonnette dans le fourreau.* A peine il avait prononcé ces paroles, qu'une foule d'hommes en blouse pénètrent dans les tribunes, agitant des drapeaux et criant : *Vive la Pologne!* Une anxiété très-vive se manifeste parmi les spectateurs ; les dames jettent des cris d'effroi. Bientôt après, ces hommes se laissent glisser le long des colonnes qui soutiennent les tribunes et se trouvent ainsi en pleine séance, au milieu de nous; une autre partie des envahisseurs se présentent par les portes de la grande salle des pas perdus qu'on leur ouvre, ils viennent se joindre à leurs camarades. D'autres, plus nombreux encore, ont tourné le palais; ils en escaladent les grilles et remplissent en un instant les cours. Là, ils sont harangués par trois représentants, Barbès, Albert et Louis Blanc, qui, du haut d'une fenêtre, s'enveloppant dans les plis d'un drapeau tricolore, exaltent en termes pompeux *la grandeur du peuple, son droit à se faire entendre de ses représentants*, etc. Ainsi encouragée, la foule en délire se précipite par l'escalier qui surmonte cette tribune improvisée, et remplit en un clin d'œil la salle qui précède celle de nos séances. M. de Lamartine essaye de se faire entendre; il parle en vain du respect dû à la représentation nationale: il est accueilli par des murmures : « *Encore des phrases! toujours des phrases! nous en avons assez comme cela de ta lyre!... Ce ne sont plus des phrases, ce sont des actes que nous demandons!* lui crient les hommes du peuple. Les temps étaient bien changés! Quelques amis l'emportent évanoui à la présidence. Louis Blanc, au contraire, est le triomphateur de la journée; monté sur une chaise, il harangue de nouveau la foule qui se presse autour de lui. *Cette journée n'est pas*, s'écrie-t-il, *de celles qui ébranlent, mais de celles qui renversent!* Dans la salle de l'Assemblée, le tumulte et la confusion sont indescriptibles; la tribune est escaladée par des hommes qui se la disputent. Barbès y monte et parvient à se faire écouter : « Citoyens, dit-il, vous êtes venus exercer votre droit de pétition; ce droit, vous avez bien fait de l'exercer : désormais il ne vous sera plus contesté. (Bruyants applaudissements.) — Maintenant l'Assemblée va délibérer. » Cela voulait dire : maintenant que vous avez fait acte de force, retirez-vous. Mais, comme à l'Hôtel de ville, le 18 mars, et peut-être les mêmes hommes s'écrient : *Non! nous attendons la réponse, et dépêchez-vous!...* Blanqui succède à Barbès ; il formule au nom du peuple trois demandes : *la guerre immédiate pour sauver la Pologne!... justice contre ceux qui ont fait tirer sur les ouvriers à Rouen ; du travail et du pain pour les masses qui meurent de faim.* — M. Ledru-Rollin paraît, se porte garant que la Pologne sera sauvée. « *Vous avez demandé*, dit-il, *que le rappel ne fût pas battu : il ne le sera pas.* — Vous l'avez fait battre le 16 mars, lui crient les factieux ; vous vous en êtes vanté : vous nous avez trahis! » —Ledru-Rollin affecte de ne pas entendre l'interruption ; il continue : « *Avec cet admirable bon sens qui distingue le peuple de Paris et qui comprend si bien la justice et les convenances, vous concevez qu'il est impossible à une assemblée de délibérer dans la situation que vous lui faites, sous peine de se suicider.* —Elle a bien délibéré le 24 février! » lui répliquent ces mêmes hommes dans leur inexorable logique. Et Ledru-Rollin descend de la tribune, confus et découragé : il venait d'éprouver à son tour ce qu'a de capricieux et d'éphémère la faveur du peuple. Cependant le flot des envahisseurs grossissait toujours ; un groupe de forcenés portant une bannière entourée d'un crêpe noir paraît ; des cris sinistres sont proférés.

Pendant ces mortelles heures d'angoisse, l'Assemblée gardait une attitude calme et imposante. Sauf deux représentants, qui durent se retirer sur les instances de leurs amis, M. Senard[1] et M. Taschereau,

---

1. M. Senard fut en effet averti par M. Flocon du danger qui le menaçait, et invité à se retirer. Il refusa de le faire, et il ne quitta la salle qu'avec ses collègues pour aller à la présidence, où il signa, d'accord avec M. Corbon, vice-président comme lui, les réquisitions en vertu desquelles la garde nationale et la garde mobile firent évacuer la salle des séances.

plus personnellement désignés aux vengeances populaires, l'un pour sa noble et courageuse conduite à Rouen, l'autre pour ses révélations sur les rapports secrets de la police avec les conspirateurs, tous les autres membres de l'Assemblée restèrent impassibles sur leurs bancs. Barbès parvint, au milieu du tumulte et de la confusion, à monter à la tribune : soit que l'ivresse de la foule l'eût gagné, soit qu'il ne voulût pas le céder en zèle démagogique à Blanqui, son rival et son ennemi personnel ; lui qui, quelques instants auparavant, suppliait la foule de se retirer, s'écrie tout à coup :

Il faut que l'Assemblée vote immédiatement et séance tenante le départ d'une armée pour la Pologne, un impôt d'un milliard sur les riches. (Plusieurs membres des clubs : NON ! NON ! BARBÈS, CE N'EST PAS CELA : TU TE TROMPES ! DEUX HEURES DE PILLAGE ! ...) *Il faut qu'elle défende de battre le rappel, qu'elle fasse sortir les troupes de Paris ; sinon, les représentants seront déclarés traîtres à la patrie !!!* (Tonnerre d'applaudissements.) (Extrait du *Moniteur*.)

A ce moment, il se fait dans la foule un mouvement qui semble annoncer un plan concerté. Nous voyons un grand nombre d'hommes à figure sinistre et qui se distinguaient des autres émeutiers par une sorte d'uniforme (ils portaient tous une blouse blanche neuve, sous laquelle s'apercevaient des armes) quitter le milieu de l'enceinte, se ranger en cercle derrière nos bancs, comme pour nous enfermer et nous dominer, crier : *Aux voix le décret de Barbès !...* Le moment était solennel ; les représentants restaient silencieux et paraissaient résignés à tout plutôt que de céder à cette violence : qu'allait-il arriver ? Barbès déclarait *traîtres à la patrie* ceux qui refuseraient de voter son décret. Les hommes qui nous entouraient étaient-ils là pour exécuter sa sentence ? quelque drame horrible allait-il se passer? Heureusement, en ce moment un nouveau débordement de peuple se précipite dans l'enceinte et remplit la salle d'une telle confusion, d'un tel tumulte, d'un tel encombrement, qu'il devient matériellement impossible de rien mettre aux voix et de simuler même une apparence de vote.

Il était trois heures et demie. Aucun secours du dehors ne s'annonçait : le président de l'Assemblée, entouré, pressé par les factieux, dont l'un se tenait derrière lui le sabre en main, faisait de vains efforts pour se faire entendre. La tribune, escaladée de tous côtés, ne retentissait plus que de vociférations confuses ; l'atmosphère s'était chargée de miasmes étouffants ; quelques-uns des chefs des clubs, Huber lui-même, tombèrent en défaillance. Rien ne manquait à cette hideuse orgie démagogique que le sang versé, et il pouvait l'être d'un moment à l'autre, lorsque tout à coup le rappel se fait entendre dans le lointain : des cris de rage partent de la foule. Barbès s'élance à la tribune :

Qui a donné l'ordre de battre le rappel? s'écrie-t-il avec l'accent de la fureur ; *que celui qui l'a donné soit déclaré traitre à la patrie et mis hors la loi!* Ces paroles sont suivies d'une immense acclamation : On nous trahit, on veut nous tuer ici ! A bas les traîtres !!! Des menaces de mort se font entendre contre le président. — Qu'on donne l'ordre de ne plus battre le rappel ! s'écrient mille voix frénétiques ; trois ou quatre factieux sont prêts à se porter aux dernières extrémités, leurs regards sont menaçants, leurs mains placées sur des armes apparentes, ils sont prêts à agir avec violence. Le président consulte le vice-président Corbon, qui était venu courageusement se placer à côté de lui : ils reconnaissent qu'il faut empêcher l'effusion du sang. Le questeur Degousée dit à voix basse au citoyen Buchez : « *Gagnez un quart d'heure*, cela nous suffit. » — Le président cède ; et sur des feuilles volantes, dont s'emparent aussitôt les assistants, il écrit ces mots : *Ne faites pas battre le rappel.* (Extrait du *Moniteur*.)

Pendant ces incidents, l'entassement de la foule s'accroît toujours dans les tribunes, qui paraissent fléchir sous le poids. Alors un cri de terreur se fait entendre : *Les tribunes s'écroulent !...* Elles s'inclinent en effet visiblement ; plusieurs milliers de personnes allaient être précipitées, et ce danger fait un moment diversion aux passions qui s'agitent dans l'enceinte. Mais bientôt le tumulte recommence avec une nouvelle violence.

Le citoyen Huber, qui est revenu de son évanouissement, s'élance à la tribune. Avant de parler, il se retourne vers le président et l'insulte du geste et du regard. *Citoyens, écoutez. On ne veut pas prendre de décision. Eh bien ! moi, je déclare au nom du peuple, au nom du peuple trompé par ses représentants, je déclare que l'Assemblée nationale est dissoute!* — (Non ! non ! — Oui ! oui ! — Exclamations en sens divers.) — La confusion est épouvantable : c'est un brouhaha, un pêle-mêle de cris, de vociférations, de menaces de toute nature. Le président est sommé de livrer la sonnette ; il refuse. Plusieurs hommes se pressent autour de lui ; l'anxiété de tous est horrible : un crime, un horrible attentat va peut-être s'accomplir... Une feuille de papier au bout d'une pique est portée à la tribune. Le citoyen Huber l'arrache, et, d'une voix qui, à ce moment de calme menaçant, perce à travers la foule, il s'écrie : *Encore une fois, l'Assemblée est dissoute !...* Une masse de factieux escalade alors le bureau de l'Assemblée, se précipite sur le président, le renverse de son fauteuil, où s'installe ce capitaine d'artillerie qui, depuis le commencement du tumulte, se tenait derrière lui le sabre à la main. Après cette dernière violence, le président, auquel dix ou quinze factieux barraient le passage, le menaçant de mort, se retire entouré de plusieurs citoyens qui protègent sa retraite. (Extrait du *Moniteur*.)

Il était cinq heures, et l'agonie de cette malheureuse Assemblée durait depuis quatre heures. L'air n'était plus respirable : on étouffait. Un grand nombre de représentants se retirent, et, par une étrange contradiction, ceux-là mêmes qui venaient d'acclamer la dissolution de l'Assemblée s'écrient, de Flotte entre autres : *Ne laissez pas sortir les représentants qui fuient le combat!* — Un autre factieux propose le décret suivant :

Le peuple est souverain.

Attendu que plusieurs membres de la représentation du peuple ont quitté leurs fauteuils ; qu'ils ont manqué à leurs devoirs en déclinant la souveraineté populaire :

Le peuple souverain les déclare traîtres à la patrie ; *il décide qu'ils seront mis immédiatement en état d'arrestation et jugés comme tels.*

Ceux qui étaient dans le secret s'occupaient pendant ce temps à donner un dénoûment à cette victoire de la démagogie : des cris de *Vive Barbès!* se font entendre. La foule s'empare de lui, le porte en triomphe. D'autres, et parmi eux se distingue un *sieur Quentin*, qui, d'une position assez élevée (il avait été receveur général dans le département de la Lozère) était tombé dans les bas-fonds de la démagogie, s'écrient : « C'est *Blanqui, c'est Blanqui qu'il nous faut!..* » Comme au 24 février, des noms sont proclamés au milieu du tumulte, des listes sont dressées : les noms de Barbès, Louis Blanc, Ledru-Rollin, Blanqui, Huber, Raspail, Caussidière, Etienne Arago, Albert, Lagrange, figurent sur les unes ; sur d'autres, *Cabet*, Pierre *Leroux, Considérant*, sont désignés. Ces derniers noms provoquent cette observation d'un des assistants : « Mes amis, ne nommez pas tant de socialistes : cela ferait tort à notre cause. » (Extrait du *Moniteur*.) — On cherche Ledru-Rollin : il s'était retiré dans un bureau ; on le découvre, on le presse : il résiste et menace de se brûler la cervelle, si on persiste à lui faire violence.

Pendant ce temps, la garde nationale approchait. Les envahisseurs s'écrient : « Nous sommes cernés : *aux* armes!... à l'Hôtel de ville!...» Cette fois, *Barbès* et non *Lamartine!* en tête, chacun son tour, et Barbès, suivi de cette foule, sort et s'achemine vers l'Hôtel de ville, dont le commandant lui ouvre les grilles sans aucune résistance; il s'installe dans un bureau.

Sobrier, de son côté, s'était porté au ministère de l'intérieur, où, d'après les papiers saisis à son domicile, il était convenu qu'il s'installerait. Il s'empare du sceau, mais il est bientôt saisi et déposé à la caserne du quai d'Orsay.

Quentin, le partisan de Blanqui, se porte au Luxembourg, pour en prendre possession; il y est arrêté, de la main même d'Arago, le président de la Commission exécutive.

Louis Blanc, séparé de la foule et fuyant la garde nationale, qui ne lui laisse plus d'issue que du côté de la présidence, se trouve porté sur la place des Invalides; là, il monte dans un cabriolet pour aller rejoindre Barbès à l'Hôtel de ville.

Que faisaient pendant tout ce temps la Commission exécutive et la force publique? La Commission s'était retranchée au Luxembourg, où elle s'était entourée des légions du quartier; elle invitait l'Assemblée nationale par un message à venir l'y joindre : proposition repoussée avec indignation par les représentants. Le colonel Charras, ministre de la guerre par intérim, qu'on pressait de faire arriver au secours de l'Assemblée les troupes qui étaient casernées à l'École militaire, avait quitté la séance pour aller prendre, disait-il, les ordres de la Commision du Luxembourg, ayant soin de dire aux gardes nationaux qu'il rencontrait sur son chemin que le rappel ne devait pas être battu, et qu'il fallait s'abstenir de toute démonstration hostile contre le peuple. Étienne Arago, le directeur général des postes, était avec lui; et nous ne croirions pas calomnier ces deux hauts fonctionnaires de la République en disant qu'entre le désir qu'ils avaient de voir triompher l'opinion républicaine radicale, à laquelle ils appartenaient, et le sentiment du devoir que leur imposaient leurs fonctions, ils éprouvèrent, ce jour-là, au moins une très-grande hésitation. Le général Tambour, qui commandait la 1re division militaire, s'était laissé entraîner par les factieux dans une des tribunes, d'où il assistait comme amateur à ces violences, que son devoir était de réprimer. Le préfet de police Caussidière, lui, s'était cantonné dans sa préfecture comme dans une citadelle, résolu à s'y maintenir envers et contre tous et à y attendre les événements. Il avait donné l'ordre aux forts de la Halle de venir y renforcer les gardes républicains, Lyonnais, Montagnards, qui en faisaient la garnison, et leur avait prescrit de tirer sur tous ceux qui voudraient en forcer l'entrée, fût-ce même la garde nationale. Il avait trop l'expérience des tumultes populaires et des révolutions pour se *soumettre trop tôt :* aussi, lorsque ses satellites, apprenant que son nom était compris parmi ceux qui composaient le Comité de salut public, poussèrent des vivat en son honneur et firent battre aux champs en signe de triomphe, cherchait-il à calmer leur joie prématurée: *Doucement, mes amis!* leur disait il dans son langage : *bientôt on vous f... des coups de fusil, raide comme balle. Croyez-moi, ne vous pressez pas.*

Cependant la garde nationale arrivait enfin aux rendez-vous qui lui avaient été assignés. Les détachements désignés pour entourer et protéger l'Assemblée étaient massés, les uns sur les quais, les autres sur la place de Bourgogne; et leurs officiers demandaient aux représentants qui sortaient du Palais-Bourbon : *Qu'y a-t-il? que se passe t-il? Nous ne savons rien, nous n'avons pas reçu d'ordre...* Ils paraissaient ignorer cette scène de violence populaire qui venait de se passer à côté d'eux, presque sous leurs yeux, et qui s'était prolongée pendant plus de quatre heures. Apprenant de notre bouche le véritable état des choses, quelques chefs prennent l'initiative du mouvement : le colonel Clary, à la tête d'un bataillon de la garde mobile, entraîne ses hommes, qui pénètrent dans la salle tambour battant et la baïonnette au bout du fusil. Les insurgés retardataires qui s'y trouvent encore fuient de toutes parts; en un instant la salle des séances est balayée, et les représentants reprennent leurs sièges. M. Duclerc, qui est rentré avec la force armée, *monte au fauteuil du président et déclare, au nom du peuple français,* « *qu'une minorité infime et infâme ne déshonorera pas, que l'Assemblée reprend sa séance,* » etc. Dans ce moment, le général Courtais entre dans la salle; il est accueilli par les cris énergiques : *A bas Courtais! il nous a trahis!*... On a beaucoup de peine à le protéger contre l'exaspération des gardes nationaux; conduit dans la bibliothèque de l'Assemblée, il y est gardé à vue. M. Dupont (de l'Eure) seul va l'y visiter et le consoler. Clément Thomas est proclamé général de la garde nationale à sa place. M. de Lamartine paraît à son tour et monte à la tribune: il est ému; son discours se ressent du trouble de son esprit. Mais enfin il se rassure aux cris que poussent les gardes nationaux de : *Vive Lamartine!*...

« Dans un moment pareil, s'écrie-t-il, le Gouvernement n'est plus dans un conseil; le Gouvernement est à votre tête : citoyens, gardes nationaux, il est à votre tête, dans la rue, sur le champ même du combat. » Les gardes nationaux répondent par le cri : *A l'Hôtel de ville! camarades, à l'Hôtel de Ville!*.... Les tambours battent la marche : Lamartine, Ledru-Rollin, suivis d'une troupe nombreuse, quittent la salle et se rendent à l'Hôtel de ville.

Marrast les y avait précédés depuis longtemps; il s'y trouvait lorsque Barbès s'y était rendu, et, chose étrange, qui ne se rencontre que dans une révolution, dans le même local, au même moment, l'un jetait au peuple réuni sur la place de Grève ses proclamations et ses listes de gouvernement, l'autre prenait ses dispositions pour faire bonne justice des insurgés. Mais cela ne dura qu'un instant : la garde nationale et la garde mobile ne tardèrent pas à occuper en force la place de Grève. Le colonel, M. de Goyon, avait fait monter à cheval son régiment de dragons ; il attendait depuis le matin dans sa caserne du quai d'Orsay des ordres qui ne venaient pas. Averti par M. de Rémusat de ce qui se passait, il avait dirigé sa troupe sur l'Hôtel de ville. En s'y rendant, il avait eu à faire face sur le quai à une troupe de Montagnards de la préfecture de police, qui prenaient aussi la même direction, mais dans une tout autre intention. Après avoir dispersé cette troupe, le régiment s'était rangé autour de la place et en gardait toutes les issues. Alors un bataillon de garde nationale et de garde mobile avait pénétré dans l'Hôtel de ville, où Barbès et ses complices avaient été arrêtés autour de la table même sur laquelle ils rédigeaient leurs décrets.

Ces faits s'étaient accomplis avec une telle rapidité, que MM. de Lamartine et Ledru-Rollin n'arrivèrent à l'Hôtel de ville que pour en entendre le récit de la bouche de M. Marrast. Louis Blanc lui-même, qui, après s'être arrêté un instant en route chez un ami, se dirigeait sur l'Hôtel de ville par le quai aux Fleurs, apprenant ce qui s'y passait, crut prudent de revenir tranquillement à l'Assemblée ; mais là, il était accueilli comme le général Courtais par des cris furieux : *A bas le traître !...* Les gardes nationaux se précipitent sur lui et veulent en faire justice sur-le-champ, à la manière des Américains. Il n'est arraché de leurs mains qu'à grand'peine et par les efforts énergiques de quelques représentants, de M. de La Rochejaquelein entre autres. Il a cependant le courage de demander la parole et de monter à la tribune, au milieu des murmures de l'Assemblée. Il était pâle, ses vêtements déchirés.

« Citoyens, dit-il, c'est votre droit, c'est votre liberté, c'est votre dignité que je viens défendre en ma personne... (Explosion de murmures. — Cris : *A l'ordre!* — *Vous insultez l'Assemblée!* — *Assez! descendez de la tribune!*) (Extrait du *Moniteur*.)

Il affirme sur l'honneur, sur ce qu'il y a de plus sacré, qu'il ignorait absolument ce qui devait se tenter contre l'Assemblée nationale. Il est écrasé de démentis, d'injures, de violentes interpellations. Il soutient pendant près d'une heure cette lutte désespérée contre l'exaspération de toute l'Assemblée, avec un courage digne d'une meilleure cause.

Tout était fini à l'Hôtel de ville, mais la préfecture de police tenait encore. Caussidière avait bien consenti à se rendre de sa personne au sein de l'Assemblée nationale pour y tenter une justification; mais il avait laissé l'ordre à ses hommes de se défendre dans l'hôtel de la préfecture de police, de ne permettre à personne d'y pénétrer, jusqu'au moment où il viendrait en personne les relever de cet ordre. Et en effet 1,500 hommes bien armés gardaient militairement la préfecture de police; ils répondaient au représentant Murat[1], qui, de concert avec deux de ses collègues, les invitait au nom de l'Assemblée à ouvrir leurs portes, qu'ils étaient tous résolus à mourir jusqu'au dernier homme plutôt que de rendre leur poste, et qu'ils n'obéiraient qu'à Caussidière seul en personne. Cependant, le général

---

1. En rendant compte du résultat de cette tentative, ce représentant du peuple, aujourd'hui prince de l'empire, se plaignait assez plaisamment d'avoir été pris pour Caussidière, auquel il ressemblait en effet par sa vaste corpulence, et d'avoir, grâce à cette malencontreuse ressemblance, été maltraité par les gardes nationaux.

Bedeau ayant investi la préfecture avec trois légions de la garde nationale, de la troupe de ligne et du canon, cette résolution ne tint pas contre un tel déploiement de forces. La garde nationale fut admise sans aucune résistance à prendre possession de l'hôtel de la préfecture de police; elle y fraternisait même dans les cours avec les Montagnards, lorsque les délégués envoyés par l'Assemblée pour s'assurer du véritable état des choses s'y présentèrent.

Dans ce moment, Caussidière était à la tribune, réussissant à demi à endormir les ressentiments et les inquiétudes de l'Assemblée par ses apparences de fausse bonhomie, lorsque quelqu'un vint lui annoncer que le canon était braqué sur la préfecture : alors il parut se troubler, et déclara que, puisqu'on n'avait pas confiance en lui, il donnait sa démission. L'Assemblée lui répond froidement que cela regardait la Commission exécutive, et le lendemain le *Moniteur* annonçait que la démission du préfet de police Caussidière était acceptée.

Tel fut le dernier et peut-être le principal incident de ce drame populaire.

Aussitôt après l'avortement de cette tentative de la démagogie, la tactique de tous les frères et amis de la Montagne fut d'amoindrir l'événement. C'est un simple malentendu entre le peuple et l'Assemblée, disait M. Flocon. Le peuple n'avait pas d'autre intention que de faire une visite à l'Assemblée, et celle-ci s'est crue à tort l'objet d'une attaque, etc... La vérité est qu'il y avait une résolution concertée et très-préméditée de faire violence à l'Assemblée. Les uns, et c'était le plus grand nombre, nous le reconnaissons, n'avaient d'autre intention que de se jouer de la défense qui avait été faite d'apporter des pétitions à la barre; ils voulaient montrer à l'Assemblée que le peuple de Paris restait le maître de signifier ses volontés à la représentation nationale, et qu'il entendait se présenter dans la salle des séances, comme il l'avait fait à l'Hôtel de ville, toutes les fois que cela lui conviendrait[1]. Mais les politiques, les habiles du parti portaient plus loin leurs vues : mécontents de la marche de l'Assemblée, de son hostilité déjà déclarée contre le parti et les doctrines de Louis Blanc et de son rapprochement des modérés, ils voulaient bien la convaincre que, toute souveraine qu'elle se croyait, il y avait une force au-dessus d'elle et dont elle relevait. C'était l'exécution du programme que Louis Blanc avait d'avance dressé au Luxembourg, lorsqu'il y disait : « *Ce que vous déciderez sera loi, que l'Assemblée le veuille ou ne le veuille pas.* » Là s'arrêtait, nous le croyons, le concert. On voulait faire acte de force et d'autorité, intimider l'Assemblée, la rendre docile aux exigences de la démagogie ; on ne voulait pas, en général, aller plus loin, au moins dans cette journée.

Mais, en dehors de cette masse démagogique qui se laissait diriger par une même impulsion, il y avait, nous l'avons déjà dit, un parti qui avait la prétention, lui, de donner la direction et de ne pas la recevoir : c'était le parti Blanqui. Ce chef avait refusé de se rendre avec son club au rendez-vous général ; il n'avait rejoint la colonne des envahisseurs qu'à la hauteur de la place Vendôme. Ses hommes n'obéissaient qu'à sa voix, et lui seul avait le secret de ses volontés.

Dès qu'il parut, l'invasion populaire changea à l'instant même de caractère. Dans les premières démonstrations des assaillants, Barbès, Raspail, Huber

---

1. Un des envahisseurs, qui s'était assis auprès de moi, cordonnier de son état et grand politique de carrefour, s'efforçait de me persuader qu'il n'avait fait qu'user de son droit en envahissant l'Assemblée : « N'êtes-vous pas nos *commis?* me disait-il, *et ne nous est-il pas toujours permis de venir vous demander des comptes?...* » Telle était la logique que ces pauvres gens avaient apprise dans les clubs.

lui-même, ne demandaient, pour l'attroupement, que la permission de défiler dans le sein de l'Assemblée et de déposer à la barre sa pétition en faveur de la Pologne. Mais Blanqui vint formuler les volontés de son club, toujours, bien entendu, au nom du peuple de Paris. Alors la scène changea : ce n'était plus une simple démonstration populaire pour constater le droit du peuple de se présenter à la barre de ses représentants ; il s'agissait d'arracher à l'Assemblée, par intimidation et même par la violence au besoin, une éclatante rétractation, de la forcer à approuver ce qu'elle avait condamné et à condamner ce qu'elle avait approuvé. Ainsi elle avait déjà applaudi et hautement approuvé la conduite des magistrats de Rouen, et Blanqui la sommait de les proscrire ; elle avait rejeté à la presque unanimité toute idée d'un ministère spécial du travail, et il lui intimait l'ordre d'établir un tel ministère. Il s'agissait, en un mot, de recommencer ce que les Jacobins avaient fait en 1793 contre la Convention, lorsqu'à l'aide de ce qu'ils appelaient des *journées*, ils la forçaient à défaire le soir ce qu'elle avait voté dans la matinée, et à leur livrer, par exemple, les malheureux Girondins, auxquels elle applaudissait la veille. Si l'Assemblée eût cédé, elle était perdue, elle n'était plus que le misérable instrument des clubs les plus violents de Paris ; si elle résistait, Dieu sait ce qui était dans la pensée de ceux qui avaient imaginé cette violence.

Il est probable que, si on s'en fût tenu au défilé du peuple, le fait se fût accompli sans résistance et aurait eu sa portée politique. Mais, lorsqu'on voulut faire voter des décrets par l'Assemblée, on échoua contre sa résistance. Ainsi Blanqui, cette fois encore et comme au 17 avril, se sépara du gros des démagogues, et, en exagérant leurs violences, les fit avorter. Une circonstance toute matérielle aida aussi à cet avortement. Les foules sont comme les fleuves : lorsqu'elles débordent, il est bien difficile de les diriger, et c'est alors l'imprévu qui gouverne. Or les meneurs avaient eu l'imprévoyance de laisser à cette foule qui se pressait autour de la salle de l'Assemblée nationale, et qui semblait possédée du besoin aveugle et frénétique d'y pénétrer, toute liberté pour s'y précipiter en masse : ce qui eut pour effet de rendre impossible toute délibération, même apparente. Ils créèrent ainsi eux-mêmes l'obstacle qui devait les faire échouer. Comme le proclamait Huber, dès que l'Assemblée ne voulait ni ne pouvait rien voter, il n'y avait plus rien à faire pour les conspirateurs que de la dissoudre; et c'est ce qu'ils firent. Ils eussent de beaucoup préféré et il eût été bien plus politique de la dégrader avant de la tuer. On peut dire que, cette fois du moins, l'orgie démagogique s'est noyée dans ses propres excès.

Ajoutons en outre que le plan des conspirateurs fut dérangé par la faiblesse et l'imprévoyance même du gouvernement qu'ils voulaient renverser; ils n'avaient pas cru à la possibilité de pénétrer jusque dans le sein de l'Assemblée sans rencontrer une résistance quelconque, par conséquent sans un conflit. Ils savaient que le Gouvernement était averti, et que l'Assemblée était sur ses gardes; ils n'ignoraient pas les mesures militaires prises pour défendre les approches du Palais-Bourbon, les armes qu'on y avait réunies; ils s'étaient même prévalus dans les clubs de ces circonstances pour animer le peuple contre l'Assemblée, qu'ils ne manquaient pas de représenter comme s'étant elle-même mise en état de guerre ouverte contre lui; ils avaient tellement compté sur un combat que, dans les papiers trouvés et saisis rue de Rivoli, chez Sobrier, on trouva sept décrets rédigés d'avance, dont le premier était motivé sur ce que l'Assemblée ayant fait tirer sur le peuple qui s'avançait paisiblement pour lui porter une pétition en faveur de la Pologne, elle était dissoute et mise hors la loi. Et, en effet, l'instruction donnée par Sobrier à ses hommes était au premier coup de feu de crier : *Aux armes ! on égorge nos frères !*... de se précipiter sur les dépôts d'armes qui avaient été préparés à cet effet à la portée de l'attroupement. Cette prévision ayant été trompée par l'accueil que fit le général Courtais aux assaillants, tout ce plan fut dérangé. Cela prouve au moins que le général Courtais n'était pas entré dans les plans des chefs de la conspiration : ceux-ci avaient compté sur une résistance, et il leur jouait le mauvais tour de supprimer cette résistance.

Les autres décrets d'avance préparés par Sobrier mettaient hors la loi tout citoyen qui sortirait du territoire de la France et ceux qui en feraient sortir du numéraire, tout garde national qui se montrerait en armes et en uniforme ; ils prononçaient la dissolution de toutes les autorités et les remplaçaient par des comités municipaux, composés de *cinq ouvriers* sur *sept ;* ils établissaient une force *ouvrière*, l'impôt progressif, la confiscation au profit des communes des biens de ceux qui ne pourraient ou ne voudraient pas payer cet impôt, la perception de cet impôt par des comités d'ouvriers chargés de faire l'inventaire des fortunes privées, la constitution d'un comité de salut public, l'organisation enfin du travail dans *trois semaines* au plus tard. Barbès y avait ajouté l'impôt d'un milliard sur les riches.

Ces décrets, dont nous retrouvons d'ailleurs les principales dispositions dans les proclamations que Barbès avait lancées des fenêtres de l'Hôtel de ville, étaient précieux à connaître, en ce qu'ils donnaient le dernier mot des projets de la République démocratique et sociale. La France savait désormais ce qui se cachait sous ce voile de philanthropie et de fraternité universelle dont se couvraient les nouveaux Jacobins : c'était tout simplement l'organisation savante et la permanence de ce pillage brutal de la société qu'un des envahisseurs demandait plus crûment dans l'orgie du 15 mai, mais seulement pour quarante-huit heures. C'est de ce danger que la société venait d'être préservée : nous allons voir ce qu'ainsi avertis, le Gouvernement et l'Assemblée décidèrent pour faire justice de ces violences et en prévenir le retour.

SUITES DE LA JOURNÉE DU 15 MAI

La tentative avortée le 15 mai était un terrible avertissement pour l'Assemblée comme pour le Gouvernement : il n'y avait plus moyen de se faire illusion, ni sur le respect du parti démagogique pour l'Assemblée issue du suffrage universel, ni sur l'efficacité des simples forces morales contre la violence organisée et persévérante des sociétés secrètes et des clubs. Les décrets trouvés chez Sobrier ne permettaient pas non plus de se tromper sur ce que voulait toute cette démagogie. Ce n'étaient plus les rêves d'une philanthropie impraticable, ni les élans d'une fausse sentimentalité, ni même les doctrines d'un socialisme insensé, qu'il s'agissait de combattre. Non : le pillage organisé et déguisé sous le titre d'impôt sur les riches pour but, *avec ce qu'on appelait la force ouvrière pour instrument et les mises hors la loi*, c'est-à-dire *les proscriptions et les assassinats pour moyens :* tel était le programme hautement avoué et insolemment signifié par les démocrates. Il s'agissait tout simplement pour la société française d'être ou de ne pas être : c'était pour elle une question de vie ou de mort. Pour combattre de pareils ennemis et sortir d'un tel danger, il fallait évidemment recourir à des moyens autres que ceux employés jusqu'à ce jour : les déclamations sentimentales, les atermoiements, les concessions, les transactions, n'étaient plus de saison ; il était trop évident que les démagogues ne pouvaient plus céder qu'à une répression énergique. Il semblait que la nécessité d'une telle répression dût être surtout sentie par le parti des républicains modérés, qui était le plus intéressé à la conservation de l'institution républicaine, et qui ne pouvait pas ne pas s'apercevoir que la continuation de cet état violent tuait la République bien plus certainement que n'auraient pu le faire tous les mauvais vouloirs des orléanistes ou des légitimistes, dont les regrets et les espérances étaient d'ailleurs complétement absorbés alors dans le sentiment commun des périls de la société. Le danger le plus actuel, le plus imminent qui menaçait la République, lui venait évidemment de l'anarchie : c'est donc là qu'aurait dû porter toute la prévoyance, toute l'énergie des vrais républicains.

La Commission exécutive en jugea tout autrement. Nous sommes bien loin de supposer qu'aucun de ses membres fût complice du 15 mai. M. Ledru-Rollin lui-même, qui s'inquiétait de l'ascendant de plus en plus prononcé que les idées d'ordre et de modération prenaient dans l'Assemblée, aurait peut-être désiré que la manifestation populaire pût être contenue et dirigée de manière à avertir et intimider l'Assemblée ; mais pas plus lui qu'aucun de ses collègues, il n'avait préparé ni même désiré les violences auxquelles cette manifestation s'était laissé emporter ; et cependant ils gardèrent vis-à-vis des auteurs ou fauteurs de ces violences d'étranges ménagements.

Ainsi, la société des Droits de l'homme, qui avait fourni à l'armée envahissante son principal contingent et surtout les hommes armés ; les clubs, qui avaient insolemment affiché la prétention de dominer l'Assemblée nationale et de lui imposer leur volonté par la force, tous ces instruments du parti anarchique avaient été pris en flagrant crime d'attentat contre la représentation nationale : il était juste, il était politique, il était indispensable, si on voulait assurer la sécurité de l'avenir, de les briser. D'un autre côté, le Gouvernement avait fait l'expérience éclatante de l'impuissance de ses agents en face de la démagogie ; impuissance résultant de la complicité des uns, de la faiblesse et de la profonde incapacité des autres : il fallait prendre un grand parti à leur égard ; si la Commission exécutive ne se sentait pas le courage de commencer cette réforme sur elle-même, au moins devait-elle l'opérer avec résolution sur tous les instruments immédiats de son pouvoir. Le préfet de police, le commandant de la garde nationale, le ministre de la guerre par intérim, le directeur général des Postes, celui des Télégraphes, le surveillant des Ateliers nationaux, tous ceux enfin qui avaient failli dans cette épreuve, devaient être résolûment écartés et remplacés par des agents non compromis, courageux et sûrs. Enfin, après un tel attentat, le sentiment public appelait une réparation capable de rassurer les esprits, la société, et d'inspirer aux anarchistes une salutaire frayeur. Il n'était pas nécessaire d'étendre et de multiplier les poursuites ni de relever l'échafaud politique : non ! l'insurrection avait elle-même et d'avance tracé à la justice et à la politique leurs devoirs. Elle avait désigné ses chefs, ils s'étaient comme livrés d'eux-mêmes : Louis Blanc, Caussidière, devaient, comme Barbès et Courtais, être appelés à rendre compte devant les tribunaux de leur conduite, et tout cela devait être fait dès le lendemain du 15 mai : d'abord pour mettre à profit la première impression de l'événement, et ensuite pour ne pas se laisser devancer par l'Assemblée.

Cet ensemble de mesures n'eût pas suffi, sans doute, à résoudre toutes les difficultés du problème républicain; mais il eût écarté du moins celles de ces difficultés qui ne pouvaient attendre, et qui, si elles n'étaient résolues à l'instant même, entraînaient une mort imminente et certaine.

Eh bien! la Commission exécutive ne parut se douter d'aucune de ces nécessités; elle prit le contre-pied des devoirs que lui imposait cet attentat qu'elle n'avait pas su empêcher. On ne s'en étonnera pas, pour peu qu'on se rappelle et son origine et sa composition. Cette commission n'était-elle pas composée, en effet, des mêmes hommes qui avaient siégé à l'Hôtel de ville, du 24 février au 14 mai? n'avait-elle pas été nommée pour continuer le Gouvernement provisoire? était-il surprenant dès lors qu'elle en pratiquât la politique, qu'elle en reproduisît les vacillations, qu'elle en ressentît toutes les préventions, toutes les terreurs? Aussi la voyons-nous suivre, après le 15 mai, exactement la même conduite que celle que le Gouvernement provisoire avait suivie après le 17 avril. Bien loin de tirer parti de la victoire, elle s'en effraye, elle en est comme écrasée : elle voudrait en effacer le souvenir, en prévenir le retentissement au dehors; sa première pensée est de supprimer jusqu'au récit de cette journée: le ministre de l'intérieur s'était entendu avec le président de l'Assemblée pour que le *Moniteur* se bornât à indiquer que la séance de l'Assemblée avait été *interrompue*, sans rien ajouter à cette énonciation au moins étrange...; et c'est sur l'interpellation de M. Luneau que l'Assemblée ordonna que le récit de l'attentat, avec tous ses détails[1], serait rétabli dans la feuille of-

---

1. Voir le *Moniteur* du 16 mai 1848.

ficielle. En outre, et lorsque, le 15 mai, à la reprise de la séance et sous la première impression de l'attentat, M. Crémieux annonça vouloir commencer une instruction contre les coupables, qu'il s'apprêtait à désigner, les cris de : *Modération, amnistie pour un égarement, pas de noms propres, pas de dénonciations!* partis de tous les bancs de la gauche et même de quelques bancs de la droite, interrompirent le ministre, qui, se regardant comme suffisamment averti de la pensée de l'Assemblée, se rassit et garda le silence.

M. de Charencey ayant repris la proposition d'une instruction et posé cette simple question : « *Comment se fait-il que la sédition ait pu pénétrer sans résistance jusqu'au sein de l'Assemblée constituante?* » M. Flocon, ministre du commerce, lui ferma la bouche en déclarant que « *le mouvement n'avait été qu'un malentendu et que le peuple ne voulait faire qu'une manifestation régulière et légale...* » Déclaration étrange, qui provoqua les murmures de l'Assemblée, mais qui, dans toute autre situation, eût attiré une accusation méritée sur la tête de son auteur.

M. Degousée, républicain de vieille date, crut de son devoir de dénoncer l'état-major de la garde nationale et la préfecture de police, pour leur conduite dans la journée du 15 mai, et demanda leur réorganisation. Le même M. Flocon revendiqua hautement les droits de la Commission exécutive, déclarant se démettre, si on ne respectait pas ses droits : défi insolent que l'Assemblée ne releva pas, mais qu'elle subit en silence. Bien plus, après les explications fort peu justificatives de MM. Charras et Étienne Arago sur leur conduite en face de l'émeute, Clément Thomas monte à la tribune. « Je suis étonné, dit-il d'un ton menaçant, de ces accusations qu'on vient porter contre des citoyens connus par leurs antécédents de dévouement à la République : est-ce que par hasard il y aurait hostilité contre le principe même ?.... » Et il dépose sur le bureau une adresse signée de tous les colonels de la garde nationale, qui se terminait par cette phrase : « La représentation nationale peut compter sur l'appui que nous prêterons toujours à l'œuvre qu'elle est appelée à fonder ; résolus à la protéger contre l'anarchie, nous ne le sommes pas moins, au nom du peuple armé, à repousser toute pensée réactionnaire. » Et cette menace est consignée sur le procès-verbal de l'Assemblée.

L'Assemblée, perdant patience, s'émeut d'indignation contre Louis Blanc, qui a l'audace de venir défendre ses complices Barbès et Albert ; c'est encore M. Flocon qui se permet d'avertir les représentants *de ne pas entrer dans des mesures réactionnaires*. M. Caussidière, dénoncé par M. Bonjean, trouve un défenseur dans M. de Lamartine ; et, comme cette apologie excite quelques murmures, M. Garnier-Pagès se plaint amèrement des *exigences de l'Assemblée*, et déclare que, *si on n'a pas confiance dans lui et ses collègues, ils sont prêts*, dit-il, *à donner leur démission*. C'est encore au cri de : *Point de réaction !* que la proposition courageuse mais prématurée de M. Isambert, de fermer tous les clubs indistinctement, est repoussée[1]. Enfin, et lorsqu'en présence des témoignages les plus directs, le procureur général de la République, au nom de la justice, vient demander à l'Assemblée l'autorisation d'interroger Louis Blanc, non plus comme témoin, mais comme prévenu, on voit le ministre de la justice lui-même, avec lequel cette demande en autorisation

---

1. Si deux ou trois des clubs les plus compromis, tels que ceux de Sobrier, de Villain, de Blanqui, furent dissous, ils le furent par la garde nationale, qui avait pris sur elle de les fermer violemment la veille, saisissant les hommes, les papiers, les armes des clubistes, et faisant une police que le Gouvernement ne faisait pas. Elle perdit neuf hommes au passage Cendrié.

avait été convenue la veille, se lever et la repousser de son vote : scandale inouï, qui amena une explication scandaleuse entre le ministre et le magistrat, et provoqua, en définitive, la démission de l'un et de l'autre.

C'est ainsi qu'au lieu de prendre une vigoureuse initiative, la Commission exécutive se laissait intimider par les menaces de la gauche ; elle ne dirigeait plus, mais elle était à la remorque des partis ; aussi perdait-elle tout prestige, toute confiance, toute force morale au sein de l'Assemblée qui la tolérait encore, mais ne la soutenait plus. Un pouvoir habile fût sorti plus fort de cette crise; la Commission exécutive en sortit, au contraire, amoindrie et déconsidérée.

Il est même probable qu'elle n'y eût pas survécu, si l'Assemblée se fût mieux connue; mais, réunie à peine depuis quelques jours, composée d'éléments tout au moins étrangers, si ce n'est suspects les uns aux autres, cette Assemblée aurait été fort embarrassée de remplacer la Commission exécutive. Elle ne pouvait d'ailleurs oublier que c'était sa majorité qui, malgré tous les avertissements qu'elle avait reçus, avait voulu à tous risques conserver les éléments discordants du Gouvernement provisoire : elle ne pouvait guère se plaindre d'un désordre dont elle était jusqu'à un certain point complice. D'un autre côté, les républicains modérés eux-mêmes n'étaient pas entièrement affranchis de cette peur de la réaction monarchique qui paralysait la Commission exécutive; ils ménageaient instinctivement, dans les passions de la rue, un auxiliaire qui pouvait devenir nécessaire contre cette réaction, et c'est par cette raison qu'ils craignaient de pousser trop loin la répression.

On se demande naturellement ce que faisait le parti conservateur, fort nombreux dans l'Assemblée, en présence de tout ce désordre. Il se tenait sur la réserve : il sentait que le moment n'était pas encore venu pour lui de prendre l'initiative d'une reconstitution du pouvoir; il craignait avec raison que toute intervention prématurée de sa part dans le gouvernement de la République ne soulevât une tempête de défiances dans le parti républicain. Un de ses membres, M. Bérard, ayant dit dans un projet d'Adresse que *le pouvoir exécutif, exercé avec unité et vigueur, ne pactisait pas avec le désordre*, fut forcé par l'Assemblée de retrancher ce passage, qui, disait-on, renfermait un reproche indirect contre le pouvoir exécutif. On voit par cet incident quels ménagements le parti conservateur se croyait obligé de s'imposer.

Mais ce n'était pas assez de faiblir dans la répression: comme pour mieux continuer la politique du Gouvernement provisoire, le gouvernement nouveau sentit le besoin, dès le lendemain de la victoire remportée par le parti de l'ordre, de la lui faire expier. C'était absolument le même procédé qui avait été suivi le 17 avril. Un projet de bannissement *contre les princes de la famille d'Orléans* fut porté à l'Assemblée. Si la mesure eût atteint toutes les familles qui, ayant occupé le trône de France, pouvaient aspirer à y remonter, ce n'eût été qu'un de ces ostracismes politiques par lesquels tous les gouvernements nouveaux, en frappant leurs concurrents présumés, croient assurer leur propre existence. Mais, au lendemain du 15 Mai, frapper spécialement et nominativement les princes d'Orléans, à l'exclusion des autres prétendants, c'était, en quelque sorte, les signaler comme auteurs ou complices de cet attentat de la démagogie ; c'était plus qu'une proscription, c'était un outrage et une calomnie ; et c'est surtout à raison de ce *rapprochement outrageant* que ces princes protestèrent contre la mesure.

C'était de plus une insigne bévue : car, comme l'événement l'a démontré, de tous les prétendants contre lesquels le nouveau gouvernement pouvait avoir à se défendre, les plus redoutables pour lui étaient très-certainement ceux qui, nés de la Révolution même, sortis des entrailles du peuple, faisaient concurrence à la République dans ce milieu même où elle avait pris la vie et puisé sa force.

Mais la prévoyance et la sagacité, on l'a déjà vu, n'étaient pas les qualités dominantes chez les gouvernants du jour; ils obéissaient dans cette circonstance, comme dans tant d'autres, aux impressions du moment. Or, dans ce moment, le fantôme redouté, c'était la monarchie constitutionnelle, avec les d'Orléans. Ils ne voyaient rien en dehors ni au delà, et c'est là qu'ils frappaient.

Des incidents de plus en plus significatifs vinrent bientôt leur apprendre qu'ils faisaient fausse route.

CRISE BONAPARTISTE

Le sentiment bonapartiste a eu ses vicissitudes en France. On tomberait dans une grave erreur, si on croyait qu'il y a obtenu en tout temps la même faveur. On pourrait mesurer cette faveur au degré d'ordre et de liberté qui ont régné dans ce pays. En 1814, la promulgation de la Charte, le jeu des institutions représentatives, tout nouveau qu'il parût à cette génération de soldats dont l'Europe coalisée avait pu seule triompher, avait déjà commencé à affaiblir le souvenir de Napoléon. De nouvelles idées, de nouveaux besoins moraux et intellectuels s'étaient créés et commençaient à remplacer peu à peu les idées et les préoccupations de l'Empire. Les combats de la presse et de la tribune avaient le privilége, comme naguère les bulletins de la Grande Armée, d'émouvoir les cœurs. La France, enfin, vivait volontiers de cette vie nouvelle que la liberté constitutionnelle et parlementaire lui donnait: elle y prenait tant de goût, que le souvenir des désastres et des humiliations qu'elle avait naguère subis s'en affaiblissait. Il ne fallut pas moins que les provocations absurdes de ces hommes dont on a dit qu'ils n'avaient rien appris ni rien oublié, pour faire diversion à ce réveil des sentiments libéraux. Encore cette diversion, dont Napoléon profita avec tant d'audace et de succès le 20 mars, ne fut-elle pas si profonde qu'elle ne laissât subsister dans les masses un fond de libéralisme avec lequel, malgré les nécessités de sa position, qui le poussaient invinciblement à la dictature, l'ancien despote fut obligé de compter ou tout au moins de ruser.

En 1830, l'occasion était belle pour essayer de ressusciter le sentiment bonapartiste : le gouvernement royal venait d'être brisé ; Charles X et sa famille étaient chassés de France, et cette révolution était accomplie par le peuple lui-même, après trois jours d'un combat opiniâtre ; et pourtant aucun cri bonapartiste ne se fit entendre, ni pendant les trois jours de lutte, ni dans les enivrements du triomphe. Le fils de Napoléon vivait cependant alors. Si Bonaparte eût été l'objet d'un culte aussi profond, aussi universel, aussi permanent qu'on le suppose généralement, la victoire du peuple l'eût infailliblement fait éclater, tandis que c'est à peine si, à cette époque, le bonapartisme donna signe de vie. C'est qu'en 1830 la révolution se faisait pour la défense du droit, et qu'alors la passion publique était toute pour la liberté. Une partie du peuple pouvait exagérer cette passion jusqu'à la pensée de la république ; mais personne ne s'avisa de songer à l'Empire. Nous nous trompons : il se trouva un fou, le sieur Dumoulin, fabricant de gants à Grenoble, dont Napoléon, pour le récompenser de son zèle et de quelque argent prêté, avait fait son officier d'ordonnance. Il s'avisa de paraitre à l'Hôtel de ville, au lendemain de la révolution de 1830, revêtu de son uniforme de l'Empire, et d'essayer d'y éveiller quelques sympathies en faveur du fils de Napoléon. Il suffit au général Lafayette d'un mot pour le faire jeter à la porte par un huissier, sans qu'une seule voix s'élevât en sa faveur.

Sous le gouvernement de Louis-Philippe et tant que le gouvernement constitutionnel fut debout, Louis-Napoléon s'agita vainement pour rappeler à la France, qui s'obstinait à l'oublier, que Napoléon avait laissé une famille et un successeur. Il joua à ce jeu sa vie et celle de quelques complices. Après avoir été l'objet une première fois de la commisération assez dédaigneuse du gouvernement qu'il attaquait, il fut saisi en état de récidive à Boulogne, et, cette fois, traduit devant la Cour des pairs, et jugé après une instruction assez prolongée et un débat public, sans que la plus légère émotion se remarquât dans la population. Six années d'emprisonnement à Ham, qui suivirent et expièrent cette échauffourée, n'avaient éveillé en sa faveur que ce sentiment de commisération naturelle que toute détention politique trop prolongée finit toujours par inspirer. Enfin, lorsque la révolution de 1848 éclata, il n'y eut ni un cri, ni une manifestation quelconque en faveur des Bonaparte ; et même Louis-Napoléon s'étant hasardé à venir après le 24 Février à Paris, il suffit d'une invitation du Gouvernement provisoire pour l'en faire partir avec aussi peu de cérémonie et de bruit qu'il en avait mis à y venir. Mais, lorsque la France se trouva sans gouvernement, livrée à toutes les horreurs de l'anarchie, alors le nom de Bonaparte commença à être prononcé avec faveur. Il le fut d'abord par quelques groupes d'ouvriers qui, associant dans leurs passions aveugles le souvenir de Bonaparte à celui de la

Révolution, criaient : *Vive Napoléon !* en même temps que : *Vive la République sociale !*... On vit alors sur les mêmes listes Barbès et Louis-Napoléon. Puis, l'anarchie prenant un caractère de plus en plus alarmant, ce nom de Napoléon, qui rappelait à la bourgeoisie un gouvernement fort, devint pour elle une espérance de salut. C'est ainsi que, représentant pour les uns la démagogie, c'est-à-dire les passions les plus anarchiques, pour les autres l'autorité forte et respectée, c'est-à-dire les sentiments les plus conservateurs, ce nom faisait son chemin, et, quoique par des causes opposées, devenait une puissance vraiment redoutable pour la République.

La conséquence à tirer de tout ceci, c'est que le bonapartisme, qui, sous un gouvernement régulier et libre, n'a jamais été et ne sera jamais en France qu'un souvenir, une sorte de légende inoffensive et peu dangereuse, prend au contraire une puissance réelle dans les temps d'anarchie. Ce n'est là, au reste, que la confirmation de cette vérité aussi vieille que le monde, que le despotisme et la licence s'engendrent l'un par l'autre inévitablement et invariablement.

Il faut reconnaître aussi que les bonapartistes connaissaient et pratiquaient admirablement la maxime : «Aide-toi, le Ciel t'aidera,» et qu'ils ont beaucoup aidé par leur habileté à ce courant d'idées qui les appelait pour la seconde fois à succéder à la République. Ainsi, dès les premiers jours qui suivirent la révolution du 24 février, on vit circuler dans les rues ces processions si connues de vieux soldats de l'Empire avec leurs uniformes d'Austerlitz et d'Iéna. Il est vrai qu'ils allaient rendre hommage à la République qui avait la simplicité de s'y laisser prendre et d'exalter en termes pompeux les gloires de l'Empire. De nombreux journaux furent publiés sous des titres napoléoniens. Des clubs, des associations de toute espèce furent formés avec la mission de réveiller les souvenirs de l'Empire, de nombreux émissaires furent chargés de parcourir la France, et d'y semer les promesses les plus séduisantes pour le peuple, telles, par exemple, que celle de la réduction et même de la suppression des impôts. — Louis-Napoléon dépensa à cette œuvre deux ou trois successions dont il avait hérité. Quelques personnes qui avaient foi dans sa fortune, spéculant sur son avenir, y ajoutèrent des prêts considérables.

C'est ainsi que le sentiment public et la conspiration s'aidant l'un par l'autre, la puissance populaire du successeur de Napoléon était devenue formidable, avant même que la Commission exécutive parût se douter qu'il y eut de ce côté quelque danger.

Trois membres de la famille de Louis-Napoléon avaient été nommés membres de l'Assemblée constituante : un fils de Murat, un fils de Lucien et un fils de Jérôme Bonaparte; ces deux derniers en Corse. Les partisans de cette famille eurent l'habileté de soumettre à la vérification des pouvoirs d'abord Murat, qui ne portait pas le nom et qui passa sans difficulté ; ensuite, les deux Bonaparte qui furent admis, après quelques observations insignifiantes et sur leurs protestations éclatantes de dévouement à la République, protestations qu'aucun de leurs antécédents ne démentait.

Dans la discussion de la loi de bannissement de la famille d'Orléans, plusieurs orateurs de la gauche avaient déclaré que, dans leur opinion, la loi du 10 avril 1832 portée contre la famille Bonaparte avait été abrogée par la révolution de 1848, *le nom de Napoléon n'ayant plus, selon eux, qu'une valeur historique*. Encouragé par ces précédents, un député de la Corse, M. Pietri, homme d'affaires de la famille Bonaparte, présenta une proposition dont la conclusion était l'abrogation formelle de cette loi. Cette proposition était signée également par Louis Blanc.

On ne s'explique guère comment les membres de la Commission exécutive qui, dès les premiers jours de 1848, avaient cru devoir notifier à Louis-Napoléon qu'il eût à quitter immédiatement la France, et qui étaient avertis par tant de signes éclatants des progrès que faisait tous les jours la puissance de ce nom dans les populations, laissèrent échapper les occasions toutes naturelles que leur présentaient soit la loi d'ostracisme contre les prétendants de la branche d'Orléans, soit les diverses élections des membres de la famille Bonaparte, de pourvoir à un danger qui devenait de jour en jour plus menaçant. Ils auraient pu, dans ces diverses occasions, se prononcer hautement et énergiquement pour le maintien de la loi de 1832. Bien loin de là, telle était leur imprévoyance ou leur confiance dans la force de la République, qu'ils permirent à un de leurs ministres, à M. Crémieux, de parler en faveur de la proposition Pietri, et d'en faire voter la prise en considération à la presque unanimité.

Plus tard, les manifestations par trop significatives d'un régiment de ligne qui, aux cris de : *Vive la République!* poussés par la garde nationale d'Amiens venant au-devant de lui, avait répondu par les cris de : *Vive Napoléon!*... semblèrent réveiller le gouvernement de sa fausse sécurité.

Ce fait fut dénoncé à la tribune par M. Heeckeren (devenu depuis sénateur), dans la séance du 10 juin. Le général Cavaignac s'élança aussitôt à la tribune, et d'une voix émue il s'écria : « *Je voue à l'exécration publique quiconque osera jamais porter une main sacrilége sur les libertés du pays!* » (Le *Moniteur* ajoute qu'un tonnerre d'applaudissements suivit cette espèce d'anathème, et que tous les représentants se levèrent en poussant le cri de : Vive la République!...) Cette exécration, ces cris, cet enthousiasme républicain, exalté par le sentiment d'un danger qui se révélait, tout cela annonçait-il une résolution énergique, quelque mesure décisive de la part de ce pouvoir? pas du tout. Après cette explosion d'indignation, après ces anathèmes et ces cris stériles, rien ne fut proposé, ni par le gouvernement, ni par les membres de l'Assemblée. Tout ce bruit s'évanouit en fumée. Le lendemain, Jérôme Napoléon, se portant fort pour le désintéressement et le républicanisme de son cousin, soutint avec un aplomb imperturbable que c'était ceux qui, conspirant contre la République, et *voulant compromettre Louis Bonaparte*, poussaient ces cris séditieux; que des intrigants voulaient exploiter ce nom, qu'il tenait par-dessus tout à laisser pur et sans tache, etc.

Au 18 brumaire, Lucien répondait également du républicanisme de son frère, et le lendemain, la République était renversée par ce même général Bonaparte auquel la veille elle avait confié sa défense. La France sera-t-elle éternellement abusée par le même machiavélisme?

Ce résultat n'avait rien, il faut en convenir, qui pût effrayer, ni même décourager le parti bonapartiste. Cependant, un nouvel incident vint dévoiler de nouveau ses menées. Dans la séance du 12 juin, et lorsque l'Assemblée, par une étrange réminiscence du gouvernement parlementaire, débattait, à propos d'un crédit de fonds de police secrète, la question de *confiance dans le gouvernement*, au milieu de ce débat, M. de Lamartine, qui avait interrompu son discours pour se reposer un instant, remonte à la tribune tout à coup, et d'un accent animé il s'écrie :

Un coup de feu, plusieurs coups de fusil, viennent d'être tirés, l'un, près du commandant de la garde nationale ; l'autre, sur un des braves officiers de l'armée ; un troisième, enfin, sur la poitrine d'un officier de la garde nationale. Ces coups étaient tirés aux cris de : VIVE L'EMPEREUR ! (Sensation.) Lorsque l'audace des factieux est prise en flagrant délit et prise la main dans le sang français, la loi doit être appliquée d'acclamation. (Oui ! oui !) Voici la déclaration que vous soumet le gouvernement :

« Vu l'article 3 de la loi du 13 janvier 1816 ;

« Considérant que le citoyen Louis-Napoléon Bonaparte est compris dans la loi de 1832, qui exile du territoire français les membres de la famille Bonaparte ;

« Considérant que, s'il a été dérogé à cette loi par le vote de l'Assemblée, qui a admis trois membres à faire partie de l'Assemblée, ces dérogations individuelles ne s'étendent ni de fait, ni de droit, aux autres membres de la même famille ;

« Considérant que la France veut fonder en paix et en ordre le gouvernement républicain et populaire, sans être troublée dans son œuvre par les prétentions ou les ambitions dynastiques, de nature à former des partis ou des factions dans l'État et par suite à fomenter même involontairement des guerres civiles ;

« Considérant que le citoyen Louis Bonaparte a fait deux fois acte de prétendant, en revendiquant une république avec un Empereur, c'est-à-dire une république dérisoire, au nom du sénatus-consulte de l'an XIII ;

« Considérant que des agitations attentatoires à la république populaire que nous voulons fonder, compromettantes pour la sûreté des institutions et pour la paix publique, se sont déjà révélées au nom du citoyen Louis-Napoléon Bonaparte ;

« Considérant que ces agitations, symptômes de manœuvres coupables, pourraient créer une difficulté dangereuse à l'établissement de la république si elles étaient autorisées par la faiblesse ou la négligence du gouvernement ;

« Considérant que le gouvernement ne peut accepter cette responsabilité qui pèserait sur lui, s'il manquait au premier de ses devoirs en n'exécutant pas une loi existante, que justifient plus que jamais, au moins pendant un temps déterminé, la raison d'État et le salut public ;

« Déclare qu'il fera exécuter, en ce qui concerne Louis-Napoléon, la loi de 1832, jusqu'au jour où l'Assemblée nationale en aura autrement décidé. » (Bravo ! bravo ! ... — Applaudissements redoublés. Toute l'Assemblée se lève comme un seul homme, en agitant ses mains et en criant : *Vive la République !...*)

Il était bien tard pour faire une pareille déclaration. Le gouvernement avait présenté une loi de bannissement contre les prétendants, et non-seulement il n'y avait pas compris la famille Bonaparte, mais il avait laissé dire, sans y contredire, qu'à l'égard de cette famille, les lois existantes de 1816 et 1832 avaient été implicitement abrogées par la révolution de 1848; de plus, il avait implicitement reconnu cette abrogation en laissant admettre, sans s'y opposer, trois Bonaparte qui siégeaient déjà sur les bancs de la représentation nationale en vertu de cette abrogation tacite ! Enfin, sur la proposition faite à l'Assemblée nationale d'abroger expressément ces lois, non-seulement il n'avait pas combattu la proposition, mais il l'avait appuyée par l'organe de son ministre de la justice, qui avait été jusqu'à dire, sans être désavoué, que le maintien de l'ostracisme des parents de Napoléon *serait une honte pour la France*.

Cependant, il était peut-être temps de revenir sur ces précédents, mais il fallait de la décision, de l'ensemble, et surtout ne pas laisser refroidir l'impression qu'avait faite sur une grande partie des représentants l'incident qui venait de se passer aux portes mêmes de l'Assemblée. Il fallait laisser de côté les lois d'ostracisme portées sous la restauration et sous le gouvernement de Louis-Philippe : lois qui, à raison même de leur origine, ne pouvaient qu'être en grande défaveur dans le sein d'une assemblée républicaine ; il fallait présenter une loi nouvelle contre Louis-Napoléon personnellement, et en demander, au nom du salut public, la discussion et le vote d'urgence et toute autre affaire cessante.

Au lieu de cela, M. de Lamartine, après avoir dénoncé avec tant d'éclat le péril imminent de la République, reprend paisiblement son discours sur les mérites du gouvernement provisoire et étouffe dans une longue et prétentieuse phraséologie l'impression qu'avait faite sa dénonciation ; puis, comme la déclaration ne présentait pas de conclusion, qu'elle se bornait à indiquer la pensée du gouvernement sur les lois de 1816 et de 1832 et sa résolution d'en maintenir l'exécution contre Louis-Napoléon, l'Assemblée ne fut pas même mise en demeure de se prononcer immédiatement, et dans la séance du lendemain, lorsque la question fut posée de nouveau, l'impression de la veille s'était de beaucoup affaiblie. Le gouvernement, par son inexpérience des hommes et des choses, avait laissé échapper un de ces moments décisifs qui, dans la politique comme dans la guerre, ne se représentent plus lorsqu'on les laisse échapper.

En effet, le lendemain l'Assemblée se trouvait en présence, d'une part, de la proposition Pietri, que M. Degousée avait amendée en proposant d'excepter pour un temps déterminé Louis-Napoléon du bénéfice de cette proposition, et la vérification des quatre élections de ce dernier. Sur les quatre bureaux qui avaient eu à s'occuper de ces élections, deux étaient pour la validité et deux contre : c'est-à-dire que deux bureaux appliquaient à Louis-Napoléon la loi de bannissement et que les deux autres considéraient cette loi comme implicitement abrogée.

M. Jules Favre, comme rapporteur d'un bureau dont la majorité était favorable à la validité de l'élection, demanda au nom du règlement la priorité pour son rapport. Le gouvernement eut encore le tort de ne pas sentir l'importance de cette question de priorité et de la laisser résoudre en faveur de la vérification ; il est vrai que le règlement assurait la priorité à toute vérification de pouvoirs ; mais le règlement était ici d'un bien faible poids, et il eût été facile, si tous les membres du gouvernement y eussent employé leur influence, de faire décider qu'avant de s'occuper de l'élection de Louis-Napoléon, il fallait se prononcer sur le danger qu'il y aurait pour la république à l'admettre même comme citoyen. La dernière de ces questions était logiquement et politiquement préjudicielle à l'autre. Mais M. de Lamartine ayant, avec sa légèreté et son inexpérience habituelles, consenti la priorité en faveur de la vérification de l'élection, la question du bannissement se trouva d'avance préjugée.

M. Jules Favre ouvrit le débat par un discours très-insidieux et empreint de toutes ses rancunes à l'égard de la Commission exécutive, et spécialement de l'ex-ministre de la justice Crémieux, contre lequel l'orateur trouvait un certain bonheur à pouvoir prendre une éclatante revanche du désaveu qu'il en avait reçu dans l'affaire de l'autorisation de poursuites contre Louis Blanc. M. Jules Favre ne manqua pas de se prévaloir, pour justifier ses conclusions en faveur de Louis-Napoléon, des précédents de la Commission exécutive et surtout des paroles de M. Crémieux.

Quoi! dit-il, le gouvernement par son silence lors de la loi de bannissement des d'Orléans, par son adhésion, tirée de l'admission des trois Bonaparte, a accrédité cette idée, que la loi d'ostracisme à l'égard de cette famille était implicitement abrogée! Bien plus, par l'organe de son ministre de la justice, il a proclamé que *le maintien de cette loi serait une honte pour la France*; et c'est lorsque l'élection populaire a mis son quadruple sceau sur le front de ce citoyen, que vous voulez faire revivre cette même loi contre lui!... Vous dites qu'il a conspiré contre la monarchie : et à quel titre la république se chargera-t-elle de venger les griefs de la monarchie, et cela, au moment même où elle récompense et honore tous les condamnés politiques qui ont conspiré contre l'ancien régime? Vous objectez que Louis-Napoléon s'est posé deux fois en prétendant; mais est-ce là un fait nouveau pour vous, et n'en étiez-vous pas instruits, lorsque naguère votre ministre proclamait que la loi de 1832 n'existait plus? etc... Quant au danger que la présence de Louis-Napoléon en France pourrait faire courir à la République, craignez, au contraire, de grandir ce personnage en paraissant le craindre; laissez-le arriver, appelez-le même dans cette enceinte, afin qu'on l'y mesure : il y a bien des grandeurs qui ont besoin du prestige de la perspective et de la persécution. La Commission exécutive a eu le tort de grandir la personnalité de Louis-Napoléon et de laisser croire que l'établissement populaire et républicain de la France pourrait être renversé par le souffle d'un pygmée..... Si Louis-Napoléon était assez fou pour rêver la parodie de ce qu'il a tenté en 1840, il serait couvert par le mépris de ses concitoyens et de la postérité !

M. Louis Blanc parla dans le même sens. M. Ledru-Rollin fut le seul membre de la Commission exécutive, et ce n'était peut-être pas le mieux choisi, qui combattit les conclusions du rapporteur. Après s'être dégagé de l'objection des précédents du gouvernement, en disant qu'il n'y avait là que des actes de magnanimité tout personnels à ceux qui en avaient été l'objet et dont il ne fallait pas se prévaloir, au grand péril de la République, au profit d'un homme qui avait assez annoncé par son passé ce qu'il était prêt à faire dans l'avenir, il appuya son opinion par des faits de conspiration bonapartiste que sa police lui avait appris.

Des embauchages, disait-il, sont organisés pour former une nouvelle garde impériale..., il y a eu de l'argent distribué; il y a eu, sur la place publique, du vin versé à profusion pour ceux qui voulaient boire, versé à tout le monde, au nom de Napoléon. Un attentat a été commis près de nous, au cri de : *Vive l'Empereur !* Hier, vous avez tous entendu, comme moi, entre la porte Saint-Denis et la porte Saint-Martin, des cris de : *Vive Napoléon !...* Il y a plus, trois journaux ont été fondés en quatre jours, s'appelant, l'un, *le Na-*

poléonien ; l'autre, *la République napoléonienne* ; déclarant, par exemple, qu'il faut nommer un président de la République à l'instant même, et que Louis-Napoléon doit être ce président ; annonçant qu'une grande partie de la banlieue allait se rendre au-devant de lui, pour lui former un immense cortége, une entrée triomphale, etc... Je ne vous dis pas pour cela que la République est perdue ; non : nous savons comment elle a été conquise sur les barricades ; nous savons comment nous la défendrions. (Applaudissements.) Mais je demande à ceux qui nous combattent, s'ils veulent se rendre responsables d'une seule goutte de sang versé au nom de l'empereur !...

A quoi M. Jules Favre répliquait avec son opiniâtreté ordinaire que, si les faits dénoncés par M. Ledru-Rollin avaient quelque consistance, il fallait les poursuivre, et que le gouvernement n'avait même pas de procureur général ni de procureur de la république. (MM. Portalis et Landrin n'étaient pas encore remplacés.)

Quant à la perspective de guerre civile, dit-il, au bout des décisions des hommes politiques, il y a toujours ce que Dieu seul connaît et ce qui échappe à la faiblesse humaine, l'imprévu : la véritable sagesse consiste à ne jamais sortir des principes et à ne prendre conseil que de son cœur ; alors l'imprévu se résout toujours en votre faveur. D'ailleurs, s'il y a péril à admettre Louis Bonaparte, il y en a un non moins grand à le repousser quand quatre départements l'ont élu, et à donner aux factieux pour drapeau la violation des droits du souverain, etc.

Certes, ces arguments, tout captieux qu'ils étaient, ne l'auraient pas emporté sur les considérations politiques qui militaient pour l'éloignement de Louis-Napoléon, si l'Assemblée eut été autrement composée. Mais, en la décomposant, on y trouvait d'abord la masse des conservateurs, qui était fort peu touchée des périls de la République ; et de plus les républicains mécontents, qui, comme MM. Louis Blanc, Jules

Favre, Crémieux et beaucoup d'autres, se faisaient du bonapartisme une arme contre la commission exécutive ; ajoutez les partisans de la famille Bonaparte, ceux qui lui étaient liés par *les intérêts* ou même les simples souvenirs, ou ceux qui se ralliaient à elle par les espérances de l'avenir, et on ne s'étonnera pas que la Chambre ait voté par assis et levé, à une assez forte majorité, l'admission de Louis Bonaparte. Pour obtenir un vote différent, il eût fallu, nous l'avons dit, enlever pour ainsi dire la résolution le jour même où les cris de *Vive l'Empereur !* et les coups de feu retentissaient aux portes du Palais-Bourbon. Dès le moment où on laissait l'Assemblée à elle-même, à ses rancunes ou à ses calculs, le résultat était inévitable.

Mais, si l'Assemblée se dépensait en cris stériles, en discours inutiles, en attaques avortées, Louis-Napoléon, de son côté, suivait avec habileté et persévérance la tactique de tous les ambitieux : il s'efforçait de frapper les imaginations, de familiariser les masses avec l'idée qu'il était le successeur et le restaurateur de l'Empire ; il se posait en face de l'Assemblée en quelque sorte comme un pouvoir rival ; il multipliait ses lettres, qui étaient autant de manifestes ; il forçait le peuple et l'Assemblée à s'occuper incessamment de lui ; lorsqu'il avait agité et ameuté l'un, irrité et exaspéré l'autre, il s'arrêtait, mais pour recommencer le lendemain. Ainsi, le 11 mai, il écrivait à M. Vieillard, son ancien professeur et resté son ami, député siégeant à l'extrême gauche et poussant même son horreur de toute noblesse et de tout sacerdoce jusqu'à ne pouvoir entendre prononcer les mots de prêtre ou de noble sans se dresser sur son banc, ce qui ne l'a pas empêché de mourir sénateur de l'Empire ; il lui disait : « qu'il n'avait pas voulu se présenter comme candidat aux élections, parce que sa position à l'Assemblée eût été extrêmement embarrassante ; que son nom, ses antécédents, avaient fait de lui, bon gré, mal gré, un homme sur lequel s'attachaient les regards de tous les mécontents ; que, tant que la société française ne serait pas rassise et la constitution fixée, il sentait que sa position en France serait très-difficile et même très-dangereuse pour lui : qu'il avait donc pris la résolution de se tenir à l'écart ; *mais que, si la France avait besoin de lui, son rôle était tout tracé.* » Et M. Vieillard ne manquait pas de lire cette lettre à la tribune, à titre d'apologie de son ancien élève.

Une autre lettre, du 24 mai, directement adressée à l'Assemblée nationale, et dont celle-ci avait d'abord refusé d'entendre la lecture, mais que M. Bonjean, devenu conseiller d'État et sénateur de l'Empire, trouva le moyen de lire à la tribune, au milieu du débat soulevé pour la vérification des quatre élections de Louis Bonaparte, était ainsi conçue :

J'apprends qu'on a proposé dans les bureaux de l'Assemblée de maintenir contre moi seul la loi d'exil qui frappe ma famille depuis 1816 ; je viens demander aux représentants du peuple pourquoi je mériterais une pareille peine. Serait-ce pour avoir toujours déclaré que, dans mon opinion, la France n'était l'apanage, ni d'un homme, ni d'une famille, ni d'un parti ? Serait-ce parce que, désirant faire triompher, sans anarchie ni licence, le principe de la souveraineté nationale, qui seul pouvait mettre un terme à nos dissensions, j'ai deux fois été *victime* de mon hostilité contre le gouvernement que vous avez renversé ? (On rit.) Serait-ce pour avoir consenti, par déférence pour le Gouvernement provisoire, à retourner à l'étranger après être accouru à Paris au premier bruit de la révolution ? Serait-ce enfin pour avoir refusé, par désintéressement, les candidatures qui m'étaient proposées, résolu de ne retourner en France que lorsque la nouvelle Constitution serait établie et la République affermie ? (Oh ! oh ! interruption prolongée. — Alors nous sommes tous d'accord : il faut ajourner l'élection !) Les mêmes raisons qui m'ont fait prendre les armes contre le gouvernement de Louis-Philippe me porteraient, *si on réclamait mes services*, à me dévouer à la défense de l'Assemblée, résultat du suffrage universel. En présence d'un roi élu par 200 députés, *je pouvais me rappeler être l'héritier d'un empire fondé sur l'assentiment de quatre millions de Français* ; en présence de la souveraineté nationale, je ne peux, je ne veux que revendiquer mes droits de citoyen français ; mais ceux-là, je les réclamerai sans cesse, avec l'énergie que donne à un cœur honnête le sentiment de n'avoir jamais démérité de la patrie.

A cette lettre, véritable chef-d'œuvre d'habileté et de duplicité, dans laquelle, sous un faux masque de modestie et de désintéressement, le prétendant trouvait le moyen de proclamer qu'*il était l'héritier d'un empire fondé sur les suffrages de quatre millions de Français*, les membres du Gouvernement ne voyaient et ne relevaient qu'une seule chose : c'est qu'il n'y était pas fait mention de la République. Admirable découverte, qui faisait grand honneur à leur intelligence !

Enfin, se démasquant de plus en plus à mesure que son crédit grandissait, après ses quatre élections, que l'Assemblée venait de valider, il écrit à cette Assemblée la lettre suivante, à la date du 14 juin :

Monsieur le Président,

Je partais pour me rendre à mon poste, lorsque j'apprends que mon élection sert de prétexte à des troubles déplorables et à des erreurs funestes. Je n'ai pas cherché l'honneur d'être représentant du peuple, parce que je savais les soupçons injustes dont j'étais l'objet ; je recherchais encore moins le pouvoir. *Si le peuple m'impose des devoirs, je saurai les remplir*... (Mouvement.) Mais je désavoue tous ceux qui me prêtent des intentions ambitieuses que je n'ai pas. *Mon nom est un symbole d'ordre, de nationalité, de gloire* ; et ce serait avec la plus vive douleur que je le verrais servir à augmenter les troubles et les déchirements de la patrie. Pour éviter un pareil malheur, je resterais plutôt en exil : *je suis prêt à tous les sacrifices pour le bonheur de la France*.

Je vous envoie une copie de mes remerciements à mes électeurs.

Recevez, etc.

A la lecture de cette lettre, un grand trouble se manifeste dans l'Assemblée. Le général Cavaignac monte une première fois à la tribune *pour déclarer que l'émotion qui l'agite ne lui permet pas d'exprimer comme il le désirerait toute sa pensée ; mais que, dans cette pièce qui devient historique, il remarque que le mot de République n'est pas prononcé...* (Mouvement d'indignation. — De toutes parts : Vive la République ! vive la République !) Puis il reparait une seconde fois pour faire entendre ces étranges paroles :

Quand je suis monté la première fois à cette tribune, si une proposition immédiate n'a pas accompagné les paroles que j'y ai prononcées, c'est que, saisi de l'indignation qui s'est emparée de vous tous, je n'ai pas cru convenable d'appeler l'Assemblée à délibérer immédiatement. (Après un tel début, on s'attendait naturellement à voir se produire une proposition formelle de bannissement. Point du tout! le général coupe court, et ajoute :) Je suis descendu sans faire aucune proposition, une première fois, et descends encore sans en faire davantage. Je ne puis que demander à l'Assemblée de suspendre sa séance et de remettre à demain la suite à donner à cet incident. (Marques d'approbation, porte le *Moniteur*.)

Que faut-il admirer le plus, ou de ce ministre qui monte deux fois à la tribune, dans de pareilles circonstances, pour dire qu'il ne proposera rien, ou de l'Assemblée qui applaudit niaisement à une telle conduite? Cependant le fougueux Clément Thomas était monté à la tribune pour annoncer que le lendemain il y aurait une bataille, et on lui répond tranquillement que c'est une raison de plus de renvoyer au lendemain. Or, le lendemain, ce n'est pas une bataille qui avait lieu, mais une retraite habile. Louis Bonaparte, averti de l'effet de sa lettre ou l'ayant d'avance prévu, faisait parvenir au président une lettre datée de Londres, le 15 juin, et dans laquelle il donnait sa démission de représentant, dans ces termes :

Monsieur le Président,

J'étais fier d'avoir été élu représentant du peuple à Paris et dans deux autres départements : c'était à mes yeux une ample réparation pour trente années d'exil et six ans de captivité ; mais les soupçons injurieux qu'a fait naître mon élection, mais les troubles dont elle a été le prétexte, *mais l'hostilité du pouvoir exécutif*, m'imposent le devoir de refuser un honneur qu'on croit avoir été obtenu par l'intrigue.

Je désire l'ordre et le maintien d'une république sage, grande et intelligente ; et, puisqu'involontairement je favorise le désordre, je dépose, non sans de vifs regrets, ma démission entre vos mains.

Bientôt, je l'espère, le calme renaîtra et me permettra de rentrer en France, comme le plus simple des citoyens, mais aussi comme un des plus dévoués au repos et à la prospérité de son pays.

Recevez, etc.

Avancer et reculer, et cependant ne jamais perdre de vue le but et y tendre toujours, telle était la tactique de Louis-Napoléon, et elle a réussi. Dans cette circonstance l'orage qui s'était formé sur sa tête, et qui semblait devoir le foudroyer, s'évanouit comme par enchantement devant cette simple lettre ; de tout le bruit que l'Assemblée avait fait, de toutes les colères du parti républicain, il ne restait que le retentissement du nom de Napoléon, l'exaltation de sa puissance supposée, son antagonisme ouvert avec une république maudite par une grande partie de la nation : tous ces vains et inutiles éclats du Gouvernement n'avaient servi que d'échos et de truchements à l'ambition du prétendant.

Devant cette démission, dans laquelle le pouvoir

exécutif était si insolemment traité, les membres de ce gouvernement se turent : toute leur colère de la veille s'était évanouie en fumée et n'avait d'ailleurs plus où se prendre.

C'est sur cette espèce de mystification que se termine le premier acte de ce drame. Le premier pas venait d'être fait vers l'empire par Louis-Napoléon ; et ce qui est mieux, c'est que Louis Blanc et Jules Favre étaient ses partisans. C'est un spectacle profondément triste que de voir, d'un côté, tant d'hommes de cœur, animés de sentiments élevés et patriotiques, se laisser ainsi jouer par un homme qui a sur eux l'avantage de se posséder, de mentir à propos et de savoir ce qu'il veut. A voir ce duel entre une Assemblée souveraine et un seul homme, qui alors n'avait pour lui ni sept millions de suffrages ni le pouvoir exécutif tout entier avec ses immenses forces, et qui n'apportait dans la lutte qu'un nom glorieux et populaire, il est vrai, mais des antécédents détestables, on ne peut pas s'empêcher de se rappeler cette charmante fable du Lion et du Moucheron, où notre Lafontaine montre, avec de si vives et de si ingénieuses couleurs, comment la ruse et la persévérance peuvent triompher de la force.

CRISE DES ATELIERS NATIONAUX

Pendant que l'Assemblée nationale se débattait ainsi contre les manœuvres du parti bonapartiste, à côté d'elle, et pour ainsi dire à ses portes, se formait un orage qui menaçait, non-seulement le gouvernement républicain, mais la société tout entière.

Nous avons déjà expliqué dans quelles circonstances s'étaient formés les ateliers si improprement et si imprudemment appelés *nationaux*; par quelle série de mesures follement imprévoyantes cette agglomération d'ouvriers s'était accrue de tous les hommes que la paresse, le vice, le malheur des temps et les conflits incessamment provoqués par les doctrines du Luxembourg, entre le patron et l'ouvrier, sur le salaire, sur les heures et les conditions du travail, y jetaient pêle-mêle et par masses. Nous avons vu comment, à force de proclamer que la société devait à tous le travail et l'assistance, on avait fait de ces ateliers, non une œuvre de charité et de philanthropie, mais l'acquittement d'une dette stricte et sacrée, une sorte d'institution nationale; avec quelle imprévoyance, au lieu de disséminer ces hommes et de les employer à des travaux utiles, on les avait réunis, groupés sur le pavé de Paris, leur donnant à faire des ouvrages sans utilité et auxquels la plupart d'entre eux étaient d'ailleurs impropres, les abandonnant ainsi à toutes les corruptions de l'oisiveté. Nous avons vu comment, pour aggraver encore les dangers de cette masse d'oisifs, on l'avait enrégimentée, divisée en brigades, en légions, exercée aux manœuvres militaires, armée de fusils et de sabres, et, de plus, comment on y avait organisé un vaste club central, afin probablement que toute cette masse de misères, de vices et de passions fermentât encore plus violemment. Nous avons vu comment le Luxembourg et l'Hôtel de ville s'étaient disputé cette force redoutable ; comment le Gouvernement lui-même, croyant pouvoir s'en servir comme d'auxiliaires puissants, les avait flattés, exaltés jusqu'à proclamer qu'ils étaient les gardiens, les protecteurs de la République, et qu'ils avaient une mission sainte à remplir. L'Assemblée constituante n'avait encore rien changé à cet état de choses dans les premiers jours de son installation. Le double phénomène de la désertion des ateliers libres et de l'accroissement des ateliers nationaux *continuait et progressait même* d'une manière effrayante depuis la réunion de cette Assemblée, à tel point que, vers la fin de mai, le chiffre de cette agglomération s'était élevé à 115,000 hommes, selon le ministre des travaux publics, et à 120,000, au dire de la commission du travail; sans compter les 5,000 aspirants qui se pressaient aux portes des ateliers pour y entrer[1].

A mesure que s'accroissait le chiffre de cette armée, ses prétentions et son orgueil s'accroissaient également. Au 15 mai, elle n'avait fourni aux envahisseurs qu'un faible contingent, il est vrai; mais ce n'était là qu'une simple escarmouche, et l'opinion générale dans tout le parti démagogique était que, lorsque l'armée entière s'ébranlerait, elle entraînerait tout par sa masse, et triompherait facilement des faibles résistances qu'un gouvernement divisé et à moitié complice pourrait lui opposer. L'Assemblée avait le sentiment de ce danger, et c'est pour cela qu'elle faisait tant d'efforts pour dissoudre cette agglomération, — tandis que les démagogues, au contraire, ne luttaient avec tant d'énergie pour la conserver, que parce qu'ils y voyaient une réserve précieuse, qui devait, à un jour donné, leur livrer à discrétion la société. Entre ces deux impulsions contraires, le Gouvernement flottait, hésitait : il craignait de résister trop ouvertement à l'Assemblée, et n'aurait cependant pas voulu se brouiller avec les ouvriers. Aussi, que d'homélies touchantes adressées par M. Trélat, ministre des travaux publics, tantôt à l'Assemblée, tantôt aux ouvriers, pour obtenir des atermoiements qui ne faisaient qu'aggraver le mal! C'est cette lutte, ces hésitations, ces tiraillements, et la catastrophe qui devait les terminer, que nous allons raconter.

1. Voir le *Moniteur* du 14 mai 1848.

S'il est des difficultés qu'il faut tourner et dénouer à force de patience, il en est d'autres, au contraire, qu'il faut savoir trancher tout de suite et à tout prix : l'affaire des ateliers nationaux était de cette dernière espèce ; elle était arrivée à ce point, que chaque jour de retard aggravait le mal et rendait le remède plus difficile et plus dangereux. Il fallait donc trancher dans le vif et sans perdre un instant. Malheureusement le gouvernement de la République manquait de coup d'œil et de résolution : car nous ne l'accusons pas d'avoir sciemment préparé la sanglante catastrophe à la suite de laquelle il devait périr.

M. Dupin fut le premier qui eut le courage de signaler la nécessité urgente de pourvoir au danger des ateliers nationaux. Il disait dans la séance du 16 mai :

> Il faut que chacun sache que 200,000 hommes ne peuvent pas continuer à être constamment sur pied dans Paris. Paris n'est troublé que par une portion de population qui n'est pas sienne, qui ne devrait pas être entretenue dans des habitudes de désœuvrement, qui ne devrait pas être, pour ainsi dire, tenue en disponibilité pour se répandre dans les émotions de la ville, mais qu'on devrait, dans son intérêt comme dans le nôtre, diriger sur des ateliers divers pour y toucher un salaire mérité, tandis qu'on la paye aujourd'hui sans qu'elle travaille. (Assentiment.)

Ce discours valut à M. Dupin une lettre d'outrages et de menaces, que le lendemain on voyait affichée sur tous les murs de Paris, avec la signature probablement pseudonyme d'un prétendu ouvrier.

Dans la séance du 18, le ministre des finances présentait un projet de loi pour mettre les chemins de fer dans les mains de l'État. C'était, selon lui, le moyen de faire disparaître la dette flottante, de rétablir le crédit public et privé, de rendre la vie aux manufactures et au travail : c'était, en un mot, une panacée. En attendant que ce merveilleux projet fût voté, M. Trélat demandait des crédits pour des travaux divers, un million pour réparations de routes nationales, 1,500,000 fr. pour l'amélioration de la navigation de la Marne, 500,000 fr. pour la canalisation du Lot, 800,000 fr. pour le canal de l'Aisne à la Marne, et enfin trois millions pour les ateliers nationaux. Le ministre faisait valoir l'urgence de ces projets.

Il importe, disait-il, de rendre à chaque ouvrier, à chaque genre de travail, ses véritables instruments de labeur ; il importe de faire cesser au plus vite cet état de souffrance qui fait que l'on ne donne réellement à l'ouvrier dans ce moment-ci qu'une aumône déguisée, que l'ouvrier ne fait qu'un travail stérile... Citoyens, les ateliers nationaux ne sont qu'une organisation temporaire : il faut qu'ils cessent au plus vite... Nous avons aujourd'hui une énorme population qui s'est jetée sur les ateliers nationaux: le nombre en était, il y a peu de temps, de 80,000 ; quelques jours après, il était de 100,000 ; aujourd'hui, il est de 115,000. (Mouvement.)

Les conservateurs n'auraient pas mieux dit. Mais il fallait agir, et ministre et gouvernement ne savaient comment entamer cette redoutable opération de la dissolution des ateliers nationaux.

Cependant, les propositions à ce sujet affluaient de toutes parts : les uns demandaient de forcer tous les propriétaires à mettre en culture leurs terres en friches, sinon de les déposséder pour cause d'utilité publique, et de partager ces terres entre les ouvriers des ateliers nationaux ; les autres, de déverser tout ce trop plein de la classe ouvrière en Algérie, et d'y organiser une vaste colonisation ; d'autres appuyaient la prise de possession de tous les chemins de fer par l'État, et y voyaient une ressource assurée pour tous les ouvriers sans travail, etc. Toutes ces propositions plus ou moins praticables étaient renvoyées au comité des travailleurs, qui s'occupait sans relâche de la solution de ce difficile problème. Mais ce comité reconnaissait bientôt que toute initiative privée serait impuissante, et qu'une résolution énergique du Gouvernement pouvait seule triompher des résistances : c'est donc à provoquer cette résolution qu'il employait tous ses efforts ; il exerçait sur le ministre des travaux publics une pression de tous les instants. Mais celui-ci résistait et ne pouvait se décider à frapper un grand coup. Je demande, disait-il dans la séance du 22 mai, que le temps nécessaire nous soit laissé, parce que le temps est un instrument, un moyen d'action indispensable en toutes choses ; avec la précipitation, on ne fait rien de bon, etc.

Ce n'étaient pas de tels lieux communs qui pouvaient calmer l'anxiété publique ni satisfaire à l'impatience de l'Assemblée, qui, voyant grossir et s'approcher l'orage, appelait à grands cris une solution immédiate.

Enfin M. Léon Faucher, dans la séance du 28 mai, proposa, d'accord avec le comité des travailleurs, dont il était membre, de voter un crédit de dix millions à répartir entre les divers chemins de fer que l'Etat était chargé d'exécuter, à la condition d'employer cette somme en travaux de terrassements divisés en plusieurs chantiers, sur lesquels les ouvriers des ateliers nationaux seraient immédiatement distribués.

Dix millions, disait-il, suffiront à payer 50,000 ouvriers pendant trois mois, au prix de 2 fr. 50 cent. par jour, et vous serviront à dissoudre cette agglomération menaçante, tout en complétant nos grandes lignes de voies ferrées.

Il appuyait cette proposition des plus fortes et des plus pressantes considérations.

Si on vous disait, ajoutait-il, qu'une armée de 120,000 hommes campe aux portes de Paris, la présence d'une telle force vous ferait justement ombrage ; cependant la composition d'une armée régulière offre certaines garanties à la liberté : elle a des chefs reconnus, une discipline, un drapeau, auquel elle doit obéissance ; une armée industrielle de 120,000 hommes, qui n'a pas de chefs ou qui en a de secrets, est bien autrement dangereuse: il y a là une foule accessible à toutes les excitations politiques, et les entrepreneurs de conspirations croient n'avoir qu'à se baisser pour ramasser des complices. Si les ouvriers qui peuplent les ateliers nationaux n'ont pas encore livré à l'ordre une bataille rangée, il faut en rendre grâce au bon esprit de ces ouvriers, etc... Je n'hésite pas à le dire, citoyens : il faut dissoudre, sans délai, ce vaste rassemblement d'hommes.

Cette proposition, appuyée par M. de Falloux, fut accueillie avec faveur par l'Assemblée, et renvoyée au comité des travailleurs, pour en faire rapport immédiat ; et, dès le lendemain 29 mai, M. de Falloux montait à la tribune pour proposer d'urgence, au nom du comité des travailleurs, le décret suivant :

L'Assemblée nationale,
Considérant que le travail des ateliers nationaux du département de la Seine est devenu improductif; que son maintien dans les conditions actuelles serait en contradiction avec une bonne administration de la fortune publique, avec le retour de l'ordre et la reprise des opérations industrielles ou commerciales ; qu'il constituerait une aumône déguisée, et que le plus grand nombre des travailleurs inscrits aux ateliers nationaux réclament eux-mêmes le moyen de gagner plus librement leur existence, et refusent de prélever plus longtemps sur la fortune publique des deniers qui n'appartiennent qu'aux orphelins, aux infirmes et aux vieillards,

Décrète :
ART. 1er. Le travail à la tâche sera substitué, *sous le plus bref délai possible*, dans les ateliers nationaux, au travail à la journée.

ART. 2. Les ouvriers séjournant depuis moins de trois mois dans le département de la Seine et qui n'y justifieraient pas de leurs moyens d'existence, recevront pour eux et leur famille une feuille de route, avec indemnité de déplacement.

Art. 3. Le présent décret sera applicable dans les villes ou communes des départements, sur la demande des conseils municipaux.

Cette initiative de l'Assemblée nationale dans une mesure essentiellement administrative avait une haute signification, surtout pour la Commission exécutive, qui se voyait ainsi en quelque sorte dépossédée de la plus importante, de la plus intime de ses attributions. Avait-elle le droit de se plaindre, lorsque depuis le 15 mai elle se montrait sourde à tous les avertissements et rebelle à toutes les instances?

Un recensement exact des ouvriers qui composaient les ateliers nationaux était nécessaire, non-seulement pour se rendre compte de leur nombre réel, sur lequel on n'était pas d'accord, mais encore et surtout pour prévenir les nombreux abus qui s'étaient glissés dans cette vaste comptabilité, et faire cesser les doubles et triples emplois, abus dont le moindre inconvénient était de dilapider la fortune publique et de démoraliser la classe ouvrière, mais qui offrait ce danger bien plus grave encore d'alimenter une caisse secrète où la conspiration amassait des ressources pour le jour du combat. On comprend, dès lors, que ce recensement dut rencontrer une vive résistance de la part des chefs.

Le ministre s'imagina que, pour triompher de ces résistances, il lui suffisait d'éloigner de Paris, pour quelque temps, le directeur des ateliers nationaux, M. Émile Thomas. En conséquence, après s'être concerté avec M. Garnier-Pagès, ayant mandé cet agent dans son cabinet, il lui intima l'ordre de donner sa démission; puis, sans lui donner le temps ni de retourner chez lui ni même d'écrire à sa mère, il le fit monter dans une voiture qui l'attendait à la porte, et l'expédia à Bordeaux, avec deux agents chargés de le surveiller, et une lettre cachetée adressée au préfet du département de la Gironde et portant l'ordre de retenir le prisonnier jusqu'à nouvel avis.

Une lettre de cachet en pleine république, cela était grave. Sous la monarchie constitutionnelle, cette atteinte à la liberté individuelle eût fait grand bruit ; et cependant l'Assemblée nationale prêta à peine quelque attention aux interpellations de M. Taschereau, qui dénonça le fait à la tribune, et elle passa tout de suite à l'ordre du jour. Dans les temps révolutionnaires, les garanties individuelles sont bien peu de chose en présence de la question du salut public, toujours à l'ordre du jour. La mesure avait surtout le tort de paraître violente et de ne rien résoudre ; elle causa dans les ateliers nationaux une vive irritation. Le ministre, dans l'espérance de les apaiser, se rendit à leur quartier général à Monceaux, où tous les brigadiers avaient été convoqués. Il déploya dans ce *meeting* tumultueux toutes les ressources de son éloquence, mais en vain. Il fut outragé, retenu même à son tour prisonnier. Le Gouvernement alarmé dirigea des troupes vers le lieu où se passaient ces violences ; on parlementa : le ministre fut relâché, et il sortit de ce lieu, contrit, mais pas plus résolu à agir avec énergie. Ce n'était pas seulement à Paris que la classe ouvrière s'était livrée à la plus dangereuse fermentation : les mêmes désordres, les mêmes violences éclataient partout où cette classe formait des agglomérations nombreuses.

Dans la séance du 31 mai, deux manufacturiers, MM. Sevaistre et Grandin, poussèrent un cri de détresse ; au nom de toute l'industrie manufacturière, ils vinrent tour à tour exposer à la tribune les exigences insensées de leurs ouvriers, et les violences qu'ils avaient eu à subir de leur part. Le dernier concluait ainsi : « Le temps des demi-mesures est passé ; je déclare qu'à l'heure qu'il est il y a des manufacturiers qui ne savent pas où poser la tête. »

A l'appui de cette assertion, l'orateur pouvait se citer comme exemple : car, quoique plein d'humanité et de philanthropie envers ses ouvriers, il avait dû fuir nuitamment, lui, sa femme et ses enfants, de sa manufacture, pour se soustraire à un danger de mort.

A ces faits, qui venaient de produire une vive impression sur l'Assemblée, M. Trélat n'opposait, comme toujours, qu'une phraséologie vide et stérile.

J'ai vu depuis quelque temps, dit-il, beaucoup d'ouvriers ; j'ai éprouvé, en même temps qu'une satisfaction profonde au milieu d'un grand nombre d'entre eux, un chagrin profond aussi à côté de quelques autres. (Allusion à sa déconvenue.) J'ai dû quelquefois me demander si, dans mes rêves d'avenir, je ne m'étais pas trompé, quand j'avais accordé à cette partie de la société qui féconde la société de son travail, trop de vertus. Eh bien, non ! je ne me suis pas trompé... Je ne souffre que d'une chose : c'est qu'on soit venu apporter à cette tribune des paroles irritantes, etc.

Il devenait évident, après cet amphigouri sentimental, qu'il n'y avait rien à attendre de l'initiative du Gouvernement, et que le comité devait, plus que jamais, persister dans sa propre initiative, seul moyen de forcer les irrésolutions du pouvoir. C'est ce que fit, avec beaucoup de fermeté et de mesure tout à la fois, son rapporteur M. de Falloux, et le décret proposé fut voté à une grande majorité.

Malheureusement, ce décret, tout impératif qu'il était, laissait encore un échappatoire. Il portait : *dans le plus bref délai possible.* Or M. Trélat, qui se complaisait dans sa béatitude et qui faisait du sentiment lorsqu'il aurait fallu faire de l'administration énergique, ne manquait pas de se prévaloir de cette latitude, pour éluder toute mesure décisive.

J'ai une bonne communication à vous faire, disait-il, à la fin de la séance du 8 juin, à l'Assemblée nationale ; j'ai de bonnes choses à vous dire des ateliers nationaux. (Écoutez ! écoutez !) Ils sont transformés : il n'y règne plus d'agitation, on n'y entend plus de plaintes, plus de menaces ; le recensement se fait bien, il se fait avec calme... Les ouvriers, les bons ouvriers, vont demander du travail. (Très-bien ! très-bien !) En voilà ! (Le ministre montre une liasse de projets de décrets, qu'il tient à la main.) Le travail à la tâche est rétabli dans les ateliers de tailleurs et de cordonniers ; il s'établira partout, etc.

L'Assemblée se laissa prendre un instant à cet élan de confiance niaise : elle aurait dû, au contraire, s'en effrayer, en voyant à quelles mains étaient remises les destinées de la société ; mais on croit facilement ce qu'on désire : elle vota avec empressement et à l'unanimité tous les crédits qu'on lui demandait.

Malgré les assurances de M. Trélat, cette lueur d'espérance et de joie fut de courte durée : l'agitation allait croissant dans les clubs et dans les ateliers nationaux. Un journal ayant pour titre : *l'Organisation du travail*, eut l'audace d'imprimer une liste des plus riches banquiers de Paris, comme pour les dévouer aux vengeances populaires et au pillage ; et ce journal, dénoncé à la tribune, ne provoqua, de la part de M. Flocon, que d'amères récriminations contre le parti conservateur, par lequel ce ministre se disait journellement calomnié.

Le nouveau directeur des ateliers nationaux, l'ingénieur Lalanne, luttait avec peine contre les résistances qu'il rencontrait dans son opération du recensement ; il était obligé de dissoudre plusieurs brigades et de faire des exemples. Il prit un arrêté pour déclarer que ceux des ouvriers qui seraient saisis dans les rassemblements seraient exclus des ateliers nationaux. En effet, de formidables rassemblements se formaient tous les soirs à la même heure, entre les portes Saint-Denis et Saint-Martin ; ils interceptaient toute circulation dans ce quartier si populeux, faisaient entendre des chants et des cris démagogiques, fatiguaient la troupe et la garde nationale, et préludaient évidemment à un soulèvement général.

Les choses prenaient un tel caractère de gravité qu'il n'était plus possible à l'Assemblée nationale de se contenter des atermoiements de M. Trélat.

Nous sommes tous frappés, disait le général Bedeau dans la séance du 12 juin, de l'extrême inquiétude qui existe dans les esprits en France. Je ne crois pas me tromper en affirmant que cette inquiétude s'est plutôt accrue, qu'elle n'a diminué depuis quelques jours. (C'est vrai ! c'est vrai !) Je suis de ceux qui croient que l'inquiétude existe dans le pays; que, quand le mécontentement se manifeste, la responsabilité en appartient toujours au Gouvernement.

Aussi lorsque, dans la séance du 15 juin, le ministre des travaux publics vint demander à l'Assemblée un nouveau crédit de trois millions pour les ateliers nationaux, crédit dont le chiffre seul attestait que le nombre des ouvriers dans les ateliers nationaux était resté le même, malgré les dispositions impératives de l'Assemblée, M. de Falloux saisit cette occasion pour dénoncer le Gouvernement, son inaction coupable, son mauvais vouloir et ses résistances inconcevables à l'exécution des mesures naguère prescrites par l'Assemblée nationale.

Qu'avez-vous fait, leur demandait-il, pour exécuter les ordres de l'Assemblée ? Il fallait d'abord apurer la comptabilité des états-majors des ateliers nationaux, ainsi que l'entendait le comité du travail, par des voies régulières. Au lieu de cela, vous avez eu recours à des mesures arbitraires, dont nous vous laissons toute la responsabilité. M. Émile Thomas est parti d'ici sans qu'on ait pu savoir si c'était un prévaricateur qu'on punissait ou un administrateur habile qu'on récompensait. Il est revenu à Paris, et, d'accusé qu'il était, il s'est fait accusateur !... Après les agents, les moyens d'exécution : on était convenu de raviver l'industrie et par suite le travail, par une série de mesures qui devaient encourager et les industriels qui produisent et le commerce qui exporte. Je suis obligé de dire que le ministre n'a pu réussir à vous présenter l'ombre d'une mesure ; et les quatre millions que le Trésor retient, restitués à la Ville, pourraient raviver la grande et féconde industrie des constructions, s'ils étaient rendus. — Le recensement, qui était commencé il y a un mois, n'est pas encore achevé à l'heure qu'il est : on ne sait pas encore d'une manière officielle et certaine le nombre ni la qualité des ouvriers. On vous a dit, il y a huit jours, qu'il était terminé ; mais il n'est pas contrôlé, et ce contrôle prendra autant de temps que l'opération elle-même. Pendant ce temps, vous êtes témoin de l'agitation qui règne dans Paris, des éléments de fermentation qui se manifestent de toutes parts... Je ne puis nettement caractériser ces résistances. Appartiennent-elles à l'ordre politique ou simplement à l'ordre administratif ? Veut-on faire peser sur l'Assemblée la détresse publique, qu'atteste la permanence de 114 ou de 117,000 hommes dans les ateliers nationaux, encore oisifs pour la plupart aujourd'hui? veut-on se servir de cette détresse pour exercer sur elle une pression, au profit de quelque grande mesure, telle que celle des chemins de fer ? veut-on ou ne veut-on pas cacher d'autres arrière-pensées? C'est ce que je ne sais pas et ce dont l'Assemblée doit s'enquérir !...

A cette dénonciation foudroyante, le ministre n'opposait, selon son habitude, que d'humbles aveux et des lamentations. *Je n'ai encore fait que bien peu de choses*, disait-il, *et je ne suis parvenu à opérer presqu'aucun dégrèvement des ateliers nationaux; mais prenez patience, et je vous promets des merveilles.* Il ajoutait à cela une amende honorable sur l'acte arbitraire qu'il s'était permis vis-à-vis d'Émile Thomas, donnant pour son excuse qu'il avait, dans cette circonstance, mieux aimé prévenir que punir, et qu'il avait plutôt agi en médecin qu'en homme politique.

Après ces explications, l'Assemblée, adoptant les conclusions de M. de Falloux, se retira dans ses bureaux pour nommer une commission qui serait chargée spécialement de l'éclairer et de la diriger sur le fait de la dissolution des ateliers nationaux.

Au reste, ce n'était pas seulement du côté des conservateurs que venaient ces reproches adressés au Gouvernement ; quelques hommes importants du parti républicain, M. Goudchaux entre autres, le pressaient aussi d'en finir avec les ateliers nationaux.

Il faut, disait ce dernier dans la séance du 16 juin, que les ateliers nationaux disparaissent à Paris d'abord, en province ensuite ; *il ne faut pas qu'ils s'amoindrissent, entendez-le bien, il faut qu'ils disparaissent !*... Le peuple aussi peut être démoralisé : il ne faut pas croire qu'il y ait un privilège de démoralisation pour certaines classes de la société. Je dirai toute ma pensée : les ateliers nationaux ont produit une chose dont jusqu'à présent nous n'avions pas d'exemple, c'est-à-dire, *des ouvriers qui cessent d'être honnêtes !* (Sensation.) On ne peut nier qu'il existât des souffrances avant la révolution du 24 février ; mais ces souffrances ont été augmentées par cette révolution... On est venu prêcher des doctrines qui ont été funestes ; on est venu dire aux travailleurs : La vieille société vous traite injustement. (Très-bien !) Croisez les bras, ne retournez pas dans vos atelier : ces ateliers deviendront vides ; nous les exproprierons pour cause d'utilité publique, nous vous les donnerons. Quant aux anciens possesseurs, nous les payerons, quand nous pourrons. (Très-bien ! très-bien !) Ces doctrines, que je n'ai pas besoin de qualifier, ont produit leur effet. Il était impossible qu'il en fût autrement.

M. Goudchaux termina cette vigoureuse sortie contre le socialisme par cet aveu précieux à recueillir, surtout de la bouche d'un républicain aussi sincère et aussi ardent : *Lorsque la révolution est arrivée, j'ai trouvé, pardonnez-moi le mot, j'ai trouvé qu'elle arrivait trop tôt...* Malheureusement, l'orateur ne concluait pas et n'indiquait pour tout remède au mal que des banalités sans portée, telles que : *l'instruction gratuite et universelle, le crédit mis à la portée de tous*, banalités qui desservaient depuis le 24 février toutes les déclamations utopiques de la secte socialiste, mais qui n'offraient pas cette solution actuelle, immédiate, qu'appelait de toutes les parties de la France la société violemment menacée.

Dans la séance du 19 juin, M. Turck, voulant suppléer à cette lacune du discours de M. Goudchaux, proposait carrément des mesures qui, selon lui, seraient décisives :

1° L'exclusion des forçats libérés des ateliers nationaux : ils y étaient au nombre de 4,000, selon les uns ; de 1,000 seulement, selon les autres ;

2° Le renvoi dans leurs communes, avec des feuilles de route, de tous les ouvriers non domiciliés à Paris depuis un an ; et si, après cinq jours de délai, ils se trouvaient encore dans Paris, ils seraient traduits et jugés comme *voleurs;*

3° La même disposition applicable à ceux des ouvriers domiciliés à Paris qui, pouvant trouver du travail dans les ateliers libres, resteraient dans les ateliers nationaux.

Ces mesures étaient, en effet, topiques; mais elles renfermaient en elles quelque chose de brutal et d'outrageant, que ceux qui avaient tant d'intérêt à irriter les ouvriers ne manqueraient pas d'exploiter. On vous assimile aux forçats,.... leur diraient-ils; on vous traitait hier de mendiants, de *malhonnêtes gens;* on vous traite aujourd'hui de *voleurs!*.... Ce n'est pas assez de vous condamner à aller mourir de faim ou de maladie dans des pays lointains et insalubres ; on ajoute encore l'outrage et le mépris à cette cruauté... On peut juger de l'impression que faisaient de tels discours sur cette masse armée à qui l'on avait dit et redit tant de fois, et dans les occasions les plus solennelles, qu'elle était l'arbitre souverain de la société.

Le rapport que M. de Falloux vint aussitôt après faire au nom du comité du travail, quoique plus modéré dans les termes et d'un caractère plus grave, n'en était pas moins propre à fournir de nouveaux aliments à ce foyer de colères.

Ce rapport, après avoir reproduit les reproches déjà adressés au ministre des travaux publics, se terminait ainsi :

> Il importe à la tranquillité publique, à la renaissance des transactions, à l'intérêt évident de toutes les classes de travailleurs, que la question des ateliers nationaux, sur laquelle le pays fixe en ce moment ses regards, reçoive une solution rapide et définitive, et nous ne voudrions nous séparer qu'après avoir *conquis* à ce sujet une sécurité absolue. Si l'inertie administrative dont nous nous plaignons ne tient qu'à quelques difficultés passagères et peu profondes, nous en triompherons facilement ; si, contre notre attente, un débat solennel était nécessaire, nous en fournirons les éléments à l'Assemblée.

En conséquence, la commission proposait de n'allouer les sommes nécessaires pour les ateliers nationaux que million par million, afin, disait le rapporteur, de multiplier les occasions de débat et les moyens de contrôle ; et, ce qui était une mesure très-grave au point de vue de la division des pouvoirs, le rapport concluait à ce que la commission continuât sa mission, même après le vote du crédit pour lequel elle avait été nommée : ce qui en faisait une véritable commission de surveillance, et par conséquent plaçait le Gouvernement en état de suspicion déclarée.

Le ministre le sentit, et il crut devoir se justifier tout de suite. Il déclara que les premiers envois d'ouvriers expédiés sur divers chantiers en province commenceraient dès le lendemain, et se continueraient les jours suivants ; mais, cédant au besoin de récriminer, il ajouta :

En toute chose, il y a l'incertitude, la lenteur humaine. Eh bien ! nous n'avons pu embrigader nos ouvriers que quand nous avons su positivement où nous les mettrions : car enfin *ces ouvriers sont nos frères* ; *ce ne sont pas des malfaiteurs, et ici, trop souvent, on parle des ouvriers des ateliers nationaux comme de malfaiteurs.* (Vives dénégations. — On n'a pas dit cela ! — Agitation prolongée.)

Je ne peux pas oublier qu'on me disait : Débarrassez-nous sur-le-champ, à l'instant même, des ateliers nationaux. J'ai répondu, et je dois répondre. *Non ! je ne le peux pas !*... C'est impossible, parce qu'il ne m'arrivera jamais d'agir avec précipitation, toutes les fois que les intérêts de mes semblables ou que leur vie seront en jeu. — Puis il ajoutait que, si on voulait lui forcer la main, il se retirerait !...

Ainsi le comité dénonçait le ministre à l'Assemblée et à la France pour son imprévoyance et son incapacité ; le ministre, à son tour, dénonçait aux ateliers nationaux le comité du travail pour son inhumanité. Il était impossible de mieux faire les affaires de la conspiration démagogique ; on chargeait la mine à l'envi : comment n'aurait-elle pas éclaté ?

Le lendemain 21 juin, le débat recommença avec plus de vivacité et d'animosité encore.

Après un pompeux discours de M. Victor Hugo, fort riche d'images et d'antithèses, fort pauvre de moyens sérieux de solution, et qui se terminait par cette phrase, qui peut faire juger du reste :

Il serait horrible que, par une révolte de l'équipage, la France, ce premier navire des nations, sombrât en vue de ce port magnifique que nous apercevons tous dans la lumière et qui attend le genre humain !... (Très-bien ! très-bien !)

M. Léon Faucher, économiste distingué, caractère cassant mais décidé, vint faire, pour ainsi dire, l'autopsie des ateliers nationaux.

Il s'y trouve, dit-il, à peu près, en nombre rond, de 40 à

50,000 ouvriers se rattachant à l'industrie du bâtiment. Il faut ranimer cette industrie, morte en ce moment : pour cela, il faut ranimer la confiance et le crédit, et par suite le travail. Quel moyen ? Le premier de tous, celui que rien ne supplée, c'est de rétablir l'ordre, et, par l'ordre, je n'entends pas seulement l'ordre dans les rues ; j'entends l'ordre dans les idées : la première chose, c'est de faire disparaître de vos lois, de vos décrets, tous ces mauvais principes qui y ont été introduits, ces atteintes à la propriété qui ont porté le trouble et l'effroi dans le pays. (Très-bien !) Tant que vous ne ferez pas cela, vous n'aurez rien fait ; tant que l'État n'aura pas payé ses dettes, le crédit sera impossible pour les particuliers, et sans le crédit point de travail. Qu'il commence par rendre à la ville de Paris les millions qu'il lui doit, et qu'elle emploiera en travaux utiles, etc.

Sur quoi le ministre des finances répondait qu'il était prêt à rembourser la Ville, mais que les sommes remboursées iraient se perdre dans les mains des propriétaires ; et M. Armand Marrast ajoutait que ceux-ci ne manqueraient pas de cacher cet argent aussitôt qu'ils l'auraient reçu. C'étaient là de fort pauvres raisons, qui ne résolvaient rien. Le projet de M. de La Rochejaquelein, qui proposait de donner aux entrepreneurs de bâtiments les millions qu'on donnait inutilement aux ateliers nationaux ; celui de M. Stourm, qui, rappelant le précédent des 30 millions prêtés au commerce et à l'industrie en 1830, demandait pour la crise actuelle le même expédient, c'est-à-dire le même sacrifice, en pure perte, comme le faisait remarquer avec raison le ministre des finances, M. Duclerc ; enfin, un projet mystérieux, qui devait nécessiter une dépense de 100 millions, mais qui sauverait tout, selon son auteur, s'élaborait encore dans la tête de M. Trélat, qui demandait du temps pour le mieux étudier : il s'agissait de la transportation du trop plein de la population ouvrière dans l'Algérie ; projet qui a reçu un commencement d'exécution et produit des résultats déplorables, après avoir coûté des sommes immenses. Aucun de ces projets, longuement développés, ne changeait rien à la situation.

M. Caussidière, qui venait de rentrer dans l'Assemblée avec 150,000 suffrages, tandis que Louis-Napoléon n'en avait obtenu que 75,000, encouragé par ce succès, crut pouvoir se lancer, lui aussi, dans les hautes considérations d'économie politique : son discours, où se mêlaient le burlesque et le raisonnable, les sentiments conservateurs et les idées démagogiques, et qui se ressentait un peu de libations bachiques trop abondantes, obtint cependant un succès fou dans l'Assemblée ; mais ce succès lui-même, comme les 150,000 votes donnés au préfet de police du 15 mai, éclairait d'un triste jour l'état moral de notre société, qui descendait un jour à des faiblesses indignes, pour s'élever le lendemain à des actes sublimes de courage.

Aujourd'hui, qu'arrive-t-il de vos 100,000 hommes de trop plein dans Paris? disait Caussidière. Qu'ils font le club du désespoir, tous les soirs, sur le boulevard ! que l'or de la Russie et de l'Angleterre ameute ces hommes égarés... Vous avez 200,000 bouches de trop dans Paris ; et je vous défie, avec toute votre police, avec vos 200,000 hommes sur pied, de ne pas les faire crever un beau matin, comme une vessie trop gonflée. (Hilarité générale.) J'appelle votre attention sur les moyens colonisateurs par l'agriculture, et, d'autre part, sur nos moyens d'exportation : il faut rouvrir par l'exportation, encourager par de fortes primes les grandes artères du travail. Depuis assez longtemps un millier d'hommes torturent l'Europe, se disant Anglais et Cosaques, je ne sais quoi. (On rit.) Ils sont cinq cents peut-être ; ils couvrent l'Europe de leurs infamies ; je dirai plus, la Chine et les Indes : rejetez donc la bave qu'ils déversent sur vous. Allez établir une guerre de propagande dans leurs foyers ; faites-leur la guerre par la question douanière ; empêchez que le monopole des marchandises n'arrive chez eux : il faut jeter toutes les divisions dans un sac. (Bravo ! bravo ! — Applaudissements.) Nous sentons-nous capables de cet effort? Assez de saturnales, de divisions, de petits amours-propres ! exportation, agriculture, propriété pour ceux qui défricheront : il y a six millions d'hectares à défricher. Agissons, et alors nous pourrons tous crier : Plus de prétendants ! Vive la République !... Elle a été sage. (Bravos et applaudissements prolongés. — Longue agitation. — Le citoyen Caussidère reçoit de nombreuses félicitations.)

Qui eût dit que, dans quelques jours, cet homme servirait de drapeau à une insurrection atroce, ayant pour mobile le pillage, et que l'Assemblée qui l'applaudissait ainsi aurait à le traiter comme un chef de factieux.

Il était grand temps que la Chambre terminât le débat qui s'égarait ainsi, et dans lequel chaque orateur, les uns par leurs flatteries, les autres par leurs sévérités envers la classe ouvrière, ajoutaient tous à l'irritation de cette classe et au danger qui menaçait la société. Le rapporteur, M. de Falloux, se chargea de le résumer.

Nous sommes enfermés, dit-il, dans deux cercles vicieux : Pour avoir la solution de la question des ateliers nationaux, il faut, dit-on, ramener la confiance ; puis on ajoute aussitôt : Vous n'aurez jamais la confiance tant que vous aurez les ateliers nationaux. Premier cercle vicieux.

Second cercle vicieux. On dit : Il faut que la commission présente des moyens, des remèdes ; et, lorsqu'elle les présente, on objecte qu'ils ne sont pas encore assez étudiés, qu'ils sont spéculatifs, qu'il faut attendre l'initiative du Gouvernement, qui nous fait attendre trop longtemps. Dans cette situation, que devions-nous faire? Vous demander de nous charger spécialement d'étudier et de vous offrir une solution : ce sera du temps épargné. Si vous ne voulez pas que ce soit nous, faites que ce soient des personnes qui ne désemparent pas jusqu'à ce que la besogne ait été menée à bonne fin. (Aux voix ! aux voix !)

La discussion est close sur ces paroles, et le pouvoir permanent demandé par la commission lui est accordé à une immense majorité.

On serait tenté de reprocher aux conservateurs leur excès de patience dans cette circonstance, et de n'avoir pas pris au mot M. Trélat, lorsqu'il offrait sa démission ; mais ce reproche serait mal fondé. Si le parti républicain modéré voulait bien se joindre au parti conservateur pour la dissolution immédiate des ateliers nationaux, dont il reconnaissait lui-même le danger, il ne l'aurait pas suivi jusqu'à une destitution du ministre : il fallait bien se prêter au tempérament de ses auxiliaires. Au reste, les deux hommes par qui les intérêts de la société furent particulièrement défendus dans ce débat, MM. de Falloux et Léon Faucher, étaient, quoique avec des qualités bien différentes, parfaitement propres à la mission qu'ils étaient chargés de poursuivre : le premier, par ses mœurs distinguées, par l'élévation et la fermeté de son caractère ; le second, par ses formes un peu tranchantes, et qui se ressentaient parfois un peu trop des habitudes du professorat et de la rude polémique du journaliste (M. Léon Faucher avait été successivement professeur et journaliste), par sa parole nette et incisive, par ses notions très-arrêtées en économie politique, étaient bien choisis pour avoir raison de l'éloquence larmoyante, de la fausse philanthropie de M. Trélat.

Ainsi ce malheureux gouvernement républicain, tout à la fois menacé par les prétendants et les anarchistes, courait des uns aux autres, n'ayant contre les uns que d'impuissantes colères, contre les autres que des ménagements irritants. De plus, le ministre des travaux publics, pressé, harcelé, mis en suspicion par l'Assemblée, menacé, vilipendé, arrêté par les ateliers nationaux, avait perdu la tête, était incapable de toute décision : c'est ainsi qu'on se préparait à faire face à la plus redoutable crise qui ait jamais menacé l'existence d'une société.

JOURNÉES DE JUIN

Tout annonçait l'approche de cette crise : les rassemblements, de plus en plus nombreux, de plus en plus menaçants, qui se formaient tous les soirs entre les portes Saint-Denis et Saint-Martin, n'étaient autre chose que la revue que la démagogie socialiste faisait de ses forces avant de donner le signal de l'action.

Dans les premiers projets des conspirateurs, l'insurrection ne devait éclater que le 14 juillet, jour anniversaire de la prise de la Bastille. Ils avaient organisé pour ce jour-là ce qu'ils appelaient eux-mêmes un banquet monstre, à 25 centimes de souscription, afin que tous les prolétaires y eussent leur place. Ils comptaient, non sans raison, sur un rassemblement de plus de 200,000 hommes. Le lieu de ce rassemblement avait été bien choisi : c'était aux portes de la forteresse de Vincennes même, où se trouvaient les détenus du 15 mai, dont la délivrance était l'un des objets hautement avoués de l'insurrection projetée.

En attendant, Barbès, dans tous les clubs, dans toutes les réunions démagogiques, était l'objet d'un culte bruyant : on y proclamait son courage, ce qu'on appelait son martyre pour la République ; dans celui des Droits de l'homme, dont il était président, le siége qu'il occupait était laissé vide, et une adresse emphatique lui était votée[1].

Les mesures énergiques de l'Assemblée, le com-

---

1. Voir les documents.

mencement d'exécution qu'elles reçurent de la part du Gouvernement (on lisait dans le *Moniteur* du 22 juin un avis portant que tous les ouvriers âgés de vingt à vingt-cinq ans eussent à se présenter pour s'enrôler dans l'armée, sinon qu'ils seraient exclus des ateliers nationaux), et la dissolution imminente des ateliers, suite inévitable de ces mesures, furent la cause du changement que les conspirateurs apportèrent dans leur plan primitif: ils avancèrent le jour de l'attaque.

On a essayé de jeter sur ceux qui avaient conseillé et pressé la dissolution immédiate de ces ateliers la responsabilité des journées de juin; ils sont tout au plus responsables de la précipitation de l'attaque, et cette responsabilité est légère, car cette attaque aurait eu lieu plus tard infailliblement dans des conditions bien autrement formidables.

Le 22 juin, les ouvriers destinés à quitter Paris pour aller travailler sur divers ateliers de chemins de fer avaient accepté leurs feuilles de route et se disposaient à partir, quelques escouades étaient même déjà arrivées à leur destination, lorsque le bruit se répandit tout à coup dans les ateliers qu'on envoyait les ouvriers dans des pays malsains, en Sologne, par exemple, pour les y faire périr. En outre, et par une fâcheuse coïncidence, quelques ouvriers des ateliers nationaux envoyés dans la banlieue de Paris y avaient rencontré *chez leurs camarades* de la localité un accueil fort peu fraternel : ils avaient été repoussés comme des concurrents malencontreux, et même maltraités. Aussitôt une grande fermentation se manifeste dans les ateliers, et le cri : *Nous ne partirons pas!...*, se fait entendre dans toutes les brigades. Elles se constituèrent en état d'insurrection ouverte contre les mesures décrétées par l'Assemblée nationale ; quarante délégués, se disant les représentants de tous leurs camarades, se transportèrent au Luxembourg ; introduits auprès de M. Marie, membre de la Commission exécutive, ils tinrent devant lui un langage si hautain, si menaçant, que le ministre ne put s'y méprendre : — c'était une déclaration de guerre qu'ils venaient dénoncer au Gouvernement lui-même.

En même temps, une lettre adressée aux prisonniers de Vincennes, qui leur annonçait que le jour de la délivrance approchait et qu'ils devaient se tenir prêts, était interceptée.

On croirait que le Gouvernement, ainsi averti, éclairé d'ailleurs par ce qui s'était passé le 15 mai, ne commettrait pas les mêmes fautes, et qu'au lieu de se laisser surprendre par l'insurrection, il prendrait les devants sur elle. Cela lui était d'autant plus facile, que les principaux chefs du soulèvement s'étaient, en quelque sorte, livrés eux-mêmes par leur audace. Ces chefs étaient, en effet, précisément les délégués venus au Luxembourg. Au lieu de les faire arrêter immédiatement, la Commission exécutive se borna à envoyer à son ministre de l'intérieur, M. Recurt, l'ordre de s'en saisir. Malheureusement, lorsque cet ordre fut porté, le ministre était à table, et l'employé chargé de remettre la dépêche ne la jugea pas assez importante, sans doute, pour troubler le repas de son supérieur ; il se dit, lui aussi, comme cet ancien : *A demain les choses sérieuses*! Et l'ordre ne fut délivré, en effet, au préfet de police, que le lendemain. Seulement, on eut soin d'antidater d'un jour la remise de la lettre ministérielle.

C'est ainsi que ce gouvernement était servi. Une mesure qui, si elle eût été exécutée immédiatement, aurait probablement suffi pour déconcerter et désorganiser la bataille du lendemain, n'arriva dans les mains du préfet de police que lorsque tous les chefs à saisir étaient déjà à la tête de leurs brigades, et que l'action était commencée. Or ce n'était plus alors affaire de police, c'était une bataille rangée ; il ne suffisait plus d'envoyer à propos quelques agents pour opérer des arrestations individuelles, c'était une armée et du canon qui devenaient nécessaires.

Tant de récits divers, les uns officiels, les autres officieux, ont été faits de ces cruelles journées, dans lesquelles périrent plus de généraux qu'il n'en avait jamais succombé dans aucune de nos grandes et sanglantes batailles de l'Empire, que nous nous dispenserons d'en reproduire les détails ; nous nous bornerons à un exposé sommaire.

Dans toutes nos grandes villes, les manufactures, et par suite la classe ouvrière, occupent en général les faubourgs : elles ont, en effet, besoin d'espace et surtout de la vie à bon marché. A Paris, le système des octrois rejette en outre forcément dans la banlieue une masse d'ouvriers, qui lui forme une ceinture fort dangereuse. Les insurgés avaient dressé d'avance leur plan de bataille d'après cette distribution de la population : les ouvriers des faubourgs Saint-Marceau et Saint-Jacques devaient donner la main à ceux des ouvriers du faubourg Saint-Antoine, lesquels devaient se relier à ceux du faubourg du Temple, de Belleville, de la Villette, de la Chapelle, de manière à former autour des quartiers du centre de Paris une ceinture de feu qui, se resserrant successivement, finirait par étouffer la ville dans son étreinte. Pour l'exécution de ce plan, les postes avaient été d'avance distribués ; chaque chef de brigade savait le point où il devait porter ses hommes : les numéros des brigades correspondaient aux numéros des barricades à construire et à défendre. Les armes ne manquaient pas : l'État les avait fournies depuis longtemps et en abondance. Les ateliers des fabriques de machines avaient fourni du fer, du plomb, des cylindres transformés en canons,

JOURNÉES DE JUIN.

et jusqu'à des pompes à incendie, destinées, chose atroce, non pas à éteindre le feu, mais au contraire à l'aviver, en y projetant de la térébenthine. Une manufacture de poudre fonctionnait activement dans le fond d'une allée de la rue de Charenton, au faubourg Saint-Antoine ; de plus, les pharmaciens des quartiers insurgés étaient contraints, sous peine de mort, de fabriquer instantanément de la poudre de coton.

Dans la soirée du jeudi 22 juin, on vit un rassemblement nombreux se former sur la place du Panthéon, où les groupes qui avaient parcouru Paris dans la journée et fait leur procession accoutumée autour de la colonne de Juillet s'étaient ostensiblement donné rendez-vous. Un orateur démagogue, du haut du péristyle de cet édifice, à la lueur des torches, donna en termes simples le signal de la guerre sociale pour le lendemain ; lorsqu'il eut fini, les torches s'éteignirent, et chacun alla se préparer au combat.

Le lendemain, en effet, dès la pointe du jour, les faubourgs Saint-Marceau, Saint-Jacques, Saint-Antoine, du Temple, Belleville, la Villette, la Chapelle, Montmartre, les Batignolles, se couvrent de barricades comme par enchantement. L'armée des ateliers nationaux les occupe en force ; les clubs démagogiques lui fournissent de nombreux et ardents auxiliaires. Le nouveau préfet de police, M. Trouvé-Chauvel, a estimé de 45 à 50,000 hommes [1] le nombre des combattants du côté des insurgés ; quelques personnes pensent que ce chiffre est exagéré et ne le portent qu'à 20 ou 30,000 au plus. Il est difficile de se prononcer entre ces deux opinions ; toutefois, d'après l'étendue des feux entretenus pendant le combat, et surtout d'après le nombre des prisonniers faits pendant et après la lutte, nombre qui a dépassé 12,000, nous

---

1. Voir sa déposition.

serions portés à donner raison à la première de ces appréciations, et même à y ajouter plutôt qu'à en rien retrancher.

C'est dans ce jour qu'on vit combien avaient été imprudents ceux qui avaient brisé les vieux cadres de la garde nationale et y avaient introduit en masse toute la population indistinctement. Lorsque le rappel fut battu, il ne se présenta presque personne dans les quartiers insurgés : les uns n'osaient pas affronter le danger; les autres sympathisaient secrètement avec l'insurrection; un grand nombre, plus hardis, se prononçaient ouvertement pour elle. Beaucoup d'uniformes de gardes nationaux parurent sur les barricades.

Les légions des autres quartiers se réunirent à l'appel des tambours, et se portèrent résolûment sur les points menacés. Un premier conflit eut lieu à la porte Saint-Martin, où la garde nationale essuya de nombreuses pertes. Les troupes ne paraissaient pas encore; la population s'en inquiétait, et déjà quelques signes de découragement se manifestaient : *On nous laisse égorger; le Gouvernement trahit!...* criaient ces bourgeois, qui, exposés seuls aux coups de feu de l'émeute, ne se voyaient pas soutenus.

La Commission exécutive elle-même, assaillie par les cris de désespoir de la population, envoyait ordre sur ordre à son ministre de la guerre de diriger des bataillons de renfort, tantôt sur un point, tantôt sur un autre; mais ces ordres restaient inexécutés. M. Ledru-Rollin nous a raconté lors de l'enquête, d'une manière fort expressive, la scène qui se passa à cette occasion entre le général Cavaignac et lui.

Il y avait, dit-il, deux systèmes de défense en présence au 23 juin. Le général Cavaignac exigea que l'armée fût dans sa main, qu'elle fût massée et ensuite lancée sur les points attaqués. La Commission exécutive pensa, au contraire, qu'il fallait attaquer chaque barricade aussitôt qu'elle était formée ; elle ne céda qu'à regret, en abandonnant au général la suite des opérations militaires et en se retirant à la présidence de l'Assemblée. — Vers trois heures et demie, le général Cavaignac s'absenta pour aller voir comment se passaient les choses; il ne revint que vers neuf heures du soir. Je ne saurais jamais rendre les tortures que j'ai éprouvées pendant son absence : tous les maires de Paris envoyaient demander des renforts, tous se plaignaient de ne pas voir de troupes. La garde nationale criait : *A la trahison !...* Les accusations, par suite de l'absence des troupes, étaient telles, qu'un officier vint dire qu'on accusait hautement la Commission de trahison, et qu'il fallait la fusiller. Le général Cavaignac disait : L'honneur de l'armée exige que je persiste dans mon système ; si une seule de mes compagnies était désarmée, je me brûlerais la cervelle. J'aime mieux, si elle est battue, me retirer dans la plaine Saint-Denis et y livrer bataille à l'émeute.

Cette tactique du général était en effet la meilleure : elle lui conservait tous les avantages de sa situation concentrique et lui permettait de porter des forces supérieures sur celui des points de ce vaste cercle d'ennemis qu'il lui convenait le mieux d'attaquer. A cet effet, il divisa les 25 ou 30,000 hommes dont il pouvait disposer en trois corps : l'un, sous le commandement du général Damesme, fut chargé d'attaquer les faubourgs Saint-Jacques et Saint-Marceau, et de reprendre possession du Panthéon; un autre, commandé par le général Bedeau, devait converger de l'Hôtel de ville sur le faubourg Saint-Antoine, se dirigeant vers la colonne de Juillet; un troisième, sous les ordres du général Lamoricière, était chargé d'attaquer le faubourg du Temple, et, après l'avoir enlevé, de prendre à revers le faubourg Saint-Antoine. Un quatrième point d'attaque, bien que séparé du gros de la bataille, n'en était pas moins redoutable : c'était le clos Saint-Lazare, l'église Saint-Vincent de Paul et la place Lafayette, qui dominent Paris de ce côté. Une masse considérable d'ouvriers s'y étaient retranchés et menaçaient de descendre sur les quartiers opulents de la capitale. Sur ce point, l'insurrection était principalement dirigée par les ouvriers mécaniciens des chemins de fer, espèce de classe intermédiaire entre le peuple et le bourgeois, animée de toutes les passions de la populace, et ayant de plus qu'elle un certain degré d'instruction : le ministre de la guerre y envoya le général Lebreton, avec les premiers gardes nationaux accourus à Paris des villes les plus rapprochées.

Dès le premier jour du combat, le général de la garde nationale, Clément Thomas, fut blessé ; le général Bedeau le fut également près de l'Hôtel de ville et remplacé par le général Duvivier, qui fut à son tour atteint d'une blessure mortelle. Le lendemain, le général Damesme fut tué dès le commencement de l'action dans le faubourg Saint-Jacques, et remplacé par le général Négrier, qui devait périr au moment du triomphe à la porte Saint-Antoine. En outre, plusieurs députés, ne prenant conseil que de leur courage, s'étaient portés sur les barricades pour essayer de désarmer les factieux par leurs exhortations ; ils y avaient été accueillis à coups de fusil, et plusieurs d'entre eux avaient payé de leur vie leur dévouement : Dornès était tombé sous un coup de feu qui se trouva mortel ; Bixio avait reçu une balle en pleine poitrine qui lui avait traversé le corps de part en part, mais il survécut comme par miracle à cette horrible blessure. D'autres représentants étaient retenus prisonniers, détenus par les insurgés, qui menaçaient de les placer sur les barricades, exposés au feu des assaillants et des assaillis.

Le vendredi 23 juin, l'insurrection faisait des progrès alarmants : après s'être successivement emparée des mairies des 8ᵉ et 9ᵉ arrondissements, et avoir, dans cette dernière, forcé un poste d'infanterie et enlevé un bataillon entier, elle s'approchait de l'Hôtel de ville, principal but de ses efforts. On se battait avec acharnement sur les deux rives de la Seine, et on pouvait juger, par les coups qu'elle venait de frapper dès son début et par les pertes cruelles qu'elle avait déjà fait subir à la société, combien cette lutte était opiniâtre et combien elle serait atroce.

Quant à l'Assemblée constituante, surprise par cette prise d'armes, qu'elle avait pressentie, mais qu'elle n'avait pu réussir à prévenir, elle ne se manqua pas à elle-même ni à la société.

Ce fut un bonheur pour elle, dans cette grande épreuve, d'avoir rencontré deux hommes qui l'ont admirablement servie et dont les noms doivent être glorieusement associés à ses efforts : ces deux hommes sont M. Sénard, qu'elle avait appelé à la présider, en remplacement du trop faible M. Buchez, et le général Cavaignac, qui, nommé d'abord gouverneur de l'Algérie, puis ministre de la guerre après avoir d'abord refusé ce dernier poste, voulant, disait-il, savoir quelle politique il aurait à servir et avec quels hommes il servirait, s'était plus tard décidé à accepter le ministère, dont il venait de prendre possession depuis quelques jours seulement lorsque l'insurrection éclata. Ces deux hommes se comprirent tout d'abord et marchèrent dans un parfait accord.

M. Sénard reconnut tout de suite qu'il devait prendre une initiative hardie et diriger l'Assemblée nationale : c'était le seul moyen, en effet, d'éviter les hésitations, les longs débats et surtout les pertes de temps si ordinaires dans les grandes assemblées.

Dès l'ouverture de la séance du 23 juin, il proposa et fit voter immédiatement trois mesures : premièrement, l'adoption par la République de tous les enfants de ceux qui étaient morts ou mourraient pour la défense de la République dans ce sanglant conflit ;

Secondement, la mise en état de siége de Paris et la concentration du pouvoir exécutif dans les mains du général Cavaignac. Cette dernière mesure soulevait quelques scrupules de légalité ; divers membres la combattaient, invoquant même mon autorité et le souvenir de l'arrêt de la Cour de cassation que j'avais fait rendre contre l'état de siége, en 1832. Je m'apprêtais à répondre, et cette réponse m'eût été facile, car il n'y avait rien de commun ni entre les situations ni entre les mesures : l'une était une simple ordonnance, qui ne pouvait, comme l'avait justement décidé la Cour de cassation, l'emporter sur les lois et sur la charte : l'autre était, au contraire, une décision législative, émanée directement du souverain lui-même, lorsque le ministre des affaires étrangères, M. Bastide, interrompit le débat par ces paroles sinistres : « Citoyens, au nom de la patrie, je vous supplie de mettre un terme à vos délibérations et de voter le plus tôt possible... Dans une heure peut-être l'Hôtel de ville sera pris : on nous l'annonce à l'instant même !... » Nul ne s'avisa, après cette déclaration, de demander la parole. L'état de siége fut immédiatement voté, sans autre discussion.

La troisième proposition de M. Sénard fut d'envoyer des représentants revêtus de leurs insignes proclamer dans les principaux foyers de l'insurrection et au milieu du feu les décrets que l'Assemblée venait de rendre. Leur présence, disait-il, aura une influence heureuse, surtout sur la garde nationale ; et il ne se trompait pas. Cette proposition fut accueillie d'enthousiasme ; tous les représentants se levèrent pour répondre à son appel, en criant : *Nous irons tous !...* Admirable dévouement, qui fait pardonner bien des fautes ! patriotisme héroïque, qui aurait dû assurer à la République de meilleures destinées !

Il fut décidé que l'Assemblée se retirerait dans ses

bureaux, et que quatre délégués par bureau seraient choisis pour accomplir la périlleuse mais utile mission que l'Assemblée leur donnait. Je présidais mon bureau, et j'eus besoin de m'armer de la décision qui venait d'être prise et de faire sentir la nécessité de conserver réunis, au siége même de l'Assemblée, en permanence, un nombre suffisant de représentants, pour contenir le dévouement courageux de mes collègues, qui me pressaient tous de les désigner. Je choisis des hommes d'opinions et de positions bien diverses. Il n'y avait plus, en effet, ni républicains ni monarchistes en présence du deuil commun. Je désignai, entre autres, M. le marquis d'Uzès et un simple ouvrier. Je n'ai pas besoin de dire qu'ils firent tous deux courageusement leur devoir.

La mesure produisit l'effet qu'on en espérait: la garde nationale, à la vue des représentants, et surtout en apprenant de leur bouche les résolutions vigoureuses qui venaient d'être prises par l'Assemblée, assurée désormais que le pouvoir ne flotterait plus entre des volontés hésitantes et souvent contradictoires, mais était confié à un seul homme, ferme et résolu, au général Cavaignac, reprit courage et se précipita au feu aux cris de : *Vive l'Assemblée nationale!...* En même temps, les gardes nationales des départements voisins affluaient à toutes les barrières et entraient immédiatement en action. L'élan était donné: la force morale, qui est tout dans ces crises populaires, était passée du côté des défenseurs de l'ordre. Les insurgés commencèrent à s'apercevoir que cette société qui leur paraissait naguère une proie si facile à saisir était résolue à se défendre. Les incertains, les hésitants, les hommes du lendemain, qui attendaient l'événement pour se décider, et ils sont toujours nombreux, restèrent chez eux ou s'abstinrent du moins d'aller grossir les rangs des insurgés.

Comment retracer toutes les scènes si émouvantes qui se succédèrent rapidement au sein de l'Assemblée pendant ces cruelles journées? Nous siégions nuit et jour dans ce Palais-Bourbon déjà témoin de tant de drames et transformé en un bivouac, attentifs au bruit du canon, qui tantôt se rapprochait de nous et tantôt s'éloignait. Entourés de soldats et de fortifications improvisées, — comme pour soutenir un assaut, — mille bruits plus sinistres les uns que les autres nous arrivaient du dehors : tantôt c'était l'Hôtel de ville qui était pris ; tantôt une colonne d'insurgés qui s'avançait sur nous. Les courages n'en étaient nullement ébranlés; et, pour quelques voix qui parlaient de faire retraite dans une ville voisine, la grande majorité des représentants se montra pleine de confiance dans le triomphe de la cause de l'ordre, et paraissait résolue à mourir au besoin à son poste.

Bientôt plusieurs de nos délégués, qui s'étaient distribués entre les principaux points de l'insurrection, revinrent tout haletants de joie et de patriotisme nous annoncer, les uns, que nos décrets avaient été accueillis avec ivresse par la garde nationale; les autres, que les troupes faisaient admirablement leur devoir; d'autres, que la garde mobile, dont le concours était dans les premiers instants si incertain, se battait avec héroïsme, et que les gardes républicaines elles-mêmes, récemment réorganisées, rivalisaient de courage et d'ardeur. Enfin, tous les rapports s'accordaient à dire que la cité reprenait confiance, que non-seulement les insurgés n'avançaient plus, mais qu'ils reculaient sur plusieurs points. Puis vinrent les nouvelles successives que le Panthéon était enlevé à l'insurrection; que la place Maubert, foyer de la plus ardente démagogie, était occupée par nos troupes; que la rive gauche était à peu près dégagée; que sur la rive droite, l'Hôtel de ville était libre, et que, sur ce point si important, les insurgés, chassés de barricade en barricade, de maisons en maisons, abandonnaient la rue Saint-Antoine et les rues adjacentes, pour se concentrer dans le faubourg de ce nom ; que, de son côté, le général de Lamoricière, avec une bravoure et un élan admirables, était parvenu à déblayer complétement le quartier du Temple et s'avançait pour tourner par la droite le faubourg Saint-Antoine, cette dernière citadelle de l'insurrection ; tandis que le corps qui avait refoulé l'émeute jusqu'à la place de la Bastille se préparait à l'attaquer de front, tout en faisant une diversion par la gauche. Chacune de ces nouvelles était accueillie aux cris enthousiastes de : *Vive la République !...* Mais cet enthousiasme se changeait bientôt en douleur, lorsqu'on venait nous annoncer que tel général avait été blessé, que tel autre avait succombé ; que tels de nos collègues étaient tombés sous des balles ennemies ; que d'autres étaient retenus prisonniers et exposés à la mort la plus cruelle. Puis, lorsqu'un de nos collègues nous racontait l'héroïsme de nos bourgeois, hommes de loi, commerçants, etc., se faisant si bravement tuer pour la défense des lois ; lorsqu'un autre nous faisait le récit si touchant de ce père de famille, dont il est juste que l'histoire conserve le nom, M. Leclerc, qui, venant de voir tomber son fils à ses côtés, sort des rangs et y reparait après, conduisant au feu son autre fils, des larmes d'attendrissement nous étaient arrachées. Enfin, lorsqu'on nous présenta ces jeunes soldats de la garde mobile, âgés de seize, de dix-huit ans, paraissant plus jeunes encore qu'ils ne l'étaient, blessés, pâles, épuisés de sang et porteurs des drapeaux qu'ils venaient d'arracher aux insurgés sur les barricades, nous aurions tous voulu embrasser ces enfants héroïques. Les époques de grandes crises sont aussi celles des grandes vertus : les peuples devraient s'en souvenir, non pour s'abandonner à un stupide découragement, mais, au contraire, pour prendre confiance et rester maîtres de leurs destinées.

C'est au milieu de ces émotions si diverses et si profondes, à travers ces alternatives de joie et de douleur, que s'écoulèrent les journées et les nuits du 23 au 26 juin.

On n'a peut-être pas assez remarqué avec quel tact et quelle habileté M. Sénard, pendant cette longue séance permanente, remplie de tant d'incidents émouvants et agitée de tant de passions, parvint, en suspendant et reprenant la séance à propos, à éviter les digressions et les déclamations inutiles, les discours imprudents et provocateurs, les révélations indiscrètes, et réussit à maintenir jusqu'au bout à l'Assemblée qu'il présidait cet ensemble, cette précision, cette gravité des délibérations et des votes qui rehaussait encore le courage dont ses membres faisaient preuve. Ce sont de tristes, mais de nobles journées, et qui figurent avec honneur dans les annales parlementaires.

La journée du 26 juin s'annonça sous les meilleurs auspices. Dans la nuit, entre deux et trois heures du matin, les insurgés envoyèrent des parlementaires à l'Assemblée. M. Larabit, un des députés qui avaient été faits prisonniers par l'insurrection, les accompagnait. Ils apportaient une adresse ainsi conçue :

Monsieur le président de l'Assemblée nationale,

Nous ne désirons pas l'effusion du sang de nos frères ; nous avons toujours combattu pour la république démocratique ; si nous adhérons à ne pas poursuivre les progrès de la sanglante révolution qui s'opère, nous désirons aussi conserver notre titre de citoyen, en conservant tous nos droits et tous nos devoirs de citoyens français.

Le président fit immédiatement la réponse suivante :

Citoyens,

Si vous voulez vraiment conserver le titre et les droits, et remplir les devoirs de citoyens français, détruisez à l'instant les barricades, en présence desquelles nous ne pourrions voir en vous que des insurgés. Faites donc cesser toute résistance ; soumettez-vous, et rentrez en enfants, un instant égarés, dans le sein de cette république démocratique que l'Assemblée nationale a la mission de fonder et qu'à tout prix elle saura faire respecter.

Lorsqu'on lit cette adresse, on est tenté en vérité de se demander pourquoi on s'égorgeait depuis trois jours dans Paris ; mais le langage qui y était employé se ressentait de l'intervention des députés pacificateurs et surtout du pressentiment d'une défection imminente. C'est dans d'autres documents que nous retrouverons la pensée réelle et les véritables sentiments des insurgés : alors nous nous expliquerons mieux leur acharnement et leur férocité.

D'autres propositions parvinrent d'autres points de l'insurrection dans cette même nuit ; elles étaient conçues dans un langage plus menaçant : elles imposaient une amnistie sans restriction, comme condition de la cessation du feu. A celles-là le Gouvernement ne daigna pas faire de réponse écrite. Le général Cavaignac se borna à déclarer de vive voix à ceux qui les avaient apportées : « *Qu'une soumission absolue et sans condition pouvait seule être acceptée ; que, si on prétendait autre chose, il était inutile qu'on se dérangeât.* »

Toutefois, pour ne pas pousser au désespoir ces malheureux, le général fit afficher pendant la nuit la proclamation suivante :

Aux Insurgés.

Ouvriers, et vous tous qui tenez encore les armes levées contre la République, une dernière fois, au nom de tout ce qu'il y a de respectable, de saint, de sacré pour les hommes, déposez vos armes ! L'Assemblée nationale, la nation tout entière, vous le demandent. On vous dit que de cruelles vengeances vous attendent : ce sont vos ennemis, les nôtres, qui parlent ainsi. On vous dit que vous serez sacrifiés de sang-froid : venez à nous, venez comme des frères repentants et soumis à la loi, et les bras de la République sont tout prêts à vous recevoir.

Le Président de l'Assemblée,
SÉNARD.
Le Chef du pouvoir exécutif,
CAVAIGNAC.

De plus, l'Assemblée nationale avait voté dans la journée précédente un crédit de trois millions à distribuer aux pauvres dans chaque mairie, et ce décret joint à la proclamation fut jeté à profusion derrière les barricades. Si, par ce mélange habile de fermeté et de douceur, le Gouvernement n'avait pas réussi à désarmer complétement l'insurrection, il était parvenu du moins à y semer le trouble et la désunion. Aussi, aux premiers coups de canon tirés par le général de Lamoricière, qui opérait son mouvement sur la droite du faubourg, et à l'apparition sur la gauche des soldats, qui, grâce aux travaux du génie, s'étaient frayé un passage à travers les maisons et plongeaient derrière les barricades, les insurgés, se voyant ainsi tournés, et d'ailleurs découragés, désunis, cessèrent le feu et abandonnèrent leurs barricades à l'armée, qui pénétra librement dans le faubourg.

Cependant deux horribles incidents devaient signaler la fin de cette lutte atroce.

Le général Bréa avait poussé l'émeute à travers les faubourgs Saint-Marceau et Saint-Jacques, jusques et au delà de la barrière de Fontainebleau. Sur ce point, l'insurrection était surtout alimentée par les hommes qui travaillent aux carrières, et qui, passant une partie de leur vie, depuis leur plus tendre enfance, sous terre, privés de lumière et de tout contact avec la société, y contractent les mœurs féroces des sauvages. Les insurgés n'étaient séparés du général que par la grille de la barrière ; ils lui firent signe qu'ils voulaient parlementer et l'invitèrent à venir à eux. Ce général, trop confiant, traversa la grille, qui se referma aussitôt sur lui. Attiré dans une maison sous le prétexte que les chefs l'y attendaient, il n'y était pas plus tôt entré, qu'une bande d'assassins se rue sur lui et le tue à coups de fusil. Son aide de camp échappa miraculeusement. Ce n'était plus là un incident de guerre civile, c'était un assassinat commis de sang-froid et par trahison. Aussi les auteurs de ce crime atroce l'ont-ils expié sur l'échafaud. Comme ministre de la justice, j'ai eu le triste devoir d'assurer l'exécution de cette condamnation ; et si, comme homme, j'ai eu à souffrir d'avoir, pour la première fois de ma vie, à me prononcer sur l'exécution d'un arrêt de mort, je dois déclarer que le crime m'avait paru si lâche et si odieux, que je n'ai pas éprouvé un seul moment d'hésitation.

L'Archevêque de Paris tombait aussi sur une barricade, atteint d'une balle dans les reins au moment où, précédé de la croix, un rameau à la main et en habits pontificaux, monté sur les pavés d'une barricade, comme du haut d'une chaire de paix, il exhortait des hommes qui s'égorgeaient depuis trois jours à cesser cette guerre sacrilége : il tombait en vrai martyr du devoir et de la charité chrétienne. Sa sainte mort couvre comme d'un reflet de charité sublime les dernières heures de ces sanglantes saturnales. Les dernières paroles qu'il fit entendre furent celles-ci : « *Puisse mon sang être le dernier qui soit versé!...* » Dieu exauça sa prière : la stupeur que produisit la mort de l'héroïque et saint prélat parmi les combattants ne contribua pas peu à faire cesser le combat.

Le 26 juin, à 11 heures 20 minutes, le président,

après une suspension de séance, se précipite tout à coup au fauteuil : sa figure rayonne de bonheur ; tous les députés accourent ; il s'écrie avec la plus grande émotion : « Le faubourg Saint-Antoine s'est rendu à discrétion, sans condition. Ah ! que je suis heureux, Messieurs ! Remerciez Dieu, Messieurs ! » Puis, après avoir donné quelques détails : « L'insurrection est finie, dit-il ; elle est terminée sur ce point où nous craignions tant d'effusion de sang, et je dis, dans toute la joie de mon âme, merci à Dieu ! *Vive la République !....* » Tous les représentants se lèvent et s'écrient avec enthousiasme : *Vive la République !...* Ils en avaient, cette fois, le droit : ils venaient de faire preuve de vertus vraiment républicaines.

SUITES DES JOURNÉES DE JUIN

Au milieu de cette tourmente, le pouvoir avait changé de mains, et cela sans crise, sans efforts, par la force même des choses. Cette Commission exécutive dont l'enfantement, on s'en souvient, avait été si laborieux, venait de s'évanouir comme d'elle-même ; ces hommes qui, quelques jours auparavant, étaient jugés si indispensables, qu'on ne croyait pas pouvoir en laisser un seul à l'écart sans courir le risque d'une perturbation imminente, Lamartine comme Ledru-Rollin, protecteur et protégé, disparaissaient de la scène politique, sans bruit, sans éclat, sans même que l'Assemblée nationale prît la peine de les destituer ou d'attendre leur démission : elle se bornait tout simplement à les omettre dans le décret par lequel elle investissait le général Cavaignac du pouvoir exécutif.

M. Jules Favre seul réclama contre cette manière de procéder : sa haine veillait pour l'observation des formes ; il demanda qu'on rappelât dans le décret que la Commission exécutive était destituée. On lui répondit dédaigneusement que l'Assemblée votait des mesures de salut public et non des rancunes, et l'on passa outre.

Ce sort de la Commission exécutive était mérité. Deux fois en quelques jours elle s'était laissé surprendre par les attaques violentes de la démagogie, attaques qu'elle n'avait su ni prévoir ni prévenir. Le Gouvernement provisoire avait eu du moins pour excuse le vice originel de son pouvoir, l'absence de toute force régulière et le défaut de tout point d'appui ; mais elle, elle avait une origine régulière, une armée pour agir et une assemblée sympathique pour l'appuyer. Or elle n'avait su se servir d'aucune de ces forces ; au lieu de se rapprocher de l'Assemblée, cédant à de misérables et puériles susceptibilités, elle s'était éloignée d'elle, s'y faisant représenter par des ministres qui la défendaient fort mal et la compromettaient quand ils ne la trahissaient pas : de là, des tiraillements, des défiances réciproques, qui paralysaient tous les ressorts du gouvernement et encourageaient les entreprises de la démagogie. Les deux attentats qui, coup sur coup, venaient, l'un d'expulser violemment l'Assemblée nationale, l'autre d'ensanglanter les rues de Paris pendant quatre jours, retombaient donc sur elle de tout leur poids. En politique, on ne répond pas seulement de son incapacité personnelle, on répond de celle de ses agents.

Les membres de cette commission s'étonnèrent de ce sans-façon avec lequel l'Assemblée les renvoyait : ils ne voulaient pas reconnaître qu'ils disparaissaient devant les nécessités multipliées que leurs fautes avaient amenées ; ils crurent à une intrigue politique, dont le général Cavaignac aurait été l'instigateur. Ils portèrent même plus tard leurs récriminations à la tribune, et ils ne réussirent qu'à faire motiver avec éclat une condamnation qui avait du moins été jusque-là réservée et silencieuse, condamnation que l'histoire confirmera.

On put s'apercevoir bientôt, à la promptitude et à l'énergie des mesures prises, que le pouvoir n'était plus dans les mêmes mains

Le général Cavaignac prit sur lui de dissoudre les 5me, 9me et 12me légions, dont une grande partie avait fait cause commune avec l'insurrection, tandis que ce qui en restait avait peu répondu à l'appel. Il ordonna le désarmement de tous les gardes nationaux qui, sans excuse, s'étaient dispensés de paraître dans les rangs au jour du combat : plus de 60,000 fusils rentrèrent en quelques jours dans les arsenaux de l'État. On reprenait ainsi, après quelques mois, les armes si imprudemment données le 24 février. Il aurait mieux valu, il faut en convenir, ne les avoir jamais distribuées.

La conséquence régulière de l'état de siège était de faire juger les insurgés par les conseils de guerre de la division; mais comment soumettre à une procédure et à un jugement réguliers 10 à 12,000 prisonniers, tous entassés dans les prisons et les forts détachés? La chose eût été matériellement impossible et d'ailleurs interminable.

L'Assemblée nationale décréta, sur l'initiative de M. Sénard, d'accord avec le nouveau pouvoir exécutif, que tous les insurgés qui avaient été pris les armes à la main *seraient immédiatement déportés dans une des possessions d'outre-mer de la France, autres que l'Algérie; que ceux qui avaient travaillé aux barricades subiraient le même sort*. Jamais un acte plus en dehors des lois ordinaires n'avait frappé un plus grand nombre d'hommes; mais jamais aussi une société ne s'était trouvée dans une position plus exceptionnelle.

Nous avons cru, disait M. Méaulle, rapporteur, chargé de justifier l'adoption du décret, qu'étant dans une période révolutionnaire, il fallait bien pendant quelque temps faire taire les principes de la légalité : la première chose que nous ayons à faire, nous, pouvoir souverain, c'est de sauver la République, etc...

Des motifs plus sérieux pouvaient être invoqués à l'appui de cette mesure et furent indiqués par M. Vivien. « Jamais, disait-il, l'instrument ordinaire n'avait été plus impuissant devant cette armée de criminels. » Ajoutons que, lorsqu'une insurrection prend les proportions d'une guerre ouverte et prolongée, que des populations entières y sont engagées, que des armées y interviennent, que de vraies batailles en décident, le fait sort alors du domaine du droit pénal ordinaire pour entrer dans celui du droit des gens : ce sont de ces cas exceptionnels, de ces nécessités qui ne s'écrivent pas dans les lois, qu'il serait même imprudent de prévoir, mais qu'il faut bien subir lorsqu'elles se produisent; nécessités d'ailleurs toujours funestes, car elles laissent après elles de profonds ressentiments chez les vaincus et affaiblissent chez les vainqueurs ce respect du droit qui est, après tout, la meilleure sauvegarde des sociétés.

Il y aurait eu, en outre, un très-grand danger pour la sécurité publique à prolonger pendant tout le temps qu'aurait exigé une instruction judiciaire cet encombrement inusité de 10 à 12,000 prisonniers dans les prisons de Paris. Déjà, dans le transfèrement opéré, la nuit du 27 juin, de ceux de ces malheureux qui étaient entassés dans les souterrains de la terrasse des Tuileries, un horrible massacre avait eu lieu et un grand nombre de victimes avaient péri par suite d'une tentative d'évasion de la part des prisonniers et d'une panique parmi les gardes nationaux, qui, dans leur trouble et au milieu des ténèbres, avaient tiré les uns sur les autres. Le décret fut voté après un débat sommaire et à une forte majorité, malgré les clameurs de la Montagne et deux longs discours : l'un, de M. Pierre Leroux, tout empreint d'un mysticisme socialiste difficile à comprendre ; l'autre, de Caussidière, marqué au coin de cette trivialité de carrefour un peu avinée, mais qui, cette fois, ne fit pas fortune. Ce décret adoucissait le droit expéditif de la guerre : il disposait que des officiers et des magistrats seraient chargés de procéder à une sorte d'instruction préalable, et, quant à la peine, la mort était remplacée par la déportation.

Enfin, un autre décret, également rendu dans le feu du combat et sur la proposition du président de l'Assemblée, institua une commission d'enquête composée de quinze membres :

A l'effet, porte le décret, de rechercher par voie d'enquête et par *tous autres moyens* qui lui paraîtront utiles et nécessaires les causes de l'insurrection qui depuis trois jours ensanglante Paris et de constater les faits qui se rattachent, soit à sa préparation, soit à son exécution. Cette commission est autorisée, en outre, à étendre ses investigations à tout ce qui est relatif à l'attentat du 15 mai.

L'article 3 donnait à cette commission tous pouvoirs, soit *par mandat ou faire comparaître auprès d'elle toute personne en état de donner des renseignements, soit pour se faire livrer et communiquer toutes les pièces de nature à éclairer sa religion.* Il fut expliqué que ce droit de décerner des mandats emportait celui de délivrer des commissions rogatoires.

Ainsi, état de siège, concentration des pouvoirs, dissolution des gardes nationales hostiles, désarmement sur la plus grande échelle de la classe ouvrière, déportation immédiate des prisonniers saisis en flagrant délit, jugement militaire des chefs, fermeture des clubs dangereux, suspension des journaux incendiaires, rétablissement de la loi sur l'affichage, enquête parlementaire : telles furent les mesures que le nouveau pouvoir prit immédiatement, sans aucune hésitation, mais aussi avec l'assentiment presque unanime de l'Assemblée nationale. Autant cette Assemblée s'était montrée réservée, timide même, après le 15 mai, autant cette fois elle poussait loin les mesures de répression pour le présent et de précautions pour l'avenir.

La commission d'enquête, immédiatement nommée par les bureaux, me désigna pour la présider. Je ne me dissimulai pas un seul moment tout ce qu'une pareille mission avait de compromettant, pour moi particulièrement, à raison du rôle que j'avais joué dans la révolution du 24 février ; je n'hésitai cependant pas à l'accepter, malgré les remontrances de plusieurs de mes amis : je pensai que consulter mes convenances personnelles, lorsque tant de braves gens venaient d'exposer leur vie pour la défense de la société, c'eût été, de ma part, une insigne lâcheté.

COMMISSION D'ENQUÊTE

Nous ne sommes pas bien certain que l'Assemblée eut, lorsqu'elle institua cette commission d'enquête, la conscience de toute la portée de la mesure qu'elle décrétait.

En effet, voulait-elle bien sérieusement qu'on lui dît la vérité, toute la vérité, sur les causes des deux attentats qui venaient de se succéder à des distances si rapprochées ? Nous en doutons : et, en effet, sa surprise eût été grande si, dès le lendemain du jour où elle avait décrété cette mesure, la commission, par l'organe de son président, lui eût tenu ce simple langage :

Vous nous demandez la cause des insurrections de mai et de juin ; nous n'avons pas besoin de l'appareil et des lenteurs d'une enquête parlementaire pour vous répondre immédiatement : cette cause, elle est dans l'origine et le caractère de votre révolution. Vous reconnaîtrez tous qu'elle a été plus sociale que politique : en d'autres termes, qu'elle a été faite bien plutôt pour changer la condition matérielle du peuple que pour étendre et assurer ses droits politiques. Vous avez fait luire, aux yeux des classes ouvrières, les plus brillantes, mais aussi les plus décevantes perspectives : vous leur avez promis le bien-être matériel, du travail assuré et sans fatigue, des salaires élevés, du crédit gratuit, etc.; et vous ne leur avez donné, au lieu de tout cela, qu'une véritable aumône, que vous avez voulu ensuite leur retirer. Vous n'avez cessé de leur dire qu'elles avaient vaincu la vieille société le 24 février, et que la révolution faite par elles devait l'être pour elles : vous exaltiez leur orgueil par tous les moyens, et puis, à un jour donné, voilà que vous les qualifiez de mendiants, de voleurs, et les signalez comme constituant dans la société une sorte de plaie honteuse. Ne cherchez pas ailleurs la cause de leur exaspération : la lutte, en juin, n'a été que l'explosion des passions et des avidités que vous avez allumées et entretenues depuis le 24 février. N'est-ce pas vous aussi qui avez formé, organisé, exercé cette armée que vous avez eu à combattre? Rappelez-vous ce que vous disait naguère votre ancien préfet de police : « *On avait trop longtemps joué aux fusils, et le peuple a fini par s'en servir tout de bon.* » Dans cette naïveté, Caussidière vous en a dit plus que toutes les commissions d'enquête. Que si ce résultat, que tout le monde pressentait et voyait arriver, n'a pas été prévenu; si votre gouvernement a été deux fois surpris par l'événement; si aucune des mesures promptes, énergiques, que commandait l'imminence du danger, n'ont été prises, ou l'ont été mal et trop tard, avez-vous besoin d'en chercher les causes? N'est-ce pas vous, Assemblée, qui avez voulu d'un pouvoir multiple? N'est-ce pas vous, majorité, qui, égarée par un désir de conciliation et malgré les avertissements qui vous étaient donnés, avez voulu conserver au pouvoir ces mêmes hommes qui avaient contracté l'habitude de pactiser avec les factions les plus violentes et les plus anarchiques et de les ménager comme des sortes de sentinelles avancées de votre révolution? N'est-ce pas vous qui, sciemment, avez maintenu au pouvoir l'homme en qui ces factions, à tort ou à raison, voyaient leur chef et plaçaient leurs espérances? Oubliant les conflits qui avaient tourmenté l'existence courte et orageuse du Gouvernement provisoire, au lieu de faire disparaître les causes de ces conflits dans votre nouveau gouvernement, n'avez-vous pas voulu absolument les y maintenir? et, lorsque le 15 Mai est venu vous donner un premier et sinistre avertissement, ne l'avez-vous pas méconnu et n'avez-vous pas persisté dans vos funestes errements? Que voulez-vous donc de nous? que nous vous dénoncions et livrions des coupables? Mais, pour cette besogne, la justice civile et la justice militaire sont saisies et procèdent; elles ont bien plus de moyens que nous n'en pouvons avoir pour des recherches et des constatations purement de police et de justice. Notre mission, à ce point de vue, ne serait donc qu'un double emploi, une éclatante superfétation. Ne vous seriez-vous proposé, en nous instituant, que de produire un effet moral, de frapper les imaginations par l'appareil d'un tribunal mixte, tout à la fois politique et judiciaire, procédant en secret, investi de la délégation du souverain et pouvant atteindre partout et jusqu'au faîte même de l'État ; une espèce de Conseil des Dix de Venise, agissant plus encore par la terreur qu'il inspirerait que par les sévérités qu'il pourrait exercer ? Ainsi, faire peur pendant quelque temps, et puis s'évanouir comme un fantôme, sans laisser de trace : si c'est là ce que vous attendez de nous, notre mission vaut-elle bien la peine que des hommes sérieux s'en chargent ?

Ce langage eût été selon la vérité ; eût-il été patriotique ? Quand même notre mission, dans la pensée intime de l'Assemblée nationale, eût dû se borner à l'effet moral qu'on en attendait, elle eût eu encore son utilité, et nous n'aurions pas eu le droit de la rejeter, au risque même des désaveux auxquels nous serions plus tard exposés. Nous le pensâmes tous ainsi, et nous nous mîmes, à tous risques, résolûment à l'œuvre.

Nous avions deux séances tous les jours, de huit heures, et nous nous étions fait excuser auprès de l'Assemblée pour notre absence prolongée des séances. On peut juger de l'immensité du travail que nous fîmes en quelques jours, par les trois gros volumes distribués à l'Assemblée.

Une première difficulté se dressa devant nous, au début même de nos travaux. L'Assemblée avait-elle entendu limiter nos pouvoirs et nos investigations aux causes secrètes, telles que complots ou conspirations qui auraient préparé les deux attentats de mai et de juin ? ou entrait-il dans son intention que nous lui signalions également les causes générales, sociales ou politiques, qui les avaient amenés ? Nous ne pouvions qu'interpréter notre mandat dans ce dernier sens :

car, s'il eût été borné à la recherche des conspirateurs, il eût été purement judiciaire ; or c'était surtout par l'appréciation des causes générales qu'il était politique et qu'il avait été confié à une commission essentiellement politique.

Mais alors se présentait une autre question fort délicate : dans cette recherche, jusqu'où remonterions-nous ? nous arrêterions-nous au jour de la réunion de l'Assemblée nationale, ou étendrions-nous nos investigations jusqu'aux faits et actes qui s'étaient accomplis sous le Gouvernement provisoire ? C'était là un point fort scabreux. Quoique notre commission fût unanime dans son indignation contre les folies et les violences du socialisme, et que même le parti parlementaire conservateur y fût en majorité, puisqu'il avait pu me choisir pour président, cependant il s'y trouvait un assez grand nombre de républicains modérés et sincères, que nous voulions, que nous devions ménager. Or ces derniers n'admettaient pas qu'on pût exercer un droit d'enquête, et, par suite, de censure, sur les actes d'un gouvernement qui, s'il avait perdu à leurs yeux beaucoup de son prestige, surtout depuis qu'il était devenu commission exécutive, était cependant encore inviolable et sacré pour eux, comme ayant assisté à l'enfantement de la République. D'ailleurs, nous objectaient-ils, l'Assemblée, en reconnaissant solennellement que ce gouvernement a *bien mérité de la patrie*, nous interdit par cela même toute attaque, même indirecte, contre lui.

Nous ne pouvions nous arrêter à ces objections : autant aurait valu renoncer complétement à notre mission. Comment, en effet, expliquer les insurrections de mai et de juin, si nous ne remontions au 19 avril et au 17 mars ? La filiation et la corrélation des faits étaient trop intimes pour qu'il nous fût possible de ne pas chercher dans les uns le germe qui avait enfanté les autres. Séparer les journées de juin de celle du 15 mai et de celles qui les avaient précédées, c'était isoler les uns des autres les actes d'un même drame et le rendre par cela même inintelligible. Quant à l'espèce de chose jugée qu'on nous opposait, il nous était facile de l'écarter. Lorsque l'Assemblée avait déclaré que le Gouvernement provisoire avait bien mérité de la patrie, il avait été bien entendu que le droit d'apprécier chacun de ses actes isolément était réservé. C'est ce droit que nous allions exercer.

Par suite de cette résolution, nous dûmes appeler devant nous les membres et les principaux fonctionnaires du Gouvernement provisoire, et les interroger sur les perturbations politiques et sociales qui s'étaient manifestées pendant leur dictature.

Nous avions tous bien besoin, interrogateurs et interrogés, de nous absorber dans le caractère politique de l'instruction à laquelle nous procédions, pour ne pas nous étonner un peu de nous trouver ainsi en présence les uns des autres, et dans des situations qu'il eût été difficile de prévoir quelques jours auparavant. Ce fut, en effet, un spectacle étrange et qui portait avec lui un grand enseignement, que celui de ces dictateurs de la veille comparaissant l'un après l'autre devant l'homme contre lequel ils avaient eu le triste et funeste avantage de faire triompher la République, et obligés d'étaler devant lui toutes les misères de leur entreprise.

Ils furent, d'ailleurs, les premiers à reconnaître qu'il était impossible d'expliquer les journées de mai et de juin, si on ne remontait à celles d'avril et de mars; et tous aussi vinrent exposer, chacun à son point de vue, les difficultés qu'ils avaient eu à surmonter, les dangers qu'ils avaient courus. Ce fut comme une liquidation complète des griefs qu'ils avaient amassés les uns contre les autres, pendant leur coopération au pouvoir.

MM. Arago, Marrast, Marie, Goudchaux, Garnier-Pagès, Pagnerre, furent les plus explicites dans leurs déclarations : ils nous révélèrent les complots, les conspirations sourdes, les tentatives de violence ouverte de leurs collègues du parti extrême. M. Arago fut surtout foudroyant par la netteté de ses accusations : il alla jusqu'à nous déclarer que, même depuis la nomination de l'Assemblée nationale, il s'était tenu chez Ledru-Rollin des conciliabules dans lesquels on avait agité la question de savoir s'il n'était pas nécessaire, pour le salut de la République, de dissoudre cette Assemblée ; et il désignait MM. Jules Favre, Portalis, Landrin, comme ayant fortement insisté pour ce parti extrême. Or M. Landrin siégeait dans notre commission ; attaqué personnellement et quoique opposant un démenti à l'affirmation de M. Arago, il crut devoir donner sa démission, et l'Assemblée ne jugea pas à propos de le remplacer.

Certes, si l'Assemblée eût pu avoir sous les yeux le procès-verbal de ces interrogatoires lorsqu'elle composa la commission exécutive, elle n'eût pas eu l'étrange et imprudente pensée d'associer de nouveau dans le gouvernement du pays des hommes aussi profondément hostiles les uns aux autres ; elle n'eût pas tenté d'atteler encore au même char M. Arago et M. Louis Blanc, M. Garnier-Pagès et M. Ledru-Rollin, etc. Ce dernier comparut aussi à son tour. Lorsqu'aujourd'hui nous relisons avec sang-froid les réponses qu'il nous fit, il est vraiment humiliant de voir quelles étaient la portée et les vues politiques de cet homme, qui eut un instant dans ses mains les destinées d'un si grand pays. Après avoir rejeté dédaigneusement les accusations de complots, de projets violents et de menées ambitieuses que ses collègues dirigeaient contre lui, en rappelant qu'ils n'étaient les uns et les autres que le produit d'une insurrection, et que le droit n'avait rien à voir dans leurs pouvoirs respectifs, qui ne relevaient que de la force populaire, M. Ledru-Rollin formula à son tour un grief contre eux, et spécialement contre M. Garnier-Pagès : c'était celui de ne pas avoir créé huit milliards de papier-monnaie. « La Convention, nous disait-il, en a créé quatre milliards : or les circonstances et les progrès du commerce et du temps en exigeaient au moins le double. »

Après ces révélations, était-il nécessaire de se livrer à d'autres recherches sur les causes de ces orages qui avaient éclaté avec fureur sur l'Assemblée constituante? Il n'y avait plus qu'à se demander une seule chose : c'est comment notre société avait pu triompher de tant de violence unie à tant d'ineptie.

Mais il était un point sur lequel tous les membres de l'ancienne commission exécutive se réunissaient : c'était dans les reproches qu'ils adressaient à leur ancien ministre de la guerre, le général Cavaignac, qui, selon eux, aurait eu le double tort, d'abord de ne pas exécuter l'ordre qu'ils lui avaient donné de réunir à Paris une garnison de 25,000 hommes de troupes de ligne, au moins, et ensuite d'avoir employé tardivement les forces dont il pouvait disposer, laissant prendre à l'insurrection des proportions formidables, qu'elle n'aurait pas eues si elle eût été attaquée plus tôt.

Nous dûmes, en conséquence de ces reproches, appeler devant nous le général Cavaignac, pour qu'il s'expliquât sur ces deux griefs et en outre sur l'emprisonnement du journaliste Émile de Girardin, qui avait adressé une plainte à notre commission et provoqué son intervention, ne réfléchissant pas que notre mission n'embrassait que les causes des attentats de mai et de juin, et devait rester étrangère aux suites qu'ils avaient entraînées.

Le général Cavaignac se rendit à notre invitation ; mais il crut devoir faire précéder sa comparution et son interrogatoire d'une sorte de réserve ou protestation, déclarant que, s'il s'agissait d'accusation ou de justification pour sa conduite dans les événements de juin, loin de se défendre, il n'hésitait pas à couvrir de sa propre responsabilité ceux qui avaient agi sous ses ordres. Le général Cavaignac soulevait ainsi une question assez délicate du pouvoir. C'était à l'Assemblée, juge souverain, et non à lui, à déterminer la part de responsabilité qui appartenait à chacun dans les événements sur lesquels portait notre enquête : la haute fonction qu'il exerçait ne pouvait donc le dispenser de répondre aux questions qui lui étaient adressées par la commission. Le général le sentit : aussi, après cette réserve, qui était tout au moins inutile, il ne fit aucune difficulté de répondre aux questions qui lui furent adressées.

Il maintint que les troupes qui, au 23 juin, se trouvaient à Paris ou aux environs, sous la main du gouvernement, étaient de près de 30,000 hommes ; que, quant à son système de défense, qui avait consisté à ne pas engager les troupes partiellement, il avait en sa faveur l'expérience faite en juillet 1830 et en février 1848, où la dissémination des troupes avait amené la victoire de l'insurrection. Une seule dérogation à ses instructions avait été commise, disait-il : un bataillon ayant agi isolément et contre ses ordres, place des Vosges, ce bataillon avait été enlevé, malgré le courage des officiers et des soldats, et il avait dû sévir contre cette troupe : un second échec de cette nature eût tout perdu. Cette justification était appuyée d'un état des troupes présentes à Paris le 23 juin.

Cette partie de notre enquête, qui embrasse les témoignages des membres et principaux agents du Gouvernement provisoire, est certainement celle qui offre le plus d'intérêt pour l'histoire. Mais il en est une aussi qui n'est pas non plus dépourvue d'intérêt : c'est celle qui pénètre plus avant dans l'organisation de toute cette démagogie. Aidés de l'instruction judiciaire qui, commencée dès le 15 mai, se poursuivait parallèlement à nos travaux, des rapports de la préfecture de police, de la communication des dossiers qui se trouvaient dans les mains des officiers instructeurs des conseils de guerre, et, de plus, des révélations que tous ces conspirateurs mécontents et aigris par l'insuccès ne manquaient pas de nous faire les uns contre les autres, il nous fut permis de faire pénétrer le jour de la publicité dans toutes ces machinations ténébreuses, dans tous ces ressorts mystérieux à l'aide desquels on avait produit une si vaste perturbation politique et sociale.

Est-il rien de plus dramatique et en même temps de plus caractéristique des mœurs de tout ce monde des sociétés secrètes, que cette scène dans laquelle un malheureux nommé Delahodde, soupçonné d'avoir trahi ses complices, est amené nuitamment au Luxembourg, chez Albert, l'un des membres du Gouvernement provisoire, et là, après un interrogatoire, est condamné à mort ? Le choix lui était laissé, ou de se tuer ou d'être exécuté à l'instant même par la main de ses propres juges, parmi lesquels figuraient un ou deux membres du Gouvernement provisoire, et de plus Caussidière, le préfet de police de ce gouvernement.

Toutefois, si, avant que nous ayons pu pénétrer dans les secrets de ces agents de conspiration et d'insurrection, il nous fut impossible de préciser avec certitude par qui, à quel jour fixe, dans quel but et comment avaient été préparés les attentats de mai et de juin, ce défaut de précision est dû en grande partie à la multiplicité et à la diversité des conspirateurs, qui n'avaient guère d'autre lien que celui d'une haine commune et d'un même désir de bouleversement : l'histoire, un jour, aura sans doute des informations plus précises que les nôtres. Il arrive malheureusement, dans notre pays, des époques où ceux qui ont commis de tels attentats ont intérêt à s'en vanter, et alors la vérité tout entière est connue. Mon amour pour la vérité historique ne va cependant pas jusqu'à désirer qu'elle se fasse jour par un tel moyen. Ce que nous pûmes reconnaître et constater, c'est que, bien que les deux attentats de mai et de juin fussent les effets d'un même mal et comme les accès successifs d'une même fièvre, néanmoins ils offraient des différences assez marquées : le premier avait été principalement l'œuvre des clubs, le second celle des ateliers ; l'un était plus politique que socialiste, c'était le contraire pour l'autre ; le 15 mai était surtout dirigé contre l'Assemblée, les journées de juin l'étaient contre la société tout entière ; et, on ne peut s'y méprendre, les proclamations affichées dans les faubourgs et appelant l'incendie et le pillage, les détails atroces de la lutte, tout offre, dans ces tristes journées, les caractères d'une véritable guerre sociale.

Les ateliers nationaux étaient restés à peu près étrangers à l'invasion de l'Assemblée, tandis qu'ils formaient, sinon la totalité, au moins une grande partie de l'armée qui combattait en juin. Le jacobinisme et le socialisme ont essayé, pendant toute cette période révolutionnaire, de se fondre, sans jamais pouvoir y réussir complètement ; et c'est à cela qu'est peut-être dû le salut de notre société.

Du reste, malgré toutes nos investigations, nous ne pûmes découvrir aucun indice de la présence ni même de l'influence indirecte d'aucun prétendant dans ces deux attentats. Les bonapartistes se taisaient, Louis-Napoléon attendait une meilleure occasion [1]; les princes de la maison d'Orléans auraient peut-être pu se mettre à la tête de cet admirable mouvement des départements sur Paris : ils ne jugèrent pas que le moment fût encore venu pour eux d'intervenir; peut-être craignirent-ils d'affaiblir la défense sociale en la compliquant d'intérêts dynastiques; et, en effet, la République pouvait seule éteindre cet incendie qu'elle avait allumé. Toujours est-il que la nation n'eut pas, dans cette grande crise, d'autre sauveur qu'elle-même. La Montagne, qui voulait rejeter la responsabilité de cet attentat sur les prétendants, organisa une contre-enquête en défiance de la nôtre; elle ne fut pas plus heureuse que nous dans ses recherches : elle ne put produire que des déclamations, de pures allégations, pas une preuve !

Notre enquête à Paris, au foyer même des conspirateurs, avait obtenu tous les résultats que nous pouvions en espérer; mais nous voulions suivre dans les départements ces ramifications secrètes qui faisaient que, lorsque quelque coup de main se préparait à Paris, les démagogues de Lyon, de Marseille, de Bordeaux, de Rouen, en étaient à l'instant même instruits et se préparaient à agir de leur côté : les commissions rogatoires que nous avions adressées particulièrement à des magistrats jouissant d'une grande considération n'avaient pas d'autre but. Déjà un assez grand nombre de rapports nous avaient été adressés; rapports, du reste, unanimes sur le fait de ces communications souterraines par lesquelles l'électricité révolutionnaire courait d'un bout de la France à l'autre, mais fort peu instructifs sur les détails d'organisation, et surtout sur

1. Louis Blanc raconte qu'ayant, lors de sa fuite, débarqué à Londres, il y avait été accueilli par Louis-Napoléon à bras ouverts et comme un ami malheureux.

les remèdes à employer. Nous nous proposions cependant de faire un rapport particulier sur l'ensemble de ces documents; mais l'impatience de l'Assemblée, qui, dans chaque séance, demandait à grands cris le résultat de notre mission, ne nous le permit pas : nous dûmes nous contenter des preuves que nous avions recueillies et nous hâter de les mettre en ordre.

Trois personnages parlementaires étaient surtout compromis par cette instruction ordonnée par l'Assemblée nationale : M. Ledru-Rollin, pour les provocations violentes qu'il avait adressées d'avance, dans ses circulaires et ses bulletins de la République, contre la partie modérée de l'Assemblée, pour les intrigues et les complots politiques auxquels il avait activement concouru, et qui avaient même continué depuis l'élection de cette Assemblée; M. Caussidière, pour toute sa conduite avant, après et pendant la journée du 15 mai. Quant à sa complicité dans les journées de juin, deux témoins nous avaient déclaré l'avoir vu au milieu des insurgés et des barricades pendant ces journées; déposition que semblait appuyer cette circonstance, que le nom de *Caussidière* avait été choisi comme *mot d'ordre* par l'insurrection, et l'espèce de clameur générale des insurgés, qui, sur tous les points où le feu était engagé, appelaient Caussidière et réclamaient les secours qu'il aurait promis. Toutefois, comme les deux témoins *de visu* étaient des agents attachés à la police, et que Caussidière leur opposait un alibi, attesté par un certain nombre de représentants ; que d'ailleurs il n'était pas absolument impossible que les insurgés eussent pris le nom de Caussidière sans son aveu, ces charges n'auraient peut-être pas été suffisantes pour motiver une condamnation; mais elles nous parurent assez graves pour justifier une mise en prévention. Nous fûmes fortifiés dans cette opinion par deux lettres : l'une, écrite au crayon par Sobrier et jetée par lui dans la rue au moment où, après avoir été arrêté en flagrant délit, il était détenu dans la caserne du quai d'Orsay; l'autre, saisie chez Grandménil. Dans la première de ces deux lettres, Sobrier écrivait à Caussidière : « *Délivre-moi, comme tu me l'as promis hier au soir.* » — Dans l'autre lettre, il était question de bombes incendiaires que Caussidière aurait commandées au beau-frère du sieur Grandménil, pharmacien à Angers. A la vue de ces lettres, Caussidière perdit son assurance habituelle et balbutia des explications inadmissibles.

Louis Blanc ne se rattachait aux journées de juin que par cette circonstance, que les principaux chefs de cette redoutable insurrection n'étaient autres que ces mêmes délégués du Luxembourg dont il avait allumé les passions par ses excitations et ses doctrines; mais ce n'était là qu'un lien moral insuffisant pour constituer une complicité. Il nous parut que ses discours dans la journée du 15 mai, l'ovation que lui avaient décernée les insurgés, le choix de son nom pour faire partie du futur comité de salut public, et surtout la direction qu'il avait prise au sortir de la séance, pour aller rejoindre à l'Hôtel de ville ses amis Barbès et Albert, constituaient contre lui une charge suffisante de complicité, au moins dans le premier attentat.

Un quatrième membre de l'Assemblée, le fameux Proudhon, nous avait été signalé par un de nos collègues, M. Allard, comme ayant été rencontré dans le faubourg Saint-Antoine au moment même où les troupes y entraient. Interrogé sur cette circonstance, il nia qu'il eût précédé l'entrée des troupes; il voulait seulement, nous disait-il, s'informer du sort de ses amis : il ajouta que, du haut d'une fenêtre, il avait assisté *au terrible et sublime spectacle de la canonnade de ce faubourg, et que d'ailleurs les insurgés avaient toutes ses sympathies*. Nous jugeâmes qu'il n'y avait pas là cause suffisante pour une mise en prévention, mais que le fait méritait d'être signalé à la France, comme caractérisant de plus en plus ce personnage, qui devait conserver une si triste célébrité ; et le fait fut consigné dans le rapport.

Tel était le résultat de notre enquête. En laissant de côté les causes générales, dont nous ne pouvions parler, parce qu'elles nous auraient conduits à mettre en cause la révolution du 24 février elle-même, cette enquête se réduisait, en ce qui concernait les représentants, dont la conduite relevait de l'Assemblée, à faire peser sur M. Ledru-Rollin une responsabilité qui, ne se rattachant pas directement et matériellement aux attentats de mai et de juin, ne pouvait être que purement morale ; et sur MM. Caussidière et Louis Blanc une responsabilité pénale, qui nécessitait leur comparution devant la justice du pays.

Toutefois, avant de soumettre ce résultat à l'Assemblée nationale, nous dûmes nous assurer d'abord que nous étions d'accord avec l'instruction que la justice, de son côté, avait suivie sur ces mêmes attentats.

Le procureur général, M. Corne, fut appelé au sein de la commission ; mais, tout en nous déclarant que la procédure l'avait conduit à la même conviction que nous avions acquise par notre enquête parlementaire, il nous laissa entrevoir qu'il nous laisserait prendre l'initiative de la dénonciation à l'Assemblée de ceux de ses membres qui étaient impliqués, et que la justice ne viendrait qu'à la suite de la politique. Nous acceptâmes cette interversion des rôles ; toutefois nous voulûmes avertir le pouvoir exécutif, dans la personne du général Cavaignac, de toute la portée politique du débat que nous allions soulever, et savoir de lui s'il était en mesure de parer à toutes les éventualités que ce débat pouvait amener. Le général, dans la conférence que nous eûmes avec lui à ce sujet, tout en gardant une grande réserve sur le fond même de l'affaire, nous déclara que, dans la situation politique, il n'existait aucun obstacle à ce qu'entière justice fût faite des coupables, quelque haut placés qu'ils fussent.

Rien ne s'opposait donc plus à ce que la commission déférât à l'impatience de l'Assemblée. Elle eut quelque peine à nommer son rapporteur; plusieurs des membres qui se trouvaient naturellement désignés pour cette fonction la déclinaient sous un prétexte ou sous un autre : les uns, parce qu'ils étaient trop avancés d'opinion; les autres, parce qu'ils ne l'étaient pas assez. Un jeune député de l'Aisne, M. Quentin Bauchard, qui n'était gêné par aucun antécédent politique, consentit enfin à s'en charger. Le rapport fut rédigé avec quelque hâte et s'en ressentit; la discussion était déjà mise à l'ordre du jour, et l'Assemblée demandait à grands cris la lecture du rapport, alors que le rapporteur y travaillait encore et en écrivait les dernières lignes. Du reste, si ce travail laissait quelque chose à désirer quant à la forme, au fond, il renfermait tous les faits essentiels, et surtout il était complété par la masse de pièces justificatives qui l'appuyaient.

La production de ces pièces avait donné lieu à un assez vif débat dans le sein de la commission : cette production serait-elle précédée d'un triage à l'aide duquel on laisserait de côté tout ce qui n'avait pas d'importance politique et judiciaire : des commérages, par exemple, sur la vie privée ou sur les relations intimes des personnes, des récits plus ou moins vérifiés sur la fortune de M. Ledru-Rollin, sur les sommes d'argent qu'il aurait reçues ou payées depuis le 24 février? La majorité avait été d'avis de faire ce triage, non-seulement pour soulager l'attention de l'Assemblée de détails plus scandaleux qu'instructifs, mais surtout pour maintenir à la discussion un caractère sérieux et digne.

Notre rapport fut lu dans la séance du 3 août. Quarante jours s'étaient écoulés depuis l'institution de notre commission. On sait avec quelle rapidité les impressions changent en politique. Toutes les enquêtes ordonnées dans les grandes crises ont subi l'influence de cette mobilité des esprits. Ainsi la fameuse enquête ordonnée par la première Assemblée constituante, à l'occasion de la journée du 4 octobre, avait été ordonnée sous la première impression de l'indignation qu'avait causée cet odieux attentat; mais, lorsqu'après une instruction minutieuse et prolongée, le rapport fut porté devant cette Assemblée, les esprits étaient changés, et, au lieu de l'indignation qui avait provoqué l'enquête, ce fut un ordre du jour dédaigneux qui en accueillit les résultats. Nous ne pouvions espérer échapper à cette loi du temps. Les partis extrêmes qui, après juin, étaient atterrés, avaient repris leur audace; tandis que les modérés, qui alors étaient confiants et résolus, étaient retombés dans leurs défiances et leurs hésitations, et se reprenaient à se préoccuper de la réaction monarchique, dont ils avaient si grande peur. En outre, le rapport, nous l'avons déjà dit, avait été fait à la hâte; les matières y étaient mal ordonnées, les citations étaient confuses, quelques-unes mal choisies, et, de plus, il fut assez mal lu: aussi l'impression fut-elle peu favorable, non-seulement sur les bancs de la gauche, ce qui était inévitable, mais même parmi les conservateurs.

Il y a toujours dans les partis un assez grand nombre d'hommes qui se montrent très-habiles à prévoir et à ménager tous les futurs contingents: le parti conservateur, autant et peut-être plus que les autres partis, avait ses habiles et ses tacticiens. C'étaient eux qui, en face des mesures énergiques et un peu compromettantes, ne manquaient jamais de parler de modération, de conciliation, etc. Le rapport qui les mettait brutalement en face d'un vote de poursuites contre les coryphées de la révolution du 24 février ne pouvait avoir faveur parmi eux: aussi leurs murmures se joignirent-ils à ceux de la Montagne. L'aspect de l'Assemblée était mauvais et fort peu encourageant pour les membres de la commission, qui venaient de remplir si laborieusement et si courageusement un pénible devoir.

M. Ledru-Rollin ne manqua pas de se prévaloir de cette disposition des esprits pour entamer immédiatement le débat. Comme on lui opposait le règlement, et que ses amis lui conseillaient, dans l'intérêt même de sa justification, d'attendre que le rapport fût imprimé et distribué : « Personne ici, s'écrie-t-il, ne peut être meilleur juge que moi de ce qui regarde mon honneur!... » Puis, prenant immédiatement le rôle agressif, il m'interpelle personnellement. Son thème était d'avance indiqué : déjà, et au milieu de la lecture du rapport, le montagnard Gambon s'était écrié : « *Nous verrons si la République sera assassinée par les royalistes!* » C'est le même sentiment que M. Ledru-Rollin, et après lui Caussidière et Louis Blanc, ne manqua pas d'exprimer.

J'ai cru, dit-il, le seul dans l'ancienne Chambre, qu'on pouvait passer sans transition de la monarchie à la république; n'est-ce point là mon crime ? Je m'y attendais; je savais bien qu'un jour il me faudrait compter avec les ennemis de la République; en marchant à l'Hôtel de ville, le 24 février, je disais à l'ami que le peuple venait de me donner, à M. de Lamartine, nous montons au Calvaire... (Mouvement.) Eh bien! descendez dans le fond de vos cœurs, êtes-vous bien sûrs d'avoir oublié comme moi, toutes sortes d'amertume, toute colère? que votre rapport ne soit pas inspiré de cette rancune que vous auriez dû étouffer? Non, car vous êtes des hommes et vous en avez les passions. Les commissions politiques ne sont pas des tribunaux de justice, on tue avec elles, on ne juge pas. (Vif assentiment sur plusieurs bancs.) Vous parlez de concorde, grand Dieu! et votre rapport est gros de divisions et de haines ; et, cependant, si cédant à d'anciens souvenirs, nous laissions faire brèche dans nos rangs, nos ennemis en profiteraient pour s'y précipiter et se faire des armes contre nous de nos divisions mêmes. (Quelques membres : Oui, les ennemis de la République!...)

Puis, après une explication rapide de sa conduite comme membre du Gouvernement provisoire, dans laquelle il ne manqua pas de reproduire l'opinion qu'il avait déjà exprimée devant nous, qu'avant la réunion de l'Assemblée le pouvoir n'était qu'un fait sans droit, et que le 17 Avril aurait pu très-légitimement défaire, et par les mêmes moyens, ce que le 24 Février avait fait; sentant bien qu'il était là sur un terrain brûlant, il se hâta d'en sortir et de terminer par ces mots :

Ainsi donc, suspendez votre jugement pendant quatre jours; ne jugez pas légèrement. Ce rapport fait sans confrontation n'est pas une œuvre de justice, c'est une œuvre de parti. (Oui! — Non!...) Des partis, la république ne doit en avoir qu'un seul, la grandeur de la France, le bonheur du peuple : Nous disputons et il a faim... (Mouvement prolongé.)

Il n'y avait rien de bien sérieux dans toute cette déclamation : d'abord, M. Ledru-Rollin se donnait bien mal à propos les honneurs du martyre; il ne s'agissait ni de le tuer ni de le mettre en croix; on ne demandait pas même l'autorisation de le poursuivre; on lui reprochait d'avoir voué d'avance aux violences de la démagogie une assemblée qui n'était pas selon ses vœux, et voilà tout. Or cette accusation ressortait de ses circulaires, de ses bulletins, de tous les actes de son ministère; et nous étions loin d'être aussi explicites et aussi sévères sur ce point que l'avaient été avant nous ses anciens collègues du Gouvernement provisoire. Que nous parlait-il de rancunes, de colère, de condamnation sans avoir été entendu, d'absence de procès-verbaux, de défaut de comparution avec les témoins? Oubliait-il donc qu'il n'était pas devant une cour d'assises, et qu'on ne confronte des accusés avec les témoins à charge, qu'en justice réglée et lorsqu'il y a déjà accusation. En vérité, M. Ledru-Rollin comme au 24 février, lorsqu'il criait à la violation de la loi sur la régence, au moment même où il brisait par la violence toute une constitution, M. Ledru-Rollin faisait un étrange abus de ses notions de légiste.

Cette réponse si facile, je ne crus pas même devoir la lui faire, malgré les provocations de toute nature que m'adressait M. Ledru-Rollin sur mon banc, me désignant du geste, interprétant les moindres mouvements de mon visage et s'écriant avec une fausse indignation : « *Vous riez, M. Odilon Barrot!...* » alors que je m'efforçais de rester impassible et que ma figure exprimait tout au plus quelque surprise de tant d'audace. Je me gardai bien d'accepter ce duel entre nos deux personnalités, qui fût devenu aussitôt et malgré tous les ménagements, toutes les habiletés que j'aurais pu y apporter, une lutte entre la monarchie et la république : je ne voulus pas rendre à M. Ledru-Rollin et à ses amis le service d'aider à cette diversion qu'ils s'efforçaient de faire. C'eût été montrer par trop d'inexpérience : je gardai donc opiniâtrément le silence et m'obstinai, au grand dépit de M. Ledru-Rollin, à rester imperturbablement dans mon rôle de président de la commission d'enquête. J'annonçai seulement de mon banc à l'Assemblée, qui demandait la publication et la distribution des pièces : « *Que je ne comprenais pas un rapport sur une enquête, sans les pièces justificatives dont il n'était et ne devait être que l'analyse.* »

La publication de ces pièces offrait cependant quelques difficultés d'exécution : d'une part, l'énorme dossier qui s'était formé pendant nos quarante jours de recherches ne pouvait être livré à l'impression sans être préalablement copié, et c'était un travail bien long pour l'impatience de l'Assemblée ; d'autre part, lors de la vérification que nous venions de faire de ces pièces avant de les publier, nous en avions trouvé quelques-unes tellement puériles et insignifiantes, d'autres tellement compromettantes pour des collègues que l'enquête n'atteignait pas, que nous avions décidé que nous devions nous borner à les déposer aux Archives.

La Montagne se méprit sur les motifs de cette détermination : elle prit cette réserve pour de la peur et crut que le moment était favorable pour pousser contre la commission une charge à fond.

Ainsi, dès le 5 août, M. Ledru-Rollin remontait à la tribune, un peu enivré de son succès de la veille ; il sommait l'Assemblée avec hauteur de lui assigner le jour pour la discussion de l'enquête et désignait le surlendemain.

Cela était matériellement impossible : c'est ce que je fis observer en renvoyant à l'imprimerie et au bureau de l'Assemblée, qui était chargé de presser l'impression, pour déterminer le jour où la publication ordonnée pourrait être faite ; et, comme je voyais que la tactique de la Montagne était de simuler une grande impatience de la discussion, je crus devoir déjouer cette tactique en déclarant que la commission d'enquête n'était pas moins impatiente de cette discussion ; qu'elle l'appelait de toute la puissance de son âme; et j'ajoutai avec une certaine solennité : « Je déclare, quant à moi, et c'est aussi ma protestation, j'ai le droit de la présenter, que le rapport n'est que *l'expression affaiblie*, entendez-vous bien ? des témoignages dont vous trouverez les preuves écrites dans les pièces justificatives. »

Depuis quelques jours c'était la commission d'enquête qui était sur la sellette; elle jouait le rôle d'accusée : ces quelques mots rétablirent la vérité des rôles et des situations; ils arrachèrent à la Montagne des cris de fureur : « *Vous aggravez le rapport par vos paroles!...* » s'écrie M. Emmanuel Arago. Telle était bien, en effet, mon intention.

M. Ledru-Rollin, de son côté, perdant toute mesure, passait aux injures grossières. « Vous avez intérêt à différer, et nous à hâter la discussion, vociférait-il. (Explosion de cris : A l'ordre! — Voix nombreuses de gauche : C'est vrai! vous voulez différer! — A droite : Non! non! A l'ordre!...) Oui, vous avez intérêt à reculer, et nous à hâter!... » L'orateur ne se possédant plus, le président fut obligé de le rappeler à l'ordre et aux convenances. Il fallait bien, après tout et malgré toute cette impatience affectée, reconnaître la nécessité du retard et s'y soumettre : quarante copistes furent employés; de nombreuses presses travaillèrent nuit et jour, et imprimèrent les copies au fur et à mesure qu'on les leur fournissait; et néanmoins la discussion ne put commencer que le 25 août seulement.

Cependant, le 9 août, nouvel incident. M. Louis Blanc ayant demandé si le travail de l'impression était assez avancé pour pouvoir fixer le jour du débat, un membre de la commission, M. le marquis de Mornay, déclare donner sa démission et la motive sur ce que, malgré les ordres réitérés de l'Assemblée nationale pour la publication entière, et sans aucune restriction, de toutes les pièces justificatives, ses collègues avaient cependant décidé, par de fort bons motifs, il le reconnaît, que certaines pièces ne seraient pas publiées.

Sur cette espèce de dénonciation, grande émotion de la Montagne. En vain le rapporteur explique que les documents triés et mis de côté sont ou étrangers au rapport, ou insignifiants, ou compromettants pour ceux-là mêmes qui en réclament la publicité, et surtout pour la paix publique; qu'ils envenimeraient le débat sans utilité; que d'ailleurs ils seront déposés aux Archives, où chacun pourra en prendre connaissance, les cris : *C'est insulter aux ordres de l'Assemblée!...* redoublent, et le rapporteur ne peut mettre fin à tout ce tumulte qu'en déclarant que tout sera imprimé, tout, sans aucune exception, puisqu'on paraît le vouloir; *mais que ce sera sous la responsabilité de qui de droit.*

Cependant, à mesure que les pièces s'imprimaient et que l'Assemblée en prenait connaissance, la réaction se faisait dans les esprits ; ce que j'avais annoncé, et qui avait paru à mes amis eux-mêmes une témérité, se vérifiait : les pièces étaient réellement bien plus accusatrices que ne l'était le rapport lui-même ; et, quoique la Montagne continuât à jouer l'impatience et à multiplier les incidents, elle commençait à s'apercevoir qu'il fallait renoncer à tout ce système d'attaques violentes contre les juges et songer sérieusement à se défendre, d'autant que les accusations ne venaient pas seulement du côté de la commission : la proposition de M. Creton, tendant à faire rendre compte par le Gouvernement provisoire et spécialement par M. Ledru-Rollin, des fonds secrets de police, était aussi une attaque à l'inviolabilité des dictateurs du 24 Février. Elle amena une scène violente que le président qualifia de *bataille*, et en effet elle y ressemblait bien plus qu'à une discussion sur une simple question de comptabilité. Ce n'était cependant là qu'une escarmouche, mais elle pouvait faire pressentir ce que serait la grande bataille. Ce fut le 25 qu'elle commença, et elle ne se termina que dans la matinée du 26.

Au début, la Montagne fit de vains efforts, non plus pour précipiter, mais pour ajourner le débat; ce qui annonçait assez que la chance avait tourné : elle demandait, tantôt le renvoi aux bureaux, tantôt une contre-enquête. L'Assemblée, résolue à en finir, repoussa tous les moyens dilatoires et préféra siéger pendant toute la nuit plutôt que d'interrompre le débat avant de l'avoir vidé.

Sur l'avis du président, on décida qu'on entendrait d'abord tous les députés qui, touchés par l'enquête, croiraient devoir s'expliquer sur des faits personnels. La série fut longue. C'était d'abord l'amiral Cazy, ministre de la marine, à qui M. Lacrosse aurait dit, le 15 mai, qu'il y avait quelque chose de mieux à faire, pour un ministre, que de rester sur son banc et d'assister passivement à l'envahissement de l'Assemblée : il se justifiait en faisant remarquer qu'il était amiral et non général. Puis c'était le colonel Charras, faisant fonctions de ministre de la guerre, qui s'excusait de n'avoir pas fait avancer les troupes qui se trouvaient à l'École militaire au secours de l'Assemblée, en rappelant que la Commission exécutive, la veille, avait attribué au général Courtais seul le commandement de toutes les troupes. Ensuite venaient les députés qui avaient été arrêtés par la garde nationale au milieu de la bagarre de l'Hôtel de ville, et qui soutenaient ne s'y être rendus que dans l'intérêt de l'ordre. Le colonel de la 11ᵉ légion, M. Edgar Quinet, cherchait à se justifier d'être resté sur son banc au lieu d'aller réunir sa légion, ainsi que ses collègues l'y invitaient. M. Baune déniait le propos atroce qu'un de ses collègues, M. Turck, lui attribuait. Ce propos était celui-ci : « On n'en finira pas si on ne tue quatre ou cinq cents membres de l'Assemblée. Robespierre, Marat, Saint-Just, étaient doux dans le principe : tous ces hommes demandaient l'abolition de la peine de mort ; ils en sont bien revenus, et, si nous voulons réussir, nous devons commencer par où ils ont fini. » Ce propos était, sans doute, bien loin de l'action ; mais il n'en montre pas moins à quel degré de violence étaient parvenus les esprits. C'étaient MM. Portalis, Landrin, Jules Favre, Ledru-Rollin, qui repoussaient comme fausse l'imputation de François Arago sur le projet de dissoudre ou tout au moins d'ajourner l'Assemblée ; et M. Arago maintenait son affirmation en l'appuyant du témoignage de M. Duclerc. C'étaient enfin les députés de la Montagne, en masse, qui se récriaient contre la publication des pièces saisies par la garde nationale dans le local où se tenait un de leurs clubs. Ces pièces étaient, en effet, assez compromettantes : elles révélaient qu'indépendamment d'un programme très-antisocial et à peu près calqué sur les conférences du Luxembourg, que ces messieurs avaient adopté comme symbole politique, ils avaient organisé une correspondance avec les départements, établi des affiliations à l'extérieur, réglé les conditions d'admission, les épreuves d'initiation, etc. ; ce qui donnait à leur réunion bien plus le caractère d'une société secrète que celui d'une réunion parlementaire. Aussi la plupart d'entre eux vinrent-ils successivement, les uns désavouer, les autres expliquer leur participation à cette société : tous se plaignaient amèrement de l'indiscrétion que la commission d'enquête avait commise en publiant ces pièces, ne se rappelant pas que c'étaient eux qui, la veille même, revendiquaient avec rage la publication entière et sans aucune exception de tous les documents qui étaient arrivés entre nos mains. Les partis ont de singuliers oublis et d'étranges contradictions.

C'est après cette espèce de continuation d'enquête à la tribune, dans laquelle la République faisait, pour ainsi dire, une revue publique de ses plaies, que commença le véritable débat, celui sur MM. Ledru-Rollin, Louis Blanc et Caussidière.

Comme il l'avait fait dans son premier discours, M. Ledru-Rollin reprit son thème d'attaques violentes contre la commission d'enquête, contre le parti conservateur tout entier et contre moi en particulier.

La commission d'enquête, nous disait-il avec toute sorte d'aménités et aux applaudissements de la Montagne, s'est tout d'abord demandé si elle pouvait perdre un des plus ardents défenseurs de la République ; en s'asseyant sur ses bancs, elle y a fait asseoir avec elle sa haine et ses rancunes. De quel droit êtes-vous remontés aux actes de mon administration, sous le gouvernement provisoire ? Ma politique, si elle est mauvaise, l'histoire la jugera : elle est d'ailleurs couverte par cette déclaration que : *j'ai bien mérité de la patrie*. Vous n'aviez pas le droit de la juger ; si vous m'avez attaqué, c'était pour attaquer le gouvernement provisoire et la République de Février. (Bravos à gauche.)

Gâté par son premier succès, l'orateur dépassait ainsi toute mesure et blessait jusqu'au parti de la république modérée.

Ce fut bien pis encore lorsque, entreprenant de justifier et ses circulaires et la conduite de ses commissaires, il disait, pour les circulaires, que, si elles avaient combattu les candidatures de l'ancienne monarchie, *c'était par estime pour les monarchistes, parce qu'il les croyait sincères dans leurs convictions, et par conséquent peu propres à fonder une république; qu'il leur avait tenu compte des pudeurs de l'âme humaine.* Pour les commissaires, il disait que *c'était abuser des mots que de lui reprocher de leur avoir donné des pouvoirs illimités : que ces pouvoirs étaient limités par les mœurs ; qu'aucun d'entre eux n'avait mérité un seul reproche.* Et comme une grande partie de l'Assemblée se récriait contre cette assertion : « *Je m'attendais à ces interruptions*, poursuit-il. *Ils vous ont combattus : vous en conservez rancune.* » Ces mots excitent une rumeur presque générale ; de tous les côtés l'orateur est interpellé. Un représentant de la droite lui jette le nom d'un de ses commissaires en lui criant que c'était un forçat libéré ; et l'orateur reprend avec son imperturbable assurance « *que ce forçat n'était que sous-commissaire, qu'il s'était vaillamment conduit le 24 février, et qu'au surplus ce n'était pas lui qui l'avait nommé.* » M. Ledru-Rollin, abordant ensuite l'affaire de l'expédition de Belgique dite *Risquons-tout*, avoue qu'il a fait pour la légion belge ce qu'il a fait pour les Allemands, pour les Savoisiens ; que, s'il a fait accompagner cette légion par des jeunes gens de l'École polytechnique, c'était pour empêcher les désordres sur la frontière. Il nie avec une imperturbable assurance qu'il eût donné à M. Delécluze, son commissaire à Lille, l'ordre de fournir à cette bande des fusils pris dans les arsenaux de l'État ; si la défense de la laisser pénétrer en Belgique et l'ordre de rappel des jeunes élèves de l'École sont arrivés trop tard et lorsque l'expédition avait été déjà repoussée, il en rejette la faute sur le télégraphe, dont il a, dit-il, destitué le directeur. Au surplus, le gouvernement belge ne s'est pas plaint : qui aurait le droit de se plaindre ?

C'était pousser loin l'audace du mensonge, en présence surtout des dépositions des jeunes élèves de l'École et des déclarations du général Négrier, qui étaient sous les yeux de l'Assemblée. M. Ledru-Rollin aurait dû moins parler *des pudeurs* de la conscience humaine et les respecter davantage.

Ce terrain n'était pas tenable ; M. Ledru-Rollin, malgré toute son assurance, s'y sentait mal à l'aise : aussi se hâte-t-il de revenir à son thème favori, celui des récriminations contre les anciens libéraux constitutionnels ; et, cette fois, il assaisonne l'injure par l'ironie.

> Vous avez des amours malheureux, dit-il, en se tournant vers moi ; vous aimiez la dynastie d'Orléans, et chaque jour vous la miniez, sans avoir une idée à mettre à sa place. Impuissant dans votre opposition, vous l'eussiez été au pouvoir ; ce que vous avez été pour le gouvernement de Juillet que vous aviez fondé, je crains bien que vous ne le soyez pour la République que vous n'avez pas fondée. (On rit.) Quand vous avez jeté cette agitation de la réforme, quand, à un jour donné, vous avez assigné un rendez-vous à une population tout entière, vous avez manqué au rendez-vous que votre honneur lui avait assigné. (C'est vrai !) En voulant donner une leçon au gouvernement de votre choix, vous l'avez jeté par terre. Ne recommencez pas cette opposition tracassière ; vous n'aviez pas d'idées sous le gouvernement de Juillet, vous n'en avez pas davantage aujourd'hui, pour remédier au mal : vous n'avez jamais su que détruire. Contentez-vous donc de suivre, et ne prétendez pas diriger, etc...

M. Ledru-Rollin reprochait à l'opposition constitutionnelle son opposition, rejetant sur elle la responsabilité de cette révolution dont il se glorifiait, nous accusant d'avoir manqué à un rendez-vous d'honneur, pour avoir refusé de donner le signal d'un conflit sanglant. La plaisanterie, qui fut du goût des Montagnards, peut-être même de quelques conservateurs, était trop forte ; et il ne fallut rien moins que la réserve silencieuse dont j'avais dû me faire une loi absolue, pour ne pas m'élancer à la tribune et donner libre carrière aux sentiments d'indignation qui m'oppressaient dans ce moment. Vous me reprochez mon opposition vis-à-vis d'un gouvernement que j'aimais, en effet, parce qu'il assurait la liberté et l'ordre dans mon pays, lui aurais-je répondu ; vous n'admettez donc que deux positions vis-à-vis des gouvernements qu'on aime : ou se taire sur leurs fautes, ou les briser par la violence? Ah! je reconnais bien là cette détestable et funeste école dont vous êtes un des apôtres, et qui n'admet pas de milieu entre le despotisme et l'anarchie. Si ce gouvernement est tombé, et si avec lui la liberté est compromise, anéantie peut-être, ce n'est pas parce qu'il a rencontré des opposants modérés et loyaux qui lui ont signalé les écueils et annoncé les dangers : c'est bien plutôt parce qu'il a obstinément fermé les oreilles à leurs conseils, à leurs avertissements ; c'est parce qu'il se croyait trop fort et qu'il vous méprisait trop, vous ses ennemis ; c'est parce que, lorsqu'il a ouvert les yeux aux terribles lueurs de l'incendie qui l'environnait de toutes parts, il s'en est troublé et a perdu le calme et le sang-froid qui auraient pu encore le sauver. Oui, j'ai refusé d'assister au banquet du douzième arrondissement parce que, grâce aux mesures imprudentes et contradictoires du Gouvernement, ce banquet devenait une cause inévitable de conflit. Oui, j'ai mieux aimé manquer au rendez-vous donné à la population que de prendre la responsabilité du sang versé. Vous le saviez bien, vous, que c'était moi qui répondrais de ce sang. Je n'ai pas voulu de cette terrible responsabilité : gardez-la pour vous tout entière[1]. Plût à Dieu

1. M. Ledru-Rollin, le 22 ou 23 février, délibérait avec ses amis, au bureau du journal *la Réforme*, sur la question de savoir s'ils jetteraient les sociétés secrètes au milieu de l'agitation réformiste et, comme une des personnes présentes objectait que, dans ce cas, il y aurait du sang versé. « Tant mieux! aurait répondu M. Ledru-Rollin avec un atroce sang-froid, c'est Barrot qui en répondra. » — Le

que j'eusse réussi, par mon refus, à préserver mon pays des fléaux que vous avez déchaînés sur lui! Vous me reprochez de n'avoir pas eu d'idée à mettre à la place du gouvernement de Juillet ; je l'avoue humblement : bien loin d'avoir rien à mettre à la place de ce gouvernement, mes vœux les plus ardents étaient pour sa conservation, tous mes efforts tendaient à le fortifier et à le sauver de vous. Mais vous, qui aviez une idée à mettre à la place et qui l'avez brisé pour cette idée, dites-moi ce que cette idée a produit? Une dictature orageuse, une Assemblée outrageusement violée, une guerre sociale atroce, l'état de siége universel et permanent des départements en masse, une société ruinée, anxieuse et toute prête à jeter ses libertés si chèrement acquises à la discrétion du premier venu qui lui promettra un peu de sécurité!...

M. Ledru-Rollin termina son discours en revenant sur cette prosopopée, plus brillante que juste, par laquelle il l'avait commencé, et dans laquelle, évoquant les souvenirs de la première Assemblée constituante et de la Convention, il rappelle que la première de ces assemblées avait passé à l'ordre du jour sur l'enquête qu'elle avait précédemment ordonnée, et que, grâce à cet esprit de conciliation, elle avait pu, *pendant dix-huit mois, suivre sa course paisible et magnanime à la fois.*

La Convention, au contraire, ajoutait-il, après le 9 thermidor, finit par traduire devant le tribunal révolutionnaire des hommes qui avaient des fautes à se reprocher, mais qui avaient émancipé le monde. Il en résulta les irritations du dedans, les colères intestines ; puis la journée de germinal qui délivre les accusés ; puis celle de prairial, puis la mort

propos m'a été rapporté par M. Antoine Passy, alors sous-secrétaire d'État au ministère de l'intérieur, et qui, à raison de ses fonctions, était très-bien informé de ce qui se passait dans les bureaux de *la Réforme*.

du courageux Féraud : salut à lui ! puis, au bout de tout cela, la République couchée dans la tombe !... (Sensation.)

Cette appréciation historique pouvait exciter les applaudissements de la Montagne ; elle ne supportait pas le moindre examen : c'était précisément parce que l'Assemblée constituante, au début des violences du parti anarchique, qui s'essayait alors, ne les avait pas réprimées avec vigueur et avait pactisé avec ces violences, que ce parti, encouragé par tant d'hésitation et de mollesse, avait ensuite fait le 10 août, les journées de septembre, celle du 21 janvier, celles de prairial, de germinal, etc..., jusqu'à ce qu'enfin, s'entre-déchirant, il ait noyé sa prétendue république, qui n'était qu'une horrible dictature, dans le sang de ses propres fondateurs. Voilà pourquoi cette république dormait dans la tombe, dont la révolution du 24 février est venue la tirer si malheureusement, et non parce que les terroristes se sont entre-tués en thermidor.

On le voit, j'aurais été inévitablement entraîné par l'enchaînement des idées, si j'avais répondu à M. Ledru-Rollin, à mettre la révolution de Février en cause ; c'est ce qu'il attendait. C'est pour cela qu'il s'était étudié à rendre aussi directs, aussi personnels, aussi incisifs qu'il le pouvait, les traits qu'il m'adressait. Je ne donnai pas dans le piège : je gardai un silence obstiné. Certes, le sacrifice que je faisais à la cause de l'ordre était grand : c'était, en effet, une cruelle et longue torture morale que celle que je subis pendant deux heures, sous le coup de tant d'attaques si faciles à repousser. Jamais un homme politique, habitué aux luttes de la tribune, n'a éprouvé en lui-même un combat plus pénible entre sa personnalité et son devoir. Les remercîments que le général Cavaignac m'adressa sur mon banc, par un petit billet, pour le sacrifice fait à la chose publique, étaient mérités.

Après M. Ledru-Rollin, M. Louis Blanc reprit le thème obligé de la République persécutée dans sa personne ; puis il entreprit de justifier ses doctrines socialistes, disant avec beaucoup de vérité que personne moins que lui ne méritait le reproche d'avoir voulu la loi agraire : que cette loi était le partage infini de la propriété, quelque chose de semblable au Code civil. (*Murmures.*) Et, en effet, il ne voulait pas diviser, mais, au contraire, concentrer toute la propriété en la plaçant tout entière entre les mains de l'État. Ses explications eurent peu de faveur, et le président eut plus d'une fois à rappeler l'Assemblée aux égards dus à l'orateur à raison de sa situation d'accusé.

M. Caussidière fut entendu le dernier. Il avait fait préparer un long discours qu'il lut sans pouvoir s'empêcher d'y intercaler parfois des phrases de son propre cru. Il fut moins heureux dans ce plaidoyer soigneusement élaboré, qu'il ne l'avait été quelquefois dans ses improvisations désordonnées ; il glissa sur les charges trop directes, telles que la lettre de Sobrier et celle qui pressait la préparation des bombes incendiaires. Quant aux reproches d'avoir fomenté les désordres de la rue, il y répondait par les 180,000 suffrages que la bourgeoisie lui avait donnés. Il terminait, lui aussi, par un appel à l'union et à l'oubli : « Indulgence et protection pour les vaincus, disait-il en finissant ; mais n'allez pas jusqu'à la rigueur et à la persécution contre les vainqueurs... »

Après ces trois plaidoyers, le moment de la conclusion était venu. La commission d'enquête avait fait connaître les faits et produit les documents : sa mission était terminée ; c'était à la justice et non à elle à décider si une sanction pénale devait, ou non, suivre ses révélations.

C'est alors, en effet, que M. le président lut à l'Assemblée la pièce suivante, émanée de M. le procureur général près la Cour de Paris :

Monsieur le président,

J'ai l'honneur de déposer entre vos mains le réquisitoire que je crois devoir prendre pour autorisation de poursuites contre deux membres de l'Assemblée nationale.

Agréez, etc.

Suivait le réquisitoire, qui se terminait ainsi :

Il résulte de l'ensemble des éléments fournis, tant par l'instruction judiciaire que par l'*enquête parlementaire*, que deux citoyens représentants du peuple sont signalés comme ayant participé, comme auteurs ou comme complices, soit à l'attentat du 15 mai, soit à celui du 23 juin et des jours suivants. Les représentants contre lesquels ces indices de culpabilité s'élèvent sont les citoyens Louis Blanc et Marc Caussidière ; savoir : Louis Blanc et Caussidière pour leur participation à l'attentat du 15 mai, et Caussidière, seul, pour sa complicité dans celui de juin.

En conséquence, requiert qu'il plaise à l'Assemblée, autoriser toutes poursuites pour les causes sus-indiquées contre les représentants du peuple Louis Blanc et Marc Caussidière, et l'application contre lesdits représentants, s'il y a lieu, de toutes dispositions du Code d'instruction criminelle.

Fait à Paris, le 25 août 1848.

Le procureur général,
Corne.

Après une discussion assez insignifiante et portant principalement sur des questions de forme, des chicanes dilatoires, et un long et lourd plaidoyer de M. Th. Bac, en faveur des prévenus, l'urgence fut demandée par le Gouvernement et votée par 493 voix contre 292 ; puis, 504 représentants contre 252 accordèrent l'autorisation de poursuivre M. Louis Blanc pour l'attentat du 15 mai ; un peu moins, 477 contre 278, votèrent l'autorisation de poursuivre M. Marc

Caussidière pour le même attentat. Restait l'autorisation de poursuites contre ce dernier, pour complicité dans les journées de juin : elle fut rejetée par 458 voix contre 281. La répugnance à envoyer un représentant du peuple devant une juridiction militaire (le dernier crime relevait, en effet, des conseils de guerre) eut une grande influence sur ce vote. Pendant qu'on procédait au dépouillement de ces divers scrutins, MM. Louis Blanc et Marc Caussidière avaient disparu et s'étaient soustraits à l'exécution des mandats de justice décernés contre eux. La séance fut levée à six heures du matin.

Ainsi se termina ce grave débat qui, à la différence de celui qui avait suivi l'attentat du 15 mai, au lieu de se résoudre en un acte de lâche condescendance mal dissimulé sous les apparences d'un désir de conciliation, se termina, au contraire, par une éclatante répression; répression d'autant plus efficace que, tout en laissant à Ledru-Rollin et à ses collègues les bénéfices de l'amnistie du temps, elle frappait, dans Marc Caussidière et Louis Blanc, tout à la fois les deux ennemis de la société, le socialisme et les sociétés secrètes, dans leurs personnifications les plus élevées, et qu'elle avait été votée par une immense majorité, après une longue et minutieuse enquête parlementaire et après une discussion solennelle, dans laquelle non-seulement les accusés avaient joui des droits les plus étendus de la défense, mais avaient même été seuls entendus.

Cet acte de juste sévérité de l'Assemblée nationale couronnait l'ensemble des mesures par lesquelles, d'accord avec son nouveau gouvernement, elle avait raffermi les bases de la société, profondément ébranlées.

Ainsi, les sociétés secrètes avaient été supprimées par un décret ; si les clubs n'avaient pas été également dissous, ils avaient du moins été assujettis à la publicité et à certaines règles qui les forçaient à admettre dans leur sein un agent de l'autorité. Ce décret atténuait, s'il ne faisait pas disparaître entièrement, le danger des clubs. Une loi d'organisation du jury, qui admettait le choix, avec discernement, de la liste annuelle; les attributions de la police correctionnelle étendues à tout ce qui était violation des conditions réglementaires, assuraient à ces décrets une sérieuse exécution. De plus, l'obligation des cautionnements était remise en vigueur pour tous les journaux politiques; et, quoique le chiffre de ces cautionnements eût été de beaucoup réduit, il suffisait pour faire disparaître toutes ces feuilles violentes et grossières qui inondaient nos rues, poussaient incessamment le peuple à des prises d'armes et entretenaient dans la société une anxiété qui, à son tour, redoublait la misère. Une loi répressive des délits de la presse assura, en outre, à la famille et à la propriété la même inviolabilité qu'à la représentation et à l'Assemblée elles-mêmes.

Pendant que ces mesures se succédaient rapidement, l'instruction sommaire contre les insurgés de Juin pris les armes à la main se poursuivait avec activité devant les commissions militaires ; de nombreux convois de trois cents, quatre cents hommes chacun, dont les noms étaient inscrits au *Moniteur*, se succédaient rapidement, les uns dirigés sur Brest, les autres sur Belle-Isle, où ils devaient attendre leur destination définitive. Les prisons se vidaient, et le danger de cette immense agglomération de détenus disparaissait peu à peu. Le désarmement de tous les centres de population où avait sévi l'insurrection s'opérait avec la plus grande facilité, grâce à la stupeur dont était frappée la classe ouvrière, et qui avait succédé chez elle, depuis son éclatante et sanglante défaite en juin, au fol orgueil dont ses prétendus amis l'avaient si imprudemment enivrée.

Plus de 60,000 fusils rentraient dans les arsenaux de l'État; la confiance et le sentiment de la force étaient passés décidément du côté des défenseurs de la société, et le pouvoir exécutif ne laissait pas cette force se perdre, comme naguère, dans d'impuissantes hésitations ou dans des querelles intestines.

Le général Cavaignac, investi d'une sorte de dictature au milieu de la conflagration de Paris, venait, le jour même où la victoire de l'ordre était assurée, résigner noblement cette dictature entre les mains de l'Assemblée, qui, à l'unanimité, après avoir déclaré qu'il *avait bien mérité de la Patrie* et associé avec justice dans cette déclaration son président M. Sénard, lui continuait ses pouvoirs sous le titre de *Président du Conseil des ministres*, et lui laissait le choix de ses collègues dans le cabinet : faculté dont il usait à l'instant même, le 28 juin, pour s'adjoindre, comme ministre de l'intérieur, ce même M. Sénard; à la guerre, le général de Lamoricière; à la justice, M. Bethmont, remplacé plus tard, à raison de sa santé, par M. Marie : à l'agriculture, M. Thouret. Le général Changarnier était nommé commandant général de la garde nationale, et il était décrété qu'une armée de 50,000 hommes au moins camperait dans Paris.

A la différence de la Commission exécutive, qui ne laissait échapper aucune occasion d'élever à chaque instant des questions de prérogative entre elle et l'Assemblée, le général Cavaignac affectait, au contraire, la plus humble déférence pour le pouvoir législatif; il rappelait sans cesse qu'il n'était que le bras de l'Assemblée souveraine, toujours prêt à se soumettre à ses volontés. C'est ainsi que, quelques objections ayant été faites dans l'Assemblée à la nomination de l'amiral Casy au ministère de la marine, à raison de ce qu'il n'était pas représentant du peuple, le lendemain ce ministre était remplacé ; c'est ainsi que M. Carnot, ayant été frappé d'un vote improbatif pour sa fameuse circulaire et pour certaines brochures socialistes qu'il avait encouragées, cédait immédiatement son portefeuille à M. de Vaulabelle, auteur de l'*Histoire de la Restauration*. Jamais ministre vieilli dans les habitudes parlementaires n'avait pratiqué aussi habilement l'art de capter la confiance d'une assemblée, que ce soldat, tout inexpérimenté qu'il était de la tribune et des assemblées. Aussi les deux pouvoirs étaient-ils, pour ainsi dire, identifiés : ce complet accord était une force de plus et, sans contredit, la plus importante.

De son côté, l'Assemblée avait pris la vigoureuse et salutaire initiative de quelques mesures financières et économiques de nature à rétablir le crédit public, si profondément compromis, et à rouvrir les sources de la prospérité publique ; elle avait décrété que les porteurs de bons du Trésor, les créanciers de la Caisse d'épargne, au lieu de rentes au pair, qui leur faisaient perdre 30 ou 40 0/0, recevraient des rentes au cours du jour; ce qui, à une mesure désastreuse, substituait une mesure profitable tout à la fois aux créanciers et à l'État, mesure dont nous aurons plus tard à indiquer la portée.

L'Assemblée nationale retirait aussi la loi de rachat des chemins de fer ; elle ne conserva pour l'État que le chemin de Lyon, et cela, parce que la Compagnie qui s'était chargée de le faire avait déclaré l'impuissance où elle était de remplir ses engagements.

Enfin, après avoir vaincu le socialisme armé dans la rue par les armes et les mesures répressives, il restait à le confondre par une discussion publique en pleine tribune et en face de la nation ; il restait à démontrer le néant, la folie et même l'immoralité de ses doctrines : M. Thiers s'en chargea. Il profita d'une proposition que M. Proudhon avait faite d'enlever à tous les propriétaires ou capitalistes un tiers de leurs revenus, qui serait distribué entre l'État et les débiteurs, afin d'intéresser ces derniers à dénoncer leurs créanciers. C'est à l'occasion de cette proposition que M. Thiers appela M. Proudhon à un débat solennel, à la suite duquel l'Assemblée, à l'unanimité moins *deux voix*, celles de M. Proudhon lui-même et d'un sieur Greppo, devenu célèbre par ce vote, adopta l'ordre du jour suivant :

Considérant que la proposition du citoyen Proudhon est une atteinte odieuse aux principes de la morale publique, qu'elle viole la propriété, qu'elle encourage la délation, qu'elle fait appel aux plus mauvaises passions;
Considérant, en outre, que l'orateur a calomnié la révolution du 24 février 1848, en prétendant la rendre complice des théories qu'il a développées, passe à l'ordre du jour.

Grâce à cet ensemble d'actes, la confiance renaissait de toutes parts; les ouvriers, désabusés, rentraient dans les ateliers; les manufactures, dont l'appât des primes et l'excessif bon marché des marchandises avaient vidé les magasins, reprenaient une grande activité; le taux de la rente s'élevait, en peu de jours, de 68 à 77 francs; le crédit privé s'en ressentait; le Gouvernement pouvait emprunter à la Banque de France cent cinquante millions; les capitaux reparaissaient: enfin, les symptômes d'une société qui reprend à la vie se manifestaient de toutes parts.

A l'étranger, la même réaction d'ordre s'opérait : l'Allemagne renonçait à sa prétention de centralisation unitaire; l'empereur d'Autriche rentrait à Vienne; le roi de Prusse refusait le titre d'empereur d'Allemagne, qui lui avait été décerné par l'Assemblée de Francfort, laquelle ne tarda pas à se dissoudre; le roi

Charles-Albert, trahi, découragé et par ses défaites et par les violences de la démagogie italienne, évacuait Milan au milieu des outrages des démagogues qui l'avaient appelé et ne lui avaient prêté qu'un appui si douteux : il rentrait dans son royaume ; et la France, dispensée de se mêler des affaires de l'Italie par l'Italie elle-même, après avoir prudemment désavoué toutes les tentatives de propagande armée faites par les démagogues français et étrangers en Allemagne, en Savoie, consentait à exercer, d'accord avec l'Angleterre, une médiation pacifique entre l'Autriche et le Piémont. Elle rentrait ainsi dans les conditions normales d'un État régulier : elle n'était plus ce météore effrayant, à la marche irrégulière, et qui menaçait d'embraser le monde ; la politique étrangère de M. de Lamartine n'était plus seulement dans les mots, elle était entrée sérieusement dans les faits. L'Assemblée nationale constituante avait donc accompli avec courage et sagesse la première partie de son œuvre : elle avait rétabli l'ordre et rendu à la société, en partie au moins, son ancienne sécurité ; il lui restait à donner à la République une organisation raisonnable et qui rendît possible cette forme de gouvernement, une Constitution, enfin, qui offrît d'égales garanties à l'ordre et à la liberté. Nous allons voir comment elle a accompli cette dernière partie de sa mission.

DE LA CONSTITUTION DE 1848

RÉFLEXIONS PRÉLIMINAIRES

Nous voici arrivés à l'œuvre de la Constitution : arrêtons-nous un peu sur ce sujet. Ici nous n'avons pas d'événements dramatiques à raconter ; nous n'avons que le travail des idées à exposer. Si le spectacle auquel nous avons assisté jusqu'à présent, et qui offrait un si étrange mélange de grandeur et de déraison, de philanthropie et de violence, a pu nous inspirer souvent un sentiment d'effroi et de douleur, c'est le découragement que fait naître l'examen auquel nous allons nous livrer.

Comment ne pas se décourager en effet, lorsque, se reportant à l'histoire de toutes nos révolutions, on voit les mêmes fautes se renouveler sans cesse, et cette nation s'obstiner à tourner dans le cercle des mêmes erreurs ; cette dernière épreuve de 1848 est surtout désespérante. En effet, après plus de trente ans de libre et publique discussion, après l'examen si approfondi et si souvent répété de toutes les questions qui touchent à l'organisation d'un État libre, on pouvait croire que certaines vérités étaient acquises en France, que certaines erreurs de nos pères, qu'ils avaient si durement expiées, étaient bien et irrévocablement condamnées; et lorsqu'on voit, au contraire, que ces trente années d'examen et de pratique politique ont été absolument perdues, que les vérités regardées comme les mieux démontrées, les plus universellement acceptées, ont été complétement méconnues: lorsqu'on voit la France, après tant de leçons si chèrement achetées, recommencer à copier, ou plutôt à parodier la Constituante, la Convention, pour finir par l'Empire, et tout cela avec le même entrain, la même imprévoyance qu'au jour où elle s'engagea pour la première fois dans ce cercle fatal, comment n'être pas saisi d'un profond découragement? Qui pourrait, en effet, se flatter de parler plus haut et avec plus d'autorité que ne l'ont fait les événements? — Entreprendre d'avertir une nation que les catastrophes les plus éclatantes et les plus répétées ont été impuissantes à éclairer, n'est-ce pas une tentative insensée? Et cependant cette tentative, il faut la recommencer toujours et sans jamais se lasser : car le devoir ne se mesure pas aux résultats prévus et possibles. Après tout, la Providence, qui sait bien faire prévaloir en définitive les lois de son éternelle sagesse, vient en aide à ceux qui ne se découragent pas ; elle n'a jamais manqué jusqu'à ce jour, et elle ne manquera sans doute pas non plus dans l'avenir à mettre le châtiment à côté de la faute ; et peut-être, à force d'être ainsi toujours averti et toujours châtié, ce peuple finira-t-il par être moins disposé à glorifier ses erreurs et à les recommencer.

Nommé, après trois scrutins successifs et malgré les républicains de la veille, membre de la commission chargée de préparer la nouvelle Constitution, j'ai mis à ce travail tout le zèle et la sincérité qui étaient en moi. D'autres ont pu y apporter plus d'enthousiasme et de foi, mais nul ne s'est plus loyalement efforcé de faire réussir l'œuvre républicaine. Aujourd'hui que, les yeux fixés sur le procès-verbal de nos délibérations, dont notre secrétaire, M. Woirhaye, a bien voulu aider mes souvenirs, je reprends un à un tous nos débats, je puis me rendre ce témoignage qu'il n'est pas un seul des dangers qui devaient faire avorter la République que je n'aie signalé ; je n'ai pas ouvert un avis qui ne tendît à surmonter les difficultés dont elle était entourée. En reproduisant avec quelque détail ces débats, je ne cherche pas la triste satisfaction de montrer que l'expérience m'a donné raison dans telles ou telles de mes prévisions. Non, je poursuis un but plus élevé : je voudrais, aujourd'hui que nous sommes tous un peu plus de sang-froid, remettre devant les esprits honnêtes et sincères le tableau exact, et encore vivant par nos souvenirs récents, de toutes les erreurs que nous avons traversées et de toutes les expiations qu'elles nous ont fait subir. Ces leçons éclatantes que l'histoire ne fournit ordinairement aux peuples qu'après une assez longue période de temps, à travers de nombreuses vicissitudes de succès et de revers, elle les a concentrées cette fois dans l'espace de quelques mois, elle leur a donné l'éclat et la rapidité de la foudre : le coup a suivi instantanément la faute ; et c'est cet enseignement que je vais essayer de mettre en lumière. Cependant, tout en faisant la part des erreurs et des fautes de ceux qui avaient mission de constituer la République, il serait injuste de ne pas leur tenir compte des immenses difficultés de leur œuvre : difficultés telles, que c'est encore une question non résolue pour nous que celle de savoir si, avec toute la science politique et toute l'expérience des hommes et des choses qui leur ont manqué, ils fussent parvenus à résoudre le problème qui leur était posé, celui de fonder une république, non pas avec la centralisation impériale, ce qui était absolument impossible, mais même avec ce qu'il faudrait toujours retenir de cette centralisation pour ne pas compromettre l'unité et la nationalité françaises.

Qu'était-ce donc, lorsqu'à la difficulté des choses venait se joindre la fausse direction des idées? M. Portalis a dit avec raison : *Le législateur n'invente pas les lois, il les écrit*. Cela est vrai, surtout des constitutions : elles ne sont, en effet, qu'une coordination des forces vives qui existent dans la société; toute élaboration constitutionnelle est donc surtout un travail d'observation et une étude des faits. Ce travail est nécessairement complexe, comme le sont les faits et les intérêts sociaux qu'il s'agit de reconnaître et de combiner. Procéder à un tel travail dans une pensée d'unité et d'uniformité, prétendre ployer les faits sous des théories préconçues, faire du dogmatisme, enfin, au lieu de faire de la politique, c'est s'exposer à perdre ses forces dans une œuvre folle et nécessairement éphémère.

Or, c'est là le premier écueil contre lequel devaient échouer les auteurs de la Constitution de 1848 : ils étaient tous, ou presque tous, de l'école du *Contrat social*, école d'autant plus dangereuse qu'elle revêt les couleurs d'une philanthropie universelle, et qu'elle a la prétention de conduire les hommes par la logique à une perfection absolue. On verra jusqu'à quel degré étaient portées chez eux cette manie d'unité, d'uniformité, cette prétention de dominer par des règles absolues les faits sociaux les plus rebelles, les lois les plus impérieuses de l'humanité.

Ce fut aussi un malheur pour eux de venir à la suite d'une révolution qui avait détruit trop complétement et trop subitement l'organisation politique préexistante. C'est sans doute une grande facilité pour des législateurs que de trouver devant eux table rase, de n'avoir à compter avec aucune institution encore debout et résistante ; mais c'est aussi un grand danger, car alors on cède trop facilement à la tentation de tout refaire à nouveau ; on se jette dans l'arbitraire, on bâtit sur les nuages.

Un autre danger des constitutions qui se font le lendemain d'une révolution radicale, c'est la peur qu'ont toujours les vainqueurs de ressembler aux vaincus ; et si, comme c'était le cas en 1848, les vainqueurs ont la conscience que leur victoire n'a été qu'une surprise, et que les forces dont ils ont triomphé sont encore entières et n'attendent que le moment d'une revanche, alors ils n'en sont que plus disposés à ne rien conserver du passé ; plus ils s'en éloigneront, plus ils croiront élargir l'abîme qu'ils veulent creuser entre eux et leurs prédécesseurs : ainsi ils aimeront mieux faire une république absurde, impossible, que d'emprunter un seul des matériaux de l'édifice monarchique qu'ils ont renversé. Nous ne verrons que trop la trace de ces préoccupations et de ces peurs dans le travail dont nous avons à rendre compte.

Les hommes qui, après 1830, avaient eu à remanier la Constitution de l'État, s'étaient trouvés dans une bien meilleure situation : la révolution n'avait pas été radicale ; la Chambre des députés en avait pris l'initiative et gardé la direction ; l'édifice n'avait pas été rasé jusqu'à ses fondements ; ses principales assises, les Chambres et la monarchie, restaient debout et à peu près entières : aussi la disposition des esprits, au moins chez ceux qui avaient à régler le nouveau gouvernement, fut-elle l'inverse de celle qui exista en 1848. A l'opposé des constituants de 1848, ceux de 1830 montrèrent une réserve qui allait jusqu'à la timidité ; il semblait qu'ils avaient frayeur de ce qu'ils venaient de faire, ils s'efforçaient de restreindre leur mission, et avaient hâte de la terminer. Bien loin de vouloir se distinguer, s'isoler du passé, ils s'y rattachaient avec une sorte de superstition craintive ; ils auraient voulu persuader aux autres, comme ils se le persuadaient à eux-mêmes, qu'il n'y avait pas eu de révolution en France, qu'il y avait eu tout au plus une simple substitution de personne sur le trône. (Voir ma conversation avec Casimir Périer, dans le récit de la Révolution de 1830.)

Quel contraste avec la conduite des constituants de 1848, qui, poursuivis par le cauchemar de la monarchie, rejettent avec horreur les institutions les plus utiles, les garanties les plus nécessaires, par le seul motif qu'elles ont une apparence ou une origine monarchique !

Ce qui prouve une fois de plus combien la plupart des hommes, en temps de révolution, sont les tristes jouets des circonstances, c'est que nous avons retrouvé en 1848 certains de ces hommes qui, en 1830, avaient été les plus timides, les plus réservés, les plus pressés de *bâcler* en toute hâte les modifications insignifiantes de la Charte de 1830, appuyer au contraire, de leurs votes et de leurs discours, en 1848, les innovations les plus radicales et les plus téméraires, également mal inspirés dans un temps comme dans l'autre.

Un autre signe caractéristique de cette révolution du 24 février, c'est qu'autant elle a été témérairement radicale dans l'ordre politique, autant elle a été prudemment conservatrice dans l'ordre administratif. On peut en trouver deux raisons : d'abord, les républicains sentaient instinctivement que plus ils avaient bouleversé l'ordre politique, plus il importait de maintenir l'ordre administratif, sans quoi tout se serait dissous dans la société ; ensuite, il faut bien le dire, l'école républicaine, en France, a un grand goût pour la centralisation administrative: elle y rattache des idées de puissance, de gloire nationale, d'égalité même ; et de plus, sans se l'avouer, elle y trouve une large satisfaction à la passion qui domine toutes les démocraties, la passion des emplois publics salariés. Ils ne s'apercevaient pas que de cette tendance centralisatrice naissait une nouvelle difficulté, on pourrait même dire une impossibilité absolue pour leur république. Comment, en effet, concilier avec cette centralisation des garanties individuelles sérieuses, une liberté réelle? Ils auraient encore fait bon marché de ces garanties, de cette liberté: la plupart d'entre eux affectaient, en effet, assez de mépris pour l'individu; ils ne se préoccupaient que de l'État, et n'hésitaient pas à proclamer qu'ils mettaient l'égalité bien au-dessus de la liberté. Mais ce n'était pas seulement la liberté, c'était la forme républicaine elle-même, qu'il était fort difficile de concilier avec cette centralisation. Accommoder la tête de la République sur le corps de l'Empire a été et sera toujours un problème tout bonnement insoluble.

Nous ne parlerons pas des promesses insensées faites au peuple par le Gouvernement provisoire à l'Hôtel de ville, au début de la révolution; de certains courants d'idées qui s'étaient établis sous la double influence des engagements pris et des espérances conçues; de la crainte de la guerre sociale, de la domination jusqu'alors non contestée des classes ouvrières; toutes ces causes ont eu aussi leur funeste influence sur la Constitution. En outre, l'agitation à laquelle était livrée cette société, l'exaspération des uns, l'anxiété des autres, ne permettaient pas le calme, le sang-froid nécessaires à une pareille œuvre. Fonder une digue dans les profondeurs d'une mer agitée est un travail réputé toujours très-hasardeux. Or, c'est ce que nous tentions de faire en voulant fonder une Constitution en pleine tempête démagogique. Je ne puis pas oublier que, de la salle où délibérait notre commission, nous entendions les canons de Juin se ranger sous nos fenêtres pour le combat.

Le temps, qui mûrit tout, aurait pu peut-être aplanir une partie de ces difficultés ; mais le temps même a manqué à nos constituants. Lorsque la maison qui vous abritait vient d'être rasée, on éprouve naturellement le besoin d'en réédifier promptement une nouvelle. C'est ce sentiment de juste impatience qu'éprouvait la France, après un bouleversement radical qui la laissait sans abri et sans protection : elle aspirait avec ardeur au jour où elle retrouverait tout cela dans sa nouvelle constitution.

Aussi les motions, les interpellations se succédaient-elles à la tribune pour presser ce travail de la Constitution ; les intérêts menacés accusaient la lenteur de nos travaux ; et, cependant, cette lenteur était utile, car chaque jour de retard apportait des modifications salutaires dans la disposition des esprits.

C'est au milieu de toutes ces difficultés que s'est poursuivie l'œuvre de la Constitution républicaine. Que de bon sens pratique, que de prudence et de résolution tout à la fois il eût fallu pour les aborder ! Or, dans ce milieu où devait s'élaborer la Constitution, le courage et l'honnêteté ne manquaient certes pas ; mais le bon sens, le sang-froid, la prévoyance, faisaient complétement défaut. Parmi les constituants, les uns, aveuglés par leurs absurdes préjugés démagogiques ou enivrés de leur facile victoire, n'avaient pas même conscience de ces difficultés ; les autres, insouciants d'une entreprise à laquelle ils ne croyaient pas, préféraient laisser aller les choses à leur cours naturel, plutôt que d'essayer de résister. Nous allons voir comment l'infatuation ou les sots préjugés démagogiques des uns, l'indifférence ou l'hostilité des autres ont conspiré pour rendre ces obstacles insurmontables et précipiter l'avortement de cette nouvelle tentative de fonder une république en France.

PERSONNEL DE LA COMMISSION

Le cri des républicains, dans les élections, avait été celui-ci : *A une situation nouvelle, il faut des hommes nouveaux*, comme si les hommes s'improvisaient ainsi du jour au lendemain. Ils s'étaient indignés de ce que le peuple s'était obstiné, malgré les avertissements et les menaces du ministre Ledru-Rollin et de ses commissaires, à choisir ses anciens représentants, et voilà que, dans le choix si important de la commission de Constitution, ils se laissent eux-mêmes aller à l'influence des positions acquises ; plusieurs des anciens parlementaires figuraient dans cette liste, et à leur tête un homme, M. de Cormenin, qui, certes, n'avait rien de républicain, ni dans ses antécédents, ni dans ses doctrines. Il avait fait son éducation politique sous le premier empire, dans les fonctions de maître des requêtes au Conseil d'État ; il mêlait alors à ses travaux administratifs quelques vers assez médiocres ; il s'était pourvu d'un titre de vicomte, et rien n'annonçait en lui le futur Solon de la République. En 1830, il se trouva député et se distingua de tous ses collègues de l'opposition par le refus de prêter serment au nouveau gouvernement, refus motivé par son prétendu respect pour la souveraineté nationale, mais que ses adversaires expliquaient par un calcul prévoyant. Incapable de développer et de défendre ses opinions à la tribune, il s'était mis à faire des pamphlets dans lesquels il relevait, dans un style emprunté à Paul-Louis Courier, toutes les fautes du gouvernement de Louis-Philippe, et particulièrement celles qui tenaient à des questions d'argent ; il faisait aussi paraître, sous le titre de *Timon*, les portraits des hommes politiques, dont il chargeait ou adoucissait les couleurs selon ses passions ou ses convenances. Ces œuvres étaient dévorées par le parti dont il satisfaisait et alimentait les ressentiments. Aussi, lors de la révolution de 1848, fut-il nommé, par le Gouvernement provisoire, président du Conseil d'État, et c'est en cette qualité que nous l'avons vu haranguer à l'Hôtel de ville M. Crémieux et faire assaut avec ce ministre d'admiration pour la centralisation impériale. C'est cet homme que les républicains de la Constituante avaient choisi pour élaborer la grande œuvre de la constitution républicaine. Il était sorti du scrutin le premier, à une telle majorité, qu'il se trouvait naturellement désigné d'avance pour présider la commission, et qu'en cette qualité il eut à nous présenter un cadre de discussion. Il y fit entrer les propositions les plus insensées. Il avait la prétention de pousser la logique en politique jusqu'à l'absolu : un jour, étant venu chez moi pour me consulter sur le projet qu'il avait d'étendre à l'armée le suffrage universel, le dialogue suivant eut lieu entre nous : « Ou bien le vote sera sérieux, lui disais-je, et vous ne pouvez alors refuser aux soldats le droit de discuter le gouvernement et de se concerter librement dans leurs choix ; que deviennent alors la discipline et la sûreté de la république ? un gouvernement sera-t-il possible avec une armée qui l'aura condamné avec éclat par ses votes ? ou bien le vote ne sera qu'une vaine forme : les soldats iront au scrutin comme à l'exercice, recevant de leurs officiers un bulletin électoral, comme un mot d'ordre ou une consigne, et alors c'est une vraie dérision. — Vous pouvez avoir raison, me répondit-il, la mesure a ses dangers, mais elle est logique ! » La commission ne tarda pas à mesurer la valeur de cet homme : ses projets furent rejetés. Il en prit de l'humeur et revint à son métier favori de pamphlétaire ; une petite brochure pleine de fiel contre ses collègues, dans laquelle il avait le tort de livrer à la publicité nos délibérations intimes, et, ce qui était plus mal, de les dénaturer, produisit au sein de la commission une vive indignation. Nous décidâmes que, par ce procédé, il avait implicitement abdiqué ses fonctions de président ; nous le destituâmes sans aucune cérémonie, et il fut remplacé par M. Armand Marrast. Lors du coup d'État, M. de Cormenin accepta une place au Conseil d'État de l'Empire: et, pour donner une preuve encore plus éclatante de la sincérité de ses opinions et de son respect absolu pour le droit de suffrage, il se laissa nommer, par un acte de bon plaisir, membre de l'Institut ; il ne s'est pas montré plus respectueux des droits de la république des lettres qu'il n'avait été fidèle à la république, qui, en l'élevant si haut, avait été, il faut en convenir, bien malheureusement inspirée.

Nous connaissons déjà M. Marrast, le rédacteur le plus éminent du journal le *National*, plus révolutionnaire que libéral ; il ne manquait, du moins, ni d'esprit ni de tact.

Un autre rédacteur du *National*, — car ce journal l'emportait décidément dans la haute direction de la révolution, — M. Dornès, faisait aussi partie de notre commission ; esprit absolu, mais républicain sincère et plus libéral que ses corédacteurs, il est mort glorieusement des suites d'une blessure qu'il avait reçue dans les journées de Juin.

Venait ensuite le célèbre abbé de Lamennais, l'un des plus puissants écrivains du siècle, mais qui, égaré par son orgueil vraiment satanique, était arrivé de plein saut, des doctrines théocratiques les plus absolues à la démagogie la plus effrénée : entre l'autorité infaillible et partout dominante d'un pape et la toute-puissance de la multitude, il ne voyait pas d'intermédiaire possible. N'ayant pu faire accepter ses idées à la cour de Rome, il s'était fait tout à coup, et sans transition, l'apôtre passionné de la démagogie. Aussi absolu que l'abbé Sieyès dans ses idées; aussi infatué de sa supériorité, de son infaillibilité, il n'avait ni la même patience, ni la même habileté. N'ayant pu faire accepter un projet de constitution qu'il nous présenta dès notre seconde séance, il donna sa démission avec humeur et ne fut pas remplacé.

A côté de lui figurait un ministre protestant, M. Coquerel, comme témoignage vivant de la tolérance religieuse dont notre Constitution devait consacrer de nouveau le principe. Homme excellent, libéral sincère et éclairé, doué d'une parole facile et peut-être un peu trop retentissante, il figura avec honneur dans plusieurs discussions et fit preuve d'une haute impartialité dans l'affaire de Rome. Il eut le tort, dans notre commission, de trop céder, sur quelques questions importantes, à l'empire des circonstances, à l'entraînement des esprits, et de leur sacrifier ses propres convictions, qui, en général, étaient droites et sensées.

Le centre gauche de l'ancienne Chambre des députés était fortement représenté dans notre commission par ses hommes les plus éminents. C'était M. Dufaure, esprit sérieux, élevé, caractère antique, bien digne, par ses vertus publiques et privées, de figurer parmi les fondateurs d'une république raisonnable. Personne n'avait plus d'autorité que lui à la tribune : la gravité de son langage, la clarté et l'enchaînement irrésistible de son raisonnement, et surtout l'estime et la confiance qu'il inspirait, en faisaient certainement l'orateur le plus puissant de l'Assemblée. Il lui manquait, pour être un homme politique complet et pour exercer sur son temps une influence plus décisive, d'apporter dans ses rapports avec les hommes une susceptibilité moins ombrageuse : son éducation politique laissait aussi quelque chose à désirer. Né avec toutes les facultés du grand avocat, il avait tenu longtemps le premier rang au barreau de Bordeaux, cette pépinière de nos plus brillants orateurs, et il devait conquérir plus tard le même rang au barreau de Paris. Il avait gardé de sa profession le goût et la haute intelligence des affaires, mais aussi l'habitude de les considérer dans leur spécialité et un certain éloignement pour toute généralisation. Aussi avait-il traversé avec éclat le gouvernement parlementaire, sans peut-être bien saisir l'ensemble et sans bien connaître les ressorts particuliers de cette machine compliquée. Nous le verrons accorder très-consciencieusement l'appui de son talent à des mesures très-peu politiques.

M. Vivien se distinguait par un mérite moins éclatant, mais très-réel. Il avait été longtemps une des lumières du Conseil d'État de Louis-Philippe; personne mieux que lui n'avait l'art de formuler une résolution législative et d'y apporter toute la clarté, toute la précision, toute la réserve convenables. Ses convictions politiques, qui étaient foncièrement et sérieusement libérales, étaient parfois en lutte avec ses habitudes administratives. Nous le verrons, dans quelques discussions importantes, laisser un peu trop paraître le conseiller d'État et le partisan de la centralisation administrative. Toutefois, nous devons dire que, sur la fin de sa vie, éclairé par les événements, il avait enfin reconnu combien l'excès de cette centralisation était incompatible avec toute liberté, et il avait même commencé une série de publications destinées à faire ressortir cette incompatibilité et à y remédier. Une mort prématurée l'a trop tôt enlevé à ses amis et au pays, qui pouvait attendre de lui de grands et utiles services.

Le centre gauche avait aussi pour représentant dans la commission le célèbre M. Dupin aîné, dont le nom et l'action se retrouvent dans tous nos grands événements contemporains ; nous le classons dans le centre gauche, quoique sa vie entière soit une protestation contre toute espèce de lien de parti. M. Dupin a toujours beaucoup tenu à conserver une parfaite liberté dans ses mouvements : était-ce en lui une indépendance de caractère toujours estimable, quoique peu conciliable avec les devoirs d'un homme politique, ou était-ce un calcul d'égoïsme qui, dans sa pensée, devait lui procurer cet avantage de n'être jamais gêné dans ses évolutions et de pouvoir offrir ses services tour à tour à l'opposition et au pouvoir : si c'est ce dernier mobile qui a dominé sa vie politique, il faut convenir qu'il en a tiré tout le profit possible ; car pendant plus de trente ans il a atteint aux positions les plus élevées de l'État. Longtemps procureur général à la cour suprême, successivement président de la chambre des députés sous la monarchie constitutionnelle, ami personnel et même exécuteur testamentaire du roi Louis-Philippe, président de l'assemblée législative sous la République, il aura la satisfaction de mourir procureur général de la Cour de cassation et sénateur sous l'Empire. Le nouvel empereur a trouvé, en effet, piquant de dégrader dans sa personne et du même coup les deux adversaires qu'il redoute et déteste le plus, la famille d'Orléans et le gouvernement parlementaire. Le public, tout blasé qu'il est depuis longtemps sur de pareilles palinodies, s'est cependant indigné cette fois et a flétri tout d'une voix ce cynisme de l'égoïsme. Cet homme que distinguent des facultés éminentes et même certaines qualités personnelles, faute d'avoir fait entrer dans sa vie un peu d'élévation morale ou au moins quelque mesure dans le calcul, s'éteindra dans le mépris universel. Nous le verrons, dans les travaux de notre commission, se montrer tel qu'il fut dans tout le cours de sa carrière.

Dans une nuance plus rapprochée de la gauche constitutionnelle, venaient ensuite MM. de Tocqueville et de Beaumont, que nous ne séparerons pas, car depuis leur première jeunesse ils sont unis non-seulement par les liens d'une touchante amitié, mais par une communauté parfaite de sentiments et de convictions. L'Europe entière connait et apprécie la haute portée de l'esprit de M. de Tocqueville : il suffit de dire que, publiciste éminent, il a repris l'œuvre de Montesquieu. Son traité *de la démocratie en Amérique* n'est pas inférieur, pour la justesse et la profondeur des aperçus, à l'*Esprit des lois*, et, s'il est moins remarquable par le trait, il l'est peut-être davantage par sa vérité et surtout par son actualité. La dignité du caractère est chez lui en parfait accord avec l'élévation de la pensée. Son trop court passage au pouvoir, comme ministre des affaires étrangères, a prouvé qu'il avait le goût et l'intelligence des affaires ; dans tout gouvernement libre, il serait appelé à jouer un grand rôle et à exercer la plus légitime influence.

Son ami, M. de Beaumont, est d'une nature plus impressionnable, et avec la même pureté de sentiment, la même élévation de caractère, il se laisserait plus facilement emporter au courant des passions populaires : on pourrait dire de lui que, par tempérament, il est plus littérateur que politique.

Enfin, cette liste des anciens parlementaires se complétait par deux autres députés de la gauche, MM. Pagès (de l'Ariége) et Thouret. Le premier, écrivain distingué, participait parfois aux grands débats de notre chambre des députés, par des discours longuement étudiés qui produisaient ordinairement une grande sensation à raison de l'éclat du style et de la vivacité des couleurs. M. Thouret était un ancien élève de l'École polytechnique, retiré dans sa province et devenu cultivateur, mais ayant conservé de ses études mathématiques un trop grand goût pour la logique rectiligne et pour la réglementation gouvernementale ; nous le retrouverons ministre de l'agriculture, sous la présidence du général Cavaignac et, dans les projets qu'il fit adopter par l'assemblée sur l'éducation agricole, nous verrons éclater ses défauts comme ses qualités ; caractère d'ailleurs très-honorable et parfaitement digne de figurer dans un gouvernement libre.

Terminons cette énumération, qui paraîtra déjà trop longue, en disant que, comme il était d'usage de faire représenter les ouvriers partout, nous avions aussi parmi nous un ouvrier, M. Corbon ; et je dois dire qu'il était impossible de faire représenter cette classe de citoyens par une personne plus digne, plus sensée et d'une tenue plus parfaite. Le socialisme avait aussi son représentant dans la personne de M. Considérant, que la révolution de 1848 avait trouvé membre du conseil municipal de Paris. Aussi tenait-il à se distinguer des autres socialistes par une certaine modération dans ses doctrines, une meilleure tenue dans sa personne et quelque réserve dans son langage. Mais cette modération et cette réserve ne purent l'emporter sur l'irritation de son orgueil blessé, et il finit par se laisser aller, comme ses coreligionnaires, à des violences qui lui valurent une condamnation et l'exil.

Les deux hommes qu'on pouvait dire nouveaux dans la commission étaient M. de Vaulabelle, déjà rendu célèbre par son Histoire très-remarquable de la Restauration, et M. Voirhaye, jeune avocat de mérite du barreau de Metz, dont la commission fit son secrétaire.

Telle était la composition de notre commission. On le voit : sauf le parti légitimiste, tous les partis, toutes les opinions y étaient représentés dans leurs hommes les plus éminents ; et, loin que les influences politiques du gouvernement renversé en fussent exclues, elles y dominaient, non-seulement par l'expérience, mais par le nombre. Comment se fait-il donc que d'une commission ainsi composée soit sorti un travail aussi marqué au coin de l'imprévoyance? Nous en avons déjà donné, par les quelques réflexions qui précèdent, un commencement d'explication ; la suite de ce récit complétera.

TRAVAUX PRÉLIMINAIRES DE LA COMMISSION. — MÉTHODE ADOPTÉE PAR ELLE. — DÉCLARATION DES DROITS

La méthode est importante dans tout travail de l'esprit ; elle l'est plus encore dans celui des lois et des constitutions que dans tout autre : car, selon que l'on procède des faits ou qu'on se jette dans les théories et dans les abstractions, selon qu'on se borne à réformer, à corriger, ou qu'on veut faire tout à nouveau, *selon qu'on travaille*, comme le dit de Sismondi, *avec la lime ou avec la hache*, on arrive à des résultats bien différents. La question de la méthode à suivre était donc la première qui se présentât à nous ; malheureusement, elle était d'avance tranchée, comme nous venons de le dire, par les événements de Février qui avaient tout démoli, et par la disposition générale et irrésistible des esprits. « Il faut, disait M. Dupin, dès la première séance, poser les principes culminants, puis en déduire les règles qui les doivent mettre en action. » C'était, on le voit, traiter l'œuvre constitutionnelle comme un syllogisme : dans ces seuls mots était déjà tracée d'avance la destinée de la future constitution.

Pour compléter sa pensée, M. Dupin demanda qu'on réunît sur le bureau toutes les constitutions de la République française, non pour en étudier les vices et en corriger les erreurs, mais au contraire pour en suivre plus fidèlement tous les faux errements.

Ainsi ces constitutions avaient été précédées d'une déclaration pompeuse des droits de l'homme, droits violés le lendemain du jour où ils avaient été proclamés : c'était peut-être une raison pour ne pas recommencer toute cette vaine et dangereuse phraséologie révolutionnaire ; mais comment résister, en France, à la manie des généralités et des abstractions? Ce n'est pas assez de faire des lois pour son temps et pour son pays : nos constituants ont toujours l'orgueil de se poser en législateurs du genre humain. Le domaine des lois positives est trop restreint pour eux : ils se lancent dans celui des lois morales, ils ont même la prétention impie de refaire l'Évangile et de donner par leurs décrets à la parole de Dieu une nouvelle sanction. Nous ne pouvions pas, en conscience, moins faire que nos prédécesseurs : il fallait que notre République *eût aussi* ses droits de l'homme. MM. Considérant et Dornès ne se contentaient même pas des droits connus et déjà vingt fois proclamés ; ils prétendaient que les constitutions doivent contenir *même cet idéal que les sociétés poursuivent sans pouvoir jamais le réaliser :* ce sont leurs expressions. Il eût été curieux de voir cet idéal, qui ne doit jamais être atteint, défini dans notre Constitution. Ils avaient une autre prétention, et, en ce point, ils se rapprochaient de la réalité : c'est que, la révolution de 1848 étant plus sociale que politique, il fallait d'abord et avant tout régler les droits sociaux que cette révolution avait assurés aux ouvriers et aux indigents. Tout le reste, dans leur pensée, n'était que très-secondaire, bon pour des bourgeois, selon leur expression, mais fort indifférent à la masse du peuple !... M. Marrast combattait cette opinion avec un bon sens qu'il aurait dû étendre à toutes les autres parties de la Constitution. « Je n'aime pas, dit-il, les maximes théâtrales : il ne faut dire et promettre que ce qu'on peut réaliser ; il vaut mieux une loi bien faite que toutes ces déclarations abstraites. Quant à la séparation des droits sociaux et politiques, je ne l'admets pas : les premiers dérivent des derniers, etc. »

Malgré cette opinion si sensée, il fut décidé que notre Constitution aurait aussi son préambule et sa déclaration des droits. Le président, M. de Cormenin, fut chargé de nous soumettre un projet.

Rien de plus solennellement niais que la nouvelle édition des droits et devoirs qui nous fut présentée par lui. On peut en juger par cet échantillon : *La liberté est le droit d'aller et de venir ; le devoir de tout citoyen est d'aimer la patrie. La fraternité consiste à ne pas faire à outrui ce que vous ne voudriez pas qu'on vous fit. Ce que vous voulez que les hommes fassent pour vous, faites-le pour eux*, etc.

Mais ce qui n'était pas aussi innocent, c'était ce qu'on appelait la partie sociale de la Constitution, c'est-à-dire la consécration du droit à l'instruction gratuite, à l'assistance et au travail. Le droit au travail surtout fixa notre attention : les commentaires dont ses partisans l'accompagnaient étaient encore plus dangereux que la consécration du droit en lui-même.

Le droit au travail, disait M. Considérant, est à proprement parler la conquête de la révolution de Février : si ce droit n'est pas nettement reconnu, les ouvriers penseront que la révolution est encore escamotée. — Comme chacun a droit à la terre et que cependant la société ne donne pas de terre à tous, ceux qui n'ont pas de terre doivent jouir, comme équivalent, du droit au travail. Je connais la classe ouvrière et ses idées, ajoutait-il, toute la valeur de la révolution sera, pour elle, dans ce mot : *droit au travail*.

M. Marrast appuya cette opinion par ce sophisme, que l'État ne doit laisser perdre aucune force utile à la société, et qu'ainsi c'est un devoir pour lui, lorsqu'il trouve un homme inoccupé, de lui fournir un *travail attrayant*. M. Martin (de Strasbourg) dit que le droit au travail, c'est le droit de vivre : car le premier moyen de vivre, c'est le droit au travail. Proclamons ce droit, répétaient-ils tous à l'envi : *cette proclamation est nécessaire pour satisfaire et calmer le peuple.*

Ainsi, c'était pour sauver l'ordre et la propriété qu'on voulait faire proclamer le droit le plus subversif de tout ordre et de toute propriété ! Plusieurs d'entre nous s'efforcèrent en vain de montrer tout ce qu'il y avait de dangers sous ce droit au travail dont la proclamation paraissait à nos républicains de la veille si légitime, si nécessaire.

M. de Beaumont leur demandait si le tailleur auquel l'État ne donnerait pas des habits à faire pourrait prétendre que la Constitution était violée dans sa personne et aurait le droit de s'insurger ou de courir sus à la propriété de son voisin. M. Dupin citait l'exemple de l'Irlande, où l'on avait ouvert des ateliers nationaux, dans lesquels tous les ouvriers s'étaient précipités en foule, désertant les ateliers libres, exemple confirmé par ce qui venait de se passer chez nous, sous nos yeux. Je me permettais d'ajouter que, pour les hommes en société, le travail n'est pas un droit, mais une nécessité; que l'ouvrier préférera toujours le travail libre que lui offre l'État à celui qu'il serait obligé d'aller chercher sous la pression du besoin, et que le même phénomène offert par nos ateliers nationaux se reproduirait toujours, l'humanité étant ainsi faite.

Malgré ces raisons, et pour ne pas prendre la responsabilité de la guerre civile et sociale dont on la menaçait (on était à la veille des journées de Juin), la majorité de la commission céda, et la formule suivante fut adoptée :

La Société DOIT, *par les moyens généraux dont elle dispose* et qui seront organisés ultérieurement, fournir des travaux aux hommes valides *qui ne peuvent pas se procurer autrement de l'ouvrage*.

Cette rédaction atténuait, autant que possible, la portée de la concession faite aux circonstances : ces mots, *par les moyens généraux dont elle dispose*, semblaient limiter le droit aux possibilités de l'État et surtout exclure l'obligation de donner à chaque ouvrier le travail qui lui convenait et là où il lui convenait ; et ceux-ci, *qui ne peuvent pas se procurer autrement de l'ouvrage*, avaient la prétention de borner les effets de ce droit aux chômages forcés et de prévenir les chômages volontaires.

Le droit à l'éducation gratuite et à l'assistance soulevèrent moins d'objections et furent consacrés dans notre projet.

Du reste, la commission plaça prudemment à côté cette clause sagement restrictive, que *l'exercice de ces droits a pour limites les droits et la liberté d'autrui, ou la sécurité publique*. Elle aurait pu ajouter : *et les possibilités du budget*.

Jamais n'étaient apparus avec plus d'évidence la vanité et le danger de ces déclarations de droits généraux et abstraits. On a à peine proclamé un droit en théorie, qu'on en aperçoit les dangers dans la pratique et qu'on sent le besoin d'y apporter des restrictions qui en font un non-sens. Ainsi on aura la liberté que permet la sécurité publique, l'égalité qui se concilie avec toutes les inégalités sociales et naturelles de la fortune, de l'intelligence, etc... ; on pourra aspirer à tous les emplois, à la condition d'avoir assez de loisirs pour s'instruire et de protection pour l'emporter sur ses nombreux concurrents; on aura la fraternité avec toutes les luttes, toutes les compétitions, toutes les envies, toutes les haines que créent inévitablement la concurrence et l'émulation : de manière qu'il ne reste, en définitive, de ces vaines et pompeuses déclarations que des mots vides de sens en temps ordinaire, mais qui, dans les temps de trouble, peuvent servir de drapeaux à toutes les passions et de prétextes à toutes les insurrections.

Un autre danger de ces lieux communs, c'est qu'on habitue les peuples à se payer de mots et à perdre de vue le fond des choses; il est remarquable que dans ce pays de France si riche en déclarations des droits de l'homme (il y en a quatre ou cinq au moins), il n'y a pas une seule liberté civile ou politique bien sérieusement garantie. Nous n'avons pas même un *habeas corpus*, comme l'Angleterre. Le *mot* de liberté est partout, le *fait*, nulle part : qu'il s'agisse de votre personne, de votre domicile, de la publication de votre pensée, du secret de vos lettres, de votre culte, de l'éducation de vos enfants, tout en définitive aboutit à l'administration la plus arbitraire du monde, et dont vous ne pouvez dénoncer les actes et poursuivre les agents que sous son bon plaisir. Jusques à quand notre nation qui, dans le préambule de sa constitution, se prétendait tout modestement *la grande initiatrice de la liberté et de la civilisation dans le monde*, cessera-t-elle de se contenter de l'ombre de la liberté, pour en rechercher et en assurer avec un peu plus de bon sens et d'intelligence les réalités ?...

Après la déclaration des droits venait l'organisation politique, c'est-à-dire la partie positive et sérieuse de la constitution.

Il s'agissait de réédifier un nouvel édifice politique en remplacement de celui qui avait été renversé de fond en comble le 24 février. Comment s'y prendrait-on? commencerait-on par les fondements ou par le faîte? La question paraît bien simple; elle ne l'est cependant pas autant qu'elle le paraît. On n'a pas toujours de bons et solides fondements tout préparés pour asseoir sa nouvelle construction; il est vrai que, quand on ne les trouve pas tout faits, il serait sage d'y suppléer, ou bien de ne pas se mêler d'élever une maison d'avance condamnée à crouler et à écraser ceux qui l'habiteront. Mais il y a des architectes qui ont un goût particulier pour l'ornementation; la solidité leur importe peu: ceux-là sont disposés à charger le faîte et à négliger les fondements. Eh bien, c'est cet étrange système d'architecture que nous avons adopté en France et suivi invariablement dans toutes nos constitutions politiques, depuis notre première constitution de 1789 jusqu'à ce jour. Il est vrai que l'édifice a déjà croulé mainte et mainte fois, toujours par le même vice de construction, des fondements trop faibles et un faîte trop chargé : qu'importe? Nous recommençons toujours: c'est vraiment de la folie.

Cependant, nous étions quelques-uns dans la commission, qui avions été frappés de ce vice, et dès les premières séances nous fîmes une tentative pour renverser l'ordre suivi jusqu'alors et pour commencer par donner à la République une solide base dans une forte organisation municipale. Je pris l'initiative de cette tentative: le projet de M. de Cormenin proposait de commencer, à l'exemple de toutes les constitutions précédentes, par organiser le pouvoir exécutif et le pouvoir législatif, faisant dériver ensuite tous les autres pouvoirs de ceux-là. Je m'opposai à cet ordre de procéder et demandai que la commission commençât par constituer la commune. La discussion que cette question provoqua est vraiment caractéristique et des hommes et des temps : je regrette de ne pouvoir en donner que le résumé sommaire, tel que je le trouve dans le procès-verbal de nos délibérations.

M. Odilon Barrot. Depuis longtemps nous travaillons en idéologues plus qu'en hommes d'affaires; nous oublions la base sur laquelle nous devons construire. Vous ne voudrez, sans doute, pas toucher à la famille, ni à la propriété, je l'espère du moins : mais la commune n'est que la famille étendue. Or, aujourd'hui la commune n'est pas constituée, elle est dans un tel état d'isolement, d'impuissance, qu'on peut même dire qu'elle n'existe pas politiquement. C'est tout au plus une simple relation de voisinage ; ce n'est cependant qu'autant que nous aurons trouvé dans la commune un solide fondement, que nous pourrons espérer élever un édifice fort et durable.

M. de Lamennais appuya cette opinion :

Il faut bâtir, dit-il, sur un fondement solide ! Après l'affranchissement de l'homme spirituel par la séparation complète de l'Église et de l'État, ce qui est le point le plus essentiel, que reste-t-il à faire ? Il ne faut plus s'occuper de l'âme, mais du corps de la société. Le caractère général de cette organisation, c'est la plus grande liberté aboutissant à la plus grande unité. Mais le type de la liberté, c'est la famille, puis la commune qui n'est qu'une collection de familles : personne n'a le droit de les empêcher de s'administrer comme elles l'entendent ; la commune doit jouir de la même liberté que la famille. Il faut donc que tout parte de la commune ; or, dans la commune actuelle, il n'y a pas d'éléments politiques, il faut en changer la circonscription. Je n'ai adopté à titre de changement le canton (allusion au projet qu'il nous avait présenté) que parce qu'il existe aujourd'hui ; mais non pour faire une circonscription différente, en tenant compte des habitudes qui existent, en conservant le clocher, l'état civil...

M. Marrast combat ces idées :

MM. Barrot et Lamennais, dit-il, en parlant de l'individu, ne tiennent pas assez compte des faits, des précédents. La France est une et homogène, et si vous partiez abstractivement de l'individu, vous rencontreriez, dans les faits, des obstacles qui vont vous arrêter. Par exemple, le déboisement d'une montagne, la simple réparation d'un clocher, d'un chemin vicinal, sont des faits où l'État peut être intéressé. Depuis 1789, c'est l'action d'un modeste sous-préfet qui empêchait le retour des idées féodales. L'État surtout représente l'égalité ; les intérêts qu'on veut faire défendre par la liberté, je veux les faire défendre par l'État et faire dominer le droit social sur le droit individuel !...

M. *de Lamennais*. Ce système mène à l'apoplexie dans Paris et à l'absence de vie partout ailleurs.

M. *Odilon Barrot*. Pour ce qui touche à l'organisation des hauts pouvoirs, nous ne ferons guère mieux que nos prédécesseurs ; mais, ce que nous pouvons modifier utilement, c'est le fondement de l'édifice, *la commune*. Tous les gouvernements qui ont existé jusqu'à ce jour en France n'ont croulé que parce qu'ils n'avaient pas de base ; il a suffi de les frapper au centre pour les détruire tout d'une pièce et d'un seul coup ; le télégraphe a fait le reste. Je crains bien que le résultat de la révolution de février ne soit d'aggraver ce vice, en donnant encore à la centralisation des forces nouvelles. Le droit individuel, c'est la liberté ; si vous le supprimez, si vous l'absorbez dans le droit social, vous dégradez les caractères, vous tombez dans toutes les hontes du Bas-Empire. Il faut donc, si vous voulez d'une constitution libre, fortifier l'élément individuel et le sauver de l'absorption dévorante de notre centralisation actuelle. Isolé, il est impuissant, mais il peut se protéger et se défendre au moyen de l'association communale et des autres institutions libres. On peut aisément donner à la commune les moyens de ne pas se nuire à elle-même : dans tous les cas, il n'y a pas de mal que, lorsqu'elle fait des fautes, elle les expie. C'est l'expérience qui lui apprendra comme aux individus à se bien conduire ; mais il faut la constituer fortement et lui laisser une liberté d'action qui la grandisse. S'il y a deux Chambres, il faut que l'une d'elles soit la haute expression du pouvoir municipal, je ne propose pas de briser l'unité communale, je veux l'organiser : ce qui est un grand obstacle à cette organisation, c'est l'exiguïté de nos communes rurales en France. Qu'on respecte l'école, l'état civil, l'église, la police, tout ce qui constitue essentiellement l'individualité communale ; mais après cela, qu'on groupe ces individualités collectives, qu'on en fasse une sorte de famille de communes, une grande commune administrative et politique, laquelle serait naturellement le canton. Là seront les élections, la justice de paix, les établissements de bienfaisance, le marché, la voirie municipale, la gendarmerie, etc. C'est le seul moyen d'empêcher que la commune ne soit absorbée et annihilée par le pouvoir central; le canton se rattachant d'un côté à la commune, de l'autre au département et les reliant ensemble, donnera à toute l'organisation municipale une force qui la protégera contre les abus de la centralisation. Quant à l'arrondissement, c'est une circonscription tout arbitraire qui ne représente rien et qui doit disparaître.

Cette opinion souleva une tempête dans la commission :

C'est la centralisation, s'écrie M. Vaulabelle, qui a sauvé la France ; sans elle l'Alsace et la Lorraine seraient allemandes. Il faut détruire la concentration et perfectionner la centralisation, ajoute M. Considérant. M. Vivien affirme, à son tour, que si le système républicain ne conservait pas et n'augmentait même pas la centralisation, alors on irait à la fédération.

M. de Tocqueville vint à mon secours :

C'est à mes yeux une maxime insolente, dit-il, que de soutenir que l'État est le tuteur des gouvernés et qu'il a le droit de forcer les particuliers à bien faire leurs affaires. Cette maxime, qui était déjà incompatible avec la monarchie constitutionnelle, l'est à bien plus forte raison avec la république, car on ne peut pas faire un gouvernement libre avec un peuple de valets. Ce qui semblerait devoir être la conséquence de la révolution de 1848, son point de départ, ce serait de donner plus de liberté à l'individu et non de l'amoindrir comme on le propose.

M. Marrast, fidèle interprète des traditions révolutionnaires et conventionnelles, nie le droit individuel.

Il y a, dit-il, un droit social, indépendant du droit individuel; il n'y aura pas d'unité, si vous créez des forces qui peuvent la briser, et comment songer à amoindrir la centralisation quand vous avez dans les télégraphes et les chemins de fer des moyens qui doivent unir plus fortement les individus.

Étrange contradiction! M. Marrast pousse un cri d'alarme en faveur de l'unité de la France, au moment même où il reconnait que tout, même les progrès matériels de la civilisation, porte invinciblement la société vers l'unité et la concentration.

M. de Lamennais fait observer que, dans l'ordre historique, on n'a pas descendu de l'État à la famille, mais on a monté de la famille à l'État.

M. Dupin refait l'histoire des communes à sa manière : il prétend que le Bas-Empire s'est perdu par l'individualisme. Or, c'est précisément le contraire qui est vrai : il ajoute qu'avec le suffrage universel on ne doit plus craindre d'être opprimé; que le citoyen est moins libre quand la commune est puissante; que ce qui est vraiment oppressif, c'est le pouvoir placé immédiatement à côté du concitoyen.

M. Dufaure pose la question : Faut-il constituer d'abord l'État ou la commune? Il pense qu'il faut commencer par l'État, et la raison qu'il en donne, c'est *que l'État exerce une action sur la commune, tandis que la commune, selon lui, n'a aucune action sur l'État.* Mais là était précisément le mal et le danger que nous signalions[1].

---

1. On relira avec intérêt l'opinion que M. Royer-Collard, dans un discours resté célèbre, développait sur ce même sujet de la centralisation, qu'il appelait d'un nom à lui, celui de *centralité*.

Discours de M. Royer-Collard, du 3 juin 1824.

« Le temps fait les choses humaines et il les détruit; le progrès des âges avait miné le vieil édifice de la société; la révolution l'a renversé. A cette grande catastrophe se rattache notre condition présente; c'est parce que les institutions se sont écroulées que vous

Ainsi, les opinions même les plus divergentes sur d'autres points se réunissaient sur celui-ci, que la Commune n'est qu'une création de la loi, une institution toute secondaire, sans influence sur l'organisation générale et dont la force plutôt dangereuse qu'utile était plus à redouter qu'à favoriser.

Vainement M. de Beaumont rappelle-t-il comme un fait, que les constitutions de 1791 et de 1793 s'étaient tout d'abord occupées de l'organisation de la commune; M. Martin (de Strasbourg) lui répond avec trop de vérité que si, à ces époques, on s'était occupé de la commune, c'était bien moins pour l'organiser fortement et sérieusement que comme moyen de briser le passé dans ses circonscriptions.

Après cette discussion, la commission, à une grande majorité, décida qu'elle commencerait par l'organisation des pouvoirs législatifs et exécutifs suprêmes, c'est-à-dire qu'elle procéderait de haut en bas, à l'imi-

avez la *centralité*, c'est parce que les magistratures ont péri avec elles, que vous n'avez que des fonctionnaires. Le pouvoir central a fait la conquête du droit, il s'est enrichi de toutes les dépouilles de la société. Le gouvernement représentatif a été placé en face de cette autorité monstrueuse, et c'est à elle que la garde de nos droits politiques a été confiée... Le ministère vote par l'universalité des emplois et des salaires, que l'État distribue...; il vote par l'universalité des affaires et des intérêts que la centralité lui soumet; il vote par tous les établissements religieux, civils, militaires, scientifiques, que les localités ont à perdre, et qu'elles sollicitent, car les besoins publics satisfaits sont des faveurs de l'administration, et pour les obtenir, les peuples, nouveaux courtisans, doivent plaire. En un mot, le ministère vote de tout le poids du gouvernement qu'il fait peser sur chaque département, chaque commune, chaque profession, chaque particulier; et quel est ce gouvernement? C'est le gouvernement impérial qui n'a pas perdu un de ses dix mille bras, qui a puisé, au contraire, une nouvelle vigueur, dans la lutte qu'il lui a fallu soutenir contre quelques formes de liberté et qui retrouve toujours au besoin les instincts de son berceau, la force et la ruse... Le mal est grand, messieurs, il est si grand que notre raison bornée sait à peine le comprendre; le gouvernement représentatif n'a pas été seulement subverti par le gouvernement impérial, il a été perverti;

tation de ses prédécesseurs; elle croyait pouvoir se dispenser de donner de profondes racines à cet arbre qu'elle allait cependant livrer aux plus violents orages. Suivons donc d'abord la commission dans cet ordre de travail et passons avec elle à l'organisation du pouvoir législatif.

M. de Cormenin avait, dans son projet, placé le pouvoir exécutif avant le pouvoir législatif; mais sur l'observation de M. Marrast, que c'était de ce dernier pouvoir que tout devait sortir, la priorité fut donnée au pouvoir législatif.

DU POUVOIR LÉGISLATIF. — QUESTION DES DEUX CHAMBRES

Je demandai que cette question fût résolue préalablement à toute autre, sa solution devant, selon moi,

il agit contre sa nature : au lieu de nous élever, il nous abaisse ; au lieu d'exciter l'énergie commune, il relègue tristement chacun de nous au fond de sa faiblesse individuelle ; au lieu de nourrir le sentiment de l'homme qui est notre esprit public et la dignité de notre nation, il l'étouffe, il la proscrit ; il nous punit de ne pas savoir renoncer à notre estime et à celle des autres. Vos pères, messieurs, n'ont pas connu cette profonde humiliation, ils n'ont pas vu la corruption dans le droit public et donnée en spectacle à la jeunesse étonnée, comme la leçon de l'âge mûr. Voilà où nous sommes descendus. Le mal, je l'ai dit, vient du pouvoir monstrueux et déréglé qui s'est élevé sur la ruine de toutes les institutions. Une société sans institutions ne peut être que la propriété de son gouvernement : en vain on lui écrira quelque part des droits, elle ne saura pas les exercer et ne saura pas les conserver. Aussi longtemps que la société sera dépourvue d'institutions gardiennes de ses droits et capables de rendre un long gémissement quand elle sera frappée, le gouvernement n'est qu'une ombre !... »

(Admirable discours que les gouvernements futurs ne sauraient trop méditer.)

M. Guizot, dans le deuxième volume de ses *Mémoires*, qui vient de paraître, émet à peu près la même opinion sur les impossibilités que la centralisation oppose à l'établissement d'un gouvernement libre.

nécessairement influencer les conditions de l'électorat ; cet ordre de discussion fut adopté et j'ouvris ainsi le débat :

Nous ne sommes et nous ne pouvons être qu'une démocratie : organiser cette démocratie de façon à ce qu'elle satisfasse au double besoin de liberté et de sécurité, c'est-à-dire qu'elle soit tout à la fois libérale et gouvernementale, c'est le problème que nous avons à résoudre ; or, deux systèmes s'offrent à nous : l'un veut une assemblée unique, l'autre en exige deux. Je conviens que le premier paraît en apparence plus logique, il flatte ces idées d'unité et d'uniformité qui, selon la parole de Montesquieu, *saisissent les grands esprits* (car elles ont touché Charlemagne), *mais qui frappent infailliblement les petits, parce qu'ils y reconnaissent un genre de perfection qu'il est impossible de ne pas découvrir.* Il ne faut cependant pas se laisser abuser par ces apparences ; dans la réalité, le système d'une assemblée unique n'offre aucune garantie, ni pour l'ordre, ni pour la liberté. Notre esprit français n'a pas changé depuis César : il est toujours vif, ardent ; nos mœurs, nos habitudes sont pleines d'impétuosité : nous ne savons ni calculer, ni attendre. Avec de pareilles dispositions, et de plus une centralisation excessive, toutes les passions de la démocratie viendraient inévitablement se concentrer et s'exhaler dans une assemblée unique. Combien alors ne serait pas violent et irrésistible l'élan de ce pouvoir sans contre-poids ! Il faut de toute nécessité un frein, un temps d'arrêt, un obstacle quelconque à cette force extrême : car c'est une loi universelle, dans le monde moral comme dans le monde physique, que toute force qui n'a pas d'équilibre est fatalement condamnée à périr. Si vous cherchez ce frein dans le pouvoir exécutif seul, vous ne faites qu'organiser un duel à mort dans lequel l'un ou l'autre des deux pouvoirs doit nécessairement périr. Vous ne pouvez donc le trouver, ce frein, que dans une seconde assemblée. — Voyez les précédents qu'offre le monde politique. Il ne nous présente, dans le passé, que deux exemples d'une assemblée unique : c'est, en Angleterre, le long Parlement, et en France, la Convention ; et encore les hommes de la Convention, instruits par leur propre exemple, ont-ils bientôt jugé qu'il était indispensable de partager le pouvoir législatif entre deux assemblées, et ils ont opéré cette division dans la constitution de l'an III. Il n'y a, de nos jours dans le monde, qu'une grande république qui vit et prospère : celle de l'Amérique du Nord. Hé bien ! elle a reconnu la nécessité de deux assemblées, et la leçon qu'elle nous offre est d'autant plus instructive, qu'elle n'est arrivée à cette division du pouvoir législatif qu'après avoir reconnu et expérimenté les dangers de la concentration de ce pouvoir en un seul corps. Cependant, combien n'étaient pas plus favorables les conditions dans lesquelles ce pays se trouvait, si on le compare à la France ? Son origine, ses mœurs, sa religion, son respect traditionnel du droit, ses vieilles habitudes municipales, l'esprit fédératif, l'absence d'un centre trop prépondérant, tout semblait défendre cette république contre les entraînements et les excès de la démocratie ; les Américains ont néanmoins cherché une garantie encore plus efficace dans la division du pouvoir législatif et ils s'en trouvent bien : et nous, dont les mœurs, les traditions, le génie si on veut, est d'être toujours entraînés par le mouvement qui vient du centre ; nous, chez qui le pouvoir central est l'unique foyer de l'activité générale, nous qui n'avons pas, comme les Américains, tout un monde pour y déverser l'excès de notre ardeur ; nous qui vivons du gouvernement et par le gouvernement, et chez qui rien n'est constitué pour la résistance modérée et continue et où tout l'est, au contraire, pour faciliter les coups de main et les révolutions ; nous, dont les gouvernements eux-mêmes affectent trop souvent le mépris du droit et donnent aux gens l'exemple de sa violation ; comment n'éprouverions-nous pas le besoin impérieux d'arrêter, de tempérer au moins, nos propres entraînements ! Ne voyez-vous pas votre assemblée unique devenir forcément l'arbitre de tout ? C'est à qui la poussera dans ses voies ! Et puis Paris ne prétendra-t-il pas peser de toute sa prépondérance sur ses délibérations ? Elle y résistera, je le veux bien, comme elle l'a déjà fait ; mais à quel prix ? Et si elle succombait un jour, si elle devenait, comme cela s'est vu sous la Convention, le servile instrument des faubourgs de la capitale ; les départements ne réagiraient-ils pas ? Les seuls symptômes de fédéralisme que la France ait montrés dans nos jours de révolution ne venaient-ils pas précisément de cet asservissement de la Convention à la volonté des Parisiens ? La division du pouvoir législatif en deux assemblées ne fait pas, je le sais, disparaître tous ces dangers, mais elle peut les atténuer, et c'est une raison plus que suffisante pour l'adopter. En un mot, nous avons à choisir entre le système d'équilibre et le système d'unité et de concentration : selon que vous abandonnerez l'un ou l'autre de ces systèmes, vous aurez à régler différemment les conditions du droit électoral et même les pouvoirs municipaux ; car, si vous reconnaissez la nécessité d'une chambre modératrice, il n'est pas impossible que vous la fassiez sortir d'un suffrage à double degré et que vous la reliiez à notre organisation municipale dont elle serait alors le couronnement, comme en Amérique le sénat est le couronnement et la garantie des droits et de l'indépendance des États. C'est pourquoi j'ai tenu à poser dès le début cette question importante des deux chambres, qui préoccupe d'ailleurs tous les esprits sérieux.

M. Marrast commence par déclarer *qu'il constate, en fait, que le système des deux chambres est un système perdu*, et en cela, ajoute-t-il, l'opinion publique est d'accord avec la logique.

En effet, pourquoi deux représentations, pourquoi deux souverainetés à un peuple unique ? En réalité, ce système d'équilibre que cherche M. Barrot n'a jamais existé nulle part ; il n'y a jamais qu'une force politique qui, sous un nom quelconque, domine les autres forces du pays. En Angleterre, c'est l'aristocratie ; en Amérique, c'est la démocratie. D'ailleurs, je comprends les deux chambres avec une monarchie qui peut les départager, mais, dans une république, qui terminerait le différend ? Il est bien vrai qu'avec une seule chambre on est exposé aux passions, aux entraînements de notre caractère, à la pression du dehors et des événements du jour ; mais l'équilibre de tout cela peut être trouvé dans la chambre même, dans la nécessité, par exemple, de trois lectures, comme dans le parlement anglais : on résistera ainsi aux entraînements, tout en maintenant l'unité nationale. En un mot, il est indispensable de n'avoir qu'une chambre, puisqu'il n'y a qu'un peuple.

M. Vivien demande si tous les règlements du monde pourront donner des garanties contre les *déclarations d'urgence*.

M. de Tocqueville, tout en reconnaissant que la cause qu'il va soutenir dans le véritable intérêt de la République est perdue dans l'opinion, se croit cependant consciencieusement obligé de la défendre.

Il n'y a, dit-il, qu'une grande république démocratique dans le monde, c'est celle des États-Unis : je ne me prévaux cependant pas de la constitution fédérative de ces États. C'est une œuvre de l'art, dont on ne peut rien emprunter pour la France. Mais, à côté de celle-là, il y a, dans l'Amérique du Nord, trente républiques qui sont dans une situation semblable à la nôtre : elles ont toutes deux chambres ; il n'y a pas un seul américain qui s'avise de penser qu'on pourrait marcher autrement. Qu'on ne dise pas que c'est là une tradition anglaise, car l'union a commencé par n'avoir qu'une chambre, et après treize ans d'essais et une discussion approfondie, la raison publique est revenue à la nécessité des deux chambres ; cet exemple est frappant. L'opinion, en France, sur ce point, est égarée par un malentendu : on imagine que le système des deux chambres est une institution aristocratique qui ne sert à rien; c'est une erreur. Les secondes chambres peuvent, comme en Amérique, représenter les mêmes classes du peuple, et pour être d'un ordre secondaire, leur utilité n'en est pas moins considérable. Cette utilité est de trois sortes : 1º le pouvoir exécutif doit être fort, mais, pour l'empêcher d'abuser de son pouvoir, on peut placer à côté de lui un corps peu nombreux, secret, pris dans la seconde chambre et chargé de contrôler certains actes importants, comme les nominations à de très-hauts emplois, les traités d'alliance, etc. ; 2º si vous placez le pouvoir exécutif en face d'une chambre unique, la situation est pleine de périls : il y a des conflits nécessaires au bout desquels ou le pouvoir exécutif détruit la puissance législative, ou celle-ci absorbe et engloutit son rival après une très-courte lutte ; 3º enfin, il y a des maladies pour les corps les mieux faits : la maladie chronique qui tue ordinairement les pouvoirs législatifs, c'est l'intempérance législative, c'est la tyrannie insupportable de ces corps qui veulent sans cesse légiférer. Une seconde Chambre est un tempérament à cette manie dangereuse. Sans doute, deux chambres n'empêchent pas les révolutions, mais elles empêchent les mauvais gouvernements qui les amènent. Partout où il y a un corps unique, il se jouera des obstacles qu'on voudra opposer à sa marche. Comme ce corps représente toutes les passions, tous les intérêts, il pousse tout, il écrase tout, il est irrésistible. Pour rendre ce pouvoir moins fort et le sauver de lui-même, il faut donc le diviser en deux chambres composées des mêmes éléments et qui, cependant, ne représentent pas toujours la même pensée. La diversité de leurs points de vue profite à tous : il y a deux examens faits par des esprits divers. Il y a encore cet autre avantage qu'une faction ne peut pas se cantonner dans une assemblée et se rendre ainsi maîtresse de toute la souveraineté. On parle de la garantie de deux ou trois lectures; mais ce remède est stérile : ces lectures faites devant les mêmes hommes ne seront pas plus efficaces que ne le serait l'appel d'un jugement devant les mêmes hommes qui ont rendu ce jugement. Le type des démocraties, c'est l'impétuosité, ce qu'on peut appeler l'étourderie législative, et, au bout de cette impétuosité irréfléchie et non contenue, l'oppression : je suis convaincu que la République se perdra ou qu'elle arrivera au système des deux chambres. »

Vains efforts! que pouvait cette haute raison, que pouvaient l'autorité des plus grands faits, les leçons les plus éclatantes de l'expérience, les prophéties les plus effrayantes, et cependant les plus certaines? rien de tout cela ne prévalait sur la peur des uns, sur l'orgueilleuse ignorance des autres. On est accoutumé en France à beaucoup parler des préjugés des anciennes classes privilégiées, il semblerait que les autres classes en sont exemptes: si on veut être juste, on reconnaîtra que, pour être différents, les préjugés du peuple et de la bourgeoisie ne sont parfois ni moins déraisonnables, ni moins obstinés que ceux de la vieille noblesse. Reprenons la suite de ce débat si tristement instructif.

Jusqu'à ce moment les opinions neutres qui font les majorités ne s'étaient pas produites. M. Coquerel, le premier, s'en fit l'interprète.

Je crois, dit-il, que nous sommes condamnés, en quelque sorte, à ajourner la question. Les deux chambres sont l'institution que la théorie et la raison semblent approuver ; mais nous avons contre nous le torrent de l'opinion publique, auquel il est sage de céder en ce moment. Ce qui est sans contrepoids ne peut garder son équilibre et doit inévitablement tomber. Il est probable qu'on reviendra au système des deux chambres ; mais, aujourd'hui, cela n'est pas possible : il faudrait, en facilitant la révision de la Constitution, combiner cette nécessité du moment avec un retour prochain et pacifique à l'institution des deux chambres.

Cette opinion moyenne ne pouvait être du goût des radicaux.

Ce n'est pas au torrent qu'il faut céder, s'écrie M. Martin (de Strasbourg), c'est à la raison : bien avant la révolution de Février, l'opinion populaire réclamait une seule chambre. Quand on s'est écarté de cette opinion pour faire l'essai de deux chambres, c'est qu'on voulait tenter une conciliation impossible entre l'aristocratie et la démocratie : établir deux chambres, ce serait faire une contre-révolution. Le génie de la France veut, avant tout, l'unité...

M. Vivien s'élève contre cette assertion :

Le caractère français, dit-il, par cela même qu'il est impétueux et prompt, sent, au contraire, le besoin d'un double examen. Dans plus d'une occasion, la Chambre des députés elle-même a été heureuse de reconnaître qu'elle avait trop cédé à ses premiers entraînements... Je m'effraye d'une Assemblée unique et irresponsable, qui s'irritera des entraves et des résistances, et pourra usurper une tyrannie terrible. On dit que la question est perdue ; je ne le crois pas. Je pense, au contraire, que le système d'une Chambre unique n'a pour lui que les clubs et quelques hommes qu'on dit avancés ; mais, si les élections s'étaient faites sur cette question comme sur celle de l'hérédité de la pairie, en 1830, la France se serait prononcée pour les deux chambres, en exigeant, toutefois, qu'elles sortissent du même tronc : l'opinion contraire est pleine de périls pour la République.

M. Martin (de Strasbourg), vivement piqué par ce démenti, affirme avec plus d'aigreur que de vérité, *que ceux qui veulent deux chambres sont les mêmes que ceux qui ne voulaient pas de République avant la révolution du 24 février, et qu'ils ne veulent ce régime que parce qu'ils ne sont pas républicains.*

M. Dufaure ramène tout le débat à une question d'opportunité et de prudence :

Je reconnais, dit-il, quant aux lois humaines, la souveraineté du peuple : cette souveraineté ne s'exerce que par délégation, et la logique ne me dit pas s'il vaut mieux confier cette délégation à deux chambres qu'à une. La prudence seule peut me dire quel est celui des deux systèmes le plus favorable à la durée de la République... Je vois que, dans le passé, l'opinion publique ne s'est jamais attachée qu'à une seule Chambre et a rendu l'autre à peu près inutile, de sorte que celle-ci a été un danger plutôt qu'un avantage. L'exemple tiré de l'Amérique est considérable ; mais les différences qui existent entre les deux pays amoindrissent beaucoup l'autorité de ce précédent. Chez nous, l'opinion publique, véritable reine, a besoin de se concentrer sur un seul point : dans le passé, sur le pouvoir royal ; plus tard, sur un homme, Napoléon ; puis, sur une seule Chambre... Je crains qu'une seconde chambre n'affaiblisse la première et ne l'empêche de résister au pouvoir exécutif, qui sera plus fort qu'on ne le suppose, puisqu'il sera le représentant de toute la France, et n'aura pas, comme les monarchies, les fatigues et les dégoûts des longs règnes, les orages et les incertitudes des minorités et des régences, etc.... Quant à l'avantage qu'une seconde chambre aurait de retenir les élans de la première, cet avantage est nul ; car la première chambre se jouera toujours de la seconde. Je le répète, le choix entre une ou deux chambres n'est qu'une affaire de prudence, et j'aime mieux adopter une seule chambre.

Ainsi, les anciens parlementaires eux-mêmes, ceux qu'une longue pratique des assemblées aurait dû le plus convaincre de la nécessité de deux chambres, appuyaient cette conception monstrueuse et impossible d'une seule chambre, et cela non à titre de dictature révolutionnaire et de nécessité du moment, mais comme institution permanente de la République.

M. Dupin ne pouvait manquer d'apporter son appui à une opinion pour laquelle la majorité de la commission se prononçait avec tant de résolution. Après avoir rappelé l'histoire des assemblées législatives en France, histoire dans laquelle, selon son habitude, il prodigue le sarcasme et l'injure aux vaincus, jusqu'à ce point de dire que la chambre de 1815 le disputait de bassesse à la Chambre des pairs, et que ce qui avait perdu le Gouvernement de 1830, c'était qu'au lieu de s'étendre, il avait voulu se concentrer dans un petit nombre de gens *qui*, disait-il, *formaient entre eux une assurance mutuelle et avaient frappé de forclusion tout ce qui tendait à élargir le cercle électoral.*

Aujourd'hui, ajoute-t-il, voilà une table rase : le roi et les Chambres sont renversés ; il y a une Assemblée souveraine, en droit et en fait, comme cela ne s'est jamais vu aussi nettement à aucune époque. Or, je crois que le système d'une seule chambre est préférable ; il est plus logique, moins exposé à des tiraillements, à des conflits. Deux chambres pourraient rivaliser d'obséquiosité envers le peuple, car on flatte tous les pouvoirs.

Deux chambres avec un président, ajoute M. Pagès, autre parlementaire, c'est l'image de la royauté. Je veux une seule chambre, parce que je la veux forte et capable de résister au pouvoir exécutif. Ce pouvoir nous a toujours maîtrisés par la force ou par la ruse. Le Comité de salut public a dévoré la Convention, comme Bonaparte a dévoré les Conseils. Je crois que la même chose se reproduira encore.

Étrange manière de conjurer ce danger que de ne mettre en face de ce pouvoir si redoutable qu'une seule assemblée, comme pour simplifier l'œuvre du tyran et ne lui laisser qu'un seul coup à frapper.

M. de Beaumont déclare qu'il ne croit pas que le danger de la République soit la trop grande force du pouvoir exécutif : il pense, au contraire, que s'il n'y a pas un pouvoir exécutif fort, la République ne durera pas six mois.

> Mais, ajoute-t-il, quand les meilleures raisons seraient du côté du système des deux chambres, les faits nous dominent; nous ne pouvons délibérer dans l'abstraction. Eh bien ! j'accepte les faits quand je ne peux pas les combattre. Je cède à l'opinion commune et voterai pour une chambre unique.

Je ne pus m'empêcher de me récrier contre cette faiblesse :

> Nous sommes ici, dis-je avec une certaine vivacité, pour exprimer notre pensée et non pour obéir à la pression du dehors ; nous sommes et devons rester libres ! Avec une chambre unique, vous continuez la révolution ; avec deux chambres, vous fondez un gouvernement.

Ce fut le dernier mot de cette discussion qui devait subir encore deux autres épreuves dont nous rendrons également compte.

Inutile, après cela, de dire que ma proposition en faveur des deux chambres fut repoussée par une majorité écrasante. Trois voix seulement restèrent fidèles à une opinion sur laquelle, quelques jours avant la révolution du 24 février, nous eussions à peine soupçonné une dissidence possible : ces trois voix étaient celles de MM. de Tocqueville, Vivien et la mienne.

Une discussion assez insignifiante s'ouvrit ensuite sur le nombre des membres de l'assemblée législative et se prolongea pendant plusieurs séances : entre les deux chiffres de neuf cents et six cents, la commission adopta celui de 750 ; le débat se continua sur les droits de l'électorat et de l'éligibilité qui furent étendus, conformément à l'opinion de M. de Cormenin, à toutes les classes indistinctement de la société, en y comprenant même les domestiques et les soldats, et cela malgré les doutes exprimés par M. Marrast, qui manifestait toutes ses craintes pour la discipline de l'armée et qui affirmait que, lors de l'élection de l'assemblée, l'armée n'avait pas pris au sérieux son droit de voter. M. Dufaure lui-même, malgré son bon esprit, appuya le vote des militaires, dans l'espoir que l'armée recevrait une nouvelle organisation qui pourrait faire disparaître les dangers qu'on prévoyait.

La question de l'indemnité à donner aux représentants fut résolue affirmativement dans l'intérêt de cette même démocratie, qui devait un jour s'en montrer bien peu reconnaissante.

La redoutable question de l'incompatibilité des fonctions de représentant avec toute autre fonction à la nomination du pouvoir fut ajournée.

Le scrutin de liste par département fut préféré, après un long débat où nous vîmes les Républicains flotter entre la crainte des influences du patronage local dans les campagnes, et celle des notabilités politiques dans les villes, et ne parvenant à éviter ni les unes ni les autres. « Vous verrez dans la pratique, leur disais-je, que votre scrutin de liste vous conduira à des résultats fort contraires à vos vues. » Et en effet, le scrutin de liste départementale, nécessitant des comités intermédiaires, a ramené de fait, et par l'excès même du radicalisme, au régime modéré de l'élection à double degré. Qu'on juge par cette circonstance de la prévoyance et de la portée politique de ces esprits, cependant si fiers de leurs lumières et si dédaigneux de l'expérience des autres. Nous retrouverons du reste, à chaque pas de cette discussion, ce phénomène étrange de gens qui font effort pour atteindre un but et qui marchent en sens contraire.

Sur la tenue de l'Assemblée, la commission décide que cette Assemblée sera permanente, sauf le droit de se proroger pendant trois mois au plus. Du reste, pas de lacune, pas d'interrègne entre l'Assemblée qui se retire et celle qui la remplace. Ces dispositions étaient les conséquences forcées de l'adoption d'une assemblée unique. On verra quelles complications et quels dangers devaient en sortir.

DU POUVOIR EXÉCUTIF

Il fut décidé tout d'abord à l'unanimité, et presque sans discussion, que le pouvoir exécutif serait confié à une seule personne : la nécessité de l'unité de ce pouvoir, après la double expérience du gouvernement provisoire et de la nouvelle commission exécutive, était à peu près le seul progrès que la science politique se trouvât avoir fait depuis l'an III de la première république.

Sur la durée de ce pouvoir un débat assez vif s'éleva entre M. Dufaure et M. Marrast, et, nous regrettons de le dire, la raison et la sagesse pratique étaient du côté de ce dernier. En Amérique, disait M. Dufaure, le pouvoir exécutif et le pouvoir législatif sont généralement nommés et renouvelés en même temps ; cette règle me paraît très-sage, elle évite les conflits qui peuvent éclater si les deux pouvoirs n'ont pas une origine contemporaine et s'ils doivent leur élection à des courants d'opinion contraires l'un à l'autre. M. Marrast répondait qu'il croyait, au contraire, qu'il y aurait un grave inconvénient à renouveler à des époques fixes, et par exemple tous les trois ans, tous les pouvoirs qui régissent la société : précisément parce que la démocratie est mobile de sa nature, il faut organiser le mouvement de manière à le faire tourner autour de quelque chose de fixe. Ce serait exposer la république à un bouleversement que de lui faire faire en quelque sorte peau neuve tous les trois ans.

M. Marrast avait raison, et l'événement n'a que trop confirmé ses appréhensions. La commission décida, par huit voix contre six, que la durée des pouvoirs du président serait de quatre ans ; l'assemblée devant être renouvelée au bout de trois ans, il en résultait que l'un des pouvoirs restait debout et dans toute sa force au moment où l'autre se renouvelait. Ce fut par accident et sans préméditation que plus tard cette combinaison si sage fut abandonnée et qu'on en revint, au moins pour la première élection, à l'idée de M. Dufaure, c'est-à-dire à la simultanéité de la cessation et du renouvellement des deux pouvoirs.

Venait ensuite la question de réélection dont la solution ne devait pas avoir une moins redoutable influence sur l'avenir de la République, et, cette fois encore, nous devons le reconnaître, la raison et la prévoyance politique ne furent pas du côté des anciens parlementaires.

M. de Cormenin proposait que le président fût rééligible une fois et M. Woirhaye appuyait cette opinion par de fort bonnes raisons.

Il importe, disait-il, de ne pas se priver des services d'un homme aimé par la nation : il est nécessaire de rendre la Constitution assez élastique pour ne pas l'exposer à être brisée par les impossibilités qu'elle impose.

MM. de Beaumont et de Tocqueville opposèrent à cette proposition le danger de trop intéresser le président à employer tous les moyens dont il disposerait pour s'assurer une réélection. *C'est à cela*, disait M. de Beaumont, qu'il passera tout son temps et qu'il fera servir son immense pouvoir. Cet inconvénient, ajoutait M. de Tocqueville, déjà très-grand et très-senti en Amérique, serait en France un mal bien plus grand. Car en Amérique le président a peu de pouvoir, il ne nomme qu'à un nombre d'emplois peu considérable, mais en France, où le pouvoir exécutif disposera d'un très-grand nombre de places et pourra se faire un grand nombre de créatures, l'influence excessive du président serait un immense danger. Il est vrai que si le président n'est pas rééligible on peut jeter un énorme mécontentement dans l'esprit d'un homme éminent : en ne lui laissant ni le temps, ni le pouvoir d'accomplir les grands desseins qu'il médite, on ne lui laisse que l'ambition du désespoir et on lui inspire l'idée de briser la Constitution; mais j'aime mieux voir la Constitution exposée à un danger accidentel et passager que de voir la société habituellement soumise à l'influence corruptrice d'un président. M. de Tocqueville aurait eu raison si l'impossibilité de la réélection n'eût été que l'interdit jeté sur les velléités ambitieuses d'un seul homme, mais elle pouvait être aussi un obstacle aux vœux, aux besoins de tout un peuple, aux nécessités même les plus impérieuses d'une situation, et c'est alors que le danger était sérieux et cessait d'être un simple accident.

Deux voix seulement se prononcèrent en faveur de la réélection : toutes les autres la repoussèrent.

Il restait à régler le mode de l'élection du président et ses attributions : ce mode était, dans toutes les hypothèses, d'une haute importance, mais cette importance devenait plus décisive encore par suite de cette circonstance que le pouvoir exécutif allait être concentré tout entier dans les mains d'un seul homme et que cet homme serait placé face à face avec une seule assemblée. C'est ainsi que toutes les questions réagissaient les unes sur les autres, mais aussi que toutes les fautes s'aggravaient les unes par les autres.

M. de Cormenin proposa, au nom de la logique aveugle et inflexible, la nomination d'un président par le suffrage universel et direct.

M. Marrast, plus politique, soutint le système des candidatures choisies par l'Assemblée, mais ce système ne trouva faveur ni chez les radicaux, ni même chez les anciens parlementaires : M. Considérant y voyait un attentat à la souveraineté du peuple; M. Coquerel craignait que l'Assemblée ne forçât le choix populaire en entourant le candidat qu'elle voudrait imposer d'autres candidats non sérieux ou même impossibles. M. de Beaumont s'effrayait de l'influence que ce système donnerait sur le choix du pouvoir exécutif à une assemblée susceptible de se passionner pour ou contre un homme. M. Dufaure disait n'avoir voté pour une seule chambre que dans la pensée que le pouvoir exécutif serait fort et qu'il le serait comme produit du suffrage universel. *S'il en était autrement, cela dérangerait, disait-il, les idées qu'il s'était faites sur la force des divers pouvoirs de la République.*

Ainsi, les uns concentraient le pouvoir législatif en une seule chambre pour le rendre plus fort contre le pouvoir exécutif; les autres donnaient à ce dernier pouvoir l'unité et l'élection populaire directe pour le rendre plus fort contre le pouvoir législatif. Ne semble-t-il pas voir des parieurs divisés en deux camps entourant chacun leur champion et le préparant de leur mieux à un combat à outrance? Malheureusement l'enjeu de ce terrible combat, c'était la liberté de la France.

Au reste, la question était trop brûlante pour être ainsi vidée par un seul vote. Nous la verrons se reproduire plusieurs fois dans des débats de plus en plus passionnés, à mesure que les événements deviendront plus menaçants et les craintes plus vives, pour recevoir en définitive la solution, en apparence, la plus logique, mais aussi la plus funeste à la République.

Le seul palliatif que la commission crut devoir apporter au danger de cette élection directe fut d'exiger que l'élu réunît au moins deux millions de suffrages : mais le remède aggravait plus qu'il n'atténuait le mal, car c'était précisément le trop grand nombre de suffrages obtenus et les prétentions qui en devaient naturellement dériver, qui créait le danger si justement redouté pour la République.

ATTRIBUTIONS DU POUVOIR EXÉCUTIF

Les mêmes appréhensions, les mêmes embarras ne pouvaient manquer de se reproduire lors de la fixation des attributions du pouvoir exécutif. Ceux-là même qui avaient proposé de faire sortir directement le pouvoir exécutif du suffrage universel s'effrayaient de leur œuvre. M. de Cormenin proposait d'attribuer les principales fonctions du pouvoir exécutif à un conseil des ministres choisi nécessairement dans l'Assemblée, ayant un président qui, en cas d'empêchement du président de la République, serait chargé de le remplacer : c'est-à-dire qu'après avoir fait du président de la République la personnification du sentiment national au moyen de l'élection, il lui enlevait toutes les attributions réelles du pouvoir, pour en faire, dans la pratique, une sorte d'instrument passif, inerte, et cependant responsable. — Il était impossible de pousser plus loin l'inconséquence.

L'auteur de cette étrange proposition disait, pour la justifier : « Qu'il craignait beaucoup les empiétements du pouvoir exécutif qui, en France, avait toujours abusé de sa puissance, et que sa première pensée avait été de faire nommer tous les ministres par le Corps législatif et de faire du président du conseil des ministres le président de la République. » Il oubliait que c'était lui qui, au nom de la logique, venait de proposer et de confier au suffrage universel le choix du président de la République et d'ajouter ainsi aux attributions du pouvoir central déjà si étendues toute la force de l'élection populaire ; et c'est cependant à de tels hommes que le peuple avait confié le soin de résoudre le problème le plus difficile qu'il soit donné à des législateurs de résoudre, celui de transformer la vieille et séculaire monarchie d'un grand État en république.

M. de Cormenin aurait voulu évidemment faire revivre, sous la République, la fameuse maxime de la monarchie constitutionnelle, avec une simple variante dans les mots : *Le président règne et ne gouverne pas :* mais il ne faisait pas attention que si les ministres, dans la monarchie constitutionnelle, ont dans leurs mains le gouvernement effectif du pays, c'est parce que ces ministres sont responsables et que le Roi ne l'est dans aucun cas. La division des pouvoirs entre la royauté et ses ministres n'est écrite ni dans la Charte de 1814, ni dans celle de 1830; mais elle dérivait forcément du fait seul de l'irresponsabilité de l'une et de la responsabilité des autres. Vouloir introduire dans la République cette même répartition des pouvoirs, sans y établir la même distribution de la responsabilité, c'était vouloir séparer l'effet de sa cause, et pour un logicien tel que M. de Cormenin, c'était, on en conviendra, une étrange aberration.

Un peu moins inconséquent, M. Marrast proposa de

diviser les attributions du pouvoir exécutif, de refuser l'initiative des lois au président de la République, et de la remettre entre les mains du conseil des ministres.

Il faut craindre, dit-il, que le président de la République ne pèse d'un poids trop fort sur l'Assemblée, qu'il n'ait un pouvoir qui ressemble trop au pouvoir royal. Il faut que le pouvoir exécutif ne soit que ce que son nom indique : *l'instrument de l'Assemblée, l'exécuteur de ses volontés.*

M. Considérant objectait avec raison que, le président nommant les ministres et pouvant les destituer à volonté, la garantie que M. Marrast prétendait trouver dans ce droit exclusif d'initiative législative conféré à ces ministres était parfaitement illusoire ; car ce président ne manquerait pas de renvoyer les ministres qui refuseraient de présenter ses projets de lois, jusqu'à ce qu'il en trouvât qui consentissent à se faire les éditeurs de sa pensée, ce qui lui serait toujours facile.

M. Martin (de Strasbourg) ajouta « qu'il fallait que le pouvoir exécutif fût un être réel, actif et fort. Je le veux, disait-il, libre et indépendant, tellement que je serais disposé, si la commission n'en avait déjà disposé autrement, à lui accorder le droit de dissoudre l'Assemblée si elle se mettait en opposition avec la volonté du pays... Il faut qu'il y ait un pouvoir qui puisse faire appel de l'Assemblée au pays. »

M. Martin avait raison sur ce point : car si la faculté de dissoudre l'Assemblée offrait le danger d'accroître encore le pouvoir du président qui paraissait déjà si redoutable, cette faculté ouvrait du moins une voie pacifique et régulière pour vider les conflits qui s'élèveraient entre les deux grands pouvoirs de la République.

M. Pagès déclara que, si le pouvoir présidentiel et le pouvoir ministériel étaient réunis dans les mêmes mains, on coucherait la république dans le lit de la royauté, et qu'il arriverait que *la royauté avant peu coucherait à son tour dans le lit du président de la république*. (Paroles textuelles. — Voir le procès-verbal.)

M. de Beaumont dit que tout le monde doit vouloir que le pouvoir exécutif soit grand et fort : l'initiative des lois est précisément l'acte par lequel peut se révéler la grandeur de la pensée, la suite des desseins; si le président n'a pas cette initiative, ce ne sera qu'un mannequin sans influence féconde pour le bien de la République.

M. de Tocqueville convient qu'il y a danger à donner au président de la République un pouvoir trop fort, et il comprendrait par exemple qu'on plaçât l'initiative des lois ailleurs que dans le pouvoir exécutif; mais ce qu'il y aurait de pire, ce serait de constituer l'antagonisme dans les éléments qui constituent le pouvoir exécutif lui-même, d'organiser une lutte entre le président et son ministère, lutte qui deviendrait une véritable anarchie.

M. Dupin reproduit cette pensée en la fortifiant d'un argument tout personnel : si vous réduisez le président de la République à des fonctions sans puissance, quel homme de valeur voudra de ces fonctions? il est indispensable que le président gouverne.

M. Dufaure insiste sur cette observation que si le président était privé de l'initiative des lois, il serait privé de tout moyen de répondre à la confiance du peuple, et de marquer son passage au pouvoir par de grandes et utiles mesures; qu'enchaîné ainsi par la Constitution, il ne manquerait pas de faire combattre sous main, dans l'Assemblée, les projets que ses ministres présenteraient de leur chef, et de faire, au contraire, appuyer par ses partisans tel projet que le ministère aurait refusé de présenter : ce serait de l'antagonisme et de l'anarchie en pure perte.

M. Marrast ne se déclarait cependant pas convaincu par ces arguments.

> Nous sommes, disait-il, dans un pays qui a des mœurs, des habitudes, des traditions monarchiques : si vous donnez à votre président de la République une puissance égale à celle des rois, vous referez une royauté ; l'Assemblée deviendra l'instrument du pouvoir exécutif. Ce pouvoir est fort par lui-même, par les tendances de la France : il ne faut pas le fortifier encore, et, pour l'empêcher d'être trop fort, il faut le diviser, il faut mettre le véritable gouvernement aux mains de l'Assemblée.

Quel aveu et quelle éclatante confession de la témérité folle de la révolution du 24 février.

M. Corbon lui répond, non sans raison, que si on place le gouvernement dans l'Assemblée, il faut rapporter la décision par laquelle la commission a fait nommer le président par le peuple entier ; car si ce n'est pas le président qui gouverne, il ne doit pas être nommé par le peuple.

D'ailleurs, M. Marrast ne répondait pas à l'objection radicale tirée de ce qu'il ne proposait pas de diviser les attributions du pouvoir exécutif entre le président et un autre pouvoir indépendant, tel que le serait un sénat, ou l'Assemblée des représentants elle-même, mais entre le président et des ministres que celui-ci choisissait et renvoyait à volonté ; ce qui réduisait à un non-sens cette garantie qu'il croyait trouver dans l'initiative réservée exclusivement à un conseil des ministres, tout en introduisant les germes de l'anarchie au sein même du pouvoir.

C'est ce que M. Dufaure fit remarquer avec une nouvelle force.

> M. Marrast, dit-il, grandit trop la question en disant que l'Assemblée doit gouverner ; cela ne serait vrai qu'autant qu'il donnerait à elle seule l'initiative ; mais, cette initia-

tive, il la donne à un troisième pouvoir qui relève du président : c'est un mode confus et embarrassé. Ce qui empêche, d'ailleurs, le président d'être trop fort, même avec son initiative, ce qui met une grande différence entre son pouvoir et celui de la monarchie, c'est que c'est l'Assemblée qui aura toujours le dernier mot, sans que le président puisse s'opposer à sa volonté.

On aurait fort embarrassé M. Dufaure, si on lui eût demandé quels seraient les moyens que l'Assemblée pourrait employer pour avoir nécessairement le dernier mot dans le cas d'un conflit entre elle et le président. Les événements devaient se charger de montrer bientôt tout ce qu'il y avait de puéril dans cette réminiscence des idées monarchiques ; il est plus facile de dissoudre un ministère en lui rendant le pouvoir impossible par un vote négatif, ou un simple ordre du jour motivé, que de se débarrasser, au risque de la guerre civile, d'un président responsable qui a derrière lui les 5 à 6 millions de suffrages, et surtout les passions populaires, qui l'ont porté au pouvoir.

Enfin, de guerre lasse, M. Marrast déclara que la garantie qu'il cherchait contre le pouvoir du président, il la trouvait dans le pouvoir intermédiaire qu'il plaçait dans le conseil des ministres, garantie qui eût été, en effet, très-efficace, si on eût pu mettre à la nomination ou à la destitution des ministres des conditions dont l'Assemblée eût été juge, et surtout s'il eut été possible d'établir deux responsabilités différentes, l'une pour le président, l'autre pour ses ministres, et de bien définir ces responsabilités ; mais il y avait là un problème rendu tout à fait insoluble par l'élection du chef du pouvoir exécutif, par l'universalité des citoyens : il était évident, en effet, que le seul fait de cette élection entraînait comme conséquence forcée la plénitude du pouvoir exécutif sans autre contre-poids ni contrôle que le droit extrême et si plein de dangers de la mise en accusation.

Cependant, la commission, tout en repoussant à une forte majorité les propositions de M. de Cormenin et de M. Marrast, et en maintenant dans les mains du président toutes les attributions du pouvoir exécutif, à savoir le droit de nommer et de destituer les ministres, selon sa pure volonté, celui d'exercer dans l'Assemblée l'initiative législative, le droit de faire grâce, le droit de suspendre même les fonctionnaires élus par le peuple, tels que maires ou adjoints, sauf à recourir au Conseil d'État en cas de destitution; le droit de disposer des armées de terre et de mer sous la seule restriction de ne pas les commander en personne, le droit de nommer, de désigner cette légion innombrable d'agents dont se compose le gouvernement central en France, etc., la commission crut devoir écrire dans la Constitution qu'il ne serait pourvu à certaines hautes fonctions, telles que celles d'ambassadeur, de général en chef, de préfet, *qu'en conseil des ministres*, ce qui impliquait au moins l'existence d'un conseil des ministres, constituant un pouvoir à part et soumis à une responsabilité collective distincte de celle du président.

Ce fut là tout ce qui resta de ce long et important débat sur la nécessité de diviser le pouvoir exécutif : c'était bien peu, si on considère que le président conservait le droit de changer à volonté ses ministres et pouvait se prévaloir même, pour la pleine liberté de ses choix, de sa propre responsabilité; mais c'eût été quelque chose de sérieux si les mœurs parlementaires eussent passé des assemblées monarchiques dans l'Assemblée républicaine et si la nomination ou le renvoi d'un ministère eût été considéré comme un événement assez considérable pour que le parlement de la République en fit l'objet d'un examen et d'un débat comme sous la monarchie. Nous verrons plus tard à quoi s'est réduite dans la pratique cette garantie, et cela par suite de l'immense changement qu'avait apporté, non-seulement dans les opinions, mais dans la logique politique, la responsabilité du chef de l'État.

Cette discussion porte avec elle un grand et utile enseignement, et c'est pour cela que nous l'avons reproduite tout entière. Il avait été facile, le 24 février, de proclamer la République à l'Hôtel de ville au milieu des clameurs et des entraînements d'une populace ivre de sa victoire; mais les difficultés qui avaient arrêté sur cette pente fatale les esprits pratiques et un peu sérieux se produisaient dans toute leur force à mesure qu'on avançait dans cette œuvre de la constitution de la République : ceux qui étaient chargés de faire cette constitution se débattaient vainement entre la nécessité d'un pouvoir exécutif fort et indépendant et le danger que cette force, cette indépendance même créaient pour la République : après avoir concédé à la logique révolutionnaire l'élection universelle et directe par le peuple du chef de l'État, ils voulaient affaiblir ce colosse qui devait emprunter à la source dont ils le faisaient si imprudemment sortir une force écrasante; ils cherchaient à le mutiler pour le rendre moins redoutable; mais ils ne savaient à qui confier celles de ces forces qu'ils en détacheraient, ils avaient imprudemment rejeté la combinaison d'un sénat auquel ils eussent pu en remettre une partie, et ils en étaient réduits à revenir à la garantie toute monarchique d'un ministère intermédiaire entre le chef de l'État et le Parlement. Mais là se dressait devant eux la question de la double responsabilité qui aurait dû dominer tout ce débat et qu'ils laissaient dans l'ombre, soit par irréflexion, soit par impuissance de la résoudre : nous l'avons déjà dit, le pouvoir appartient nécessairement à qui doit en répondre ; c'est là une loi de justice et de morale politique invariable : gouvernement et responsabilité sont des corrélatifs nécessaires, indivisibles. Comment, dès lors, après avoir fait élire un chef par tout un peuple, refuser à ce chef élu le pouvoir de répondre à la confiance de ce peuple ; de mettre en œuvre les qualités, les capacités à raison desquelles cette élection s'est faite ? Comment surtout, après avoir déclaré solennellement que ce chef répondrait moralement et politiquement du gouvernement qui lui a été confié par toute une nation, lui lier les mains, enchaîner sa volonté, en faire une espèce d'automate qui agit par l'impulsion et la pensée d'autrui ? Cela ne se peut pas ; une telle anomalie blesserait profondément la conscience publique, et une constitution qui blesse le sentiment de justice universelle et qui fait violence à la nature des choses ne saurait durer longtemps.

La difficulté, il faut bien le reconnaître, ne tenait pas seulement à la nature de la révolution du 24 février, à ce qu'elle avait eu de subit, d'imprévu, à la résistance qu'elle rencontrait dans les mœurs ; cette difficulté était plus générale, plus radicale, elle est propre à l'institution républicaine elle-même et se reproduira dans toute république quelconque. C'est pour cela qu'il vaut bien la peine que les partisans de cette forme de gouvernement y fassent quelque attention. Il faut que tous ceux qui professent la foi républicaine, non pas seulement en théorie ou par pur sentiment, mais en application pratique et positive, sachent bien qu'il y a trois choses qu'il leur est absolument impossible de réunir et de concilier : l'élection du pouvoir exécutif, sa responsabilité et la transmission du gouvernement effectif à un conseil de ministres responsables. Ils ont assez longtemps nié et bafoué de leurs sarcasmes cette fiction qui sépare le gouvernement responsable des ministres du haut arbitrage irresponsable du roi ; ils ont crié assez haut qu'une telle fiction était impossible, pour qu'ils reconnaissent de bonne foi que cette fiction est bien plus impossible encore lorsque le chef de l'État est responsable du gouvernement à un bien autre titre que ses ministres : puisque c'est lui et non eux que le peuple a élu. A l'impossibilité prétendue de la fiction monarchique s'ajoute alors une criante injustice et cette choquante contradiction, qui refuserait au magistrat élu et responsable la liberté d'action.

Ce n'est pas nous qui dirons que la monarchie constitutionnelle et la République sont tellement séparées qu'elles ne peuvent jamais se faire des emprunts, ni se rapprocher : néanmoins, elles ont des conditions qui leur sont propres et qui ne peuvent être transportées de l'une à l'autre : et de toutes ces conditions la plus caractéristique comme aussi la plus intransmissible, c'est celle d'un ministère gouvernant sous sa responsabilité. Un tel ministère n'est possible qu'autant que le chef de l'État n'est pas élu et n'est pas responsable : l'institution est essentiellement monarchique et ne peut être transportée à la république sans faire violence, nous le répétons, et à la nature des choses et à la conscience publique.

De là, cette nécessité impérieuse, absolue, toutes les fois qu'on voudra fonder une république, de chercher ailleurs que dans le pouvoir intermédiaire d'un ministère responsable des garanties contre la trop grande force du pouvoir exécutif. Ces garanties pourraient se rencontrer dans la décentralisation de ce pouvoir, dans la dissémination de ses attributions entre différents corps, comme en Amérique. Mais comment amener nos républicains démocrates à cette nécessité de rien retrancher à l'unité et à la concentration du pouvoir exécutif, eux qui n'ont jamais eu ce pouvoir dans leurs mains que pour ajouter encore à sa force absorbante? et ils veulent une république, les insensés, ils ne sont bons qu'à fonder une caserne ou un phalanstère!

Une de leurs plus étranges illusions fut de croire qu'en instituant un Conseil d'État, qui serait élu par l'Assemblée et qui aurait quelques attributions exécutives et législatives tout à la fois, ils auraient créé ce pouvoir modérateur destiné tout à la fois à contenir les entraînements démocratiques et à prévenir le choc entre les deux grands pouvoirs.

Cette illusion, qui fut celle de quelques bons esprits, tels que MM. Dufaure, Vivien et autres, ne tarda pas à s'évanouir.

Il se trouva qu'on ne pouvait donner à ce conseil aucune des attributions essentielles, ni du pouvoir législatif, ni du pouvoir exécutif, sans dénaturer ces pouvoirs, et cette institution, qui devait être la clef de voûte de l'édifice républicain, fut réduite à peu près au rôle du Conseil d'État de la monarchie constitutionnelle, c'est-à-dire à celui d'un conseil administratif faisant les règlements qu'on lui demandait, rarement consulté sur les projets de lois, remplissant le rôle de juge arbitre dans les nombreux rapports des citoyens avec l'immense bureaucratie française; utile encore comme rouage administratif, parfaitement nul comme contre-poids politique.

Et cet avortement était dans la force des choses, car si l'institution d'un ministère chargé du gouvernement sous sa responsabilité est essentiellement monarchique, celle d'un Conseil d'État jouant un rôle principal dans l'œuvre législative est essentiellement despotique et impériale. Ce n'est, en effet, que lorsque le chef de l'État réunit tous les pouvoirs effectifs dans ses mains et ne veut laisser aux corps représentatifs élus qu'un semblant de puissance législative, qu'il confère à un conseil qu'il a choisi, et qui est sous sa main, les attributs réels et sérieux de cette puissance, tels par exemple que celui de préparer, de présenter, d'amender les lois.

En vain faisait-on sortir le Conseil d'État d'une élection faite par l'Assemblée elle-même ; on affaiblissait par les hasards de cette élection la capacité personnelle du conseil, sans pour cela réussir à lui donner quelque importance politique. On faisait présider, il est vrai, ce conseil par le vice-président de la république ; mais que représentait ce vice-président lui-même, désigné de fait par le président qui pouvait toujours imposer son choix à l'Assemblée, en lui présentant deux candidats impossibles à côté de celui qu'il entendait faire nommer ?

Après cette vaine tentative, il ne restait plus aux auteurs de la Constitution qu'à chercher leur frein modérateur dans les fameuses trois lectures empruntées à l'Angleterre, garantie parfaitement illusoire, qu'une simple déclaration d'urgence fait disparaître, et cela précisément dans les occasions où, s'agissant de mesures de sûreté publique, les passions politiques sont naturellement le plus excitées et auraient le plus besoin d'être contenues.

On décida également que le président pourrait, dans un assez bref délai après le vote d'une loi, en appeler de l'Assemblée à l'Assemblée elle-même, et provoquer une nouvelle délibération ; mais cette seconde délibération pouvant être prise à la même majorité que la première, et cette fois devenant définitive, la garantie n'était pas sérieuse.

La juridiction contentieuse du Conseil d'État renouvela la vieille querelle qui se débat depuis si longtemps en France, entre la justice ordinaire et la justice administrative. Plusieurs membres de la commission, et j'étais de ce nombre, niaient qu'il pût y avoir deux sortes de justice, l'une plus parfaite, l'autre moins, tout en convenant que certaines matières contentieuses particulières pouvaient exiger des juridictions et des formes de procéder spéciales; le débat fut vidé par une sorte de transaction qui maintint au Conseil d'État sa juridiction contentieuse, mais qui fit du comité chargé d'exercer cette juridiction un véritable tribunal offrant toutes les garanties de la justice commune et amovible.

Restait la grande et difficile question des *conflits*.

Toute justice appartient à celui à qui est accordé le dernier mot sur la compétence; en effet, lorsqu'un pouvoir peut à volonté dépouiller les tribunaux ordinaires de leurs attributions pour les transporter à un conseil dont il dispose, n'est-il pas dans le fait juge suprême et arbitre souverain de tous les débats et de tous les intérêts? Ce que les tribunaux ordinaires conservent de leur juridiction, ils le doivent à la pure tolérance de ce pouvoir et au défaut d'intérêts qu'il peut avoir à la lui enlever.

Un pareil état de choses dans un gouvernement de publicité et de responsabilité sérieuse trouve encore quelque palliatif dans le jeu des institutions libres et dans le contrôle de l'opinion; mais dans un gouvernement de silence et de soumission absolue, le droit d'élever et de vider les conflits est tout simplement la confiscation de toute justice au profit des caprices ou des passions d'un seul homme; c'est l'anéantissement de la justice chez une nation, c'est-à-dire le dernier degré de la servitude et de la dégradation morale.

Il fut sagement pourvu au danger de cet arbitraire par une institution qui, pour être nouvelle, n'en mérite pas moins d'être conservée dans tout gouvernement libre. Au cas de conflit entre la justice et l'administration, ce n'est pas l'administration qui resta seule chargée, comme par le passé, de se faire sa part à elle-même : nous exigeâmes un tribunal composé de six conseillers d'État et de six conseillers à la Cour de cassation respectivement élus par leurs corps et chargés, sous la présidence du Ministre de la Justice, de prononcer souverainement sur tous les conflits qui pourraient s'élever entre l'administration et la justice commune ; et comme la réélection des membres de ce tribunal n'était pas interdite, rien ne s'opposait à ce qu'il s'y formât une jurisprudence et des traditions durables. Les intérêts et les droits de l'État, ceux de l'administration ainsi que ceux de la justice, étaient sagement représentés et sauvegardés. C'était là une institution sérieusement et pratiquement libérale.

ORGANISATION JUDICIAIRE

On se rappelle sans doute que, dès les premiers jours qui suivirent la révolution du 24 février, un décret parut à l'Hôtel de ville, qui chargeait M. Martin (de Strasbourg) de composer une commission dont la mission était d'étudier et de proposer une nouvelle organisation de la justice en France. Le ministre de la justice, M. Crémieux, nous apporta le résultat des travaux de cette commission encore fort incomplets.

Voici l'exposé sommaire des changements qu'elle faisait subir à l'organisation judiciaire existante. Le principe de l'élection était repoussé ; tous les juges indistinctement, les juges de paix comme ceux de cassation, étaient nommés par le pouvoir exécutif ; ce choix devait être soumis à certaines conditions que la commission n'avait pas encore déterminées ; elle avait seulement arrêté en principe que le tiers ou le quart des vacances seraient remplies par des choix directs de l'État, et les autres sur des listes de candidats fournies par la magistrature et le barreau. L'inamovibilité était conservée, mais un haut tribunal aurait eu le pouvoir de suspendre et même de révoquer disciplinairement les juges de tous les degrés : on ne s'expliquait pas sur la composition de ce tribunal. La juridiction des juges de paix était un peu étendue ; la limite en était portée à 1,500 francs en matière civile, et à six mois de prison en matière correctionnelle. Les tribunaux d'arrondissement étaient supprimés, mais le tribunal du chef-lieu du département déléguait un de ses juges pour vider les appels des juges de paix dans l'arrondissement et y faire les fonctions de juge d'instruction. Les Cours d'appel étaient réduites à dix-huit ou dix-neuf ; les chambres d'accusation étaient supprimées, c'était un juge du tribunal du chef-lieu qui seul présidait les assises départementales ; le jury d'accusation était rétabli ; les affaires correctionnelles excédant le ressort du juge de paix étaient également soumises à un jury. Le ministère public conservait son organisation ; seulement les substituts étaient spécialement chargés de défendre les indigents. Enfin, la Chambre des requêtes de la Cour de cassation était supprimée et le nombre des magistrats de cette cour réduit à trente-sept membres. Le jury n'était pas admis dans les matières civiles.

Ce n'est pas, on le voit, un excès de témérité, ni un désir imprudent d'innovation qu'on pouvait reprocher à cette réforme judiciaire. Ce travail laissait subsister à peu près intégralement toute la vieille organisation avec sa hiérarchie, ses cadres, et par conséquent son désir d'avancement et ses préoccupations ambitieuses. Elle ne touchait en rien à la procédure civile, cette partie de nos Codes assurément la moins philosophique et la plus vicieuse ; elle se refusait à introduire le jury dans les matières civiles. La seule innovation un peu considérable qu'elle proposait était la suppression des tribunaux d'arrondissement et la réduction des cours : simplification utile sans doute , mais qui ne remédiait pas aux principaux vices de l'administration de la justice civile en France.

Je crus devoir soulever tout d'abord la question de l'extension du jury aux matières civiles : la solution de cette question devant exercer une influence décisive sur toute l'organisation judiciaire.

Les institutions judiciaires, dis-je, sont destinées à jouer un rôle plus important encore dans notre République démocratique, que dans toute autre forme de gouvernement ; faire prévaloir la puissance et le respect du droit, même sur les plus violentes passions d'une démocratie toute-puissante : telle est, en effet, la mission que l'autorité judiciaire que vous allez organiser aura à remplir. Plus cette mission est grande et difficile, plus aussi est important le choix de ceux à qui vous la confierez. Si c'est le peuple qui fait l'élection, il est à craindre qu'il ne se laisse entraîner, par son ignorance et ses passions, à de mauvais choix, et, ce qui est plus dangereux encore, on peut redouter que les juges élus ne soient trop dépendants de ceux dont ils tiendront leur élection, et ne subordonnent la justice aux passions ou aux intérêts d'un parti. Si, au contraire, les nominations sont faites par le pouvoir exécutif, c'est donner à celui-ci une autorité dont il abusera inévitablement. Il y a péril des deux parts, comment le conjurer ? par la division même des deux éléments bien distincts qui constituent tout pouvoir judiciaire : il faut donner aux juges permanents l'application de la loi, car il faut pour cela et de la science et des traditions, et attribuer au jury la déclaration et l'appréciation du fait, qui n'exige que de l'honnêteté et une mesure ordinaire d'intelligence. Ce que nos pères ont déjà fait pour les matières criminelles et que le projet lu par le ministre propose en outre d'établir pour les délits correctionnels, il faut l'étendre aux procès civils. Le procédé qui a été jugé, avec raison, être le meilleur mode pour arriver à la vérité, c'est-à-dire le drame vivant du débat oral devant un jury chargé, en son âme et conscience, de constater et de déclarer la vérité, il faut l'employer également pour arriver à la constatation de la vérité en matière civile. Ce qui a été considéré comme la plus forte garantie pour les citoyens, lorsqu'il s'agit de leur liberté, de leur honneur, de leur vie, cesserait-il d'avoir les mêmes avantages lorsqu'il s'agit de leurs intérêts purement civils? Au point de vue politique, cette division, en enlevant à la magistrature la portion du litige qui, seule, comporte des appréciations arbitraires, l'élève, l'épure et la fortifie; elle la ramène à sa véritable destination, la conservation et le maintien du droit envers et contre tous; elle permet aussi de réduire de beaucoup le nombre des magistrats et, par cela même, d'ajouter à leur responsabilité et de les choisir parmi les plus hautes capacités et les caractères les plus éprouvés; elle brise cette organisation régimentaire où domine la pensée du grade plus que le culte du droit, pour la remplacer par quelques grandes existences magistrales placées si haut dans l'estime de tous, qu'aucun vil intérêt, aucune misérable passion, ne peut s'élever jusqu'à elles. En outre, la séparation du fait et du droit est un moyen de simplifier notre procédure et d'en faire disparaître ces jugements interlocutoires, ces enquêtes par commissaires qui sont la désolation des plaideurs et la honte de notre procédure civile. Quant à la prétendue difficulté d'opérer la séparation du fait et du droit, notre loi de procédure actuelle, tout imparfaite qu'elle est, n'exige-t-elle pas cette séparation dans tout jugement? seulement, au lieu de l'exiger au seuil même du procès et de manière à prévenir, dès le premier pas de la procédure, toute déviation, toute surprise, toute confusion, elle ne l'exige que pour la rédaction de la sentence, ce qui n'en fait plus qu'une vaine formalité tout au plus bonne pour faciliter à la Cour de cassation la constatation des trop fréquentes contradictions qui existent entre les conclusions des parties et le jugement. Si on peut dire que les juges, en France, ont les mains pures, peut-on affirmer qu'ils aient été toujours à la hauteur de leur mission? qu'ils aient placé le culte du droit au-dessus de toute considération humaine? Je ne parle pas des temps antérieurs; mais, sous le régime qui vient de finir, le choix des magistrats était tellement dominé par des calculs politiques, que la justice devenait de plus en plus partiale et passionnée. Aussi les magistrats qui n'avaient pas su défendre les garanties privées en matière de presse, de culte, etc., n'ont pas mieux défendu le droit public et constitutionnel de la France, et ont consenti à sanctionner de leurs adhésions éclatantes la ruine de la Constitution elle-même. Une justice qui ne protège efficacement ni le droit public, ni le droit privé dans un pays, a en elle un vice radical auquel il faut pourvoir, sous peine de périr...

Je dois dire que cette opinion ne rencontra pas de contradicteur direct dans la commission : M. Dufaure fit seulement remarquer que rien n'était prêt ni dans les habitudes, ni dans les mœurs, ni dans le personnel de nos magistrats, pour la grande innovation que je proposais ; que, dans la plupart des procès, c'était la loi seule qu'il s'agissait d'expliquer et non le fait qu'il fallait constater (je crois la proposition inverse plus conforme à la réalité : contre dix jugements d'espèce, il y en a un de doctrine) ; que les fonctions de juge deviendraient plus difficiles lorsqu'il y aurait des jurés à diriger, car la plus grande difficulté dans les procès, c'est de bien poser la question (ce qui est vrai surtout au milieu de la confusion que permet notre mode actuel de procédure ; mais si le jury exige de meilleurs juges pour le diriger, il faut dire aussi qu'il en rend le choix plus facile) ; qu'il admettrait mon idée, si on se bornait à introduire progressivement le jury, qui est une amélioration, par des lois successives qui détermineraient les matières spéciales auxquelles le jury pourrait être appliqué, ainsi qu'on l'avait déjà fait pour les expropriations pour cause d'utilité publique, etc.

M. Martin (de Strasbourg) déclara qu'une forte minorité dans la commission qu'il présidait s'était prononcée en faveur du jury en matière civile, mais que la majorité, tout en le rejetant, avait voulu pourtant une organisation qui le rendît possible : que sa propre expérience, comme avocat à la Cour de cassation, lui avait appris que les mauvais jugements provenaient presque toujours de ce que, dans l'origine du procès, on n'avait pas assez distingué le fait du droit ; que c'était donc là une réforme utile, et qu'il appuyait ma proposition.

M. Dornès fit observer que le jury, en matière civile, n'était pas chose nouvelle chez nous ; qu'indépendamment de l'application qu'une loi spéciale en avait faite aux expropriations pour cause d'utilité publique, les tribunaux, en renvoyant à des experts, à des arbitres, l'appréciation de tel ou tel point de fait en litige, appliquent tous les jours ce mode de procéder, quoique d'une manière imparfaite et irrégulière. Il aurait pu ajouter que, par la plus étrange des contradictions, dans les procès civils commerciaux, qui ne diffèrent pas essentiellement des procès civils ordinaires, notre législation a confié à des juges de commerce, qui ne sont autre chose que de véritables jurés, la décision du fait et du droit tout à la fois.

M. de Tocqueville objecte que le jury est une machine compliquée, difficile, qu'on ne sait pas mettre en mouvement en France ; que les juges et les citoyens ne sont pas prêts à le faire fonctionner.

M. Dufaure ayant proposé la rédaction suivante : « Le jury sera successivement appliqué par les lois organiques à la décision du fait, dans les matières civiles, » j'insistai pour faire décider franchement le principe et je proposai de déclarer que, dès à présent, le jury était étendu aux matières civiles selon les conditions et sous des formes que la loi règlerait ultérieurement. Cette rédaction obtint la majorité.

La commission renvoya à la loi organique le soin

d'harmoniser l'organisation judiciaire avec cette importante décision, laissant indécise la question des appels, celle de l'unité ou de la pluralité des juges chargés de diriger le jury, l'organisation des assises criminelles, correctionnelles, civiles, etc. Toutefois, elle se prononça sur les conditions de la nomination des juges : elle décida, après un long débat, que les juges de paix seraient élus par le suffrage universel, mais qu'au lieu d'étendre leurs attributions comme juges on leur conserverait le caractère dominant d'arbitres conciliateurs. La nomination des juges de cassation fut confiée à l'Assemblée nationale ; nous aurions préféré un sénat pour de tels choix, mais nous étions forcés d'opter entre l'Assemblée et le président de la République, et il nous parut que la Cour de cassation, chargée de l'interprétation pratique des lois, se rattachait par des liens si intimes au pouvoir législatif, qu'il était convenable de charger ce pouvoir de la choisir. D'ailleurs, comme le faisait observer très-judicieusement M. de Tocqueville, pour des fonctions aussi élevées, il n'était guère à craindre que les choix de l'Assemblée ne tombassent pas sur les notabilités de la science du droit. Si les Assemblées sont exposées à se laisser trop influencer par des considérations politiques dans leur choix, n'était-il pas également à craindre que le président de la République ne donnât une injuste préférence à ses créatures et à ses amis ? J'appuyai cette opinion en rappelant que les magistrats les plus forts et les plus estimés de la Cour de cassation étaient ceux qui, à l'origine, avaient dû leur nomination à l'élection : tels les Henrion de Pansey, les Zangiacomi, les Carnot, les Gandon, les Vergès et autres. Ici, la spécialité et la difficulté de la mission corrigent les inconvénients ordinaires du mode de l'élection. Cette opinion prévalut à une assez forte majorité.

Il fut décidé, pour les juges ordinaires, qu'ils seraient nommés par le président de la République, sur des listes de candidats auxquelles la magistrature et le barreau concourraient.

Les juridictions spéciales, telles que les tribunaux de commerce, les conseils de guerre de l'armée de terre et de mer, furent provisoirement confirmés. L'inamovibilité des juges, que le gouvernement provisoire avait déclarée incompatible avec le principe républicain, fut cependant admise après un assez vif débat. Il fut décidé que les juges de paix seraient élus pour cinq ans. Les autres juges nommés à vie, mais soumis à un haut tribunal disciplinaire dont le pouvoir allait jusqu'à la révocation.

Enfin une haute cour nationale fut créée. M. Voirhaye eut l'excellente idée d'y appeler pour constituer le jury les délégués élus des quatre-vingt-sept conseils généraux de France. Les magistrats chargés de l'instruction, de la mise en accusation et ceux à qui était confiée la direction du jury étaient membres de la cour de cassation et librement élus par leurs collègues. Cette institution, comme celle du tribunal des conflits, mérite d'être conservée : elle résout heureusement le problème d'une juridiction assez élevée pour dominer toutes les influences, assez indépendante pour garantir tous les droits : l'expérience a prouvé qu'elle pouvait venger la société sans faire courir aucun danger à la liberté. Elle a d'ailleurs le grand mérite, à mes yeux, d'emprunter sa force aux sommités du pouvoir municipal et de signaler un progrès en dehors de ce système des créations arbitraires sur le papier qui ne domine que trop dans toutes nos institutions politiques.

Il y avait dans les résolutions adoptées par l'Assemblée le germe d'une réforme profonde et même d'une sorte de transformation de toute l'organisation judiciaire française ; mais d'un côté, chez les radicaux, la tendance des esprits était bien plus prononcée vers les réformes sociales que vers les améliorations pratiques et positives à introduire dans la justice et l'administration ; de l'autre, la subversion complète des pouvoirs politiques ayant enlevé à la société toutes les garanties d'ordre, il s'opérait chez les conservateurs une réaction d'autant plus vive contre tout changement dans les établissements judiciaires et administratifs qui restaient comme les derniers étais de la société. De telle sorte que nos réformes judiciaires, d'abord adoptées, furent ensuite, et à raison de la résistance à peu près unanime des bureaux, abandonnées.

Il y avait, d'ailleurs, une autre raison qui protégeait l'ordre judiciaire existant contre toute innovation tant soit peu sérieuse : c'était la masse des intérêts et la puissance des habitudes qui s'y rattachaient. Les républicains eux-mêmes sentaient que la République avait déjà excité bien des inimitiés ; ils craignaient d'y ajouter encore en privant un grand nombre de villes des établissements judiciaires auxquels elles attachent un si grand prix ; ils craignaient également de se mettre à dos cette classe si nombreuse et si influente des praticiens et hommes de lois, dont les réformes proposées eussent dérangé toutes les habitudes ; c'était, au reste, une crainte semblable qui, en 1789, avait empêché la première assemblée constituante, malgré les efforts de beaucoup d'hommes très-éclairés et notamment de Duport [1], d'étendre le jury aux procès civils et d'introduire dans notre procédure civile les mêmes simplifications, les mêmes garanties que dans la procédure criminelle. Ainsi fut manquée

1. Voir le rapport très-remarquable de ce constituant dans la collection des discours et rapports de l'Assemblée constituante.

pour la seconde fois l'occasion qui se présentait de doter la France d'institutions judiciaires fortes et sérieuses.

ADMINISTRATION

Il nous fut enfin donné de discuter, après l'organisation de tous les autres pouvoirs, celle de l'administration municipale et départementale. Le projet que M. Vivien nous présentait n'offrait aucun changement à l'ordre administratif existant, sauf la réunion périodique, au chef-lieu du canton, des maires des communes, réunion sans attributions fixes et sans budget, et qui n'était qu'une concession sans portée faite aux idées que j'avais émises dès le début de nos travaux. C'est ce que M. Dornès fit observer.

L'ordre de choses existant a pourtant besoin d'être modifié, dit-il ; la vie politique n'existe pas dans les campagnes, il faut l'y créer ; l'établissement, dans le canton, d'un centre d'action administratif, est un des moyens qui peuvent mener à ce résultat. Il faut qu'il y ait dans chaque canton une force publique, une école considérable, une assemblée cantonale, un chef d'administration qui serait un sous-préfet au petit pied. Quant aux arrondissements, ils sont trop éloignés des communes, ils ne rendent aucun service ; il faut les supprimer.

M. Vivien, à l'appui de son projet, répondit qu'en appelant les maires à former une assemblée cantonale, il avait cru satisfaire, dans une juste mesure, au besoin de relier entre elles les communes d'un même canton, que les conseils d'arrondissement étaient utiles pour la répartition de l'impôt, et que bien que sa pensée première eût été de les supprimer, il concluait à leur conservation ; que, quant au sous-préfet, c'était un intermédiaire indispensable entre l'administration préfectorale et les communes; qu'on avait déjà bien de la peine à trouver 360 sous-préfets d'arrondissement tant soit peu capables, mais que s'il fallait en trouver un pour chaque canton, c'est-à-dire 3,000 environ, cela deviendrait bien autrement difficile. M. Thouret ajouta que les sous-préfets étaient utiles pour les écoles et les chemins vicinaux ; M. Dupin dit que le sous-préfet rendait de grands services : c'est une espèce d'avocat consultant qui dirige les maires qui, sans ce guide, ne se tireraient pas d'embarras au milieu du dédale inextricable de nos formes administratives. En outre, ajoutait-il, il y a dans les communes des intérêts qui se grouperont, des jalousies qui deviendront une source de division. On ne peut établir au canton rien que d'étroit, de mesquin. M. Marrast appuya la conservation des sous-préfets par cette considération, qu'il y a des grandes villes, telles que le Havre, Bayonne, Dunkerque et autres, où sont des sous-préfets qui correspondent directement avec le gouvernement pour les intérêts les plus considérables. S'il n'y a là que des magistrats d'un ordre inférieur, ces intérêts seront compromis. Enfin, M. de Cormenin déclara que, dans son opinion, supprimer les arrondissements, c'était désorganiser les communes au profit des aristocraties territoriales.

A tous ces arguments, je répondis que tout établissement républicain, pour être durable et sérieux, devait avoir non-seulement sa base, mais son analogue dans la commune; que confisquer au profit d'un pouvoir central quelconque l'indépendance des communes, ce n'était pas faire de la république, mais de la monarchie absolue ; que l'extrême exiguité de nos communes rurales, qui représentent les anciennes paroisses, les condamnait à un état d'impuissance permanent et les maintenait dans une sorte de minorité forcée qui appelait incessamment la tutelle du pouvoir central; que là était le grand obstacle à toute organisation municipale assez puissante pour servir de base à des institutions libres; que c'est surtout pour écarter ces obstacles que j'avais déjà proposé de grouper les communes rurales d'un même canton au chef-lieu cantonal et d'y organiser une représentation spéciale qui aurait des attributions sérieuses et un budget; qu'en cela je ne proposais rien d'arbitraire, ni qui fût contraire aux habitudes ou aux mœurs des populations; que déjà le canton était le centre de la majeure partie des intérêts et des droits des communes; que c'était là que leurs habitants se réunissaient fréquemment les jours de marché, pour leurs affaires ou leurs besoins; que là était le siège de la justice de paix, institution essentiellement municipale, là les établissements de bienfaisance, là le bataillon cantonal de la garde nationale, là l'inspection des écoles, là les élections, etc.; que la surveillance de la voirie vicinale y serait tout naturellement placée; qu'il n'y avait donc pour le législateur qu'à régulariser, et non à créer; que c'était la meilleure condition pour fonder une institution sérieuse et durable; que les opposants craignaient bien plutôt l'excès de force et de vitalité que la faiblesse et l'impuissance de cette nouvelle institution; que, quant au sort des sous-préfets, je m'en préoccupais fort peu; que je ne demandais pas leur suppression immédiate, puisqu'on les croyait nécessaires encore pour faire l'éducation de nos maires, et que d'ailleurs je n'aimais pas les changements trop brusques, mais que j'étais convaincu qu'avant peu, et lorsque les conseils cantonaux auraient fonctionné quelque temps, ce rouage intermédiaire disparaîtrait comme parfaitement inutile; que, quant aux conseils d'arrondissement, de l'aveu de tous, ils ne représentaient rien, ne répondaient à rien, et qu'il n'y avait aucune raison de maintenir cette inutile complication; que la répartition de l'impôt, dont tout le détail technique appartient aux agents du fisc, pourrait fort bien se faire par les conseils généraux et les conseils cantonaux; que ceux-ci, plus rapprochés des communes, n'apporteraient que plus de soins et plus de lumières dans leur sous-répartition, etc. M. Thouret ajouta que les conseils cantonaux pourraient bien ne pas fonctionner dans les commencements aussi régulièrement que les conseils généraux et les conseils d'arrondissement, mais que bientôt cette unité deviendrait puissante, parce que c'est elle qui se trouve le mieux en harmonie avec les besoins réels des populations.

Les idées que j'essayais de faire prévaloir étonnaient, inquiétaient, parce qu'elles étaient nouvelles, qu'elles changeaient la routine administrative, cette tutelle du pouvoir central dont la France s'est fait un si pressant besoin : elles avaient besoin d'être reproduites plusieurs fois avant d'être acceptées. La commission les repoussa d'abord à une forte majorité; elle maintint les conseils d'arrondissement et les sous-préfets, tout en admettant une réunion des maires au canton, sans s'expliquer sur les attributions qu'elle donnerait à cette réunion.

Et ce qui caractérise bien la disposition toute centralisatrice qui régnait dans notre commission, c'est que M. Vivien, qui n'était en cela que l'écho d'une pensée à peu près universellement adoptée par les hommes d'affaires de la République, proposait dans son projet de faire nommer les maires des trente-cinq mille communes par le chef du pouvoir exécutif; il ne fallut rien moins qu'un long et vif débat pour conserver cette nomination aux conseils municipaux eux-mêmes. Ainsi les mêmes hommes, qui n'avaient pas craint de livrer aux caprices et aux passions d'une multitude ignorante l'élection du chef de l'État, craignaient de laisser aux habitants d'une commune le choix de leur maire : étrange et absurde contradiction, qui, renversant toutes les notions du bon sens, plaçait l'anarchie en haut et le despotisme en bas; et ils appelaient cela une république!

Si au moins, dans la conscience qu'ils avaient de l'imperfection de leur œuvre et de son peu de solidité, nos constituants avaient facilité les moyens de réviser toute cette vicieuse organisation et de mettre à profit les avertissements que l'expérience ne pouvait tarder à produire, le mal n'eût pas été irrémédiable; mais ils semblaient prendre à tâche de s'interdire à eux-mêmes tout moyen de réparer, de corriger leurs erreurs et leurs méprises : ils entourèrent la révision de conditions qui la rendaient à peu près impossible. Il fallait qu'elle fût votée trois fois par les trois quarts au moins des voix, pour qu'elle pût être tentée. Comme ces désespérés qui se lient les mains avant de se précipiter dans les flots, pour rendre leur suicide plus inévitable, ils se fermaient toutes les voies du salut, ils s'enchaînaient au dénoûment fatal qui les attendait.

La commission avait terminé son œuvre ; il ne lui restait à faire qu'un travail de coordination : on confirma, après une nouvelle délibération, quelques solutions importantes, telles que le mode d'élection du président de la République ; on décida, sur le rapport de M. Dufaure, l'abolition du remplacement dans l'armée; on revit les garanties individuelles, mais pour les affaiblir plutôt que pour les fortifier.

Enfin, la commission nomma M. Marrast pour son rapporteur et donna communication de son projet de constitution à l'Assemblée, qui, en exécution d'un décret précédent, renvoya ce projet aux bureaux pour y être examiné et subir ensuite, contradictoirement avec les délégués de ces bureaux, un nouvel examen dans le sein de la commission.

OPINION DES BUREAUX

Cette contre-épreuve, que la sagesse de l'Assemblée avait ménagée au travail de notre commission, aurait pu avoir quelque utilité, si les délégués des bureaux eussent été admis à provoquer une nouvelle discussion contradictoire et surtout si un nouveau scrutin eût été ouvert à la suite de leurs observations, scrutin dans lequel ils eussent voté avec nous. Il y a lieu de croire que, si un pareil mode de procéder avait été adopté, plusieurs solutions et des plus importantes déjà adoptées eussent été changées ou modifiées ; mais, soit par crainte de ce résultat, soit par un orgueil bien mal placé, la commission décida que les délégués des bureaux seraient entendus l'un après l'autre : qu'aucune discussion contradictoire et encore moins aucune nouvelle délibération n'aurait lieu avec eux. Cette décision, contre laquelle trois délégués, MM. Thiers, Duvergier de Hauranne et Crémieux, réclamaient vivement, au nom de leur propre dignité, fut maintenue : elle eut pour effet d'enlever presque tout intérêt à cette révision, et de la transformer en une sorte d'audience d'apparat à peu près stérile quant à ses résultats.

Cependant la Constitution n'aurait eu qu'à gagner dans un nouveau débat contradictoire avec des hommes déjà éprouvés, tels que MM. Thiers, Berryer, Duvergier de Hauranne, Crémieux, et, parmi les nouveaux députés, MM. Boulatignier, de Parieu, Freslon, Victor Lefranc, Chauffour, Flandin, Girerd, etc., tous fort capables de nous apporter de nouvelles lumières.

Nous étions arrivés au mois de juillet ; les événements avaient marché, la terrible leçon de l'insurrection de Juin avait été donnée : des symptômes éclatants annonçaient de toutes parts l'avénement du successeur probable de la République. Il y avait dans l'ensemble de ces circonstances de quoi modifier les convictions les plus opiniâtres. Néanmoins, sauf le droit au travail, qui disparut, et la promesse du jury en matière civile, qui fut retirée, le projet de la commission, tel que nous l'avions dressé, fut à peu près intégralement conservé.

Nous allons reproduire l'avis des bureaux sur les principales dispositions de ce projet, au risque de quelques répétitions.

La majorité des bureaux reconnaissait l'utilité du préambule, mais en critiquait quelques propositions, les unes comme trop puériles, les autres comme dangereuses. Ainsi, dans ces mots : *la participation équitable aux charges publiques*, plusieurs délégués, croyant voir la menace de l'impôt progressif, demandèrent qu'on leur substituât ceux-ci : *la répartition égale de l'impôt*. Mais c'est sur la garantie du droit au travail que les bureaux se prononcèrent avec le plus de vivacité : 8 contre 7 repoussaient le droit au travail, comme étant tout à la fois ruineux pour l'État, démoralisateur pour les ouvriers et plein de périls pour la société. Voici sur cette question si vivement controversée quelques passages de l'opinion si sensée de M. Thiers :

Protéger le citoyen, dit-il, faire de bonnes lois qui assurent sa sécurité, sa liberté, tel est le devoir strict du gouvernement ; le reste est du domaine de la vertu. Il est bon qu'un particulier partage son manteau avec le pauvre : en ferez-vous un devoir pour l'un, un droit pour l'autre? Quant aux promesses faites après le 24 février, la société n'est pas tenue de réaliser des promesses folles. Si l'ouvrier sait que l'État lui donnera en tout temps de l'ouvrage, il n'économisera plus : vous tuez toutes les vertus utiles, la prévoyance, la sobriété, l'économie. Le seul résultat des ateliers nationaux, c'est d'assurer une armée à l'insurrection. On peut, dans la prévoyance des chômages, ménager de grands travaux d'utilité publique; mais dire que tout le monde nourrira tout le monde, c'est un mensonge sanguinaire. L'association des ouvriers est aussi une illusion ; on y a déjà perdu quatre millions : qu'on en consacre vingt ou trente de plus à ces essais, je le veux bien ; l'expérience montrera qu'ils ne peuvent rien produire d'utile.

Quant à ceux des délégués que leurs bureaux avaient chargés de soutenir le droit au travail, ils ne firent que reproduire tous les lieux communs déclamatoires que nous connaissons déjà, enrichis seulement de quelques arguments nouveaux et assez curieux, tels que celui-ci : « Dans la société antique, le maître devait faire vivre son esclave; le patron, dans la société moderne, a un devoir encore plus strict vis-à-vis de l'ouvrier : s'il ne le remplit pas, l'État doit le remplir pour lui. » (M. Crépu, argument du onzième bureau.)

Il faut convenir qu'il y avait quelque chose d'étrange à rattacher ainsi à l'esclavage les droits les plus extrêmes de la liberté. Seulement l'argument portait à faux : car, si le maître nourrit son esclave, comme son cheval et son bœuf, c'est parce que cet esclave lui appartient; tandis que si l'ouvrier est obligé de se nourrir lui-même, c'est parce qu'il est libre. La contradiction qui se reproduit dans tous les systèmes socialistes, c'est de vouloir la liberté humaine et d'en rejeter les conditions quelquefois assez dures, nous en convenons. Aussi, quand on les presse sur ce point, finissent-ils toujours par abandonner la liberté, et alors ils ont du moins le mérite d'être conséquents.

M. Crémieux, dans cette discussion, nous fit un aveu précieux. « Cette révolution, nous dit-il, n'a pas été faite pour modifier une forme gouvernementale, *mais pour essayer de donner plus à ceux qui ont moins.* »

Le droit à l'instruction gratuite et à l'assistance rencontra une résistance moins vive de la part des bureaux. Cependant M. Duvergier de Hauranne rappela, dans une opinion fort sensée, que la taxe des pauvres établie en Angleterre sous le règne d'Élisabeth avait produit des résultats tels que dans certains comtés les terres étaient abandonnées, les charges dépassant les revenus. « Il ne faut pas, dit-il, que la charité publique désintéresse de la famille, de la prévoyance, et tue la charité privée. »

Ce droit à l'instruction gratuite et à l'assistance était reconnu par l'unanimité des bureaux, mais limité aux ressources du budget : ce n'était plus alors qu'un de ces appels à la charité qu'il est puéril d'introduire dans une Constitution. C'est cependant à cet avortement du droit au travail et à ce non-sens sur l'instruction publique et la charité publique que vint aboutir en définitive tout ce grand mouvement socialiste qui avait failli bouleverser la société..

La grande majorité des bureaux se prononça en faveur de l'unité dans le pouvoir législatif; les arguments qu'ils nous apportèrent n'étaient que la répétition de ceux que nous avions déjà entendus.

L'unité, disaient-ils, c'est la force; la dualité, c'est l'antagonisme et, par conséquent, la faiblesse. Il y a deux sortes de constitutions : celles qui visent à l'équilibre et celles qui visent à l'unité. En France, le système d'équilibre n'a ni réussi, ni duré; il faut donc en revenir à l'unité. Le génie de la France est essentiellement unitaire; une seconde

Chambre n'est qu'un commencement de restauration monarchique : on veut reconstituer des idées aristocratiques, c'est le vertige des anciens souvenirs. La Chambre unique, ce sera le pays personnifié, etc....

Nous connaissons déjà toute cette logique révolutionnaire, qui place dans l'unité la garantie de la liberté, comme si l'unité dans tout son absolu, ce n'était pas essentiellement le despotisme. Mais ce qui nous parut nouveau et ce qui excita quelque sensation dans la commission, c'est l'espèce de profession de foi que nous fit M. Girerd, délégué du premier bureau.

Il y a deux écoles en France, nous dit-il, l'école libérale et l'école républicaine : la première veut deux chambres, la seconde n'en veut qu'une. L'école libérale émane du principe critique, du principe d'examen; tout en rendant de grands services, elle a affaibli en France le principe religieux et le principe d'autorité. L'école républicaine a une origine divine : elle remonte au christianisme; elle a pour base le sentiment religieux, *elle veut reconstituer l'autorité*, et, en même temps, la prépondérance des sentiments généreux; *elle veut réglementer la société*, etc....

A travers le mysticisme de cette opinion, éclatait une grande vérité dont on se doutait, mais qui n'avait jamais été aussi naïvement confessée : c'est que l'école républicaine est en France tout autre chose que l'école libérale. Or, une république qui n'est pas la plus haute et la dernière expression de la liberté humaine, une république qui rejette comme dangereux le libre examen, une république qui se vante de tout réglementer, n'est-elle pas la plus monstrueuse des conceptions? Quelques délégués virent la portée de cet aveu et voulurent le retirer; mais il était trop tard : l'aveu était fait, consigné et, de plus, il n'est que trop conforme à la vérité.

Le système des deux chambres eut cependant quelques puissants défenseurs parmi les délégués. Ainsi M. Thiers dit qu'il ne comprenait pas la liberté avec un pouvoir unique. Ce qui fait la liberté, c'est la division des pouvoirs et la contradiction; le despotisme est inévitablement dans l'unité du pouvoir. Sous tous les gouvernements, il faut avoir un moyen d'arrêter le pouvoir dominant, qu'il soit peuple ou roi. Aussi les princes, qui savent cela, n'aiment pas les deux chambres. Napoléon était antipathique à ce régime; c'est la pairie de la Restauration qui, en 1827, avait ranimé l'esprit libéral en résistant à la royauté; si celle de Louis-Philippe a été plus soumise, c'est qu'elle était faible et privée de l'hérédité. Les gouvernements n'ont jamais péri que parce qu'ils ont pu faire tout ce qu'ils voulaient : ce sont des enfants gâtés qui se perdent parce qu'on les laisse faire. Sans doute les deux chambres ne sont pas une panacée universelle; mais, en modérant les pouvoirs, elles empêchent beaucoup de mal : avec une seule Chambre on aura le despotisme populaire, 93 moins le sang. Depuis cette époque, notre esprit français n'a rien gagné : il est routinier; il n'y a de progrès que dans nos mœurs qui sont plus douces. Princes et peuples, tous veulent le despotisme. Vous serez aussi despotes que vos prédécesseurs, ajouta M. Thiers en terminant. Vous essayerez un jour de revenir aux deux chambres, mais il n'en sera plus temps : les pouvoirs ne peuvent réparer les fautes qu'ils ont commises.

Ce n'était pas le retour de 1793, mais celui d'un nouveau 18 Brumaire que M. Duvergier de Hauranne nous prophétisa avec plus de raison.

On prétend que l'unité conduira au despotisme d'une Assemblée, dit-il, mais on n'aura pas même cette unité : n'avez-vous pas constitué un autre pouvoir très-fort par son origine et par notre centralisation ? Eh bien ! ce sont deux unités qui se choqueront inévitablement ; la seconde chambre rendrait ces conflits moins dangereux.

M. Duvergier proposait de faire nommer les deux chambres par les mêmes électeurs, mais l'une pour six ans, tandis que l'autre ne l'était que pour trois ; l'une se renouvelait par moitié seulement, tandis que l'autre se renouvelait intégralement ; il attribuait à son sénat le vote des cas d'urgence ; les deux assemblées votaient en commun sur les traités et toutes les fois qu'il s'élèverait un conflit entre elles. Trois ou quatre bureaux seulement se prononcèrent en faveur de cette opinion ; tous les autres appuyèrent avec la plus grande vivacité le système de l'unité, quelques-uns cependant en avouant qu'ils cédaient à l'entraînement des esprits et à la force des circonstances.

Il est à remarquer que les bureaux se prononcèrent à l'unanimité pour le suffrage universel direct. Pas un d'eux ne fit même d'objection contre l'extension de ce droit aux soldats. M. Considérant regrettait même que la logique de la commission se fût arrêtée en chemin et n'eût pas poussé jusqu'aux femmes les conséquences de son radicalisme. Quelques membres émirent l'avis qu'on n'admît à voter que ceux qui sauraient lire ; mais on trouva que cette exclusion serait injuste. M. Thiers lui-même, tout en avouant son indifférence en général pour les réformes électorales qui, selon lui, n'étaient que des satisfactions accordées aux esprits, déclara qu'*il était converti au suffrage universel depuis qu'il avait vu l'Assemblée actuelle respectable et remplie d'hommes de valeur, quoique ayant quelques préjugés*. Seulement, il s'élevait contre le scrutin de liste, qui, dans son opinion, n'était ni direct ni vrai. Les masses ne peuvent apprécier qu'un homme.

M. Thiers, dans cette circonstance comme dans

beaucoup d'autres, obéissait trop à l'impression du moment. Une seule expérience, faite au lendemain du jour où une nation vient d'être, comme par surprise, appelée à pratiquer le vote universel, ne pouvait être considérée comme concluante. Les habitudes, les traditions, les influences parlementaires, n'avaient pas eu le temps de s'évanouir : elles durent dominer dans ce premier usage du suffrage universel et dicter, pour ainsi dire, ses choix. M. Thiers pouvait s'en montrer satisfait ; mais il était évident qu'il devait arriver un moment où, les passions populaires s'étant disciplinées et personnifiées dans quelques hommes, les résultats seraient bien différents, et l'expérience n'a pas tardé, en effet, à le prouver. M. Thiers, quelques mois plus tard, était un des parrains de la fameuse loi du 31 mai, qui modifiait si profondément le suffrage universel. La destinée inévitable du vote universel et direct, c'est de transporter l'élection dans les cabarets ou dans le cabinet du sous-préfet, c'est-à-dire de produire la plus dangereuse anarchie ou la soumission la plus absolue. Encore doit-on s'estimer heureux si, par les facilités de corruption qu'il donne à l'or de l'étranger, il ne compromet pas, comme en Pologne, jusqu'à la nationalité !

Les bureaux n'offrirent pas la même unanimité sur la question vitale du mode de nomination du président de la République.

M. de Parieu, au nom du neuvième bureau, fit ressortir avec une grande vigueur de raisonnement le danger de l'élection populaire du chef du pouvoir exécutif :

Il est nécessaire, dit-il, d'affaiblir ce pouvoir qui a toujours été trop fort et qui a opprimé tous les autres. La France est un pays où l'on est moins ami de la liberté que de la centralisation, des distinctions honorifiques, des armées permanentes : avec ces dispositions, qui ont besoin d'être corrigées, un pouvoir exécutif fort n'a que des dangers, car il aggraverait le mal que ces dispositions font naître. L'équilibre à deux n'est pas possible : les conflits naîtront nécessairement entre l'Assemblée et le président, s'ils ont une origine commune ; il faut donc que celui-ci ne soit que le délégué de celle-là, qu'il n'ait qu'un simple droit de remontrance. D'ailleurs, la nomination du président par la nation ne serait pas sincère : les uns voteraient en aveugles, les autres par entraînement ; l'Assemblée seule peut choisir avec discernement... Dans notre situation actuelle, la toute-puissance de l'Assemblée est nécessaire pour triompher du socialisme et des tentatives des anciennes dynasties, etc....

Opinion pleine de sens et de prévoyance politique, qui fait plus vivement regretter de retrouver son auteur parmi les conseillers d'État de l'Empire.

L'opinion contraire fut soutenue avec une grande vivacité par les uns, au nom de la logique révolutionnaire ; par d'autres, dans une arrière-pensée de restauration monarchique. « Puisque nous avons la République, disait M. Thiers, il faut s'abandonner franchement au vœu populaire. » Cette malheureuse République était fatalement poussée à sa perte par ses amis comme par ses ennemis.

Trois ou quatre bureaux seulement se prononcèrent pour la faculté de réélire le président. M. Thiers appuya cette opinion par de fortes raisons, qu'il avait malheureusement oubliées plus tard lors de la révision de la Constitution.

Dans les États libres, dit-il, ce n'est pas un homme, c'est une idée qui est représentée dans l'élection d'un président. Or ce n'est pas assez de quatre ans pour assurer le succès d'une idée à laquelle il faut donner son temps et son heure, etc...

En même temps, et par une singulière aberration, M. Thiers voulait, comme M. Dufaure, que le président et l'Assemblée commençassent et finissent ensemble et le même jour leur mission, sous le prétexte d'établir un accord plus parfait entre ces deux pouvoirs. On sait ce qu'il advint de cette étrange conception, qui faisait subir périodiquement à la France une crise universelle en la laissant sans gouvernement, précisément au moment où l'ordre avait le plus besoin d'être fortement protégé.

Quelques bureaux, pour conjurer le danger que leur faisaient pressentir les manifestations qui se produisaient en faveur d'un Napoléon, proposaient de frapper d'exclusion tous les membres des familles qui avaient régné sur la France. Le délégué du dixième bureau nous rapporta même que, dans son bureau, un membre du gouvernement avait hautement déclaré que, si un Napoléon était choisi, les républicains descendraient dans la rue. Vaines menaces qui ne pouvaient arrêter le courant irrésistible qui entraînait les esprits vers une réaction monarchique !

Les observations des bureaux sur les autres dispositions de la Constitution n'offrent pas assez d'intérêt pour être rapportées. Seulement, le renouvellement intégral du Conseil d'État fut également critiqué. C'est là, disaient avec raison plusieurs délégués, que l'esprit de suite et la tradition des affaires sont surtout indispensables. La grande majorité des bureaux fut d'avis de maintenir le remplacement dans l'armée. Ni l'organisation judiciaire, ni celle de l'administration ne donnèrent lieu à un débat sérieux. Les bureaux se montrèrent au moins aussi centralisateurs que l'avait été la commission et furent d'avis de conserver toute la machine administrative de l'Empire. Ils glissèrent fort légèrement sur le chapitre des garanties ; seulement, un délégué ayant demandé, à propos de l'abolition de l'échafaud politique, ce qu'il adviendrait des assassins du général Bréa, la solution de cette question fut laissée aux juges. Plusieurs délégués insistèrent également pour que la liberté des cultes fût réelle, c'est-à-dire que toutes les sectes quelconques pussent se réunir et prier Dieu selon leur conviction et à leur manière, sans autorisation préalable de la police. Enfin, un délégué posa cette question : Si une loi venait à violer la Constitution, serait-elle obligatoire pour les tribunaux? ou, en d'autres termes, l'autorité judiciaire serait-elle considérée comme gardienne du droit constitutionnel contre le pouvoir législatif lui-même? M. Vivien se borna à répondre que le dernier mot appartiendrait toujours à l'Assemblée : ce qui n'était pas une réponse, puisqu'il s'agissait précisément de trouver, dans l'indépendance de la justice, une garantie contre l'Assemblée elle-même. Cette importante question, qui devrait dominer dans toute constitution libre, a toujours été éludée dans nos constitutions. Ce serait même beaucoup si elles décidaient nettement et catégoriquement le point de savoir si les actes de l'administration sont obligatoires pour les tribunaux lorsqu'ils violent les lois : ce que nous paraissons le plus redouter, en France, ce sont les garanties positives et pratiques.

Avant de soumettre notre projet de constitution à l'Assemblée, nous voulûmes entendre le général Cavaignac et les ministres, afin de ne négliger aucun moyen de nous éclairer.

Le général Cavaignac nous apporta la déclaration très-explicite qu'il s'élevait contre la pensée de faire nommer le président par l'Assemblée ; comme il était plus intéressé que personne dans cette décision, sa déclaration fit cesser toute hésitation dans le sein de la commission. Était-ce, de sa part, générosité, désintéressement, esprit chevaleresque, ou bien superstition pour le suffrage universel? ou bien n'était-ce pas plutôt l'effet d'une confiance excessive dans sa popularité et dans la reconnaissance du pays? Nous croyons que ce fut surtout cette dernière considération qui le détermina : il ne paraissait pas douter alors de son élection, même par le suffrage universel, et, dans cette conviction, il aimait mieux tenir ses pouvoirs du peuple que de l'Assemblée. Il sentait instinctivement qu'il en serait plus fort et plus indépendant. Il demandait même que le chef du pouvoir exécutif fût dégagé de cette condition de nommer à certains emplois en conseil des ministres, condition que la commission crut devoir expressément maintenir. Tout républicain sincère qu'il était, le général Cavaignac lui-même cherchait à s'affranchir des entraves, même les plus légères, du gouvernement parlementaire.

Enfin, un débat assez vif s'établit devant nous, entre le général Cavaignac et son ministre de la guerre, le général Lamoricière, sur la question du remplacement : tous deux étaient d'avis de supprimer le remplacement dans l'armée, mais le premier voulait qu'en imposant à tout citoyen l'obligation de passer sous le drapeau, on réduisît à deux ans la durée du service; l'autre voulait que la durée du service fût, au contraire, étendue de sept à dix ans, et, comme une telle charge n'eût pu être imposée à tous les citoyens indistinctement, il proposait le système dont l'Empire s'est emparé plus tard, celui du recrutement de l'armée au moyen d'engagements volontaires et du réengagement des vieux soldats, enrôlement et réengagement qui seraient encouragés par de fortes primes, payées sur les sommes que fourniraient les conscrits qui voudraient et pourraient payer leur exonération. Le premier de ces systèmes était plus républicain ; le second, plus militaire : chacun des deux généraux se prononçait pour ce qui dominait dans ses affections et ses convictions.

Enfin la Constitution fut soumise à sa dernière et solennelle épreuve : celle de la tribune. Sur ce théâtre agrandi, nous retrouverons les mêmes préjugés qui avaient déjà égaré notre commission et les bureaux : préjugés fortifiés encore par cette contagion qui, pour le mal comme pour le bien, se communique avec tant d'énergie dans les grandes assemblées.

DISCUSSION GÉNÉRALE DE LA CONSTITUTION
DANS L'ASSEMBLÉE

M. Marrast avait été justement choisi pour faire le rapport de ce projet de constitution : car il était bien le vrai représentant de cette école pour laquelle l'unité et l'uniformité sont l'idéal de la politique.

A ce dogmatisme insensé M. Marrast joignait l'assurance d'un homme habitué à parler seul dans un journal et à trancher sans contradiction toutes les grandes questions de la haute politique. De plus, transporté un peu brusquement du rôle de journaliste à celui de législateur d'un grand pays, il voulut élever son style à la hauteur de son sujet, et ne fit, dans son rapport, que de la boursouflure et d'assez pauvre rhétorique. Bref, ce travail, à la grande surprise de son auteur, manqua complétement son effet. Il parut généralement vide de raison, prétentieux de style, offrant un certain air de fatuité politique, accompagné, comme toujours, d'une très-grande insuffisance d'informations et de raisonnements.

A la suite d'une pompeuse phraséologie sur les révolutions successives dans lesquelles « la France, disait le rapporteur, après avoir tout usé, tout épuisé, *depuis la monarchie absolue du génie jusqu'à la monarchie tempérée et sans génie*, a été conduite par l'immuable enchaînement des faits à la République ; après s'être extasié sur les merveilles du suffrage universel, *cet organe simple et fidèle de la volonté du peuple*, qui devait, selon lui, apporter à la société un nouvel élément d'ordre, au pouvoir la toute-puissance d'une incontestable souveraineté, en deçà duquel il n'y a qu'usurpation, oligarchie, retour sanglant vers le passé, cause incessante de révolution, et au delà *le chaos dans l'abîme ;* après avoir comparé la société, qu'on immobiliserait et matérialiserait, à *un polype qui s'arracherait bientôt, sanglant, du roc où on l'aurait attaché ;* après avoir ambitieusement proclamé la mission d'initiative que la France exerce dans le monde *par sa vie intérieure*, comme *par sa vie de relation*, mission qu'elle accomplit tantôt par l'épée, quand la victoire ouvre les grands canaux de la civilisation, tantôt par les révolutions, tantôt par le rayonnement pacifique de son intelligence, il définissait la liberté *une folle qui ne saurait être livrée à elle-même sans règle et sans discipline :* car enfin, s'écrie-t-il, qu'est-ce que la liberté du faible à côté de celle du fort, de l'ignorant à côté de l'homme instruit ? une lutte où le premier succombe à coup sûr. Pour arrêter au seuil de l'injustice la liberté, qui de sa nature est accapareuse, usurpatrice, il faut que la fraternité inspire les lois de son souffle, anime l'État tout entier de son esprit : la liberté tempérée, corrigée par la fraternité, voilà l'heureuse et féconde nouveauté de notre âge. » Cette idée conduit naturellement le rapporteur à parler du droit au travail, « *droit que nous avions d'abord*, dit-il, *écrit dans la Constitution, mais qui, ayant soulevé de graves objections, a été converti en devoir d'assistance imposé à la société. Le fond restait le même, et la formule seule était changée :*

nous avons voulu indiquer par là l'esprit de la République ; comment elle devrait suivre l'étoile polaire qui luit aujourd'hui au firmament de toute l'Europe et qui imprègne sa boussole d'un nouvel aimant !... »

Après ces abus de rhétorique qui frisent de bien près le socialisme de MM. Proudhon et Louis Blanc, il était temps d'arriver à la partie positive de la Constitution, c'est-à-dire à l'organisation des pouvoirs. Eh bien ! le rapporteur tourne court et même avec une certaine impertinence sur ces questions. « Il nous est permis, dit-il, de traiter rapidement des questions longtemps débattues, car il ne nous a jamais paru fort utile de plaider des causes gagnées. »

Or ces questions traitées avec un tel sans-façon n'étaient rien moins que l'organisation du pouvoir législatif, sa concentration ou sa division, les conditions de son élection et ses attributions, son mode de fonctionner ; la constitution du pouvoir exécutif, la source dont on le ferait sortir, ou du peuple ou de l'Assemblée, ses pouvoirs, les conflits à prévenir et à vider, etc. ; les dangers de l'ambition à conjurer d'un côté, ceux de l'anarchie à éviter de l'autre ; la grande centralisation de l'Empire à concilier avec la République ; toute une société enfin organisée par et pour le pouvoir absolu, à remanier pour la rendre compatible avec la forme républicaine. Tout cela ne paraît pas digne de l'attention sérieuse de M. Marrast, ou plutôt il a tellement la conscience que tous ces problèmes sont infiniment au-dessus de sa portée, qu'il les élude : il n'échappe à son impuissance que par sa légèreté.

Il fait une exception pourtant pour la question des deux chambres, sur laquelle des objections ont été faites, dit-il, « plus importantes par l'esprit et la renommée de ceux qui les font que par la puissance réelle des arguments qu'ils emploient » ; et, à la manière dont il traite cette question, on regrette peu qu'il n'ait pas cru devoir aborder les autres.

Voici son argumentation :

> La souveraineté est une, la nation est une, la volonté nationale est une : comment voudrait-on que la délégation de la souveraineté ne fût pas unique, etc...?

On le voit, c'est toujours le même non-sens, ou plutôt ce même contre-sens, que l'unité d'une nation exclut l'équilibre des pouvoirs chez cette nation. M. Marrast ne faisait pas, on le voit, de grands frais d'imagination.

« Avec une seule assemblée, ajoute-t-il, une seule inspiration, une seule règle, l'Assemblée organe de l'opinion la fait prévaloir en refusant la majorité aux ministres. » Toujours la même erreur et les mêmes illusions sur la possibilité de faire revivre les fictions parlementaires sous le régime de l'élection et de la responsabilité du chef de l'État!

Sur la question vitale de l'élection du pouvoir exécutif et du danger de lui donner la force d'une élection directe et universelle, les raisons que M. Marrast a de se rassurer sont de la même force.

> La Constitution, selon lui, enferme le président dans un cercle dont il ne peut sortir : l'exécution de la loi. L'Assemblée seule demeure maîtresse de tout le système politique : ce que le président propose par ses ministres, elle a le droit de le repousser ; si la direction de l'administration lui déplaît, elle renverse les ministres ; si le président persiste à violenter l'opinion, elle le traduit devant la haute cour de justice et l'accuse.

Ceci me rappelle cette réponse qui m'était souvent faite par ceux de mes collègues de la commission auxquels je communiquais mes inquiétudes sur les conflits qui devaient, dans mes prévisions, inévitablement s'élever entre le président et l'Assemblée :

« Pourquoi vous préoccuper d'une telle éventualité ? me disaient-ils : c'est une crainte toute chimérique. Le pouvoir législatif fait les lois, le pouvoir exécutif les exécute : comment pourraient-ils se choquer? leurs sphères sont bien distinctes et ne peuvent jamais se rencontrer. »

Il est bien certain qu'en géométrie deux lignes droites parallèles ne se rencontrent jamais; mais la science politique n'est ni aussi simple ni surtout aussi absolue qu'un théorème de géométrie. Il n'est pas vrai que la loi soit désintéressée de la manière dont elle est exécutée. Rien de plus facile, en effet, que de la neutraliser et même de la pervertir dans l'exécution qu'elle reçoit, comme il n'est pas plus vrai qu'un pouvoir exécutif puisse indifféremment exécuter de bonnes ou de mauvaises lois, avec le même zèle et la même conscience de bien faire. Les points de contact entre ces deux pouvoirs, en faisant même abstraction des passions et des ambitions, sont donc forcés, soit que l'un des pouvoirs se plaigne de la mauvaise exécution des lois qu'il fait, soit que l'autre se révolte contre l'iniquité des lois dont on le charge d'assurer l'exécution. Il fallait une bien étrange manie de vivre dans les abstractions, un bien grand besoin de substituer des formules pédantesques à la puissance des faits, pour méconnaître de telles vérités : et cependant toute la Constitution reposait sur cette grossière et menteuse illusion, sur l'impossibilité prétendue des deux pouvoirs de se rencontrer et par conséquent d'entrer jamais en conflit ; et cependant les révolutions qui ont bouleversé le monde n'ont jamais eu d'autres causes que ces conflits réputés par M. Marrast impossibles. Aussi, dans toutes les constitutions libres, la sagesse du législateur a-t-elle principalement consisté à prévenir et adoucir ces chocs malheureusement inévitables.

Mais que peuvent sur nos modernes constituants les leçons de l'histoire, celles de l'expérience?

« La France, me disaient-ils avec une admirable fatuité, *donne des exemples au monde, elle n'en reçoit pas.* » — « La raison émigrée de Londres ou de Washington, répétait M. Marrast dans son rapport, *est mauvaise* par cela même qu'elle vient de là. »

Telle est cette pièce, qui restera comme un monument de ce que la présomption, les préjugés, les idées préconçues, peuvent inspirer de grossières et pompeuses sottises à des hommes qui ne manquaient cependant ni d'intelligence, ni d'esprit, ni même de bonnes intentions.

Si on rapproche ce rapport de M. Marrast des travaux mémorables de la première Assemblée constituante sur les mêmes questions, on verra que, sauf la différence qui se remarque dans la situation politique et sociale des personnes et dans la gravité du langage, les mêmes erreurs, les mêmes illusions, le même abus du syllogisme, la même tendance vers l'absolu et l'uniformité, se rencontrent aux deux époques, séparées cependant par soixante ans de révolution. Que faut-il donc à ce pays pour l'éclairer?

Le rapport glissait rapidement sur les questions d'organisation judiciaire et administrative; il se bornait à exprimer le regret que l'introduction du jury en matière civile eût échoué devant la résistance des bureaux.

Le jury est à nos yeux, dit le rapporteur, une institution amie de la liberté, une magistrature d'équité et de bon sens : nous aurions voulu l'étendre au jugement des matières correctionnelles et de quelques procès civils. C'était notre premier projet; mais il a rencontré dans tous les bureaux une opposition si générale et si rude, que nous avons dû nous résigner au silence de la défaite. Nous n'en conservons pas moins la confiance qu'il viendra un jour moins dur pour le jury, moins propice au praticien, et où la loi, simplifiant, abrégeant, élaguant les broussailles souvent épaisses de la procédure, donnera raison à notre opinion, que nous sommes forcés d'ensevelir provisoirement dans la solitude de nos espérances.

Enfin le rapporteur annonçait qu'il avait paru utile à la commission d'écrire dans la Constitution que l'Assemblée s'engageait à faire les lois organiques destinées à faire mouvoir tous les rouages secondaires. « Notre motif principal et dominant, dit-il, c'est que vous êtes appelés non pas seulement à écrire des principes de liberté dans les pages d'un code, mais à fonder la République. »

Ainsi la partie positive de la Constitution était reléguée tout entière dans les lois organiques, et c'est par là que l'Assemblée eût peut-être dû commencer.

C'est sur ce rapport que, le 4 septembre, commença la discussion générale de la Constitution dans l'Assemblée. Il est à remarquer que le rapporteur n'intervint pas une seule fois dans le débat pour soutenir son travail; il laissa ce soin principalement à MM. Dufaure, Dupin et Vivien. Aussi bien les partis étaient tellement pris, et le courant des idées qui avait déjà entraîné la commission et les bureaux, devenu nécessairement plus puissant dans une assemblée nombreuse, était tellement irrésistible, que la discussion générale qui allait s'engager au moins sur les points fondamentaux de la Constitution devait plutôt ressembler à un vain tournoi de paroles qu'à un débat sérieux. Toutefois nous allons en faire connaître les parties les plus instructives : il y a des leçons qu'on ne saurait trop répéter.

Après une vaine tentative de M. Lichtemberger pour faire rapporter l'état de siége, afin, disait-il, que la Constitution se discutât en pleine liberté, et après que, sur la proposition de M. Duprat, l'Assemblée eut décidé à une forte majorité (586 contre 154) qu'elle ne se bornerait pas à faire la Constitution, mais qu'elle ferait aussi toutes les lois organiques, ce qui lui assurait en quelque sorte une durée indéfinie, la discussion générale commença. Elle n'offrit rien de digne de remarque, si ce n'est que même des orateurs appartenant à l'extrême gauche, tels que M. Mathieu (de la Drôme), Bérenger, se séparant sur ce point de leurs amis, ne purent s'empêcher de signaler la tendance excessivement centralisatrice du projet de constitution.

Il y a d'excellents esprits, disait le dernier de ces orateurs, qui s'imaginent qu'il y a perfectionnement social quand on introduit l'activité gouvernementale dans un ordre quelconque qui appartenait auparavant à l'activité privée. On marche, de cette manière, à la réglementation; mais aussi le gouvernement se complique, les rouages s'embarrassent au point, un jour ou l'autre, de ne pouvoir plus fonctionner, etc...

L'Assemblée se lassa bientôt de cette discussion générale, qui, pour embrasser toutes les questions, n'en traitait à fond aucune; et le fameux préambule, quoique déjà bien réduit et bien simplifié, fut soumis au débat.

Il fut attaqué avec beaucoup d'esprit et de vivacité d'abord par l'évêque d'Orléans, l'abbé Fayet, dans un discours plein de fine ironie; puis par M. Fresneau, dans un discours parfaitement sensé.

Nous n'avons pas été envoyés ici, dit ce dernier, pour faire de la métaphysique et de la philosophie, et pour, à l'exemple de la Convention, décréter l'existence de Dieu, et voter, par assis et levé, l'immortalité de l'âme : la politique n'y gagne rien, et la religion moins encore. Je ne demande pas mieux qu'on dise que nous sommes le premier peuple du monde (allusion au préambule), quoiqu'il fût de meilleur goût, peut-être, de le laisser dire aux autres ; mais je demande, afin de le mieux prouver, qu'au lieu de perdre notre temps à faire de la métaphysique fausse et prétentieuse sur les lois, nous commencions immédiatement l'œuvre si difficile de la Constitution.

M. Cazalès, qui porte avec honneur un nom rendu célèbre dans la première constituante, demandait aussi la suppression du préambule par cette raison irréfutable que, « quand un législateur fait une loi constitutionnelle, c'est pour se faire obéir, pour créer des obligations strictes; tandis que quand un philosophe expose des idées il s'adresse à des convictions parfaitement libres de les accepter et de les rejeter : d'où la conséquence qu'il est bien que le législateur reste dans son domaine et le philosophe dans le sien, leurs rôles étant trop différents sur cette terre pour être jamais confondus. »

Rapproché de l'Évangile, ajoutait M. Bérard, ce programme n'en est qu'une faible et bien pâle copie. Vous dites qu'il y a des droits et des devoirs supérieurs aux lois positives; cela veut-il dire qu'on peut, qu'on doit désobéir à certaines lois? mais vous n'osez pas écrire dans votre Constitution que les tribunaux peuvent refuser leur sanction aux lois qu'ils jugent inconstitutionnelles; et ce droit, que vous n'osez attribuer à de sages et savants magistrats, vous le reconnaissez, au moins implicitement, à chaque citoyen! Quelle imprudente inconséquence!

Le malheureux préambule était battu en brèche et ruiné par le sarcasme autant que par le raisonnement. M. de Lamartine lui vint en aide : « Je dois plus que d'autres, dit-il, confesser ici hautement cette révolution et dire comme le soldat de Virgile : *Me, me! adsum qui feci!*... (Il n'a pas toujours parlé ainsi.) Or cette révolution n'a-t-elle pas de nouveaux droits à proclamer?» Ici l'orateur se défend de toute complicité avec les folles théories du socialisme moderne; il proteste de son adoration pour la propriété, comme étant à ses yeux une condition inhérente à la nature humaine et sanctionnée par Dieu : en sorte que, si des ennemis de l'ordre social, n'ayant pas seulement des systèmes, mais des perversités sataniques dans l'âme, des haines inextinguibles contre le genre humain, voulaient lui faire tout le mal que l'humanité peut souffrir ici-bas, ils n'auraient pas à s'ingénier beaucoup, ils n'auraient qu'à frapper au cœur la propriété. A l'instant où la propriété s'écroule dans un pays, tout s'écroule : c'est la vie qui est atteinte dans le cœur même; la société est morte, il n'y faut plus penser..... Où en sommes-nous? qu'est-ce que nous entendons de la bouche de ceux qui fanatisent ce peuple? pas un mot de spiritualisme!... on dirait que la société humaine, en France, ne se compose à leurs yeux que de *pain* et de *viande*, que toute la civilisation se borne à des espèces de râteliers humains où les parts sont exactement mesurées. C'est là ce qui me consterne : c'est là un abject et grossier matérialisme. Qu'est devenue l'inspiration immatérielle, spiritualiste de cette grande révolution? Il faut une âme à un pareil mouvement de l'humanité; et je n'entends que des questions de boire et de manger, de spolier et de conserver, d'attaquer et de défendre des questions purement alimentaires, des questions de produit net : pas une pensée ne dépasse les limites des comptoirs de l'industrie... Assez de matérialisme comme cela! revenons aux nobles élans de Février et de nous-mêmes; rattachons à un principe spiritualiste, moral, religieux, divin, rattachons à Dieu, chaînon par chaînon, toutes les déclarations de droit que nous devons à Dieu qui les inspire, etc. »

Ces passages étaient couverts d'applaudissements; et cependant ils n'étaient qu'un brillant hors-d'œuvre, car ils prouvaient plutôt contre que pour le préambule.

Voici, en effet, ce que disaient les partisans de ce préambule : La révolution de février ne s'est pas bornée à confirmer les droits de l'homme et du citoyen dans ces quelques formules générales déjà tant de fois proclamées dans nos Constitutions, elle a consacré des droits nouveaux en faveur des ouvriers; or le plus essentiel de ces droits, c'est le droit au travail. Le grand intérêt du préambule que nous soutenons est donc dans la consécration qui s'y trouve de cette nouvelle conquête du peuple. Vous appelez cela dédaigneusement une question de *pain* et de *viande:* soit! mais c'est pour cette question qu'a été faite la révolution qui vous a porté à l'Hôtel de ville : car, pour une simple réforme politique, une telle révolution n'eût pas été nécessaire. Écartez cette question et la révolution n'est qu'un non-sens, un effet sans cause. Si vous ne l'avez pas comprise ainsi, c'est que vous l'avez vue à travers le prisme de votre imagination de poëte, tandis que nous la voyons, nous, à travers nos misères et nos besoins. Qu'aurait répondu M. de Lamartine à ce raisonnement ?

La nécessité d'un préambule fut votée à une immense majorité.

Mais le débat devait se réveiller bien plus vif sur le droit au travail, que ce préambule consacrait : c'était là le terrain sur lequel s'étaient donné rendez-vous toutes les passions anarchiques et conservatrices, sociales et antisociales; c'était là que devait se vider la grande et définitive bataille entre la république sociale et la république simplement démocratique. Après quelques discours de la Montagne, remarquables seulement par leur violence et dont voici quelques échantillons : « Sur cette terre de France, dites : Plus de misère! et vous aurez écrit une grande page dans l'histoire; si vous ne le dites pas, que Dieu prenne pitié de la France!... » (M. Mathieu de la Drôme).

« Puisque vous gardez la terre pour vous, donnez du travail à tous : sinon !... » (M. Lepelletier.)

Les orateurs éminents de l'Assemblée intervinrent et agrandirent le débat.

M. de Tocqueville prouve d'abord jusqu'à l'évidence que le droit au travail conduit inévitablement à l'organisation du travail, c'est-à-dire à la concentration dans les mains de l'État de toute l'activité sociale ; puis il ajoute :

> Eh quoi ! tout ce grand mouvement de la société française n'aurait abouti qu'à former une société réglementée où l'État serait tout et l'individu rien ! ce serait pour cette société de castors et d'abeilles, pour cette société d'animaux perfectionnés plutôt que d'hommes libres et civilisés, que la révolution se serait faite, que tant d'hommes seraient morts sur les champs de bataille et sur l'échafaud ! c'est pour cela que tant de génies, tant de vertus auraient paru dans le monde ! On appelle cela de la démocratie ; cela en est l'antipode : la démocratie étend la sphère de l'indépendance individuelle ; le socialisme, la resserrant, fait de chaque homme un agent passif et en quelque sorte un chiffre. Je croyais, au contraire, que la grande révolution française avait cette ferme, cette noble, cette orgueilleuse croyance qu'il suffit à l'homme courageux et honnête d'avoir ces deux choses, *lumière* et *liberté*, pour n'avoir plus rien à demander à ceux qui les gouvernent.

Cette opinion, inspirée par une si haute raison et un libéralisme si vrai, appela à la tribune M. Ledru-Rollin. Il s'agissait, en effet, pour lui et de réaliser les promesses de l'Hôtel de ville et de rallier l'armée socialiste que les événements de Juin avaient dispersée et démoralisée.

> Quand je rencontre dans les rues, dit-il, des gens en lambeaux, des familles de bohémiens ; quand je vois dans les campagnes des processions d'hommes hâves, de femmes fiévreuses, mon cœur se contracte, et je m'écrie : La société est impie. L'homme tient de la nature le droit de vivre : que

la société le lui reconnaisse dans le droit au travail, ou malheur à elle !... Le peuple de Paris a répété, comme le peuple de Lyon : *Vivre en travaillant ou mourir en combattant!* C'est à ce cri sinistre qu'il faut satisfaire dans votre Constitution : sinon, j'appréhende de lamentables déchirements.

Ces peintures forcées de la misère, ces appels à la violence populaire étaient des réminiscences empruntées aux fameux bulletins de la République. Mais depuis le dénoûment de la bataille de Juin, elles ne produisaient plus leur effet accoutumé : ce n'étaient plus que d'impuissants anachronismes.

M. Duvergier de Hauranne releva sévèrement ces menaces et ces appels à la force.

Vous déclarez la guerre au capital, à la propriété, au moment où l'on proclame *le droit de vivre en travaillant* : c'est agir comme un homme qui proclamerait le droit de se bien porter et qui empoisonnerait l'air dans lequel il vit. Ce qu'on demande, c'est de recommencer la politique dont le point de départ est le décret du 23 juin, jour d'exécrable mémoire, où les ateliers nationaux, ce décret dans les mains et dans le cœur, s'insurgèrent contre la société.

M. Crémieux invoque la foi due aux promesses de l'Hôtel de ville. Il rappelle la première décision de la commission en faveur du droit au travail et s'étonne qu'on ait pu revenir sur cette décision ; il demande si ce qui était un droit la veille des événements de Juin avait cessé de l'être le lendemain.

M. Arnaud (de l'Ariége), dans un discours tout à la fois mystique et radical, fait dériver le droit au travail de l'Évangile. M. Thiers, dans un de ses meilleurs et plus vigoureux discours, attaque le monstre du socialisme corps à corps et l'étreint de sa vigoureuse logique.

Après une peinture animée des progrès de la vieille

société, de toutes les améliorations qu'y a répandues l'alliance de la propriété, de l'émulation et de la liberté, il s'écrie : « S'il y avait des législateurs assez insensés pour ne pas reconnaître les bienfaits de cette alliance, l'avenir bafouerait leur ouvrage, il n'y aurait d'éternel que leur ignominie. » Puis il somme les socialistes d'indiquer, de préciser les mobiles qu'ils veulent mettre à la place de la propriété, de la liberté, et les réfute par avance.

L'association ouvrière, dit-il, c'est la ruine ; le maximum des marchandises a déjà été expérimenté. Vous prétendez que la terre est prise ; cela n'est pas vrai. Allez en Amérique, en Asie : ce n'est pas la terre à prendre que vous voulez ; c'est la terre travaillée, la terre créée, pour ainsi dire, par l'accumulation des capitaux et du travail de plusieurs générations. Or, cela, c'est un vol ; ce n'est plus un droit de nature !...

M. Considérant crut devoir relever le défi de M. Thiers et demanda quatre séances consécutives pour expliquer son système ; l'Assemblée le prit au mot, et les lui accorda. Au jour indiqué pour cette importante exposition, il se trouva que M. Considérant exigeait pour faire son expérience qu'on lui livrât la forêt de Saint-Germain et quelques millions d'écus ; ce qui parut trop peu sérieux et trop coûteux à l'Assemblée, et ce duel se termina par un immense éclat de rire.

Mais survint, à la grande surprise de tous, un nouveau champion du droit au travail : c'était M. Billault, dont la destinée politique devait être si pleine de vicissitudes. Membre du centre gauche sous la monarchie de Louis-Philippe, après avoir commandé et dirigé comme tirailleur ardent et infatigable toutes les escarmouches de l'opposition contre M. Guizot, et cela pendant de longues années et avec un certain succès d'esprit, il venait se faire le complaisant apôtre de la République sociale : triste et cependant instructif exemple offert à ceux qui seraient tentés de faire de la politique non un devoir, mais une spéculation !

Son thème fut celui-ci :

> La société ne peut être indifférente aux misères de ses membres. C'est là une dette, mais qui, comme les dettes sociales, n'a rien d'absolu : elle existe dans la mesure du possible, mais elle existe, et il ne faut pas hésiter à la proclamer. Révolution, comme noblesse, oblige : quelles conséquences celle de 1848 aurait-elle produites, si elle nie la reconnaissance du droit à l'assistance par le travail ? Il ne s'agit à présent que du principe : on l'organisera plus tard à loisir. Il y a bien d'autres droits reconnus dans la Constitution, qui ne sont pas organisés : ainsi la liberté de la presse, l'égale répartition des impôts, etc. Le pendule de la civilisation, après avoir fortement incliné vers la liberté absolue de l'individualisme (où avait-il vu cela ?), revient vers la nécessité de l'action gouvernementale. (C'était un pas fait vers l'empire, à travers le socialisme.) Le pays se passionne souvent pour des mots ; tenez grand compte des mots : ce redoutable mot du *droit au travail* est devenu pour le peuple une bannière ; le Gouvernement provisoire lui a donné une sorte de consécration : prenez en considération l'état des esprits. Il faut, si vous le pouvez, tâcher de rester populaires.

Ce discours, accueilli avec une grande faveur par la Montagne, avec une indignation mêlée de surprise par les autres parties de l'Assemblée, méritait une réponse : et ce fut un des anciens collègues de M. Billault, siégeant, comme lui, au centre gauche, sous la monarchie constitutionnelle, qui se chargea de la faire. Jamais M. Dufaure ne s'est élevé si haut ; jamais son éloquence, toujours remarquable par le vigoureux enchaînement des raisonnements et par l'exposé lucide des faits, ne s'était illuminée d'un si grand éclat et ne s'était inspirée d'une si haute philosophie. Ce discours est certainement un de ceux dont la tribune française peut à juste titre s'honorer.

L'orateur rappelle d'abord que, pour porter une société à soulager toutes les misères, il n'est nullement nécessaire d'écrire dans sa constitution le droit au travail, et il cite en preuve de cette affirmation tout ce que l'Assemblée a fait depuis l'ouverture de ses travaux et continue à faire tous les jours pour les classes pauvres. (Exorde adroit et vrai.)

Nous avons mieux aimé parler de devoir que de droit, ajoute-t-il : le sentiment du droit est personnel, toujours un peu égoïste ; il devient aisément exigeant, il s'emporte facilement aux exagérations, il s'enivre de lui-même, il sépare les hommes plus qu'il ne les rapproche. Le devoir, au contraire, porte avec lui l'idée d'abnégation, de sacrifice ; il crée toutes les bonnes et grandes passions ; il unit et fortifie les États au lieu de les diviser et de les dissoudre. Comment le christianisme a-t-il opéré dans le monde la plus grande, la plus durable de toutes les révolutions? Est-ce en parlant à la femme, à l'esclave, au pauvre, de leurs droits? Non : c'est en parlant au souverain, au chef de famille, au maître, au riche, de leurs devoirs.

L'Assemblée tout entière applaudissait à ce noble langage, qui s'inspirait de si haut.

L'orateur, descendant ensuite de ces hauteurs de la question dans le détail pratique, portait à ses adversaires le défi d'indiquer le moyen, si le droit au travail était proclamé dans la Constitution, d'échapper à cette servitude d'avoir à fournir à chaque indigent valide, non un travail quelconque, mais celui auquel il était propre, et de le lui fournir dans le lieu même où il avait sa famille et ses habitudes. A l'appui de ce défi, il citait un fait récent, qui fit quelque sensation dans l'Assemblée :

Au mois de mars, dit-il, un ingénieur proposait au gouvernement d'employer dans les travaux de terrassement du chemin de fer de Strasbourg 6,000 des ouvriers qui encombraient les ateliers nationaux; il indiquait comment il pouvait les utiliser pendant toute la campagne. Eh bien! pas un seul ouvrier ne lui fut envoyé, soit que l'administration n'eût pas même jugé prudent de proposer aux ouvriers de quitter Paris, soit que ses propositions eussent été rejetées.

M. Dufaure rappelle en terminant les avertissements qu'il avait vainement adressés au gouvernement de Louis-Philippe.

Je lui disais, s'écrie-t-il, il y a quelques mois à peine : Vous ne vous préoccupez pas assez du sort des classes laborieuses ; vous vous renfermez trop dans l'aristocratie besoigneuse et sollicitcuse qui forme les collèges électoraux : prenez garde au mouvement de colère qui peut un jour éclater dans le pays. Rien de pareil n'est à craindre de cette Assemblée, issue du suffrage universel : elle s'y retrempe incessamment ; elle est toute imprégnée de sympathies vives et profondes pour le peuple. Il y aurait plutôt à craindre l'excès que la tiédeur de ce sentiment de bienfaisance : qu'est-ce que pourrait y ajouter votre dangereuse proclamation du droit au travail ?

Ce discours produisit une profonde et universelle sensation. La séance resta suspendue pendant quelques instants : la cause de la bonne et saine politique était gagnée sur les folles et impossibles théories du socialisme.

Néanmoins M. de Lamartine, avec plus de courage que de bonheur, essaya de relever cette cause perdue. Après son éternelle apologie du Gouvernement provisoire, il s'efforça de réduire le droit au travail à ses plus humbles proportions, le subordonnant aux possibilités de l'État et aux conditions que l'administration indiquerait strictement ; il lui importait peu que le fait fût réduit à rien, pourvu que le mot fût écrit. Puis, répondant plus directement à M. Dufaure :

Parler aux hommes de devoir, c'est, disait-il, plus beau en vertu ; mais, en législation et en politique, le droit est corrélatif du devoir : s'il y a du danger dans les mots, il y en a aussi dans les silences. Il ne dépend pas du silence de la commission d'imposer le sceau aux lèvres d'un million d'hommes, quand ils crieraient la faim devant la générosité du pays. Enlevez ce drapeau au fanatisme; tant que vous aurez une vérité contre vous en dehors de la Constitution, ne dormez jamais tranquilles. Danton disait dans la Convention : De l'audace! encore de l'audace! Et moi je vous dis : Du cœur! encore du cœur et toujours du cœur pour le peuple!...

Vains efforts ! on admirait les ressources de cette parole éloquente, on y applaudissait même, mais les convictions étaient formées. Sur un amendement de M. Glais-Bizoin, qui proposait d'adoucir la formule de M. Mathieu (de la Drôme) et de substituer au droit au travail *le droit à l'assistance par le travail*, amendement combattu par M. Goudchaux, l'Assemblée, à la grande majorité de 596 contre 187 voix, rejeta même cette formule atténuée. C'était le dernier coup porté au socialisme ; c'était la victoire de Juin recevant de la tribune et de la libre discussion son complément nécessaire et sa consécration.

Mais ce fut aussi le seul éclair de bon sens et de sagesse politique qui jaillit de cette discussion; sur les autres points, l'Assemblée se laissa entraîner au courant des idées qui dominaient et domineront longtemps encore, je le crains bien, dans notre démocratie française.

Ainsi M. Isambert, fidèle en cela aux antécédents honorables de toute sa vie, ayant insisté à l'occasion du chapitre des garanties pour qu'on précisât davantage les moyens d'assurer la liberté individuelle, celle des cultes, l'inviolabilité du domicile, le droit de réunion et autres, et qu'on ne subordonnât pas toutes ces garanties à la volonté de l'administration, ne fut accueilli que par des murmures d'impatience.

Je m'étonne, en vérité, de l'impatience que témoigne

l'Assemblée et même M. le président, s'écria l'orateur aussi surpris qu'indigné : nous avons mis quatre jours à discuter sur des théories, sur des utopies ; et quand il s'agit de garantir d'une manière positive et pratique la liberté des citoyens, on ne veut pas accorder un quart d'heure.

La leçon était juste et méritée, mais ne fut pas même écoutée : l'Assemblée passa outre, sans même daigner répondre.

Sur l'article 7, relatif à la liberté religieuse, un membre, M. Lavallée, souleva la grande et redoutable question de la séparation de l'Église et de l'État ; il demanda la suppression de tout salaire officiel, abandonnant à chaque croyant le soin d'entretenir son culte. Il s'appuyait sur l'injustice qu'il y avait à imposer des citoyens au profit de croyances qu'ils ne partagent pas. C'était prendre cette question par un de ses plus petits côtés.

La République pouvait-elle continuer l'alliance que l'Empire avait faite avec le catholicisme? ou, en d'autres termes, fallait-il abolir ou conserver le Concordat? Les doctrines essentiellement unitaires et par conséquent monarchiques du clergé catholique ; son antipathie profonde, et, pour ainsi dire, forcée pour tout libre examen ; son dogme de la soumission aveugle et absolue aux décrets de la papauté : tout cela ne ferait-il pas de cette alliance, malgré les démonstrations favorables d'une partie du clergé, un grand danger pour la République? la séparation absolue n'était-elle pas préférable à une alliance qui introduisait, pour ainsi dire, au cœur même de la République, un auxiliaire si équivoque et si dangereux?

Mais, d'un autre côté, la vaste organisation du clergé catholique, sa hiérarchie si fortement établie, ses moyens d'action sur les populations, en faisaient un ennemi bien redoutable : tenter, à l'exemple de la première Assemblée constituante, de modifier la constitution du clergé, de la républicaniser en quelque sorte, c'eût été s'exposer aux mêmes résistances, pour finir probablement par le même avortement. Et puis, ce clergé s'était montré, le 24 février, si favorable à la révolution ; il s'était prêté de si bonne grâce à toutes ses manifestations : pourquoi rejeter son concours? pourquoi, d'un ami au moins apparent, se faire un ennemi ouvert et déclaré ? Ces dernières raisons avaient une force incontestable : aussi le sentiment à peu près général de l'Assemblée fut-il d'éviter de toucher à cette brûlante question et de conserver le *statu quo*. Il ne fut pas répondu à M. Lavallée ; son amendement fut rejeté sans discussion.

Un fait assez curieux, que l'auteur de cet amendement rappelle dans sa discussion, c'est celui qu'en vendémiaire de l'an V, c'est-à-dire avant le Concordat et le Consulat, 32,214 paroisses avaient déjà rouvert leurs églises, 4,571 étaient en instance pour rouvrir les leurs ; et cependant les prêtres n'étaient pas encore salariés. L'impulsion libre des croyants avait donc suffi à tous les sacrifices que nécessitaient la réouverture et l'entretien de ces églises ; ce qui inspirait au célèbre abbé Grégoire cette apostrophe véhémente : « Prélats imposteurs qui mentez à votre conscience, dites, après cela, que le Concordat a relevé vos autels ! »

Et nous aussi, nous croyons que le catholicisme pourrait vivre sans que son clergé soit salarié par l'État : il vit bien dans cette condition en Angleterre, aux États-Unis et en d'autres pays ; mais l'État pourrait-il vivre sans relier à lui le clergé catholique par le lien d'un concordat? C'est la question que, pour notre compte, nous serions disposés à trancher dans le sens de la séparation absolue, sans nous dissimuler toutefois que ce serait là une grande et difficile épreuve.

Au reste, cette question se retrouvait au fond du débat sur l'enseignement, et elle devait bientôt se poser plus directement dans ses rapports avec le pouvoir temporel et l'indépendance des papes, à l'occasion de l'affaire de Rome.

Il ne suffit pas, dans un pays, d'établir les deux puissances, spirituelle et temporelle, côte à côte, et d'écrire dans un concordat que l'une se chargera des rapports de l'homme avec Dieu, l'autre de ses rapports avec la société : cela n'est ni plus sérieux ni plus vrai que le fameux syllogisme employé pour nous rassurer sur les conflits entre le pouvoir législatif et le pouvoir exécutif. Les rapports des hommes entre eux ne sont pas tellement indépendants de leurs croyances religieuses qu'ils n'en reçoivent une grande et décisive influence: de même que l'âme et le corps, tant qu'ils sont unis, sont destinés à agir et à réagir l'un sur l'autre, de même la religion et la politique ont une action réciproque et inévitable.

L'enseignement est le terrain sur lequel elles se rencontrent nécessairement ; si le clergé et l'État ne font qu'un, toute difficulté disparaît. Si le clergé et l'État sont absolument séparés et indépendants l'un de l'autre, la question n'est plus pour le gouvernement qu'une question de monopole ou de liberté. C'est à lui à voir dans quel sens on doit la trancher. La troisième hypothèse, et c'est la nôtre, est celle où le clergé et l'État sont unis par un traité d'alliance qui s'est expliqué sur l'enseignement religieux, sur celui des néophytes ou aspirants au saint ministère, mais qui est resté complétement muet sur l'enseignement laïque. Quelle part faut-il faire dans cet enseignement à l'une ou l'autre des deux puissances?

Chacune d'elles se présente avec des titres sérieux.

Je ne peux pas abandonner la direction de l'enseignement public, dit le gouvernement, car je n'ai pas seulement des corps à diriger, mais des esprits à gouverner. Je manquerais à la partie la plus haute de ma mission, si je ne dirigeais l'enseignement de la jeunesse de manière à la préparer aux devoirs civiques qu'elle est appelée à remplir : se désintéresser de l'enseignement, pour un gouvernement, c'est abdiquer moralement.

Mais on répond pour les ministres de la puissance spirituelle : Comment serait-il possible, même abstractivement, de séparer la morale de l'enseignement, l'éducation de l'instruction? ce sont choses indivisibles; nous intervenons donc nécessairement dans tout enseignement public ou privé au nom de la morale religieuse, et cette intervention est nécessairement libre et indépendante de tout pouvoir civil : car, dans cet enseignement religieux, nous ne relevons pas de lui, mais de Dieu. D'ailleurs, nous serions les indignes ministres d'une religion de vérité, et qui seule peut ouvrir les portes du ciel, si nous ne prenions pas les hommes dès leur enfance pour les préparer aux bienfaits de cette religion. A quel âge de la vie pourrions-nous les ressaisir, s'ils nous échappaient dans ce moment? Ce ne serait pas, sans doute, au milieu du tourbillon des affaires ou des plaisirs, ni au milieu des préoccupations de l'intérêt ou de l'ambition, qui assiégent et absorbent l'âge viril? Il faudrait donc attendre l'heure de la mort pour pratiquer d'insignifiantes cérémonies sur un cadavre !... Nous enlever l'enfant, c'est nous enlever l'homme tout entier, c'est détruire notre religion sur la terre. Il y a dans la question de l'enseignement une question de vie ou de mort pour le catholicisme; c'est assez dire que nous sommes résolus à combattre, même jusqu'au martyre, avant d'abandonner l'enseignement de la jeunesse. Si la loi ne nous l'accorde pas comme prêtres, nous le revendiquons comme citoyens. Si elle ne nous en donne pas le monopole officiel, à raison de notre mission spirituelle et morale, nous le revendiquons hautement au nom de la liberté commune ; mais, à quelque titre que ce soit, il nous le faut ; il y va de la religion et de l'existence même de la société !...

Quand une question se pose ainsi, et qu'une société et son gouvernement n'ont ni le courage de la séparation absolue ni celui de l'oppression violente, il faut bien transiger, et c'est ce qui eut lieu.

Il appartenait à M. de Montalembert de prendre l'initiative de ce grand débat au sein de l'Assemblée, et il le fit avec toute l'élévation, mais aussi toute la passion qui caractérise son éloquence.

Les milliers de fusils, dit-il, qui étaient braqués, il y a trois mois, contre la société, étaient chargés avec des idées. Qu'avez-vous à opposer à ces idées ? la force : or, voici ce que Napoléon disait à Fontanes : « *Savez-vous ce que j'ad-« mire le plus dans le monde, c'est l'impuissance de la force à « fonder quelque chose ; il n'y a que deux puissances dans le « monde, le sabre et l'esprit : à la longue le sabre est toujours « battu par l'esprit.* » (Sensation prolongée.) Si la force matérielle est impuissante, que vous reste-t-il ? l'instruction ! non une instruction quelconque, mais la bonne : l'ignorance, c'est la faim de l'esprit. Or, il y a quelque chose de pire que la faim, c'est le poison : depuis 50 ans, l'enseignement officiel a empoisonné ceux qu'il voulait nourrir et affamé les autres sous le prétexte de les empêcher de s'empoisonner. Mon remède à moi est bien vieux : c'est la morale chrétienne. Il faut aux hommes, non des problèmes, mais des solutions, une vérité toute faite ; l'enseignement chrétien peut seul les leur donner, il les leur donnera par la liberté, sans privilége ni compression. Toutes les écoles socialistes, malgré leur diversité, tendent toutes à matérialiser ; jouir et mépriser : tel est leur symbole. Le suffrage universel semblait devoir faire respecter ce qu'il venait de créer ; eh bien, n'avons-nous pas vu le peuple violer avec audace la représentation qu'il avait élue la veille ? L'expérience démontre que l'homme ne respecte pas assez ce qu'il crée lui-même : le principe de l'autorité et du respect doit donc être pris hors de lui et au-dessus de lui, il ne peut l'être que dans le droit divin. Le christianisme pourra s'user en France, il s'est bien usé dans d'autres pays, mais avec lui, et M. Proudhon l'a dit avec vérité, s'usera la propriété. Car, dès que vous enlevez au peuple la place dans le ciel, il la réclamera impérieusement sur la terre. Si vous le privez de sa part dans le patrimoine céleste, il revendiquera une part dans notre patrimoine terrestre, et la plus grosse.

Après une défense de l'université par M. de Vaulabelle, de la philosophie par M. Jules Simon, M. de Falloux vint appuyer les idées de M. de Montalembert, tout en les adoucissant et en laissant entrevoir la nécessité d'une conciliation ; puis, deux évêques, MM. Parisis et Fayet, s'engagèrent à leur tour dans la discussion, et, à leur suite, MM. Dufaure, Barthélemy-Saint-Hilaire, de Tracy et beaucoup d'autres. Ce fut une mêlée générale de toutes les opinions : universitaires, cléricaux, philosophes, partisans du laissez-faire, centralisateurs, tous y apportèrent leurs arguments. Ceux-ci repoussent toute intervention de l'État, les uns par principe et par amour de la liberté, les autres par haine contre l'université et dans l'intérêt du clergé ; ceux-là revendiquent pour l'État le monopole de l'enseignement : les uns, au nom des souvenirs de la Grèce et de Rome, et, par suite, des principes centralisateurs de la démocratie socialiste ; les autres, par haine contre le clergé. En général, dans ce débat, les mots mentent à leur sens apparent : sous le mot *liberté*, lisez *monopole du clergé;* comme sous celui d'*université*, lisez *centralisation* et *despotisme*.

Au reste, toute cette discussion était prématurée : ce n'était pas sur le principe abstrait de la liberté d'enseignement qu'elle pouvait s'engager utilement, mais sur l'organisation de cette liberté, sur les conditions précises auxquelles on la soumettrait. Aussi, après un long débat, les nombreux amendements produits de toutes parts furent-ils rejetés et renvoyés aux lois organiques. L'Assemblée employait souvent cet expédient lorsqu'elle se trouvait en face de difficultés qui l'embarrassaient ; c'était, pour elle, un moyen de gagner du temps. Nous verrons plus tard comment ce grand débat, commencé au nom de la liberté, vint se résoudre en un compromis entre le clergé catholique et l'État, compromis dans lequel les deux puissants rivaux se partagent ce monopole tant disputé, laissant une fort petite part à la liberté des citoyens.

La question de l'enseignement conduisait à celle de la liberté de la presse, qui est aussi un enseignement et le plus puissant de tous.

M. Victor Hugo ne manqua pas de revendiquer la liberté absolue des représentations théâtrales. Il se souvenait de son procès à l'occasion du drame *le Roi s'amuse*[1] ; mais sa prétention d'assimiler une représentation théâtrale à la simple émission de la pensée était inadmissible et fut rejetée sans division.

« Je vois avec une surprise amère, disait-il, toutes les idées de liberté se défigurer et s'amoindrir : dans cette discussion d'une constitution républicaine, aucune liberté n'a été admise entière. »

Ses amis de la Montagne auraient pu lui répondre : Croyez-vous donc que c'est pour la liberté que nous avons fait cette révolution ?

Le principe du cautionnement des journaux fut maintenu et, sauf l'abolition des lois de septembre, le

---

1. J'avais l'honneur, dans ce procès, de plaider pour M. Victor Hugo, qui crut devoir prononcer devant ses juges un discours qu'il terminait par cette phrase à effet : « Le siècle a produit deux grandes choses : Napoléon et la liberté. » Ces deux choses se conciliaient alors dans son esprit. Je doute qu'il soit du même avis aujourd'hui.

régime légal de la presse resta à peu près ce qu'il était sous la monarchie.

La question de l'affranchissement de l'imprimerie, cette question importante, toujours éludée, le fut encore cette fois; elle fut renvoyée aux lois organiques.

Un autre point de la constitution, celui de l'impôt, souleva un débat plus vif; c'est que là il s'agissait, non de liberté, mais d'intérêt. La Commission, craignant de trancher dans un sens quelconque la question de l'impôt progressif, avait, ainsi que nous l'avons vu, substitué à la formule ordinaire : Chacun contribue aux charges publiques *en proportion de sa fortune*, ces mots : *en raison de sa fortune* : ce qui réservait la question et la laissait indécise.

M. Mathieu (de la Drôme) avait proposé de déclarer nettement et catégoriquement que l'impôt serait *progressif* et non *proportionnel;* mais, sur l'observation que la question était réservée, il avait retiré son amendement. MM. Desèze et Servières n'acceptèrent pas cet ajournement : ils voulurent faire décider la question tout de suite, et ils proposèrent de déclarer que l'impôt serait *proportionnel* et *non progressif.*

La vraie portée de l'impôt progressif, disaient-ils, c'est une attaque à la propriété. Voulez-vous qu'il n'y ait plus de riches? Voulez-vous nous spolier, oui ou non? D'ailleurs, où sont les riches, ou commence ce qu'on appelle le superflu en France ? Il n'y a pas 4000 citoyens payant 1000 francs de contributions ; il y en avait, en 1830, 3600, et certes ils n'étaient pas tous riches !...

M. Vivien cherchait à faire prévaloir sa formule évasive; il rappelait que quelques villes, Paris, par exemple, avaient admis une certaine progression dans la répartition de leur impôt municipal ; qu'il ne fallait rien d'absolu en cette matière. Il perdait de vue le grand intérêt du moment, qui était de rassurer et de raffermir la propriété, menacée plus encore par les voies détournées de l'impôt que par les violences de la rue. Il ne prenait pas non plus en assez grande considération les facilités qu'aurait données le suffrage universel à la classe indigente, toujours la plus nombreuse, d'abuser de cet impôt progressif pour opprimer les autres classes et les dépouiller. Ce qui eût été sans aucun danger sous la monarchie devenait sous la république une menace incessante pour la propriété, dont l'existence n'aurait plus dépendu que d'une question de chiffre.

Il faut savoir gré au ministre des finances, M. Goudchaux, et au général Cavaignac de l'avoir compris. Le premier demande à faire connaître sa pensée sur la question; puis, à la grande stupéfaction de la Montagne, il appuie l'amendement et propose de remplacer le mot *en raison* par celui *en proportion*, et cela, dit-il, *pour ne laisser subsister aucun doute sur le caractère de simple proportionnalité à assigner à l'impôt*. Comme il annonçait parler en son nom privé, le général Cavaignac se leva de son banc et l'invita à parler au nom du gouvernement.

Le ministre ne manqua pas d'appuyer son opinion sur cette raison toute pratique que, dans un pays où il y avait cinq millions de cotes foncières et où les neuf dixièmes de ces cotes sont inférieures à 100 francs, l'impôt progressif serait non-seulement très-difficile à asseoir, mais serait très-peu productif et compromettrait sans profit tout le système de nos impôts.

La Montagne, on le comprend, attachait une grande importance à cette question; elle demanda l'insertion du nom des votants au *Moniteur*, espérant, par cette tactique, faire peser sur les représentants la pression de l'opinion extérieure; elle se trompait : la pression était en sens contraire. L'impôt progressif fut condamné à la majorité considérable de 644 voix contre 96. C'est ainsi que le socialisme perdait successivement toutes ses batailles et allait s'affaiblissant de plus en plus.

L'Assemblée, après ces débats, aborda l'organisation du pouvoir législatif. L'opinion en faveur des deux chambres, toute condamnée qu'elle fût d'avance, n'en fut pas moins reprise et soutenue avec une énergie de conviction et une force de raisonnement que la certitude de la défaite ne parut pas affaiblir. Il faut reconnaître aussi que le bénéfice du temps était tout entier en faveur de cette opinion. Les nuages de cette fausse et dangereuse idéologie qui avait d'abord égaré tous les esprits s'évanouissaient peu à peu. Les formules dogmatiques et absolues de la logique rectiligne perdaient de leur prestige; l'empire des faits, des nécessités gouvernementales, commençait à se faire sentir; si on compare le chiffre respectable de 289 voix qui se prononcèrent dans l'Assemblée, à la suite de la discussion, en faveur des deux chambres, aux quelques voix à peine écoutées qui, soit dans la commission, soit dans les bureaux, s'étaient hasardées en faveur de cette thèse, on ne peut qu'être frappé du progrès qui se faisait dans les esprits : mais aussi on ne peut que regretter que de telles questions n'eussent pas été renvoyées à des temps plus calmes.

M. Duvergier de Hauranne ouvrit le débat par un discours complétement concluant en faveur de la division du pouvoir législatif.

> Le système d'une chambre unique, dit-il, est, j'en conviens, plus simple que le système des deux chambres; mais ce qu'il y a de plus simple au monde, c'est le despotisme. Prenons garde à ce penchant démesuré pour l'unité, pour la simplicité qui entraîne aujourd'hui tant d'esprits; poussées à l'extrême, l'unité, la simplicité, ne sont rien moins que la suppression de la liberté. D'ailleurs, cette unité même

n'existe pas dans votre projet de constitution, puisque vous placez en face de l'Assemblée unique un président unique. Je sais bien que vous dites que chacun de ces pouvoirs aura des attributions définies, l'un faisant des lois, l'autre les exécutant, et qu'il n'y aura pas de conflits... Je vous l'avoue, je suis confondu de voir après cinquante ans reparaître les puérilités qui ont égaré la première de nos grandes assemblées.... Voilà pour la liberté. Quant à la maturité des votes, peut-il exister deux opinions sur ce point ? M. de Lally-Tollendal, en 1789, MM. Boissy-d'Anglas et Daunou en l'an III, n'ont rien laissé à dire sur ce sujet. Benjamin Constant a fort bien fait ressortir, dans son cours de politique constitutionnelle, que tous les freins qu'une Chambre s'impose à elle-même sont illusoires. C'est toujours la majorité qui est en présence d'une minorité et qui est toujours maîtresse de son règlement. Quand un juge sait que son jugement doit être révisé par un autre tribunal, il y met plus de réflexion. La seconde chambre crée pour la première une responsabilité morale qui est salutaire : une seconde chambre vous donnera en outre l'esprit de suite, si surtout elle ne se renouvelle que partiellement. On dit que la tradition est une chose monarchique, je suis d'un avis contraire : je crois qu'il faut parler de tradition surtout aux républiques. Quand nous faisions une constitution monarchique, c'est contre la routine et l'immobilité que nous avions à nous prémunir ; dans une constitution républicaine, c'est, au contraire, contre la précipitation et l'extrême mobilité que nous devons nous sauvegarder.

M. Duvergier accordait que les deux assemblées fussent nommés par les mêmes électeurs, tout en déclarant qu'il serait plus sage de les faire sortir de sources différentes. La seconde chambre, nommée pour six ans, devait se renouveler par moitié tous les trois ans.

C'est M. Antony Thouret, qu'on appelait assez plaisamment, dans l'Assemblée, *le plus gros des hommes sensibles,* qui se chargea de répondre à M. Duvergier, et voici de quelle force étaient ses arguments :

Si le peuple français se trouvait réuni sur un seul point,

siégeant dans une seule salle (rires), délibérant dans une même séance, votant au même scrutin, on aurait dans cette réunion, dans cette délibération l'expression à la fois la plus absolue et la plus solennelle de la volonté du souverain. Eh bien, ce que le peuple ne peut pas faire par des impossibilités matérielles, il le fait par une assemblée unique, qui n'est, en définitive, qu'une diminution de volume. (Nouveaux rires excités par l'immense volume de l'orateur.)

Après de telles sottises, M. Antony Thouret avait bien le droit de dire en terminant son discours qu'avec des hommes tels que lui, « la France n'avait rien à apprendre et tout à enseigner. » La fatuité accompagne assez ordinairement la sottise.

M. Lherbette, dans un excellent discours, répondait ainsi à cette prétention impertinente :

« Je croyais que nations et particuliers devaient également éviter la prétention de servir toujours de modèles et de n'en jamais accepter. » Puis, entrant dans le fond de la question, il faisait remarquer que diviser l'action, et même la délibération, ce n'était pas diviser la souveraineté ; sans quoi, par une conséquence logique, la délégation du peuple devait être faite en entier à un seul corps et même à un seul individu ; puis, prévoyant le conflit inévitable qui doit infailliblement s'élever entre une chambre unique et un président unique, il fait cette prophétie, qui était déjà dans tous les esprits tant soit peu politiques.

N'est-il pas possible qu'un président n'accepte pas volontiers un rôle passif et subordonné que voudra lui imposer l'Assemblée unique? Alors, si les résistances qu'il rencontrera dans cette assemblée lui paraissent contraires aux intérêts du pays ; si, dans l'impossibilité de les vaincre par des moyens constitutionnels, il veut les briser avec son épée, aura-t-il besoin pour réussir d'avoir derrière lui les victoires de Lodi, de Montenotte, des Pyramides ? Non ! il lui suffira d'avoir devant lui l'état déplorable dans lequel votre constitution aura mis le pays..... Bien aveugle qui ne verrait pas que le résultat de cette lutte sera ou le despotisme militaire d'un président ou le despotisme anonyme et multiple d'une assemblée. (Sensation.)

On le voit, les avertissements et les prophéties ne manquaient pas plus à la république qu'ils n'avaient manqué à la monarchie.

Puis vint M. Marcel Barthe : c'était un homme nouveau appartenant à la même école que M. Marrast.

Demandons-nous, dit-il, quel est le génie de la France : c'est d'abord l'unité. Cette unité, nos pères l'ont faite avec leur gloire et leur sang ; c'est dans l'unité nationale que consiste la grandeur et la force de la France. (Comme si la France devait cesser d'être une, parce qu'elle aurait deux chambres ! a-t-on assez abusé de cette glorieuse unité !) C'est ensuite l'*égalité*. Le peuple en est si profondément imbu qu'il préférerait s'abandonner à un despote que de subir l'autorité d'une aristocratie. En France, on aime plus l'égalité que la liberté.

Triste vérité, qui devait bientôt recevoir une nouvelle et éclatante confirmation.

La discussion fut interrompue par deux incidents : la réception de Louis-Napoléon comme représentant et la demande en autorisation de poursuivre M. Raspail, qui venait d'être nommé représentant, quoique détenu par suite de la journée du 15 mai, et qui prétendait que cette nomination devait lui ouvrir de plein droit les portes de sa prison ; puis elle fut reprise par un long discours de M. Charles Dupin, le frère de notre collègue de la commission, en faveur des deux chambres : discours dans lequel nous n'avons rien à noter, si ce n'est un aveu précieux à recueillir comme émanant d'un de ces hommes toujours prêts à servir tous les gouvernements, dont ils n'aperçoivent les fautes que le lendemain de leur chute.

« Une obstination aveugle et sans bornes, dit M. Dupin, a conduit le gouvernement de Louis-Philippe à refuser toute réforme en 1848, et alors il est arrivé, comme en 1830, que l'autorité, qui ne voulait rien accorder la veille, avait tout perdu le lendemain. » Réflexion très-sage et très-vraie, mais qui aurait eu plus de mérite et de vérité dans la bouche de M. Dupin, la veille que le lendemain de la révolution du 24 février. C'est sur ce discours que la discussion générale fut close.

Mes amis, MM. Duvergier de Hauranne et Lherbette, avaient tout dit sur la question, et je ne me sentais pas le courage de m'engager dans un débat dont l'issue était inévitable ; mais M. de Lamartine me poussa, pour ainsi dire, à la tribune, en y portant avec éclat l'argument politique de la *nécessité*. Il développa cette thèse que la dictature, au moins temporaire, d'une assemblée unique, était indispensable pour confirmer la révolution républicaine et triompher des obstacles qu'elle rencontrait. Cette prétention, hautement annoncée, de faire revivre la Convention me parut appeler une réponse.

Après avoir remercié M. de Lamartine d'avoir déchiré les voiles et dit le véritable mot de la discussion :

Ce qu'on vous propose, m'écriai-je, c'est la plus grande, la plus téméraire, la plus insensée des entreprises (agitation en sens divers). Lorsque nos pères, dont on cite toujours l'exemple et qu'on imite presque toujours à faux, faisaient un gouvernement révolutionnaire, ils avaient la franchise de le dire, ils le décrétaient hautement à la face de Dieu et des hommes : ils se constituaient en Convention ; mais ils ne prétendaient pas faire de cette dictature violente et temporaire le gouvernement ordinaire de leur pays. Une Convention permanente!... en avez-vous vu un seul exemple dans le monde entier ?... (Très-bien ! très-bien !) Quand vous faites une constitution, c'est apparemment pour fonder un gouvernement régulier, normal, destiné à se mouvoir régulièrement, pacifiquement, dans des attributions limitées, exactement définies : si vous avez besoin d'autre chose, dites-le, ajournez votre constitution jusqu'à des temps plus calmes : mais, sous le titre de gouvernement constitutionnel, ne nous donnez pas la Convention, moins les nécessités qui la légitimaient (vive approbation sur plusieurs bancs), et alors il faudrait être conséquents jusqu'au bout. La Convention, quand elle avait à démolir les restes du vieil édifice monarchique, à briser les résistances qui se dressaient contre elle de toutes parts, résistances nobiliaires, cléricales, provinciales ; lorsqu'il lui fallait comprimer d'une main la guerre civile intérieure, de l'autre repousser l'Europe coalisée, la Convention a pu sentir le besoin de concentrer en elle tous les pouvoirs ; elle s'est armée, alors, de la plus formidable dictature qui ait jamais existé dans le monde ; mais elle ne commettait pas, comme vous, l'énorme inconséquence d'établir à côté d'elle un pouvoir exécutif indépendant et nécessairement rival ; elle ne voulait pas avoir à compter avec un tel pouvoir, elle le tenait sous sa main puissante et redoutable, toujours prête à le briser et à lui faire expier par l'échafaud même son incapacité ou ses malheurs... Une Chambre unique entraîne comme conséquence forcée un pouvoir exécutif dépendant et subordonné. (Non, non ! si si !) Alors de quelque titre que vous décoriez cette assemblée, c'est une Convention tout au plus modérée par les mœurs : c'est donc la Convention que vous allez décréter, n'ayant pour modérateur qu'un pouvoir exécutif qui s'absorbera en elle..... Il y a une partie de cette Assemblée qui, en poursuivant ce résultat, est parfaitement conséquente avec elle-même : elle obéit, elle, à une terrible logique, car elle sait ce qu'elle a encore à renverser et à démolir. (Mouvement prolongé.) Mais pour l'immense majorité de cette Assemblée, qui a marqué par des actes éclatants de modération et de bon sens une politique à laquelle je me suis complètement associé, qui, dans ses relations avec l'étranger, a su résister aux plus généreux entraînements, qui sur les questions sociales obscurcies par tant de fausses et dangereuses idées a su déchirer les voiles et faire briller la lumière, qui enfin, au milieu des dangers de la patrie, n'est restée au-dessous d'aucun de ses devoirs ; pour cette majorité patriote, éclairée, courageuse, je le demande, qu'y a-t-il désormais à démolir et à détruire ? Si je jette un coup d'œil sur l'état de l'Europe, de ce côté, pas d'agresssion à craindre ; les coalitions sont brisées dans leur principe même. Quant à l'intérieur, nous devons à nos cinquante années de révolution une triste expérience, une sorte d'indifférence pour les vieux noms et les vieilles formes. Aussi, point de résistance au moins ouverte dans l'intérieur contre la république : la société y était même préparée par nos lois civiles, car il y a plus de républicanisme dans le Code civil que vous n'en mettrez jamais dans vos constitutions politiques. (Très-bien, très-bien ! Vive approbation.) Ainsi, point de ces résistances passionnées, de ces fanatismes politiques qui allument les guerres civiles ; point de ces convictions profondes, absolues qui font les martyrs. Rien devant vous, si ce n'est une surface plane ; une nation sur laquelle vous opérez librement, qui, sans doute, n'est pas sans quelque inquiétude à raison de la nouveauté et de la soudaineté même de la transformation qu'on lui fait subir, mais qui n'est pas hostile : elle vous regarde faire, elle s'associe même très-loyalement à votre œuvre. (Oui, oui. Très-bien !) Soyez convaincus que, même à liberté égale, à sécurité égale, la forme républicaine l'emportera toujours sur toutes autres formes de gouvernement dans la conviction des masses. (Oui, oui !) C'est la forme logique, c'est celle qui appelle le plus directement le pays à régler ses destinées, qui satisfait le plus complétement au sentiment que chacun éprouve de sa dignité originelle ; c'est cette forme qui garantit le mieux le droit de tous, sans aucune fiction ; qui provoque le plus les sublimes dévouements et honore le mieux les grandes vertus ; c'est enfin elle qui, étant le dernier progrès de la liberté humaine, le dernier degré d'émancipation des peuples, ne laisse aucun prétexte à des révolutions nouvelles : pourquoi donc une dictature, pourquoi votre défiance ? Je n'en trouve qu'une seule explication : c'est que les faits qui se passent sous nos yeux ne nous rassurent pas complétement sur la possibilité de modérer la démocratie. C'est donc là le point sur lequel tous les amis de la république doivent faire porter surtout leurs préoccupations ; il faut résoudre ce grave et difficile problème, et il ne peut l'être que par les formes d'un gouvernement sagement pondéré. Voilà pourquoi l'expédient révolutionnaire qu'on propose, c'est-à-dire la constitution d'une Convention

DISCUSSION GÉNÉRALE DE LA CONSTITUTION.

permanente, bien loin de nous donner cette sécurité dont la république surtout a tant besoin, offre ce double danger : celui d'abord d'avertir le pays, par sa constitution même, que sa révolution n'est pas encore accomplie, qu'il a encore à combattre et à détruire, en outre celui d'éloigner indéfiniment ce gouvernement modéré dans lequel la société aimerait enfin à se reposer. (Vive adhésion.)

Quant à l'influence d'une seconde chambre sur la meilleure confection des lois, sur l'action plus facile des deux grands pouvoirs entre eux, sur l'atténuation des chocs, sur les garanties qu'elle offre à la minorité contre l'oppression d'une majorité, je m'en référais au discours de mon ami M. Duvergier de Hauranne ; puis, reprenant les autorités empruntées à l'histoire :

Croyez-vous, ajoutai-je, que ce soit par un pur accident que, dans tous les pays où la liberté existe, le pouvoir législatif ait été divisé entre deux corps ? Non, c'est l'expérience et la nécessité qui les y ont contraints : ce qui est simple, uniforme, en effet, saisit d'abord les sociétés qui naissent à la liberté ; d'ailleurs, toute démocratie qui vient de faire sa révolution est tout à la fois défiante et présomptueuse ; elle craint de partager le pouvoir et elle ne doute pas de ses capacités gouvernementales pour l'exercer sans partage : aussi toutes les démocraties ont-elles commencé par l'unité du pouvoir législatif ; puis l'expérience, la triste expérience, à travers des leçons quelquefois chèrement achetées, est venue leur révéler une loi qui gouverne le monde et qui, jusqu'à ce jour, n'a pas reçu une seule exception : c'est celle qui fait que tout pouvoir qui n'est ni contrôlé, ni modéré, est fatalement condamné à périr..... Tout cela est vieux, nous dit-on, c'est un plagiat fait à l'Angleterre, à l'Amérique, qui n'ont rien de commun avec la France, qui n'a, elle, ni aristocratie ni fédéralisme. Je conviens de ces différences ; mais en résulte-t-il que, parce que votre pouvoir modérateur ne trouvera pas, pour lui servir de point d'appui, des forces identiques à celles qui se rencontrent en Angleterre ou en Amérique, il ne faut pas de pouvoir modérateur? Quant à moi, j'en tirerais une conséquence inverse. (Approbation.) Si par le travail successif des temps, des révolutions, de la politique persévérante de nos rois, de la société sur elle-même, il n'y a plus dans ce pays-ci qu'une seule force vivante, la démocratie française, quelle conclusion en tirerez-vous ? Qu'il faut l'abandonner à ses entraînements, à ses passions? qu'il ne faut pas essayer de la préserver des vices de sa toute-puissance? (Très-bien! très-bien!) Puisque notre démocratie ne trouve aucun temps d'arrêt, aucun frein, ni dans une puissante organisation communale et départementale, ni dans le respect traditionnel du droit individuel, ni dans la forte discipline des familles, ni dans le prestige de la naissance ou l'influence des grandes fortunes ; puisqu'elle est seule, c'est en elle-même que je veux trouver les moyens de la modérer. (Très-bien!) Et plus la force d'impulsion, d'entraînement, est grande, plus je veux que le frein soit puissant. L'œuvre n'est pas facile, j'en conviens, mais elle est possible ; et, d'ailleurs, nous n'avons pas le choix: il faut trouver la solution du problème. Les sociétés ont leurs lois constitutives comme l'individu : est-ce que tout n'est pas équilibré en nous? est-ce que nos devoirs, notre conscience, ne font pas un équilibre perpétuel à nos passions? est-ce que la Providence, dans sa sagesse, n'a pas fait de l'équilibre des forces et des résistances le principe modérateur du monde, la loi universelle de la création ? (Très-bien !) Que ceux qui vivent dans un monde idéal disent que par cela qu'une Assemblée est nommée par le suffrage universel, elle sera la sagesse incarnée, qu'elle ne connaîtra ni les passions, ni les entraînements, ni les colères, ni les paniques, ni les surprises; que ceux-là se dispensent de faire une constitution, et ne dépensent pas leur temps dans des discussions inutiles. Deux choses doivent leur suffire : le suffrage universel et une Assemblée unique et toute-puissante; abandonnez tout le reste.....

J'examinai ensuite ce qu'on pouvait attendre du conseil d'État comme frein à la démocratie: au grand scandale de la commission, et particulièrement de mon ami M. Dufaure, qui avait pris au sérieux le conseil d'État comme institution politique et modératrice, je démontrai que la prétention de trouver dans cette institution bâtarde, mi-partie politique et administrative, un pouvoir modérateur efficace, n'était pas une prétention sérieuse.

Tous les gouvernements, dis-je, en finissant, périssent par l'exagération de leur principe. J'ai lutté, pendant dix-huit ans de ma vie, à travers toutes les déceptions et sans jamais me lasser, ni désespérer, pour défendre le gouvernement de Juillet contre la fatale tendance qui devait inévitablement l'entraîner à sa perte. La monarchie constitutionnelle était perdue, car elle devenait impossible, du jour où le monarque se mêlait de sa personne au débat et se commettait dans la lutte des partis, du moment où il personnifiait en lui une politique qui soulevait les haines, les mépris, les repoussements du pays, et qui devait fatalement l'entraîner avec elle. Oui, j'ai combattu pendant dix-huit ans cette fatale tendance ; j'ai signalé l'écueil, j'ai prévu le danger et lorsque ma voix a été impuissante, j'ai emprunté celle du pays tout entier ; j'ai succombé à l'œuvre. Eh bien, j'ai encore le même service à rendre à mon pays. (Approbation prolongée.) Croyez-vous que les gouvernements républicains n'ont pas aussi leurs dangers ? On a vu cependant de grandes démocraties périr et s'éteindre dans le despotisme ; ce ne sera pas la nôtre, je l'espère, et c'est pour cela que je suis à cette tribune. (Très-bien !) Mais si ce malheur pouvait arriver, si l'édifice que nous voulons élever, au lieu de couvrir et d'abriter les générations futures, devait s'écrouler sur nous et nous écraser dans sa chute, soyez-en convaincus, cette catastrophe n'aurait qu'une seule cause, c'est que la démocratie ne se serait pas modérée ; qu'elle se serait épuisée dans des convulsions intestines et aurait forcé notre société, qui a besoin avant tout de sécurité pour travailler et pour vivre, de sortir de la république pour aller demander cette sécurité au pouvoir absolu lui-même. C'est là, et là seulement, républicains de la veille ou du lendemain, c'est là qu'est l'ennemi, il n'est pas ailleurs ; ne le cherchez pas dans les vieux partis, qui n'ont pas d'échos : cherchez-le en vous-mêmes. Je ne saurais trop répéter cette vérité : en France, la démocratie n'a qu'à se défendre d'elle-même. (Oui, oui !) Il y a deux efforts dans toute révolution, l'un en avant, pour détruire ; l'autre en arrière, pour résister à une impulsion indéfinie, qui conduirait aux abîmes. Vous avez reconnu et pratiqué cette loi de sagesse et de bon sens, vous avez su résister dans la politique étrangère, dans les questions sociales, à de téméraires entraînements: sachez résister également dans les questions d'organisation politique à la fausse et dangereuse théorie de l'unité. Croyez bien que ce n'est celle ni de la vraie liberté, ni des gouvernements durables, et dites-vous bien que vous aurez assuré le triomphe définitif de la démocratie dans ce pays, du jour où vous l'aurez organisée de manière à ce qu'elle puisse se modérer. (*Une voix à l'extrême gauche* : Dites monarchisée. — Le président rappelle l'interrupteur à l'ordre. — La Montagne se lève et réclame contre le rappel à l'ordre.) Mon devoir est accompli ; c'est la seconde fois, depuis que j'ai l'honneur d'être représentant du peuple, que je monte à cette tribune. Il s'agissait la première fois de constituer le pouvoir exécutif qui devait veiller sur la liberté des délibérations de cette Assemblée et maintenir l'ordre dans la société : j'ai cru devoir, malgré la réserve qui m'était imposée, dire la vérité, je l'ai dite. J'ai supplié l'Assemblée de se dégager des considérations de personnes, et, à son début, de ne pas manquer à la première, à l'éternelle condition de tout pouvoir exécutif: l'homogénéité, la responsabilité. J'ai eu le malheur de ne pas être compris : la majorité en a décidé autrement ; peut-être s'en est-elle repentie, si j'en juge au moins par ses actes ultérieurs. Si elle eût fait avant le 15 mai et les journées de Juin ce qu'elle a fait après cette terrible et sanglante leçon, elle l'eût prévenue. Aujourd'hui qu'il ne s'agit plus d'établir un simple pouvoir temporaire, mais d'organiser le gouvernement permanent du pays, je vous supplie d'obéir à la sagesse des temps, à l'expérience universelle des pays libres: divisez le pouvoir législatif, pour que la démocratie, la toute-puissante démocratie française, puisse se modérer, c'est-à-dire se gouverner. Ne croyez pas ceux qui vous disent que vous pourrez revenir au système des deux Chambres plus tard, dans deux, dans trois ans : savez-vous à quel prix ? Voulez-vous acheter ce retour au même prix que vous avez payé la nécessité de revenir à l'unité du pouvoir exécutif ; attendrez-vous que votre Assemblée unique, foyer de toutes les passions, point de mire de toutes les ambitions, but de toutes les attaques, excitée par la lutte, se soit compromise ? Attendrez-vous qu'elle abdique sa dictature ? Savez-vous que les dictatures des Assemblées ne finissent pas d'elles-mêmes ? Nées de la nécessité, c'est au nom de la nécessité qu'elles veulent se prolonger. Les dictatures individuelles peuvent cesser par la volonté, le dégoût ou la mort du dictateur ; les dictatures collectives qui naissent et vivent de l'agitation d'une société ne disparaissent pas aussi facilement. Sylla a pu abdiquer ; mais la Convention a répondu par le canon de Vendémiaire à ceux qui, armés de la constitution, s'opposaient à ce qu'elle se survécût à elle-même. N'attendez donc pas les leçons de l'expérience : elles coûtent trop cher aux nations. Puisque vous avez conquis sur l'anarchie le calme et la liberté de nos délibérations, que vous vous êtes réservé de faire après votre constitution les lois organiques qui en assurent l'exécution ; puisque votre gouvernement est conséquemment appelé à fonctionner dans des temps réguliers et pacifiques, constituez-le définitivement et non révolutionnairement ; ne vous préparez pas d'éternels regrets. (Vive agitation. — La séance est suspendue.)

Ce discours parut produire dans l'Assemblée une assez grande sensation, et c'est pour cela que je me suis permis d'en reproduire les principaux passages. Après une réponse assez insignifiante de M. Dupin aîné, qui reprit le thème de la nécessité de concentrer, au lieu de diviser, les forces de l'Assemblée, l'amendement fut rejeté. Ce résultat était prévu et en quelque sorte inévitable : le danger des questions complexes, comme je le disais dans mon discours, c'est de grouper ensemble des opinions opposées, et avec des minorités combinées de former une majorité. Ainsi, dans cette question des deux Chambres, les uns reconnaissaient avec nous que la division du pouvoir législatif était plus indispensable dans une république démocratique que dans une monarchie, par le motif plein d'évidence que les entraînements y sont plus redoutables et plus funestes ; mais les nécessités du moment, le courant irrésistible des idées, la peur d'affaiblir la révolution dans le pouvoir qui la représentait, etc...... toutes ces considérations purement circonstancielles dominaient leur raison. Nous verrons plus tard, disaient-ils! Les autres faisaient l'inverse; ils rejetaient bien loin l'idée de résoudre une telle question par de simples considérations du moment. C'est dans leur dogme républicain qu'ils en cherchaient la solution : alors ils évoquaient cette formule qui, selon eux, renfermait le symbole de toute démocratie : *un seul peuple, un seul souverain, une seule Assemblée,* faisant ainsi assez stupidement écho à cet autre cri de l'*ultra-monarchie : une seule foi, un seul Dieu, un seul roi ;* tant il est vrai que l'absolu en politique, quel que soit le point de départ, conduit fatalement à l'absurde ; et puis ces deux opinions, toutes contraires qu'elles étaient entre elles, se réunirent et formèrent une majorité considérable.

A l'issue de la séance, beaucoup de nos amis, un peu honteux de leur vote, m'entourèrent, protestant avec chaleur qu'ils partageaient entièrement mes convictions sur l'impérieuse nécessité des deux Chambres, mais que le moment n'en était pas encore venu ; qu'ils avaient dû céder au courant des idées du moment. M. de Lamartine lui-même, se joignant à eux, me disait : « Vous aurez raison plus tard, monsieur Barrot, mais pas à présent. » Comme si le bénéfice du temps était pour les fous.

Après ce grand et décisif débat, se présentait naturellement la question de savoir si cette Assemblée unique se renouvellerait intégralement ou partiellement : question d'une haute importance ; car, si le renouvellement était intégral, non-seulement on devait s'attendre à chaque renouvellement à une violente secousse, à une grande crise, et cela à jour fixe ; mais, en outre, entre une Assemblée déjà frappée de mort et une Assemblée qui n'était pas encore née, il ne pouvait que se déclarer une sorte d'interrègne plein de dangers ; enfin, que ne pouvait-on pas craindre de l'agonie d'une Assemblée qui a encore la toute-puissance et qui sait qu'elle va mourir ? Eh bien, cette grande et redoutable question ne fut pas même posée. On ne fit pas non plus l'honneur d'une discussion à la question du suffrage universel et direct, et on ne daigna pas même, tant les partis étaient pris, jeter un regard sur le système électoral de la première Assemblée constituante, avec ses conditions de cens et son double degré ; pas un mot sur cette haute imprudence ou plutôt cette puérile dérision de faire voter les soldats ; pas une objection contre la dépendance nécessaire des serviteurs à gages. Quelques exclusions pour cause d'infamie, et voilà tout.

Mais il n'en fut pas de même pour le mode et surtout pour le lieu de votation des électeurs ; sur ce dernier point s'éleva un long débat dans lequel les légitimistes engagèrent toutes leurs forces : sous le prétexte de mettre l'élection plus à la portée des gens de la campagne et de leur épargner les déplacements, ils réclamaient le vote à la commune : leur motif réel, bien facile du reste à reconnaître, était de soumettre ce vote à l'influence plus directe du curé et du grand propriétaire, et de le soustraire aux influences politiques de la population des villes. Ils échouèrent, au moins pour cette fois, dans leurs efforts. Il fut décidé que le vote aurait lieu au canton, que l'élection serait départementale et se ferait sur des listes collectives.

La question des incompatibilités était une de celles qui excitaient le plus de passions dans l'Assemblée. Ce n'était pas pour nos républicains une question de constitution, c'était une question de révolution. De même que les restrictions exagérées mises sous le précédent gouvernement au droit électoral avaient enfanté, par une réaction irrésistible, le suffrage universel direct, de même le souvenir des cent quatre-vingts fonctionnaires qui remplissaient et dénaturaient la Chambre des députés sous la monarchie entraîna invinciblement la République à proclamer l'incompatibilité absolue de toute fonction avec la représentation nationale et à la décapiter, pour ainsi dire, de toutes les intelligences et de toutes les expériences pratiques qui se forment dans le maniement des affaires. On eut beaucoup de peine à restreindre cette incompatibilité aux fonctions salariées par l'État : d'intrépides logiciens demandaient de l'étendre aux fonctions de maires, d'adjoints et même de membres des conseils généraux ; ils prétendaient qu'on ne pouvait pas faire bien deux choses à la fois. Mais alors, leur objectait-on, pourquoi ne pas exclure aussi les avocats, les médecins et toutes les professions qui absorbent le temps de ceux qui les exercent ? de déduction logique en déduction logique, on en fût venu à rejeter, par les incompatibilités, toute la nation, sauf les oisifs, en dehors de la représentation nationale, après l'y avoir appelée tout entière par l'abrogation de toute condition d'éligibilité.

Il fut, en outre, convenu que quelques exceptions seraient apportées au principe de l'incompatibilité pour certaines hautes fonctions, telles que celles de ministres, de préfet de police, de procureur général à la cour de Paris, de commandant de la garde nationale parisienne. L'Assemblée ne commettait pas du moins la faute commise en 1789, elle n'isolait pas complétement le pouvoir législatif du pouvoir exécutif et ne rendait pas leur action commune impossible, sous le vain prétexte de la séparation des pouvoirs.

La logique révolutionnaire subit aussi une bien éclatante déception dans la question du salaire des représentants. Nous nous étions beaucoup occupés, dans les anciennes Chambres, du salaire à donner aux députés ; nous étions restés très-perplexes sur ce point. Si, d'un côté, nous sentions qu'entre le député non fonctionnaire et pour qui tout, dans la députation, était sacrifice, et le député fonctionnaire pour qui tout, au contraire, était avantage, la différence était trop grande et que là était une des principales causes pour lesquelles le nombre des fonctionnaires allait toujours croissant dans la Chambre, tandis que celui des non fonctionnaires, par contre, y décroissait à chaque élection ; d'un autre côté, nous connaissions assez notre pays pour savoir qu'une grande partie de notre considération et de notre force morale tenait à la gratuité de notre mandat. Aussi, aurions-nous de beaucoup préféré trouver la solution de la difficulté dans l'extension raisonnable des incompatibilités et dans l'abréviation de la durée des sessions, plutôt que dans le salaire, qui nous paraissait un remède extrême et dangereux. Les nouveaux législateurs n'avaient pas la liberté du choix : ils avaient décrété le suffrage universel et de plus la permanence de l'Assemblée nationale ; le salaire était donc une nécessité absolue pour eux, et M. Dufaure disait avec raison que c'était une simple question d'éligibilité.

Mais qu'est-il arrivé? C'est que ce salaire, qu'on avait cru devoir porter à vingt-cinq francs et rendre quotidien pour mieux lui laisser le caractère d'une simple indemnité du travail de chaque jour, forma un des principaux griefs de la démagogie et lui fournit son cri de guerre contre l'Assemblée.

Lord Normanby nous donne, dans le journal, assez exact et fort instructif, qu'il tint pendant tout le temps de son séjour à Paris, dans les premiers jours de la Révolution, une preuve de cette fâcheuse impression faite sur la masse du peuple par ce salaire de vingt-cinq francs.

Le matin du 15 mai, dit-il (page 391 de son journal), avant

d'aller à l'Assemblée, je me rendais au ministère des affaires étrangères ; je me trouvai derrière des blouses appartenant évidemment aux ateliers nationaux et qui se rendaient au rendez-vous qui leur avait été donné à la Bastille. L'un de ces hommes disait à ses camarades : « *Ils se donnent 25 francs par jour et ils nous donnent 30 sols : ils appellent ça égalité.* »

Qui de nous, lors du coup d'État et lorsque la représentation nationale, dans ce qu'elle avait de plus éminent, était conduite au milieu d'une haie de soldats à la caserne du quai d'Orsay, et plus tard transportée dans les voitures des condamnés dans divers lieux de détention, n'a pas entendu les ouvriers assistant à cet odieux spectacle pousser ce cri stupide et ignoble : A bas les vingt-cinq francs ! ne réfléchissant pas que ces vingt-cinq francs n'avaient été votés précisément que pour les rendre eux-mêmes, simples ouvriers, capables d'exercer les fonctions de représentants ; que c'était la condition indispensable de cette égalité dont ils étaient si fous ? Tant il est vrai que, dans cette passion de l'égalité des démagogues, il y a plus d'envie contre les autres que de prétentions sérieuses de prendre sa part dans les droits et les charges de la liberté commune. Il faut aussi voir là une de ces nombreuses contradictions de notre démocratie française : par ses envies, par ses vanités, elle est poussée vers l'égalité absolue ; par ses délicatesses de mœurs, ses idées sur l'honneur, elle est ramenée à la monarchie. De là ses oscillations perpétuelles de l'un à l'autre pôle du monde politique [1].

1. L'exemple des États-Unis, ne saurait être applicable en France. On ne comprendrait pas aux États-Unis qu'un homme employât son temps au profit d'un autre, sans recevoir une juste rémunération : aussi ce ne sont pas seulement les représentants et les sénateurs, ce sont même les maires qui sont payés dans ce pays. Nos mœurs sont contraires ; non-seulement on comprend les services gratuits mais

Voici enfin le débat sur l'élection présidentielle.

La grande épreuve des révolutions qui se font par surprise, c'est le temps ; comme leur expiation, c'est la discussion. Or, la révolution de 1848 subissait, dans ce moment, et cette épreuve et cette expiation : d'une part, le temps avait permis aux populations de revenir de leur premier étonnement ; la réaction contre la surprise du 24 février devenait tous les jours de plus en plus générale et prononcée ; d'autre part, la discussion, à mesure qu'elle se prolongeait, démontrait avec plus d'évidence les dangers et les impossibilités du gouvernement que voulait fonder cette révolution. Déjà, et à propos de l'organisation du pouvoir législatif, le débat sur les deux Chambres avait fait ressortir un fatal dilemme auquel la République ne pouvait échapper.

M. Odilon Barrot, dit lord Normanby dans son journal, a démontré jusqu'à la dernière évidence qu'une assemblée unique, si elle est permanente, devient une Convention ; si, d'un autre côté, il a été rendu évident par M. de Lamartine qu'il n'y a pas en France de matériaux pour deux Chambres, si l'œuvre à laquelle on travaille ne peut pas fonctionner et ne peut s'amender, la conclusion inévitable, c'est que la Constitution de 1848 ne peut durer.

La question du pouvoir exécutif enfermait l'Assemblée constituante dans un autre dilemme non moins fatal : ou elle diviserait ce pouvoir entre plusieurs personnes, et alors on en revenait au Directoire de l'an III, à la Commission exécutive de 1848, on fondait un pouvoir impuissant et ridicule ; ou l'Assemblée concentrait toutes les immenses attributions de ce pouvoir entre les mains d'un seul homme, et, dans ce

on n'honore que ceux-là : Il ne s'agit pas de décider de quel côté est le vrai et le juste, mais seulement de constater le fait.

cas, elle donnait à cet homme, tout à la fois, les moyens de retenir indéfiniment cette puissance : dans le premier cas, c'est le pouvoir qui périssait; dans le deuxième, c'était la liberté ; et, d'un autre côté, si, pour échapper à ce danger, on faisait sortir cette formidable magistrature du choix de l'Assemblée, on manquait à la logique de la Révolution, on faussait l'espérance du peuple, pour qui le mot république impliquait l'idée de l'élection populaire du chef de l'État, substituée à l'hérédité ; on faisait, en outre, du pouvoir exécutif un pouvoir entièrement subordonné qui, participant des faiblesses, des impopularités de l'Assemblée, qui le nommait, y excitait les intrigues, les ambitions, les corruptions peut-être. Que si, au contraire, on restait fidèle à la première pensée, à la promesse de la Révolution, et si on donnait l'élection du pouvoir exécutif au peuple entier, alors on faisait de ce chef le représentant, la personnification des intérêts et des passions de ce peuple : l'Assemblée était d'avance condamnée, au premier jour du conflit, à disparaître devant cet élu de toute la nation; car, par la concentration des pouvoirs dans ses mains, on lui avait déjà donné la force matérielle organisée, et par l'élection on y ajoutait encore la force populaire ; le sort de la République ne dépendait plus que de la volonté et des scrupules d'un ambitieux. La République, on le voit, se trouvait enfermée dans un cercle d'impossibilités qui ne lui laissait aucun moyen de salut.

Cette fois, du moins, les républicains de pure race, placés entre la logique révolutionnaire et le sort de la République, sacrifièrent la logique ; ils renoncèrent à pousser le cri fameux de leurs prédécesseurs : « *Périsse la République, plutôt qu'un principe!* » et tandis qu'une autre école de républicains, les uns fanatiques du suffrage universel, les autres fatalistes, s'abandonnaient en aveugles au courant révolutionnaire, ils adoptèrent, eux, résolûment l'opinion que le pouvoir exécutif devait émaner de l'Assemblée et s'y absorber, et cela aux risques de l'impopularité d'une telle opinion. Ils n'échappaient, il est vrai, à un danger que pour retomber dans un autre ; mais ils préféraient le danger qui procédait d'eux-mêmes à celui dont les menaçait une usurpation déjà menaçante. Placés entre la Convention et l'Empire, ils donnaient naturellement la préférence à la Convention. Nous allons voir se dessiner à la tribune ces opinions diverses et le spectacle en est assez instructif pour que nous le reproduisions.

M. Félix Pyat, déjà connu par quelques drames d'un mérite douteux et quelques ouvrages de littérature socialiste, ouvrit le débat.

Opposant d'abord la logique à la logique, l'intérêt révolutionnaire au dogme absolu du suffrage universel, il soutient que le grand principe qui domine toutes les questions est celui de l'*unité*, et que cette unité ne se trouve que dans une assemblée unique, avec des ministres choisis par elle, ses instruments subordonnés et responsables. « Un président élu par le suffrage universel serait, dit-il, la véritable incarnation du peuple ; le scrutin dont il sortira sera bien autrement divin que ne l'était l'huile de Rheims, il ne faut pas tenter Dieu et encore moins l'homme !... »

M. de Tocqueville, lui répondant, rappelle que la Constitution place la principale garantie de la liberté dans la division et non dans la concentration des pouvoirs ; il s'attache à montrer toutes les entraves que la Constitution met au pouvoir du président : d'abord le conseil d'État nommé par l'Assemblée et par lequel elle pénètre dans les attributions les plus intimes du pouvoir exécutif, puis l'intermédiaire obligé d'un conseil des ministres responsables.

C'est surtout, dit-il, par l'institution d'un conseil des ministres responsables que l'Assemblée exerce sur les actes journaliers du Pouvoir Exécutif un contrôle sérieux. Nous avons fait en cela quelque chose *d'inouï* : nous avons tout à la fois déclaré le chef de l'État responsable et placé à côté de lui un conseil des ministres également responsables, sans lequel il ne peut rien faire d'important, de telle sorte que l'Assemblée peut tous les jours lui imposer dans le détail sa volonté, en lui imposant des ministres : elle le tient ainsi par sa propre responsabilité et par celle de ses ministres ; notre République n'est donc pas un monstre à deux têtes : elle n'en a qu'une et c'est l'Assemblée. Le Président serait son esclave, s'il ne puisait dans son élection par le peuple une sorte d'indépendance.

Nous avons quelque peine à croire qu'un esprit aussi éminent se fît la moindre illusion sur la valeur de cette institution, d'un ministère responsable placé à côté d'un président également responsable. Si, comme il le disait, l'Assemblée tenait le Président dans sa dépendance par les ministres qu'elle lui imposait, n'était-il pas souverainement injuste de le rendre responsable d'une politique qui n'était pas sienne? Et à quoi servait-il, alors, de faire nommer cet instrument passif, avec un si grand appareil, par le peuple entier? n'était-il pas bien plus simple de le faire nommer directement par l'Assemblée elle-même? Mais, disait l'orateur, l'élection populaire pouvait seule donner une sorte d'indépendance au Président qui, sans cela, ne serait que l'esclave de l'Assemblée: étrange illusion qui voyait un remède là où il n'y avait qu'un danger de plus ! N'était-il pas évident, en effet, que, dépendant par ses ministres, indépendant par son origine, le chef de l'État serait dans une de ces positions fausses et contradictoires qui ne se dénouent que par la force ; et puis, lorsque le conflit inévitable se déclarerait entre les deux pouvoirs, que deviendrait ce malheureux ministère, chargé de représenter les deux politiques contraires ? se prononcerait-il pour la politique du président? l'Assemblée le briserait ; donnerait-il son adhésion et son appui à celle de l'Assemblée? le Président, usant de son droit constitutionnel, le destituerait. A l'Assemblée appartiendrait, disait-on pour résoudre l'objection, le dernier mot, le Président devrait se soumettre; mais alors c'est l'Assemblée qui choisirait en définitive les ministres du Président et qui, par eux, exercerait réellement le pouvoir exécutif. Nous n'admettons pas que ces raisons si évidentes aient échappé à la haute sagacité de M. de Tocqueville ; mais, la République étant donnée, avec sa Chambre unique et sa centralisation impériale, conservée et même accrue, il n'y avait guère autre chose à faire, et il fallait bien trouver des raisons apparentes à la nécessité : le publiciste, évidemment, dans cette circonstance, se fiait beaucoup trop aux traditions et aux mœurs de la monarchie parlementaire pour corriger les vices radicaux de son organisation républicaine ; et il devait bientôt faire lui-même l'expérience, comme ministre, de l'inefficacité de la garantie dans laquelle il paraissait mettre tant de confiance.

M. de Parieu, qui avait déjà fait preuve d'un grand bon sens et d'une haute intelligence politique dans plusieurs discussions, se chargea de mettre à nu tous les vices du système proposé :

Il est naturel, dit-il, que ceux qui admirent le suffrage universel veuillent l'appliquer à tout, même à l'élection d'un Président. Cependant, la politique doit se rendre compte du but qu'elle veut atteindre et des meilleurs moyens d'y arriver. Or, le suffrage universel, bon pour choisir un député, ne l'est pas pour juger de toutes les conditions qui doivent se trouver dans le chef d'un grand gouvernement. On a cité l'exemple de l'Amérique, mais elle n'avait pas de passé monarchique, pas de dissidence sur la forme du gouvernement (il aurait pu ajouter : pas de centralisation), et cependant elle adopta l'élection à deux degrés ; la Hollande, la Suisse, toutes les républiques qui ont vécu et voulu vivre ont fait de même. Que si l'Assemblée se réserve le droit de choisir parmi les candidats ayant réuni le plus de voix, alors on a les dangers de l'élection directe et de l'élection indirecte sans en avoir les avantages. Supposez un candidat ayant réuni trois millions de suffrages et un autre quelques cent mille seulement, et que l'Assemblée choisisse ce dernier ; lui donnera-t-elle la force morale qui lui manque? l'empêchera-t-elle d'avoir contre lui l'immense majorité du peuple ? ce sera un gouvernement boiteux. En Amérique, l'Assemblée du second degré qui désigne les candidats n'est pas supérieure en nombre à l'Assemblée législative ; il n'y a donc entre les candidats qu'une différence de quelques centaines de voix; cela ne suffirait pas pour infirmer moralement et politiquement le choix de l'Assemblée : encore, si vous vouliez faire un président comme en Amérique, espèce de roi constitutionnel, armé d'un droit de veto, pesant dans la balance autant qu'un tiers de l'Assemblée entière, on comprendrait encore que vous lui donniez la force et l'indépendance de l'élection populaire ; mais votre président, dans la pensée de la commission, n'a *ni veto, ni droit de dissolution*: c'est un agent subordonné, et, par la plus étrange contradiction, vous en faites, par l'élection universelle et directe, la plus haute personnification des sentiments populaires ; vous lui donnez les racines d'un chêne et la tête d'un roseau. Qu'avez-vous voulu lorsque vous avez écarté les deux Chambres ? éviter les conflits. Hé bien, ces conflits reparaissent bien plus menaçants entre le Président et l'Assemblée élus ; vous créez un pouvoir fort, vous lui donnez la force que Napoléon obtint lorsqu'il se fit Empereur, et vous lui dites : Tu ne briseras pas les bandelettes dont nous t'avons entouré..... Le pouvoir exécutif ne peut jamais être faible en France : sur cette terre, il suffit de le jeter en semence pour qu'il devienne un grand arbre ; c'est un sol préparé pour donner force à l'autorité par la centralisation, par les armées permanentes et surtout par le goût des places. Ne vous abandonnez pas à ce scepticisme, qui dit que le pays fera ce qu'il voudra, sachez prévoir et vouloir : l'abnégation, qui est une vertu dans l'ordre des intérêts personnels, est pour une assemblée politique chargée d'une grande et difficile mission une coupable abdication.

Ce discours irréfutable attira à son auteur, dit le *Moniteur*, de nombreuses félicitations, mais ne déplaça pas une voix dans la majorité.

L'occasion était trop belle, pour M. de Lamartine, de montrer une fois de plus tout ce que son jugement a de faux en politique, et il n'y manqua pas. Il était désintéressé dans la question, car il ne pouvait se dissimuler que si, lors de la réunion de l'Assemblée, il eût réuni pour la présidence les trois quarts au moins des suffrages, il s'était, depuis ce jour, par ses fautes accumulées, tout à fait mis hors de cause, et cela quel que fût le mode d'élection qu'on adopterait. Il pouvait donc donner avec toute impartialité son opinion sur cette question de l'élection présidentielle, question vitale pour la République ; nous ne l'accuserons pas, comme d'autres l'ont fait, d'avoir en cette circonstance préféré livrer le choix du président aux hasards de l'élection populaire, plutôt que de se voir préférer par l'Assemblée le même concurrent qui lui avait déjà succédé au pouvoir. Non, nous n'en accusons que la légèreté de cette nature d'artiste, qui ne lui permettait jamais de saisir le côté sérieux et sensé des choses. Au reste, il s'est reproduit tout entier dans ce discours, où le talent de l'orateur n'est égalé que par les inconséquences et les énormités de l'homme d'État.

Il commença par poser ainsi la question :

Il s'agit de savoir, dit-il, si la république aura enfin un gouvernement. Si vous voulez concentrer tout le gouvernement dans vos mains, ayez la logique tout entière de votre pensée ; absorbez également le pouvoir judiciaire, et alors appelez-vous de votre vrai nom, appelez-vous : la Terreur ! (Sensation.) Le gouvernement des comités est le plus terrible parce qu'il est le plus irresponsable. Là, toute mesure est anonyme, à tel point que nous ne savons encore à qui, de Collot-d'Herbois, de Barrère, de Robespierre ou de Danton, nous devons renvoyer la responsabilité des exécutions sanglantes du Terrorisme.

Et c'est ce même homme qui venait, au nom du salut public, de repousser les deux Chambres, et de demander hautement l'absorption de tous les pouvoirs dans une assemblée unique : que de contradictions !...

L'exemple emprunté aux Etats-Unis, à la Hollande, à la Suisse, n'est pas applicable : les Etats-Unis avaient fait alliance avec l'Océan, la Suisse avec ses montagnes, la Hollande avec ses marais : un pouvoir fort leur était moins nécessaire ; mais en France un Président choisi par l'assemblée ne serait, aux yeux du peuple, qu'un favori du parlement ; ce ne serait plus un ressort de votre constitution, ce serait une aiguille destinée seulement à marquer l'heure de vos volontés, de vos caprices, sur le cadran de votre constitution...

Et les républicains, séduits par la métaphore, d'applaudir à outrance, sans réfléchir qu'ils applaudissaient le plus puissant des arguments, non contre tel ou tel mode d'élection du chef du pouvoir exécutif, mais contre l'institution républicaine en elle-même.

A quoi bon cacher que la république n'a été en vérité qu'une grande et merveilleuse surprise du temps ? La France est républicaine par ses idées et monarchique par ses habitudes, ses faiblesses et ses vices... Hé bien ! en ce moment, venir dire à ce pays *déjà trop refroidi*: Nous t'enlevons ta principale part de souveraineté, n'est-ce pas l'exiler de sa propre république ? disons-lui plutôt hardiment : Choisis le plus digne. Celui-là ne sera pas ton maître, *il sera ta personnification*, il sera le chef, le modérateur de tes institutions. (Une voix : et l'Assemblée ?) J'ai déclaré d'avance que le partage de la souveraineté était une chimère, que le Président de votre république, bien loin d'être une part de la souveraineté, n'était qu'une fonction distincte. Je m'arrête là, j'espère avoir satisfait aux soupçons de l'honorable interrupteur. (Très-bien, très-bien.)

L'explication n'était cependant rien moins que satisfaisante ; en effet, si, comme venait de le dire l'orateur, le président devait être de fait la personnification *du peuple, le chef, le modérateur des institutions*, il était bien indifférent qu'il lui refusât ensuite en parole une part dans la souveraineté nationale. C'était une contradiction de plus, et voilà tout.

......Quant au danger des candidatures des dynasties légitimes, elles regarderaient non comme un triomphe, mais comme une abdication (de leurs droits de venir briguer, quoi ? quelques voix à un pouvoir précaire. (Le légitimiste se sent ici sous le républicain.) Cela est plus impossible encore pour la dynastie illégitime de Juillet ; ce gouvernement, après s'être affaissé de lui-même au milieu de toutes les forces constituées, de la représentation nationale, de l'armée, de l'administration, tenterait six mois après de rentrer caché, dans l'urne du scrutin ; quelle pitié ! ce qui est ridicule n'est pas possible en France. (Que de haine cachée dans ce mépris !) Ce qui vous préoccupe, c'est l'éclat fascinateur du nom de Napoléon : mais pour arriver à un 18 Brumaire, il faut deux choses : de longues années de Terreur en arrière et des victoires de Marengo en avant. Je sais bien qu'il y a des noms qui entraînent les foules comme le mirage entraîne les troupeaux, comme le lambeau de pourpre attire les animaux privés de raison (longue sensation), je le redoute plus que personne, car aucun citoyen n'a mis peut-être plus de son âme, de sa vie, de sa sueur, de sa responsabilité, de sa mémoire, dans le succès de la république. Si elle réussit, j'ai gagné ma partie humaine ; si elle échoue, ma mémoire échouera avec elle, à jamais répudiée par mes concitoyens. (Bravos prolongés, interruption.) Hé bien, malgré ces dangers et bien que la perte de la république soit mon ostracisme et mon deuil éternel, je n'hésite pas à me prononcer pour l'élection du Président par le peuple ! (Mouvement prolongé.) Oui, quand même le peuple choisirait celui que ma prévoyance redouterait, n'importe. *Alea jacta est !* Il faut laisser quelque chose à la Providence. Hé bien, si le peuple se trompe, s'il se retire de sa propre souveraineté, s'il veut abdiquer sa liberté pour une réminiscence d'Empire, s'il dit : ramenez-moi aux carrières de la monarchie ; s'il vous désavoue, et se désavoue lui-même, eh bien, tant pis pour ce pauvre peuple ! (Sensation.) *La République aura été un beau rêve, nous le retrouverons.* Si le peuple dit ce mot fatal pour courir après je ne sais quel météore qui brûlerait ses mains (sensation,) qu'il le dise : mais nous, citoyens, ne le disons pas. Disons au contraire le mot des vaincus de Pharsale : *Victrix causa diis placuit, sed victa Catoni.* (Longs applaudissements, on se presse autour de la tribune pour féliciter l'orateur.)

Que signifient, grand Dieu! ces applaudissements? était-ce à l'artiste de paroles ou à l'homme politique qu'ils s'adressaient? L'orateur avait-il mérité l'enthousiasme reconnaissant des républicains pour avoir répandu le faux éclat de son éloquence imagée sur l'arrêt de mort de la République? pour avoir solennellement livré les destinées de son pays aux hasards d'un coup de dé? pour, après avoir signalé l'écueil, y conduire sciemment le vaisseau de l'État? enfin pour avoir couronné tant de folies par le découragement et le fatalisme? Oh! peuple artiste, amoureux et admirateur avant tout de la forme, tu peux prétendre à toutes les supériorités que donnent l'imagination de l'artiste et même le courage du soldat, mais avant de pouvoir prétendre aux choses qui exigent des aptitudes plus sérieuses, le bon sens, l'esprit des affaires, la suite et la persévérance dans les idées et les sentiments, tu auras à te modifier bien profondément.

Quant à la citation par laquelle M. de Lamartine termine cet étrange discours, elle est au moins singulière. Caton et M. de Lamartine n'ont et n'auront jamais aucune ressemblance dans l'histoire. Caton n'eût pas accepté la souscription de César.

La discussion générale fut close sur ce discours, et en effet que pouvait-on dire, après un si solennel abandon de cette république par son principal auteur au sort fatal qui l'attendait? Quelques républicains, revenus du premier éblouissement que leur avait causé l'éloquence de M. de Lamartine, essayèrent bien de corriger le mauvais effet de ce discours découragé.

« On ne doit pas, s'écria M. Flocon, livrer les destinées de la République à un coup de dé. C'était bien assez d'avoir dit cette parole une fois en entrant à l'hôtel de ville (il aurait pu ajouter : et au 24 février), dans cette funeste séance, où ce même fatalisme avait poussé M. de Lamartine à triompher des doutes et des inquiétudes des républicains eux-mêmes. »

M. Martin (de Strasbourg) dit à son tour que la République n'avait pas été, pour lui, une surprise, mais la conviction de toute sa vie, et qu'il ne consentait pas à la jouer sur un coup de dé.

Protestations tardives et impuissantes. L'élection du Président par le suffrage universel et direct fut votée par l'immense majorité de 627 voix contre 130. Cette majorité se composait d'éléments complexes : les opinions les plus contraires avaient cette fois contribué à la former. Les légitimistes, les orléanistes comme les républicains à théories absolues et à courtes vues, s'étaient réunis dans ce vote. La minorité se composait des républicains qui avaient la prétention d'être politiques, et qui l'étaient en effet un peu plus que leurs coreligionnaires de la Montagne.

Vainement, ensuite, M. Deville proposa-t-il d'exclure les généraux de l'élection présidentielle, disant que toutes les républiques avaient péri par l'épée d'un général ; vainement M. Antony Thouret reprit sa proposition d'écarter les membres de toutes les familles ayant régné sur la France : le premier de ces amendements fut repoussé sans discussion à la presque unanimité ; le second fut retiré par son auteur, après quelques paroles prononcées par Louis-Napoléon qui se plaignit, en assez mauvais termes, et avec son accent italien, de ce qu'on lui *jetait incessamment à la tête la qualité de prétendant.* M. Thouret, remontant à la tribune, dit avec dédain : « Je m'étais trompé, j'avais cru cet homme dangereux; après l'avoir entendu, je reviens de mon erreur, je retire mon amendement. » Et une grande partie de l'Assemblée d'accueillir cette insolence par des éclats de rire. Celui qui en était l'objet opposait à cette insulte son visage impassible et son regard terne ; peut-être couvait-il, en ce moment, dans les replis de sa pensée, l'éclatante revanche qu'il devait prendre plus tard.

Ainsi se termina par une véritable pasquinade ce grand et décisif débat, véritable prologue du rétablissement de l'Empire.

M. Mathieu (de la Drôme) cependant tenta, même après ce vote, un dernier effort : il proposa d'attribuer à l'Assemblée le pouvoir de suspendre le président aux deux tiers des voix. M. Vivien répondit que le droit de suspension, comme le droit d'élection par l'Assemblée, procédait toujours de la même crainte des conflits, mais que cette crainte était chimérique, les pouvoirs étant essentiellement distincts, *puisque l'Assemblée fait les lois, et que le président les exécute.* (Toujours cette admirable simplicité, cette même niaiserie politique, inconcevables chez des hommes d'esprit et d'expérience.) La proposition fut repoussée sans division : le seul amendement que l'Assemblée voulut admettre fut celui qui lui réservait le droit de choisir parmi les candidats, dans le cas où aucun d'eux n'aurait obtenu deux millions de suffrages. C'est-à-dire que, lorsque l'élection était plus menaçante et le péril plus grand, l'Assemblée s'effaçait.

Une discussion insignifiante sur le droit de grâce, sur la faculté pour le président de provoquer une seconde délibération et un second vote de l'Assemblée législative pour les lois qu'il n'approuverait pas, sur son droit de suspension ou de révocation des agents, compléta le chapitre des attributions présidentielles. Le traitement du président fut l'objet d'un débat misérable : la Montagne lui marchanda sou à sou les 600,000 francs qui lui furent enfin accordés, indépendamment de ses frais de représentation. La question de rééligibilité fut tranchée négativement et sans débat : l'Assemblée était pressée d'en finir. Après avoir résolu les deux grandes questions des deux Chambres et de l'élection présidentielle, elle sentait que tout était dit, et que le sort de la République était fixé : les autres questions n'étaient pour elle que bien secondaires ; à peine s'occupa-t-elle du vice-président, pour décider qu'il serait choisi par l'Assemblée, parmi trois candidats qui lui seraient présentés par le président, ce qui faisait de cette fonction une espèce de doublure sans force propre, et par conséquent sans aucune importance. Le conseil d'État ne l'arrêta que quelques instants ; elle décida qu'il serait élu par l'Assemblée, pour six ans, et renouvelable par moitié ; elle lui attribua un droit de censure sur tous les agents du gouvernement, y compris les ministres eux-mêmes, mais non sur le président de la République ; elle ne s'occupa de l'organisation judiciaire que pour en écarter le peu d'innovations libérales que la commission y avait introduites. Ainsi, l'extension du jury aux délits correctionnels fut rejetée ; les nominations des juges de paix, des magistrats de la Cour de cassation et de la Cour des comptes furent enlevées, les unes au pays, les autres à l'Assemblée, pour être données, par la plus étrange contradiction, à ce même président dont le pouvoir paraissait déjà si menaçant que plusieurs séances venaient d'être consacrées à rechercher les moyens de diminuer sa puissance. M. Dupin, qui fut un bien funeste conseiller de la République, contribua beaucoup à cette décision. « Il ne faut pas, dit-il, que les choix des magistrats chargés de rendre la justice soient politiques; ils le seront nécessairement, si on confie ces choix à l'élection, soit des masses, soit d'une assemblée. » Nous demanderions volontiers à M. Dupin si, depuis que le chef de l'État a fait des nominations judiciaires, elles ont cessé d'être politiques. Les juges de paix actuels ne sont pas dans la dépendance du peuple, il est vrai; mais sont-ils indépendants du pouvoir? leurs attributions et leur mission n'ont-elles pas même été complétement dénaturées, et n'en a-t-on pas fait des espèces d'agents auxiliaires de la police administrative et politique? Il y a, nous le savons, danger à placer la justice dans la dépendance des passions populaires, mais n'y en a-t-il pas un aussi grand à l'asservir à l'action du gouvernement? n'y avait-il pas un terme moyen entre ces deux extrêmes, et ne pouvait-on pas trouver un mode de nomination qui évitât l'un et l'autre de ces dangers?

L'Assemblée porta le même esprit dans la discussion de l'organisation administrative; elle conserva cette organisation telle qu'elle était sortie des conceptions de l'Empire, avec ses divisions arbitraires, ses préfets, sous-préfets, conseillers de préfecture, et son armée d'agents, tous subordonnés et disciplinés comme des soldats. Ce ne fut pas sans de grands efforts que je parvins, malgré une très-vive opposition, à sauver les conseils cantonaux qui furent votés en principe; le détail de leurs attributions fut renvoyé aux lois organiques.

Le parti républicain se montra fort peu résistant sur toutes ces questions d'administration et de justice, qui étaient cependant fondamentales : il fit bon marché de cette liberté pratique et de tous les jours, la République consistant pour lui en entier dans le droit d'élire le chef de l'État, c'est-à-dire de préparer les voies à un empereur.

Cependant, de graves incidents politiques vinrent retarder le vote définitif de la Constitution et apporter dans la situation politique d'importants changements. Nous allons suspendre aussi notre analyse du travail constitutionnel, pour rendre compte de ces incidents.

Le gouvernement du général Cavaignac, inquiet avec raison des symptômes de réaction antirépublicaine qui se manifestaient dans la population, eut l'idée d'envoyer des commissaires dans les départements ; ces commissaires n'eurent pas d'autre mission, au moins apparente, que de réchauffer le sentiment républicain, qui allait se refroidissant tous les jours de plus en plus : c'était là un emprunt malheureux fait au gouvernement provisoire, emprunt qui fut très-mal pris par l'Assemblée ; des interpellations furent adressées au général, on lui reprocha d'entreprendre sur les attributions de l'Assemblée. Ou la mission est politique, disait-on, et il fallait prendre les ordres de l'Assemblée, ou elle n'est que purement administrative, et n'a d'autre objet que d'informer le gouvernement de l'état des populations, de leurs sentiments, de leurs besoins ; dans ce cas, chaque représentant n'est-il pas, dans son département, le plus sûr informateur du gouvernement, et le meilleur interprète de la pensée républicaine ? Ces commissaires, presque tous choisis parmi les républicains de la veille, amis du général, ne seraient-ils pas plutôt envoyés, ajoutait-on, pour combattre l'influence de ses adversaires et préparer sa candidature ? On juge, par ces insinuations, combien de susceptibilités et de défiances une telle mesure excitait. Aussi, après un débat fort animé, la mesure fut-elle retirée. C'était le premier échec que subissait le gouvernement du général Cavaignac.

Le second incident fut un banquet donné à Toulouse par les républicains. On y avait *bu à la République démocratique et sociale* et proclamé que l'ouverture de l'Assemblée avait été un signal funeste de réaction monarchique. Le ministre de l'intérieur Sénard avait autorisé ses agents à assister à ce banquet, et cette autorisation fut l'objet d'interpellations adressées à ce ministre. Le général Lamoricière vint, au contraire, déclarer qu'il avait expressément défendu à ses subordonnés militaires d'y paraître. De là un schisme dans le ministère et partant un affaiblissement dans le gouvernement.

Puis était venue la motion relative à la suspension des journaux, que le général avait ordonnée pendant l'état de siége, motion rejetée par une si faible majorité, que le gouvernement, qui aurait dû prendre l'initiative de cette mesure, fut obligé de déférer au vœu de l'Assemblée et de mettre un terme à cette suspension.

Enfin, 600 voix contre 200, sur la question de l'élection du Président, avaient mis le général Cavaignac, ou plutôt ses ministres qui, après bien des tergiversations, s'étaient enfin décidés en faveur de l'élection par l'Assemblée, dans une effrayante minorité.

Chacun de ces échecs était en même temps un avertissement pour le général Cavaignac de changer de politique, et il le comprit : ses traditions de famille, son caractère porté à l'isolement et à une sorte de misanthropie, l'influence qu'un frère chéri et vénéré par lui avait exercée sur les opinions de sa jeunesse, l'avaient placé en plein parti républicain ; ses paroles, ses professions de foi, ses relations d'amitié, tout semblait d'abord le classer dans l'Assemblée parmi les partisans les plus fanatiques de la République. Un discours, dans lequel il avait solennellement déclaré qu'il était prêt à tout sacrifier pour la République, *tout, même son honneur*, avait laissé une pénible impression dans le parti conservateur : impression que le

sentiment du danger commun, puis le souvenir des
services rendus, avaient affaiblie, sans l'effacer entièrement, impression qu'entretenaient d'ailleurs les relations intimes que le général Cavaignac s'obstinait à
conserver avec ses anciens amis, avec M. Flocon
entre autres. Il y avait aussi, entre lui et la partie,
sinon la plus nombreuse, au moins la plus éclairée de
l'Assemblée, malgré les témoignages d'estime et de
sympathie qu'elle ne cessait de lui donner, une séparation de sentiments et d'opinions qui éclatait dans
maintes et maintes occasions.

D'un autre côté, tout républicain prononcé qu'il
était, et cela plutôt par sentiment que par conviction
raisonnée, le général Cavaignac était essentiellement
gouvernemental. Il avait puisé dans sa vie militaire le
goût et le besoin de l'ordre, de la discipline, de la
régularité, et toute cette anarchie violente de la démagogie lui inspirait un profond dégoût, en même
temps que l'incapacité et l'imprévoyance de ses coreligionnaires, qui éclatait tous les jours de plus en plus
à ses yeux, l'avertissait qu'il ne trouverait jamais
parmi eux les éléments d'un gouvernement régulier
et sérieux.

Enfin, le général avait bu à la coupe du pouvoir, il
désirait ardemment le retenir, et ce désir était parfaitement légitime, car il s'y mêlait à des vues ambitieuses de plus nobles mobiles, tels que celui de veiller
sur la République, de la protéger dans son berceau
et de recueillir dans le suffrage de ses concitoyens le
tribut bien légitime de reconnaissance, en même
temps que la consécration des services éclatants qu'il
leur avait rendus. C'est sous l'impulsion de ces sentiments divers que le général Cavaignac fut conduit,
non sans de grandes hésitations, à se séparer des
hommes et des idées de l'extrême gauche et à faire un
premier mouvement de gauche à droite.

Il appela M. Dufaure au ministère de l'intérieur, M. Vivien au ministère de l'instruction publique ; déjà le général Lamoricière occupait le ministère de la guerre, et M. Marie le ministère de la justice ; ce qui formait une majorité bien prononcée d'influence et de talent dans le cabinet en faveur des opinions modérées et gouvernementales. Les républicains extrêmes ressentirent ce coup ; ils n'avaient jusqu'alors accordé au général Cavaignac qu'un appui douteux ; à partir de ce moment, ils se déclarèrent ouvertement ses adversaires. Des interpellations furent annoncées : M. Dufaure les devança, en posant la question de confiance sur un crédit de cent mille francs, qu'il demanda pour supplément de fonds secrets : le combat parlementaire s'engagea, comme sous l'*ancienne monarchie constitutionnelle*, sur la question de confiance et à propos de fonds de police : M. Dufaure l'ouvrit en exposant en peu de mots la politique de la nouvelle administration ; elle consistera, dit-il, *à faire cesser les inquiétudes qu'inspirait la République, et à établir une complète sécurité*.

M. Landrin se fit l'organe des griefs des républicains de la veille :

Ne parlez pas de profession de foi, dit-il, les hommes sont des programmes par leurs antécédents, par leur caractère, comme Lafayette était un programme bien plus puissant que toutes les paroles de Louis-Philippe. Le général Cavaignac, après avoir plus d'une fois tenté de trouver une majorité en dehors des républicains de la veille, les a enfin quittés. Le ministère nouveau est pris en majorité en dehors du parti républicain ; ils disposent de l'action intérieure du pays, dans ce moment solennel des élections. Or, les hommes qu'il a appelés n'étaient pas possibles, leur heure n'était pas encore venue, car la lutte n'est pas finie, l'état régulier n'a pas commencé.

Le général Cavaignac, ainsi directement provoqué,

répond que c'est le parti au nom duquel a parlé M. Landrin qui, par son appui douteux, a amené de crise en crise la dissolution du ministère. Il avait pris son premier ministère dans un seul des côtés de l'Assemblée, parce qu'il fallait apporter alors des atteintes à la liberté ; il aurait voulu conserver ce ministère jusqu'à sa retraite du pouvoir, mais après des votes successifs qui avaient affaibli le gouvernement, le ministère a persisté à se retirer et il a dû se rendre. Il a formé un ministère de conciliation, il est convaincu que le pays aussi bien que l'Assemblée veut cette conciliation et que ceux qui ne la veulent pas servent mal les intérêts de la République.

M. Portalis prend avantage de cette explication de la formation du premier ministère pour provoquer M. Sénard à parler :

Que vient-on de nous dire, s'écrie-t-il, que dans un moment de crise on avait choisi certains hommes pour mettre la main sur nos libertés. (Bruyante agitation. — Oui, c'est cela.) Eh bien, je demande à ces hommes s'ils n'ont rien à dire ?

M. Sénard ne pouvait pas garder le silence ; mais par sa modération, son abnégation, il déjoua l'attente des ennemis du général Cavaignac :

Je ne me plains pas, dit-il, d'avoir été choisi pour une telle mission ; quand le salut d'une nation exige que momentanément on s'écarte des principes, il appartient à ceux-là seuls qui sont au-dessus de tout soupçon de réaliser ce qui peut sauver le pays ! (Très-noble langage.)

Après avoir rappelé les différents échecs et avertissements qu'ils avaient successivement reçus des votes de l'Assemblée : « Nous nous demandâmes, ajoute-t-il, s'il n'y avait pas nécessité de donner de nouveaux gages à la politique de conciliation ; les tendances de l'Assemblée semblaient se prononcer de plus en plus dans cette direction ; cela était utile, surtout après les élections municipales, où cette tendance était de plus en plus marquée et à la veille de l'élection présidentielle. Alors se présenta l'idée d'un remaniement partiel du ministère ; j'ai donné ma démission, prêt à donner mon concours à la combinaison nouvelle et à aider à la grande question de la présidence de la République. » (Ce discours valut à l'auteur de nombreuses marques d'estime et elles étaient méritées ; car c'était plus qu'un bon discours, c'était une bonne et noble action.)

M. Dupont (de Bussac), un des Montagnards les plus ardents et surtout les plus agressifs, insiste.

> Les votes dont on a parlé, dit-il, ne portaient pas contre tels ou tels ministres, mais contre tout le ministère. Pourquoi donc a-t-on renversé les uns et gardé les autres ? Pourquoi donc le général Cavaignac, après s'être prononcé d'abord pour l'élection du président par le suffrage universel, a-t-il voté ensuite pour le choix par l'Assemblée ? pourquoi ce mouvement de gauche à droite ? Ne serait-ce pas parce qu'on a jugé que pour assurer la nomination du Président il valait mieux se ranger d'un côté qui avait, disait-on, la voix du pays ?...

Le général Cavaignac, attaqué ainsi dans le vif de sa personnalité, essaya d'expliquer son changement d'opinion sur la question de l'élection présidentielle. « S'il s'était d'abord prononcé pour l'élection par le suffrage universel, c'est, dit-il, parce qu'il craignait que sa réponse ne prît un caractère de personnalité ; quant à son vote, c'est autre chose : il savait qu'il serait en minorité, et c'est pour cela qu'il a voté. » M. Dupont (de Bussac) l'interrompt : « Mais, général, si vous pensiez que la minorité avait raison..... — Oui, se hâte de répondre le général, elle avait raison dans mon opinion, puisque j'ai voté avec elle... J'aurais cru tromper le pays en m'abstenant de voter : c'est par conscience que j'ai dû voter. » (Sensation. — Plusieurs voix : C'est de la loyauté.)

Il faut convenir que l'explication donnée par le général Cavaignac de sa conduite contradictoire dans la question de l'élection présidentielle n'était satisfaisante que pour ceux qui se contentent de mots. La personnalité du général était tout autrement engagée lors de son vote définitif dans l'Assemblée que lors de sa déclaration au sein de notre commission ; et cette personnalité, dans aucun cas, ne devait lui faire émettre une opinion contraire à ses convictions et aux intérêts de la République, tels qu'il les comprenait. La véritable raison de son changement d'opinion, M. Dupont (de Bussac) l'avait dite dans sa brutale franchise : c'est que, depuis le moment où il s'était expliqué devant la commission jusqu'à celui où il avait voté dans l'Assemblée, les événements et l'opinion avaient marché, et que les illusions d'abord conçues par le général sur le succès de sa candidature par le suffrage universel s'étaient évanouies ou du moins beaucoup affaiblies.

M. Ledru-Rollin crut devoir aussi intervenir dans ce débat : ce fut pour y porter toute sa passion. « Les hommes du 24 Février sont aujourd'hui, s'écrie-t-il, sous la pression d'une prétendue majorité ; ils sont expulsés de toutes les situations, pour y être remplacés par les ennemis de la République. » Cette dénonciation provoque un tonnerre de dénégations et de vociférations qui forcent l'orateur à descendre de la tribune ; mais, en passant devant le banc des ministres, il leur jette cette amère apostrophe : « Cette compression de la tribune est une triste inauguration de votre ministère. » Des défis s'échangent des deux côtés de l'Assemblée, qui reste longtemps plongée dans une confusion générale. Enfin M. Sénard, qui est à la tribune, obtient le silence : il proteste contre l'interprétation que M. Ledru-Rollin a donnée à ses paroles, il déclare que les nouveaux ministres dont il a parlé n'ont rien de commun avec les exigences du parti.

Le général Bedeau donne une adhésion éclatante au ministère, et dit que la très-grande majorité du pays a une pleine confiance dans la haute probité éprouvée des nouveaux ministres. L'ex-préfet de police, M. Ducoux, déclare que, s'il s'est séparé du gouvernement (il avait donné sa démission), c'est parce que le gouvernement se sépare lui-même de la Révolution; il avoue que depuis quelque temps la France semble se détacher de la République, mais il ne comprend pas que des hommes deviennent les grands prêtres d'une religion qu'ils blasphémaient la veille. Il ne parle pas des questions d'aptitude : ce serait trop délicat.....

M. Girerd pense que la politique de conciliation aurait pu s'accomplir sans que le drapeau de la République passât dans des mains qui ne l'ont pas toujours porté. M. Duclercq annonce que la signification politique du cabinet dépasse de beaucoup une simple conciliation; il gardera, lui et ses amis, une neutralité expectante.

Enfin M. Dufaure réfute toutes ces attaques avec une grande hauteur de raison et une grande force de vérité.

A ceux qui disent que nous blasphémions la République la veille du 24 Février, je réponds qu'ils n'ont pas compris le mouvement historique de nos dernières années. (C'est vrai; très-bien.) Pourquoi les républicains modérés et intelligents se ralliaient-ils au gouvernement de Juillet? c'est parce que le principe de la souveraineté du peuple était déjà dans ce gouvernement; la révolution de Février n'a été que l'expression de ce principe. Que reproche-t-on au nouveau ministère de renfermer des républicains de la veille et des républicains du lendemain ? Cet esprit d'exclusion n'est pas nouveau ; après toute révolution, les premiers venus, qui se sont d'abord emparés du pouvoir, ne veulent pas l'abandonner, et quand la force des événements les oblige à le quitter, ils poussent le même cri à l'ingratitude, à la réaction, que vous venez d'entendre. La même chose est arrivée après la première restauration ; les introuvables se plaignaient aussi d'être dépossédés par les royalistes du lendemain. D'ailleurs, ce qui existe dans le cabinet, n'existe-t-il pas dans toute la France ? Il y avait au 24 Février une immense majorité, vous le reconnaissez vous-mêmes, qui demandait des réformes, sans songer le moins du monde à substituer au gouvernement existant une république : l'ostracisme que vous prononceriez contre nous frapperait donc l'immense majorité du pays. Vous voudriez un gouvernement de minorité du pays ! Ne savez-vous pas que tout gouvernement de minorité conduit à la dictature ?...

Que répondre à un tel discours? Que c'était précisément parce que la République était en minorité dans le pays que le pouvoir républicain devait rester dans les mains de la minorité : cela était en effet très-logique. Mais comment retenir le pouvoir contre une majorité, si ce n'est par la *terreur*?. Ce mot était au fond de la situation depuis le 24 Février; heureusement il n'était pas dans les mœurs.

La discussion close, une immense majorité, 570 voix contre 155, apprit aux républicains de la veille qu'il fallait enfin se résigner à partager le pouvoir avec les modérés : c'était une nouvelle phase dans laquelle entrait la Révolution. Quelques mois s'étaient à peine écoulés depuis que cette même Assemblée faisait de la présence de Ledru-Rollin au pouvoir une question de salut public ; et maintenant l'accession d'anciens ministres de Louis-Philippe était regardée par elle comme indispensable. Mais aussi que de causes pour expliquer ce changement! les événements de Mai et de Juin, les preuves réitérées de la profonde incapacité gouvernementale des républicains de la veille, et, plus que tout cela, la réaction de l'immense majorité du pays contre une forme de gouvernement imposée par surprise. Toutes ces causes expliquent trop cette réaction, dont nous aurons à suivre les progrès, et qui ne devait malheureusement s'arrêter que dans le despotisme.

Revenons à l'œuvre de la Constitution.

CONTINUATION DE LA DISCUSSION DE LA CONSTITUTION

La résolution de ne rien changer ni à la justice ni à l'administration du pays étant prise, il ne restait plus guère de sujets sérieux de débat que sur la révision de la Constitution et sur les conditions de sa mise à exécution.

Sur la révision, la discussion ne fut ni très-vive ni très-longue. Ceux qui voyaient dans la Constitution le dernier mot de la civilisation moderne n'étaient pas disposés à livrer ce chef-d'œuvre à une révision facile; ils eussent bien plutôt agi comme Lycurgue, et se fussent volontiers exilés pour imprimer à leur œuvre le cachet de l'éternité; les autres, qui ne se dissimulaient aucun des vices radicaux de cette œuvre, avaient cependant un tel besoin de repos et de stabilité, qu'ils s'effrayaient de toute perspective de nouveaux changements. Il n'y eut guère qu'un seul effort pour réduire aux deux tiers des votes le chiffre des trois quarts déclaré nécessaire pour autoriser la révision, et encore cet effort ne réussit-il pas. M. Dupin ainé, qui fut sur tous les points un conseiller si éclairé de la République, insista pour le chiffre des trois quarts.

L'Assemblée renvoya aux lois organiques une foule de questions secondaires, pour éviter les embarras et les longueurs des débats qui eussent éloigné encore le grand jour si attendu de la promulgation de la Constitution.

La France a soif d'un gouvernement, disait M. Dupin aîné. En effet, l'impatience de la majorité était telle, qu'on proposa de détacher l'élection du Président, afin d'en régler les conditions et d'en fixer le jour par un décret particulier, avant même la promulgation de la Constitution.

Ce fut le signal d'un effort désespéré du parti républicain pour obtenir au contraire l'éloignement de cette élection.

En effet, les signes devenaient de plus en plus alarmants à mesure que le jour de la lutte électorale approchait. Tous les renseignements qui arrivaient des départements annonçaient qu'il se faisait un grand travail dans l'esprit des masses, et que le mouvement napoléonien s'y prononçait de plus en plus. Le parti bonapartiste s'agitait beaucoup : — agitation stérile et plus compromettante qu'utile pour son candidat, si son temps ne fût pas venu et si une année d'anarchie n'eût pas prédisposé les diverses classes de la société à reconstituer un pouvoir fort, sous le nom qui avait au plus haut degré cette signification de la force. Louis-Napoléon, depuis son échec de tribune, n'assistait plus aux séances et cette absence fut même dénoncée par Clément Thomas comme une manœuvre. Mais ses cousins ne le laissaient pas oublier. Ils sentaient bien que plus il se ferait de bruit autour de ce nom, et plus leurs chances s'accroîtraient. Un jour ils écrivaient dans les journaux pour prévenir le gouvernement, par cette voie assez inusitée dans des communications de police, que des gens qui voulaient les compromettre organisaient une émeute en leur nom. Là-dessus, débat très-vif dans l'Assemblée. Le ministre de l'intérieur déclare que le prétendu complot est chimérique. La Montagne s'écrie que *c'est une réclame électorale.* On en prend occasion de reprocher au parti bonapartiste toutes ses manœuvres dans les villes et surtout dans les campagnes en faveur de son candidat.

Cette candidature, dit M. Flocon, n'invoque pas seulement le prestige d'un nom, elle emploie aussi celui des écus : ne répand-on pas dans les campagnes que Louis-Napoléon, grâce à ses immenses richesses, remboursera les quarante-cinq centimes, affranchira même les paysans de tout impôt ?

Les Bonapartes récriminent à leur tour : le fils de Jérôme dénonce avec quelque solennité *le Gouvernement comme pactisant avec les insurgés*, et la preuve qu'il en donne, c'est que le ministre de la guerre donne une prime en argent à ceux qui lui livreront des fusils de l'État. Le général Lamoricière répond que la mesure est éminemment politique et utile, puisqu'elle doit avoir pour résultat de mieux assurer le désarmement des faubourgs ; il ajoute qu'il avait déjà donné cette explication à M. Jérôme Napoléon, sous le sceau du secret, toute divulgation de la mesure pouvant en compromettre le succès ; et il s'étonne que son interpellateur ait manqué à un pareil engagement. L'Assemblée, à peu près unanime, applaudissait aux paroles du ministre. L'effet était manqué dans l'Assemblée, mais le but n'en était pas moins atteint dans le pays ; on y avait fait retentir une fois de plus le nom du candidat napoléonien.

M. Babaud-Laribière saisit cette occasion pour demander que l'élection du Président de la République soit ajournée jusqu'après le vote de toutes les lois organiques.

L'Assemblée veut-elle se dessaisir de sa puissance? dit-il, est-ce que la France n'a plus confiance en elle?

Les Assemblées vieillissent vite, ajoutait M. Trousseau ; le Président, fort de ses nouveaux pouvoirs, vous trouvera déjà trop usés. Lamartine vous parlait naguère de la désaffection du pays pour la République; de la désaffection à l'hostilité il n'y a qu'un pas. L'élection présidentielle sera antirépublicaine ; n'exposez pas la République à une si périlleuse épreuve; donnez-vous le temps de faire l'éducation républicaine du pays.

Non ! répond M. Dupont (de Bussac), ne faisons pas comme la première Assemblée constituante, à laquelle on a reproché de s'être retirée avant d'avoir vu fonctionner son œuvre : nommons le Président et voyons-le fonctionner devant nous.

M. Dupin aîné répète que la France est impatiente de sortir du provisoire : « Qu'est-ce, d'ailleurs, que l'Assemblée aurait à redouter du Président élu ? ne retient-elle pas la plénitude du pouvoir législatif ? » (Les événements ont montré ce que devait être dans ses mains, au jour du conflit et en face des baïonnettes, cette prétendue toute-puissance d'une Assemblée.)

M. Molé jugea la circonstance assez grave pour intervenir dans le débat.

Appelle-t-on faire du définitif, dit-il, prendre une partie de Constitution et la mettre en vigueur lorsque le reste n'est pas encore fait?... Le pouvoir que vous abandonnez n'ira pas au pouvoir exécutif, nous l'affaiblissons pour lui, comme pour nous. Vous ne pouvez coexister avec ce nouveau pouvoir ; le conflit ne se fera pas attendre et peu de jours suffiront pour vous faire sentir la nécessité de faire place à vos successeurs. (La prophétie était vraie et devait bientôt se vérifier.) On nous menace de la retraite du pouvoir exécutif. (Le général Cavaignac se récrie contre ce mot de *menace*.) M. Molé reprend : C'est une crainte....; mais le général ne reculera pas devant un sacrifice de plus. Il faut tâcher de bien finir et que votre fin ne fasse pas oublier les services du commencement.

Ce conseil d'un homme grave, expérimenté, vieilli dans les luttes politiques, et parfaitement désintéressé dans la question, fit quelque impression sur l'Assemblée.

Mais le général Cavaignac déclara : « qu'il y aurait un danger immense pour la République à ajourner la question. Que certes, il n'était pas indifférent au pouvoir, mais qu'il n'y resterait pas une minute, si cette minute devait être un péril pour le pays. » On lui demande quels sont les dangers dont il parle : il répond qu'ils sont dans la généralité de la situation même ; dans l'état d'inquiétude du peuple, dans les agitations excitées par les candidatures.

Après une telle déclaration, la question était tranchée, et, d'ailleurs, comme je le fis observer, elle l'avait été le jour où il avait été décidé que le peuple tout entier élirait son Président. Cet appel aux passions populaires une fois fait, il fallait le vider, et cela dans le plus bref délai possible ; tout retard était un danger.

Vainement M. Laussedat, modifiant la proposition de M. Babaud-Laribière demande-t-il d'ajourner l'élection seulement jusqu'après le travail de révision et le vote définitif de la Constitution, disant que, jusqu'à ce vote, tout, jusqu'aux attributions du Président lui-même, était légalement incertain.

M. Dufaure lui répond que ce travail de révision n'était à vrai dire qu'un travail de coordination et qu'il était moralement impossible que l'Assemblée revînt sur les attributions présidentielles. Tout ajournement fut repoussé par 587 voix contre 232.

Que serait-il arrivé si l'ajournement l'eût emporté ? Il serait arrivé que l'Assemblée, déjà compromise et usée, comme le disaient les républicains eux-mêmes, se fût compromise et usée encore davantage dans cette position violente et forcée que lui eussent faite l'attente trompée du pays et les impatiences des partis. Le sentiment antirépublicain n'en eût acquis que plus de force. Le gouvernement du général Cavaignac avait le sentiment de cette situation, et c'est pour cela qu'il pressait avec tant d'énergie l'élection présidentielle.

Il y a, il faut bien le reconnaître, des difficultés qui s'aplanissent par le temps : il y en a d'autres que le temps ne fait qu'aggraver. Or, le temps n'était pas pour la cause républicaine, elle portait toute la responsabilité du malaise et des misères publiques : Le pays avait hâte d'en finir de son agonie. Que parlait-on de faire son éducation républicaine ? Est-ce que les conflits d'ambition entre les partis, les violences de la presse, les scandales de la tribune, les menaces incessantes d'une guerre civile et sociale, étaient de nature à avancer cette éducation ? Disons-le, ce n'était pas par l'éducation, c'était par la contrainte et l'intimidation qu'on eût pu obtenir de la nation, non une sincère adhésion, mais peut-être une soumission apparente à la République. Or, la terreur ne se fait pas toute seule, n'en fait pas qui veut et comme on veut ; et puis il faut un instrument, une arme qui fasse peur. La populace de Paris venait d'être vaincue et désarmée, les clubs à peu près réduits au silence : il aurait donc fallu rendre les armes aux faubourgs, déchaîner tous les combattants de Juin, dégager les clubs de toute surveillance, rouvrir l'outre des tempêtes révolutionnaires et surtout donner libre carrière aux avidités socialistes ; livrer enfin la société pour essayer de prolonger la République. Il y avait bien peu d'hommes, même dans les partis extrêmes de l'Assemblée, qui eussent consenti à assumer une telle responsabilité. Et, d'ailleurs, le remède lui-même n'était pas sûr, et au lieu de prolonger l'existence de la République, il se pouvait fort bien qu'il en précipitât la chute. La contrainte et l'intimidation sont la nécessité des minorités, mais elles sont aussi leur danger ; nos républicains n'avaient de choix qu'entre une mort lente ou une agonie violente. Ils ont bien fait en définitive de préférer la première ; l'essai qu'ils ont fait ne laisse du moins pas après lui les traces sanglantes qu'avait laissées le premier essai de 1792.

Il ne restait plus après l'avortement de ces tentatives d'ajournement qu'à régler les rapports qui existeraient entre le Président qui allait être élu et l'Assemblée qui continuerait l'œuvre de la Constituante pour la confection des lois organiques ; la commission proposait de décider que le nouveau Président entrerait en plein exercice de toutes ses attributions à partir du jour de sa nomination, ce qui modifiait nécessairement les pouvoirs de l'Assemblée constituante et la faisait descendre au rang de simple Assemblée législative. Il y eut contre ces conclusions de vives réclamations auxquelles la Commission dut céder. On décida qu'un décret spécial réglerait tout à la fois le jour, le mode, les conditions de l'élection du Président, ainsi que ses rapports avec l'Assemblée constituante.

Le projet de décret, préparé, discuté et voté presque immédiatement, fixa au 10 décembre le jour de l'élection : de plus, à raison de la saison avancée et de la difficulté des communications, surtout dans les pays de montagnes, le décret autorisa les conseils généraux à fractionner les colléges électoraux de canton, autant que la nécessité s'en ferait sentir, pourvu toutefois que ce fractionnement ne fût pas au delà de quatre subdivisions.

Cette même circonstance des rigueurs de la saison donna lieu à un vote irréfléchi, dont les conséquences funestes ne furent d'abord aperçues par personne.

Un représentant, nommé Person, ayant demandé,

pour prévenir le retour d'une élection faite en plein hiver, que les pouvoirs du Président qui allait être élu fussent *prorogés* jusqu'au mois de mai de 1852, une voix s'écria : Dites plutôt *abrégés*, et l'Assemblée, déjà fort mal disposée pour le Président présumé, adopta tout d'une voix cette proposition ; elle décida que les pouvoirs du Président à élire finiraient au mois de mai 1852 ; ce qui faisait précisément coïncider l'extinction du pouvoir présidentiel avec le renouvellement de l'Assemblée législative.

Enfin, il fut décidé que le Président n'aurait pas à l'égard de l'Assemblée constituante le droit que lui donnait la Constitution de suspendre la promulgation des lois et de provoquer une nouvelle délibération. Après avoir ainsi pourvu, par un acte spécial, à l'élection du Président de la République, l'Assemblée procéda au travail de révision et de coordination des diverses dispositions déjà votées par elle. Il y eut bien une tentative de la part de quelques membres pour discuter à nouveau les points déjà décidés ; un représentant, par exemple, voulut reprendre le débat sur l'abolition de la peine de mort ; mais la question préalable lui apprit que l'Assemblée n'était nullement disposée à recommencer indéfiniment son œuvre.

M. Pyat fut cependant reçu à plaider de nouveau en faveur du droit au travail, mais ce plaidoyer ne fut pas heureux ; prétentieux et violent, l'orateur fut interrompu et rappelé à l'ordre par le président de l'Assemblée, pour avoir dit *qu'en dehors des idées socialistes il n'y avait plus qu'à s'épuiser en gendarmes, à composer avec les forts et à écraser sans pitié les faibles ; ayant des bons de pain pour les ouvriers de Paris, des bons de guillotine pour les paysans de Buzançais*. Malgré un premier avertissement, l'orateur ne craignit pas de déclarer : que déjà le peuple vainqueur, après avoir donné trois mois de crédit à la République, était venu en Juin apporter son protêt au nom de sa misère et qu'au nom de l'humanité il fallait éviter la saisie. Ce mélange de basse littérature et de violence démagogique excita l'indignation de l'Assemblée presque tout entière, et l'orateur, rappelé une seconde fois à l'ordre, fut obligé de descendre de la tribune. Un ouvrier nommé André, après avoir annoncé avec une noble simplicité qu'avec ses bras il était parvenu à élever honnêtement sa famille, constata que le travail ne manquait jamais à ceux qui le cherchent sérieusement. Il fut couvert d'applaudissements, et pour la troisième fois le droit au travail fut écarté : cette fois, il le fut à la majorité de 638 votants contre 80, tant le plaidoyer de M. Félix Pyat avait été persuasif!

M. Antony Thouret ne voulut pas laisser voter la Constitution sans revenir une troisième et dernière fois à la charge, pour faire exclure tous les *prétendants royaux* ou *impériaux* de la présidence de la République ; cette fois, il se présentait fortifié des signatures de cent cinquante de ses collègues. Son discours fut même grave, sérieux et assez fort de raison ; il rappelait les tentatives de Strasbourg et de Boulogne-sur-Mer, et disait qu'un peuple qui confierait les destinées de la République à l'homme qui avait commis ces criminelles folies tenterait le génie du mal et risquerait plus que sa liberté, son honneur.

Le général Cavaignac, fatigué de ces tentatives tardives et impuissantes, s'élança à la tribune :

Il y a huit mois, dit-il, la mesure avait un caractère de sûreté générale, aujourd'hui elle en aurait un tout personnel. Ce serait une mesure de circonstance contre un homme ; l'interdit jeté sur le choix d'un peuple ; le désir que j'ai de connaître enfin le choix de la nation est devenu pour moi une soif ardente.

Il aurait pu dire aussi qu'il y avait quelque cruauté

à prolonger ce supplice d'incertitude et d'angoisse dans lequel il vivait depuis quelque temps.

L'amendement de M. Thouret fut rejeté sans division : c'était le dernier mot de la discussion en même temps que le signal de la lutte ; et à peine fut-il prononcé, que les demandes de congé assaillirent en masse le bureau du président. Les représentants avaient hâte d'aller dans leurs départements, espérant y diriger les votes de l'élection présidentielle, et conjurer par leur influence les dangers que leur imprévoyance avait créés à la République. Néanmoins l'Assemblée, sollicitée à plusieurs reprises de se proroger pendant l'élection, voulut avec raison, quoique réunissant à grand'peine le nombre des membres rigoureusement suffisant pour valider ses délibérations, continuer à siéger, pour parer aux éventualités que la crise électorale pouvait produire.

Avant le vote final, il fut proposé de rétablir, pour le Président seul, l'obligation de prêter serment à la Constitution, et cette proposition fut adoptée, malgré l'opposition de M. Crémieux, qui rappelait que le Gouvernement provisoire avait aboli le serment, comme *une cause d'immoralité*. M. l'évêque d'Orléans lui répondit que *faire paraître le Président devant Dieu, la main étendue, lui promettant de garder la Constitution inviolable, et de consacrer sa vie à la défendre, c'était placer la Constitution sous la plus puissante des sanctions : celle de la religion*. Qui se trompait du juif ou de l'évêque catholique? L'événement a répondu, et il était facile à pressentir. Ce qu'il était plus difficile de prévoir, c'est que ceux-là mêmes qui invoquaient la religion du serment comme la plus puissante des garanties, et qui faisaient intervenir Dieu dans les engagements d'un homme, seraient les premiers à bénir et à glorifier, au nom de ce même Dieu, le parjure éclatant de cet homme.

Enfin la Constitution fut couronnée par cette déclaration banale, propre à toutes les Constitutions, mais qui n'en a sauvé aucune : *c'est qu'elle était confiée à la loyauté et au courage des citoyens et de la garde nationale.* L'Assemblée essayait de remédier aux erreurs de sa logique par les illusions de son honnêteté et de sa confiance. Un peu plus de prévoyance et un peu moins de sentimentalité et de foi dans la puissance des abstractions eussent bien mieux protégé cette malheureuse Constitution, qui fut enfin votée par 739 représentants contre 30. Son texte figurait dans le *Moniteur* du 9 novembre. Parmi les opposants se remarquent MM. de Montalembert et de la Rochejaquelein, qui crurent même devoir motiver leur vote dans le *Moniteur* sur les dangers et les impossibilités que créait pour la République le vote d'une Chambre unique. Je m'abstins de voter.

La proclamation du résultat du scrutin fut suivie, bien entendu, des cris de : *Vive la République!* et, sur un rapport de M. Sénard, la solennité de la promulgation de la Constitution fut indiquée au 10 novembre[1].

Ce jour-là, le ciel était sombre et neigeux. La cérémonie avait été indiquée pour neuf heures du matin, afin de laisser à la garde nationale et à la troupe le temps de défiler avant la nuit. Tout le monde officiel, l'Assemblée, le clergé, la magistrature en grande pompe, force soldats étaient présents. M. Marrast, ayant le général Cavaignac à sa droite et le ministre

---

1. La cérémonie devait avoir lieu dans la place qui est au devant du palais où siégeait l'Assemblée ; il s'éleva une discussion sur le point de savoir si dans le décret on appellerait cette place du nom de la *Concorde* ou de celui de la *Révolution* ; débat puéril que le président trancha en disant qu'on laisserait le nom en blanc, débat qui ressemble assez au décret par lequel le Gouvernement provisoire avait cru devoir régler la coupe des gilets des députés. Plus les mots et les formes prennent d'importance chez les hommes, et plus on est sûr que la raison et le bon sens s'y affaiblissent.

de la justice à sa gauche, lut à haute voix la Constitution, la tête découverte, malgré la neige ; puis le *Te Deum* fut entonné par des voix accompagnées d'instruments de cuivre, puis le défilé des troupes, puis tout était dit. Du reste, nul enthousiasme. La cérémonie, par elle-même, était encore attristée par le temps et par les préoccupations de l'avenir. L'opinion publique ne se trompait pas sur la valeur de cette Constitution. Après l'avoir appelée avec ardeur, comme un remède assuré à tous ses maux, elle l'accueillait maintenant avec indifférence, de même qu'après avoir hâté de tous ses vœux la réunion de l'Assemblée constituante, elle s'en était presque aussitôt fatiguée, et se portait maintenant avec une impatience fébrile vers les comices électoraux où allait se décider l'élection du Président de la République. La nation semblait pressée de traverser toutes les phases de cette malheureuse révolution, pour arriver au dénoûment. C'est le propre des sociétés malades de montrer ces ardeurs changeantes, ces impatiences, cette extrême mobilité dans les impressions.

CONCLUSION

Telle est la Constitution qu'en 1848 une Assemblée dans laquelle se trouvaient réunis à peu près les hommes les plus éminents de la France a donnée à son pays, et cela, en pleine paix extérieure, après avoir triomphé à l'intérieur des folies du socialisme et avoir sévèrement réprimé les violences de la rue. On ne peut même pas rejeter les imperfections de l'œuvre sur la précipitation d'une improvisation irréfléchie : non. Il faut bien le reconnaître, toutes les formes, toutes les lenteurs, toutes les diversités de la discussion la plus étendue l'ont précédée et préparée : discussion autour du tapis vert, dans le secret et le silence du cabinet, par une commission choisie avec soin et même avec une certaine impartialité ; discussion dans les bureaux, où les opinions les plus timides et quelquefois les plus sensées avaient pu librement se produire ; discussion en pleine Assemblée, sous le feu d'une contradiction appelant toutes les opinions à se contrôler, à se rectifier les unes par les autres ; enfin, examen, contre-examen, révision, vote. Rien de ce qui peut préserver l'esprit du législateur des entraînements et des surprises n'avait été omis. Cependant, que d'erreurs, que de fautes accumulées ! il serait inutile d'y revenir. Mépris de la liberté individuelle, centralisation aggravée, prétention insensée de fonder une république en conservant toute l'organisation du despotisme impérial, manie de l'unité et de l'uniformité poussée jusqu'à l'absurde, dédain superbe des leçons de l'expérience, mépris des traditions, culte au contraire des mots et des vaines formules, croyance puérile dans l'efficacité des déclarations écrites, oubli des passions humaines et de leurs entraînements, etc. Tous ces vices firent de la Constitution républicaine de 1848 une espèce de monstre qui ne pouvait vivre. Mais la cause la plus nécessaire, la plus immédiate de sa mort, c'était ce duel à outrance organisé par la Constitution elle-même entre les deux grands pouvoirs de la République, sans aucun intermédiaire pour les concilier ou les séparer. Or, il est curieux de voir dans quels termes l'ex-président de notre commission, M. de Cormenin, en parlait dans un pamphlet dont la publication avait même précédé le vote définitif de la Constitution :

Les pouvoirs législatif et exécutif se heurtent, dit-il, en s'équilibrant sous l'œil nocturne et diurne de la presse : le premier légifère, le second gouverne...; *ils se jalousent, c'est ce qu'il faut*; *ils se disputent, tant mieux......*, s'ils crient, c'est qu'ils ne sont pas morts!

Quand celui que le parti républicain avait choisi pour son guide et son inspirateur parlait avec cette impertinente légèreté du plus grand danger qui pût menacer la République, du danger qui devait fatalement la faire succomber, qui s'étonnera de la rapidité du dénoûment et des résignations faciles et intéressées de certains hommes?

Toutefois la présomption et l'ignorance, quelque grande qu'ait été leur part dans cette œuvre de la Constitution de 1848, ne suffiraient pas seules à en expliquer les énormités.

Si une partie de l'Assemblée n'avait pas la conscience de ce qu'elle faisait, et croyait, comme M. Marrast, le monde illuminé d'une lumière nouvelle et éternelle, il faut le reconnaitre, une autre partie de cette Assemblée, et c'était la plus nombreuse, avait la pleine conscience des vices radicaux et des impossibilités de cette Constitution, tout en la votant. Mais parmi ces derniers, les uns étaient pressés d'en finir de cette République qu'ils subissaient sans y croire : plus la Constitution était vicieuse, plus le terme auquel ils aspiraient serait rapproché; les autres, tout en se prêtant à l'expérience républicaine qui se faisait sous leurs yeux, n'y portaient ni assez de zèle ni assez de foi pour consentir à remanier toute l'organisation administrative du pays pour faire réussir cette expérience. Il n'est pas jusqu'aux vues sages et prévoyantes du parti conservateur qui n'aient tourné contre cette œuvre de la Constitution et n'aient contribué à en aggraver les vices et les dangers.

Ainsi, l'unité du pouvoir était certainement un progrès sur le pouvoir multiple du Directoire de l'an III ou sur la Commission exécutive de 1848; et cependant cette unité, en rendant le duel plus inévitable, rendait par cela même plus forcé le dénoûment. Il n'est pas moins certain que l'impatience de placer le pays sous la protection d'un gouvernement permanent et régulier était bien légitime ; et cependant cette impatience, en précipitant l'œuvre de la Constitution, l'a laissée, d'une part, sous l'influence des préjugés et des passions révolutionnaires, que le temps aurait pu modifier peut-être, et, d'autre part, en a fait plutôt le manifeste d'une secte de rêveurs et d'idéologues, tout surpris eux-mêmes d'avoir à mettre en pratique leurs téméraires et folles conceptions, que l'acte sérieusement organique du gouvernement d'un grand peuple. Enfin les obstacles apportés, soit à un appel au peuple, soit à une révision, procédaient eux-mêmes d'un sentiment louable de stabilité; et pourtant ils ont puissamment contribué à la perte de cette Constitution, en ne permettant pas de la modifier.

C'est ainsi qu'amis et ennemis, fanatiques ou indifférents, tous ont apporté leur contingent de fautes et d'erreurs dans ce travail de la Constitution, et nul ne peut complétement dégager sa responsabilité de l'avortement qui l'a suivi. Cet avortement ne s'est pas fait attendre; mais l'œuvre était sévèrement jugée avant même que l'expérience vînt elle-même la condamner.

Voici ce qu'en disait lord Normanby dans son journal :

« Tout examen impartial de cette œuvre amènera
« cette conclusion, qu'il n'a jamais été rien fabriqué
« de plus absurde. Sans idée originale, elle est telle-
« ment confuse dans ses dispositions, tellement con-
« tradictoire dans ses prévisions, qu'elle est inintelli-
« gible pour la plus grande partie de ses auteurs, et
« très-certainement d'une exécution impossible. »

Cette appréciation d'un étranger, si sévère qu'elle

soit, n'est que trop juste. La Constitution de 1848, à peine née, a péri. Elle est allée retrouver les Constitutions mort-nées de 1791, de 1793, de l'an III, etc., et s'ajouter à tous ces tristes avortements de l'idéologie en lutte contre le bon sens et l'expérience : monuments peu flatteurs pour notre orgueil, mais qui portent en eux de tels enseignements, que, quoi qu'il en coûte, on ne saurait les mettre trop en lumière.

C'est ce que j'ai tâché de faire. Si, dans ce travail, j'ai apporté trop de sévérité et même parfois quelque amertume, le peuple, que j'ai voulu avertir, ne s'y trompera pas. Il sait bien que ce n'est pas un ennemi qui lui parle; et, dans tous les cas, ceux-là du moins qui m'ont si souvent reproché et ma trop grande confiance dans mon pays, et mes illusions trompées, ne seront plus tentés de m'adresser le même reproche.

PIÈCES JUSTIFICATIVES

N° 1.

Mon cher Barrot,

Nous avons accepté le pouvoir pour sauver le pays. Nous comptons sur votre concours pour nous aider dans des fonctions bien difficiles en ce moment.

Votre tout dévoué,

GARNIER-PAGÈS.

Paris, le 24 février 1848.

N° 2.

26 février, à midi.

Mon cher Garnier-Pagès,

Depuis votre petit billet qui m'annonçait votre prise de possession du pouvoir et me demandait mon concours, je n'ai pu vous répondre.

Je ne savais et je ne sais encore trop quelle espèce de concours, moi qui suis en dehors de la solution adoptée, je puis vous apporter. Cependant il faut bien que tous les bons citoyens, tous ceux qui ne veulent pas que notre France se perde dans des convulsions intérieures, vous viennent en aide pour deux choses qui me paraissent dominer dans votre mission actuelle.

La première, c'est en resaisissant cette liberté d'action qui doit appartenir à tout gouvernement, et qui est plus nécessaire à notre gouvernement révolutionnaire qu'à tout autre, parce que ses nécessités sont plus grandes : vous empêcherez que la révolution, de politique, aussi *profondément politique que vous voudrez, ne devienne révolution sociale, qu'elle atteigne les propriétés et les familles.*

La deuxième, c'est que l'appel fait aux élections générales, expression de la souveraineté nationale, soit sincère.

Je n'admets pas plus les mensonges de la *place publique que les mensonges des rois.* Des élections faites sous les coups de la violence ne me paraissent pas préférables à celles faites sous les influences de la corruption.

Ainsi, sécurité pour la propriété et la famille, liberté pour les élections primaires.

A ces conditions, et si vous êtes tous bien résolus à les faire respecter, même par la force gouvernementale, je puis vous assurer non-seulement de mon concours moral, mais même des sympathies de tous mes amis.

Après tout, nul d'entre nous ne se soucie de suivre les errements des émigrés ou des Girondins.

Mon dernier mot à la Chambre et au peuple a été *anathème* à qui allume la guerre civile en France. *J'y resterai fidèle.*

Toujours votre ami et de tout cœur,

Odilon Barrot.

Nous avons été priés d'insérer la lettre suivante :

Varie, près Bourges, 27 mai 1873.

Monsieur l'Éditeur,

Je trouve dans les Mémoires d'Odilon Barrot que son père, membre de la Convention lors du procès de Louis XVI, tout en votant contre la mort, aurait refusé le sursis (T. Ier, p. 39). Cette assertion est erronée. Mon grand-père J.-A. Barrot a voté pour le sursis; le *Moniteur* du 24 janvier 1793 porte en effet ce qui suit : « Séance du 19 janvier. *Sera-t-il sursis à l'exécution du jugement de Louis Capet, oui ou non :* Lozère, Barrot, Chateauneuf-Randon, Monestier : *oui.* »

Les numéros suivants du journal ne mentionnent aucune rectification. Il vous est facile, monsieur, de vérifier le fait matériel que je vous signale, et je vous demande de vouloir bien, après avoir fait cette vérification, insérer ma réclamation à la fin du second volume des Mémoires que vous publiez.

Agréez, monsieur, l'expression de ma considération la plus distinguée.

Meunier.

TABLE DES MATIÈRES

Enquête historique sur les perturbations politiques et sociales qui ont suivi la révolution du 24 février 1848...... 1

    Réflexions préliminaires.................... 1

Chapitre I. — Coup d'œil sur la situation morale et sociale de la France lors de la révolution du 24 février 1848.................... 5
— II. — Le gouvernement provisoire et son personnel. 22
— III. — Le gouvernement provisoire et ses actes..... 49
— IV. — Conclusion............................ 154

Assemblée constituante...................... 163
    Le 15 mai 1848........................ 181
    Suites de la journée du 15 mai............... 206
    Crise bonapartiste........................ 214
    Crise des ateliers nationaux................ 232
    Journées de juin........................ 253
    Suites des journées de juin................. 270
    Commission d'enquête..................... 275

De la constitution de 1848.................. 315
    Réflexions préliminaires.................... 315
    Personnel de la commission................. 323
    Travaux préliminaires de la commission. — Méthode adoptée par elle. — Déclaration des droits........ 331
    Du pouvoir législatif. — Question des deux Chambres.. 343
    Du pouvoir exécutif....................... 354
    Attributions du pouvoir exécutif.............. 358
    Organisation judiciaire..................... 371
    Administration........................... 380

TABLE DES MATIÈRES.

Opinion des bureaux.................................... 385
Discussion générale de la constitution dans l'assemblée.. 397
Continuation de la discussion de la constitution....... 464
Conclusion... 475

PIÈCES JUSTIFICATIVES................................... 481

LETTRE DE M. MEUNIER A L'ÉDITEUR........................ 483

Paris. — Impr. Viéville et Capiomont, rue des Poitevins, 6.

BIBLIOTHÈQUE-CHARPENTIER, 28, quai du Louvre.

LE TOME SIXIÈME
DE L'HISTOIRE DES FRANÇAIS
DEPUIS LE TEMPS DES GAULOIS JUSQU'EN 1848
PAR
THÉOPHILE LAVALLÉE
CONTINUÉE DE 1848 A 1875 D'APRÈS LA MÉTHODE DE TH. LAVALLÉE
PAR M. FRÉDÉRIC LOCK

L'ouvrage complet forme *six volumes*, contenant :

TOME I. — Les Gaulois. — Les Francs. — Les Français jusqu'en 1328.
TOME II. — Les Valois (1328-1589).
TOME III. — Les Bourbons (1589-1789).
TOME IV. — Révolution. — Empire (1789-1814).
TOME V. — Restauration. — Monarchie constitutionnelle (1814-1848).
TOME VI. — Deuxième République. — Second Empire. — Troisième République (1848-1875).

Chaque volume se vend séparément 3 fr. 50

HISTOIRE DE NAPOLÉON IER
PAR P. LANFREY
LES CINQ PREMIERS VOLUMES SONT EN VENTE
Chaque volume se vend séparément 3 fr. 50

PUBLICATIONS HISTORIQUES
ÉDOUARD LABOULAYE

LE PARTI LIBÉRAL, son programme, son avenir. 8e édition.	1 vol.
LA LIBERTÉ RELIGIEUSE. 4e édition.	1 vol.
L'ÉTAT ET SES LIMITES. 5e édition.	1 vol.
HISTOIRE DES ÉTATS-UNIS D'AMÉRIQUE (1620-1789). 5e édition.	3 vol.
QUESTIONS CONSTITUTIONNELLES.	1 vol.

P. LANFREY

HISTOIRE POLITIQUE DES PAPES. Nouvelle édition.	1 vol.
ÉTUDES ET PORTRAITS POLITIQUES. 3e édition.	1 vol.

JUNG

LA FRANCE ET ROME. Étude historique (17e, 18e, 19e siècles).	1 vol.

MIGNET

HISTOIRE DE MARIE STUART. 3e édition.	2 vol.
ANTONIO PEREZ ET PHILIPPE II. 3e édition.	1 vol.
MÉMOIRES HISTORIQUES. 3e édition.	1 vol.
NOTICES ET PORTRAITS HISTORIQUES. 3e édition.	2 vol.

CHARLES NODIER

SOUVENIR DE LA RÉVOLUTION ET DE L'EMPIRE.	2 vol.

Prix de chaque volume, 3 fr. 50 *(franco par poste).*

Paris. — Imp. Viéville et Capiomont, rue des Poitevins, 6.

www.ingramcontent.com/pod-product-compliance
Lightning Source LLC
Chambersburg PA
CBHW071621230426
43669CB00012B/2027